U0504276

让我们一起追寻
甲骨文
oracode

Midnight at the Pera Palace: The Birth of Modern Istanbul

© 2014 by Charles King

Authorized translation from English language edition published by

W. W. Norton & Company.

All rights reserved.

佩拉宫的午夜

现代伊斯坦布尔的诞生

Charles King

MIDNIGHT AT THE PERA PALACE

THE BIRTH OF MODERN ISTANBUL

[美] 查尔斯·金 / 著

宋非 / 译

科学文献出版社

CES ACADEMIC PRESS (CHINA)

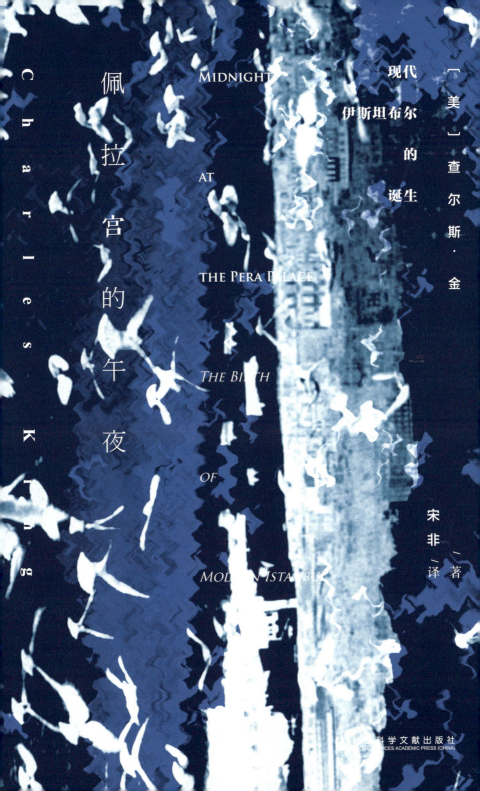

本书获誉

金精确细致地把这一段错综复杂的故事梳理出了几条主线，这本书有大量的考证研究，读起来非常过瘾，引人入胜。

——贾森·古德温，《纽约时报书评》

上佳之作——查尔斯·金以（伊斯坦布尔）这个大城市为棱镜，从各个侧面反映了 20 世纪近东的历史，他的讲述详尽有趣，充满了纯粹的叙事力量。堪称一部传世经典！

——罗伯特·D. 卡普兰，《地理的复仇》和《向东去鞑靼》作者

极佳的通俗历史，非常有趣的权威著作。几乎没有其他地方能像两次世界大战之间的伊斯坦布尔这般丰富多彩，金教授敏锐地捕捉到了一座城市、一种文化所在混沌无序和矛盾冲突之中蕴藏的活力，并将其进行了重塑。

——约瑟夫·卡农，《伊斯坦布尔走廊》作者

通过这段难忘的、浓缩的历史，查尔斯·金向我们讲述了佩拉宫的过去——这座华丽的酒店曾经蜷缩在一个由阴谋、暴力、性和

谍报活动筑成的阴暗的海市蜃楼里，所有这一切都与奥斯曼帝国逐渐隐没的辉煌形成了对比。我爱这本书。

——西蒙·温彻斯特，《喀拉喀托火山》和《改变世界的地图》作者

这段社会历史有关全世界最迷人的城市之一，既富有教益，又很有趣。书里透过各种人物，从托洛茨基到海明威，从双目失明的亚美尼亚音乐家到前途无量的教皇，讲述了伊斯坦布尔的自我转型，如何从落后闭塞的避难所变成活力四射的大都市的故事。《佩拉宫的午夜》这本书散发出真实的土耳其式芬芳。

——史蒂文·金泽，《新月和星：两次世界大战之间的土耳其》作者

从穆斯林选美皇后、格鲁吉亚皇室到列夫·托洛茨基，各色人物都在伊斯坦布尔留下了印迹，金机智地串起了他们的故事，不只素材丰富，可以吸引普通读者，细节又很到位，也满足了专业人士。

——《出版人周刊》

精彩绝伦……一座古城成长的烦恼，在这一背景下还隐藏了多部人物传记。

——凯特·塔特尔，《波士顿环球报》

这本书能够让我们仔细端详这座历久弥新的古城。

——梅丽莎·戴维斯，《西雅图时报》

这本书极富感染力，令人着迷。

——兰迪·朵汀，《基督教科学箴言报》

献给我的良师益友

卡塔林·帕特尼

目　录

哈比耶方向
教堂
清真寺
犹太会堂
杜乃尔隧道（地下）
有轨电车轨道
0 200 400
码
塔克西姆营房
德国领事馆
塔克西姆广场
公园酒店
共和国纪念碑
马克西姆俱乐部
魔法电影院
法国领事馆
佩拉大街
北
格劳瑞亚大影院
梅莱克影院
托卡良酒店
加拉塔萨拉伊公学
英国领事馆
阿尔罕布拉电影院
摄政王饭店
罗德斯酒店
手鼓卡普坦大街
博蒂尚公园
绿松石俱乐部
意大利领事馆
荷兰领事馆
佩拉大街
花园酒吧
苏联领事馆
勒邦咖啡馆
佩拉宫酒店
美国领事馆
瑞典领事馆
德国学校
阿斯玛利梅斯特大街
杜乃尔广场
苏非小屋
苏格兰酒吧
加拉塔石塔
博斯普鲁斯
艾郁普方向
加拉塔大桥
翁卡帕尼大桥
金角湾
耶尼（新）清真寺

1935 年的佩拉区/贝伊奥卢区周边地区

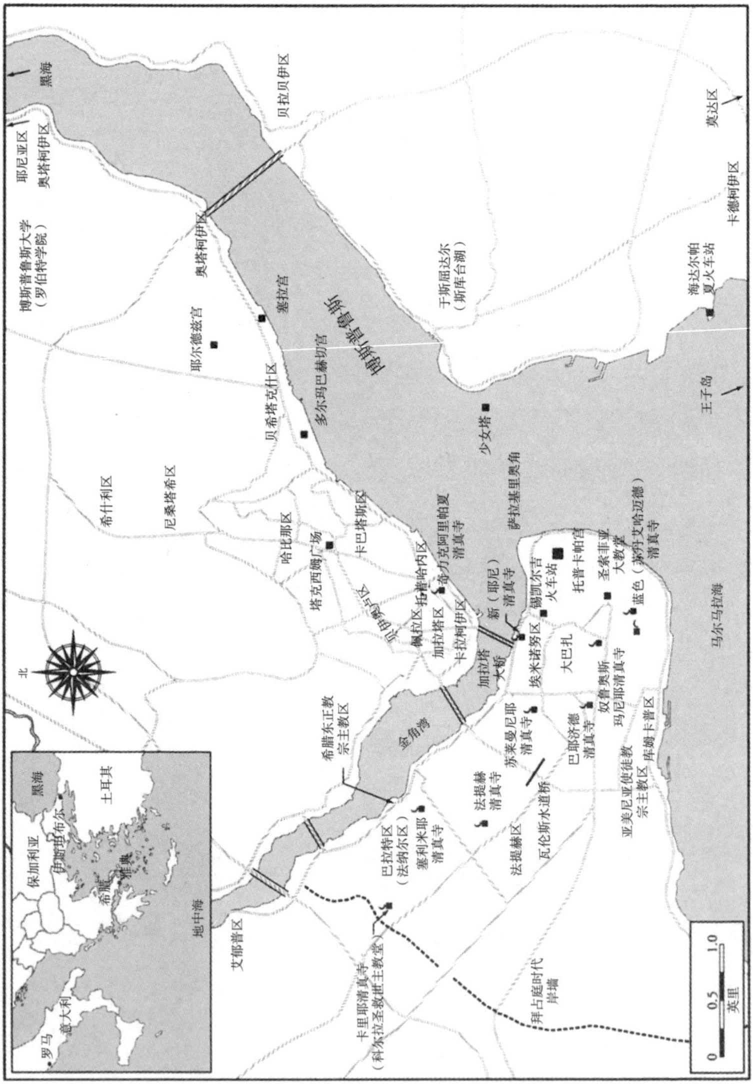

黑海
耶尼亚区
奥塔柯伊区
博斯普鲁斯大学（罗伯特学院）
贝拉贝伊区
奥塔柯伊区
塞拉宫
耶尔德兹宫
博斯普鲁斯
于斯屈达尔（斯库台湖）
海达尔帕夏火车站
卡德柯伊区
莫达区
贝希塔克什区
多尔玛巴赫切宫
王子岛
少女塔
希什利区
尼桑塔希区
萨拉基里奥角
哈比那区
卡巴塔斯区
塔克西姆广场
贝伊奥卢区
托普哈内区
佩拉区
加拉塔区
卡拉柯伊区
新（耶尼）清真寺
锡凯尔吉火车站
托普卡帕宫
圣索菲亚大教堂
苏丹艾哈迈德（蓝色）清真寺
马尔马拉海
加拉塔大桥
埃米诺努区
大巴扎
库姆卡普区
巴耶济德清真寺
苏莱曼尼耶清真寺
金角湾
希腊东正教宗主教区
法提赫清真寺
瓦伦斯水道桥
法提赫区
亚美尼亚使徒教宗主教区
巴拉特区（法纳尔区）
塞利米耶清真寺
卡里耶清真寺（科尔拉圣救世主教堂）
艾郁普区
拜占庭时代岸墙
北
0 0.5 1.0
英里
黑海
土耳其
保加利亚
伊斯坦布尔
希腊
雅典
地中海
意大利
罗马

现在的伊斯坦布尔

序　言

要记述这样一段错综复杂的历史，表达方式难免会前后不一。我在书里总把这座城市称为“伊斯坦布尔”，包括说1930年以前的事，我想大多数人都明白，我有时指的就是“君士坦丁堡”。以此类推，奥斯曼帝国时代，“穆斯林”指代虔诚的伊斯兰教徒，我现在沿用这一标签，也并未考量他们之间信仰程度的差别。事实上，这个群体中后来有许多人自称是土耳其人。另外，伊斯坦布尔的希腊东正教教徒一直认为他们自己与希腊本土的国民不同，于是我用英文也做了区分，称前者为“希腊人”（Greeks），后者为“古希腊人”（Hellenes）。还有，我总是把独立大街（Istiklâl Avenue）叫成“佩拉大街”（Grande Rue），因为两次世界大战期间，甚至是这条大街被正式命名后，许多人仍习惯使用这一旧称。

如果没有资料记载的特殊拼法或对应的英文名词和称谓（比如，帕夏不能译成帕萨），我拼写土耳其单词往往是按照土耳其语的习惯方式。提及某些历史人物时，尤其是土耳其的穆斯林，我可能会用不止一个名字，因为直到1934年，他们才采用家族姓氏。在此之前，人们的称谓一般是名字加后缀尊称，比如，“帕夏”是指将军或地方高官，有身份的男人被称为“贝”（Bey）或“阿凡提”（Efendi），同样，地位尊贵的妇人被叫作“哈尼姆”（Hanım）。故此“伊斯麦特·帕夏”相当于“伊斯麦特将军”，“哈里斯·贝”相当于“哈里斯先生”。

有关伊斯坦布尔的布局，我主要描述了大体方位，你看一眼地图就会知道这有多么不准确。但是伊斯坦布尔的地理特征就是这样，它的地势走向没有严格的东西或南北。从前佩拉区（Pera）山地周围如今被划成许多区域，大部分并入了贝伊奥卢区（Beyoglu）。

当然，如果读者想要查证本书出现过的人物与地点，上述这些惯常叫法之间的细微差别也不会造成什么障碍。毕竟，伊斯坦布尔是座很包容的城市。

伊斯坦布尔这么广大，即便一千人死在这里，他们的愿望也会悄然没入这片浩瀚的人海。

爱维亚·瑟勒比（EVLIYA ÇELEBI），

《游记》（*Seyahatname*），17 世纪

宫殿空寂，喷泉不语，

古树枯败，朽木入泥……

伊斯坦布尔，伊斯坦布尔！大移民之路上最后一个死亡营地。

伊凡·蒲宁（IVAN BUNIN），

《伊斯坦布尔》（*Stambul*），1905 年

过去五百年，君士坦丁堡及其雄踞的狭长海峡给世界惹了许多麻烦。人们在这里抛头颅，洒热血，遭受了全世界最多的痛苦……我们发现在第一次世界大战的最后一场大会战，欧洲在最后一道防线上前赴后继争抢的仍是君士坦丁堡。

雷纳德·伍尔夫（LEONARD WOOLF），

《君士坦丁堡的未来》（*The Future of Constantinople*），1917 年

序 幕

我第一次看见佩拉宫差不多是二十年前。在那个年代，你必须 3
有相当具体的理由才能走进伊斯坦布尔的这片区域，比如，台灯需要换新的电线，或者你要拜会某个变性的娼妓。这家古老的酒店方正敦实，通体都是绿色的大理石贴面，尽管世纪华彩消退大半，但与周围20世纪七八十年代老旧的多层建筑相比，仍然十分显眼。走进佩拉宫的东方酒吧，我没遇见什么客人，红色的丝绒座椅大多空着，我停下来，点了一杯鸡尾酒和一碗不太新鲜的烤鹰嘴豆（*leblebi*），酒保似乎感到很意外。

世事难料。1892 年，佩拉宫刚刚开业，服务的客人都是乘坐东方快车抵达奥斯曼帝国的名流显贵，几十年后，这家酒店却成了异乡人最平常的落脚之地。佩拉宫的电梯有着铸铁框架、木质轿厢，是（继埃菲尔铁塔之后）在欧洲安装的第二部电梯，像鸟笼一般在酒店的大理石阶梯中间上下穿行；餐厅完全是巴洛克风格，休息室就在隔壁，顶部是高耸的玻璃天篷，室内镶嵌着人造大理石，装点着金丝银线细工精制的纱屏。这栋雄伟的建筑坐落在伊斯坦布尔最时尚的佩拉区。19 世纪，佩拉大街早已声名远播，沿着这条街道漫步，你会经过许多世界强国的大使馆。美国大使馆、基督教青年会（Young Men's Christian Association）与合法妓院就位于
佩拉宫附近的同一条街巷，英国人、俄国人和德国人款待政府官员 4
常去的鎏金的餐馆和昏暗的俱乐部也距离酒店不远。

佩拉宫如同西方在东方耳边最后的低语，是全球最伟大的伊斯兰帝国建成的最雄伟的西式酒店。佩拉宫当初和伊斯坦布尔一样，都是向往苏丹、闺房和托钵僧的欧洲旅人踏进东方世界时停靠的第一个港湾，只是经过二十余载的风雨洗礼，这家酒店早已不复往昔。

国内革命推翻了苏丹长期的封建统治，拉开了十多年政局变迁和暴力冲突的帷幕。第一次世界大战结束，奥斯曼帝国军事战败，外国占领紧随而至。1923 年，土耳其人发起了意义深远的政治自立运动，翻开了现代历史的新篇章，他们决意挣脱土耳其民族的过去，放弃以伊斯兰教为主、多宗教并存的奥斯曼帝国，建立世俗化、同质化的土耳其共和国。土耳其的新领导人把首都向东迁移二百英里，迁到多风的丘陵城市安卡拉，挥别了故都陈腐的记忆。

年轻记者欧内斯特·海明威（Ernest Hemingway）见证了土耳其新时代的开始。1922 年深秋，他登载于《多伦多每日星报》（*Toronto Daily Star*）的文章这样写道："我在电影里看见的伊斯坦布尔纯洁闪亮，难以琢磨。"海明威乘坐火车从巴尔干半岛出发，沿途经过砖红的拜占庭岸墙，绕过水中嬉闹的孩童，驶入小清真寺和矮木屋密集的地区，积满灰尘的穹顶和饱经海风侵蚀的墙板几乎触手可及。他看见乡间赶路的农夫穿着鲜艳的衣衫，蹒跚地跟在全身污泥、刚毛直立的水牛之后；他看见使馆门外的移民披裹着露水打湿的大衣，排着长队默默等待；他看见退役军官身着磨损的制服，昂首阔步地走在街上；他还透过望远镜仔细观察了救援船上的难民家庭，由于空间所限他们只能蜷缩在紧靠轮船围栏的方寸之地，旁边就是喷吐蒸汽的高温管道。海明威发现，白色掩盖了一切
5 肮脏，人们心如死灰，就像爱人被推进手术室那般绝望。

面纱与闺房、费兹帽与大礼服逐渐消失，苏丹和哈里发制度——象征伊斯兰教神旨的特定体制——不久也寿终正寝。土耳其不再沿

用麦加历法，改为巴黎和纽约的计时方式。部长和将军们陆续迁往安卡拉，外国大使馆也跟着搬走了。伊斯坦布尔人去楼空，顾影自怜。土耳其知识分子形容，伊斯坦布尔整座城市都弥漫着挥之不去的呼愁（*hüzün*），摇摇欲坠的城墙岸壁、落没将倾的华厦宅邸、风蚀雨浸的滨海别墅无一不流露出这股心似掏空的愁思。

然而，两次世界大战间隙，土耳其人的彷徨无措却也隐含着一些意料之外的机遇。塞翁失马，焉知非福。土耳其人学会了用逃避（*keyif*）来消解内心的呼愁，他们用歌唱掩饰泪水，用欢笑回应恐惧，另一个不同面貌的伊斯坦布尔渐渐苏醒。牛车、电车和汽车在同一条道路上通行，民族分子集会的地方也能看到密谋世界革命的社会主义特工的身影。小巷深处传出的新音乐既有油滑大胆的交响爵士，又有双目失明的亚美尼亚琴手拨弄琉特琴的断续弦音，还有黎凡特黑社会的悲伤情歌。你可以到美裔俄籍黑人经营的马克西姆俱乐部（Maxim club）喝杯小酒，也可以去花园酒吧（Garden Bar）随着棕榈滩七人组（Palm Beach Seven）演奏的乐曲成宿跳舞。

宣礼塔和托钵僧依然存在，可伊斯坦布尔变成了新式的伊斯兰城市。这个城市就像一座小岛，不仅能接纳流浪汉，还向奋斗者张开怀抱。它曾经是繁盛一时的帝国古都，如今却梦想成为单一民族国家的城池。它既想保留穆斯林传统，又要实现现代化。岁月无情，人世流转，如果你看过佩拉大街的冬日残阳，遇见过街头巷尾 6
的乞丐骗子，那么你就会憧憬另一个不同的国家，向往另一种不同的生活，这正是我们凭意志、顺形势想要改变的现实。

五百多年以来，西方人想象的伊斯兰世界一直是对伊斯坦布尔的描摹：黄金时代的恢宏大气，盛世繁华的转瞬即逝，独裁统治和宗教极端主义之间莫名其妙的糟糕取舍。两次世界大战间期，伊斯坦布尔出人意料地欣然接受了西方理念，这个地理上连通欧亚的城市即将成为全世界最伟大的试验田，坚定不移地按照西方模式进行自我革新。

在这一再造过程中，奥斯曼帝国的故都同时反映出西方模式最好和最坏的两面：乐观又偏执；一边呼唤人权，一边专横行事；既想要逃避过去，又希望抹杀过去。游客抱怨伊斯坦布尔似乎不复从前，他们的潜台词其实是，伊斯坦布尔看起来越来越像他们自己。“我们这些文明的西方人，”20 世纪 20 年代，历史学家阿诺德·约瑟夫·汤因比（Arnold J. Toynbee）游历土耳其时写道：“同情甚至轻视时下的非西方社会，这些社会笼罩在某些强权的阴影之下，似乎被剥夺了阳光，丧失了活力……然而，如果我们凑近细瞧就会发现，这一大团似是而非的阴影正面……竟是我们的嘴脸。”

游览伊斯坦布尔的欧洲人对西方文明的黑暗面心照不宣，他们中的许多人都曾品尝过自身文明的苦果。第一次世界大战落幕，欧洲和近东的帝国全部覆灭，在当时的世界范围内，西方人有时反而
7 成了贫穷的移民，东方人则成了勉为其难的东道主。一波又一波的欧洲人以往日无法想象的身份来到伊斯坦布尔，他们踏上这片土地，不再是征服者，也不再是启蒙先驱，而是无家可归、穷困潦倒、绝望透顶的流民。他们游荡在伊斯坦布尔的大街小巷，被轰下佩拉宫的门阶：他们中有酒醉的水手、破产的生意人，有典当传家宝和旧皮草的前朝贵胄，也有被欧洲政府撵走的少数族群，还有内战、宫斗、世界革命的残兵败将。

我在伊斯兰国家爵士乐时代的史料海洋中巡航，邂逅了一位不可思议的旅伴，我想没有人比他更加了解这段鲜为人知的历史。在很偶然的情况下，我发现了 20 世纪 90 年代初发行的一系列限量版土耳其影集，第一次记住塞拉哈廷·吉兹（Selahattin Giz）这个名字。吉兹是一位摄影记者，用镜头记录了他日常所见的一切，大多数是模糊的、运动的细节。我查找了土耳其银行存放的他的档案资

料，发现了一本标签为“卡扎”（*Kaza*）的大影集，其中有许多可怖撼人的相片：汽车的残骸，倒地的行人，杜乃尔隧道的地下缆绳突然断裂后的满目疮痍，马车倾斜着通过车站前方的下坡路等。大都是街头小报争相刊载的题材；除此之外，还有野猫、影子、小情色等一些慵懒的个人摄影体验。

翻看吉兹的影集时我恍然大悟，这部摄影作品所折射出的生活正是我想要了解的那个销声匿迹的世界。我还发现，吉兹的个人生活也是深具伊斯坦布尔特色的流亡与复兴故事的真实写照。

1914 年，吉兹出生于萨洛尼卡（现在的塞萨洛尼基）的一个穆斯林家庭。他的家乡最初是希腊城邦，居民主要是塞法迪姆犹太人，在他出生前两年，也就是 1912 年，被划入了奥斯曼帝国的版图。后来，巴尔干战争结束，这场如同第一次世界大战区域性预演 8
的战争又把萨洛尼卡送回希腊的怀抱，新政府极力想抹掉多元文化在城市生活中留下的痕迹，他们拆除了宣礼塔，把清真寺改建为教堂，将穆斯林的房屋和企业都转到了基督徒名下。

吉兹一家跟随其余几十万穆斯林一同离开了欧洲东南部的故乡，定居在伊斯坦布尔的贝拉贝伊区（Beylerbeyi）。这片紧靠博斯普鲁斯的亚洲区聚居着希腊人、犹太人、亚美尼亚人等不同民族、不同宗教信仰的人，重现了吉兹家曾经熟悉的多元化生活模式。不过塞拉哈廷生活和事业的重心都在海峡的另一边，他常常在佩拉区流连忘返，混迹于电影院、街头艺人和卡巴莱歌舞厅之间。20 世纪 20 年代末，塞拉哈廷还是著名的加拉塔萨拉伊公立中学（Galatasaray Lycée）的学生，叔叔在他的割礼（*sünnet*）当日，送了他一台相机，自此塞拉哈廷全身心地投入摄影，整日带着他的蔡司依康四处游走。凭借优秀的镜头语言，他最终走进了伊斯坦布尔最大的日报《共和报》（*Cumhuriyet*）的暗室。1933 年，他正式加入报社，四十多年来，一直是报社最出色的摄影记者。1994 年，塞拉哈廷与世长辞，享年八十岁。

翻看吉兹的相片——以及影集中收录的其他佚名摄影师的作品——就仿佛参加一场城市巡游，无论是土耳其人，还是观光客，几乎没人能够想象伊斯坦布尔拥有这样的昨日时光。这些相片弥足珍贵，留住了许多难以复制的历史时刻，俄罗斯歌舞团的金发女演员嬉皮笑脸地挥舞双臂，苏丹后宫的太监齐聚一堂，穆斯林群众宰杀公羊祭祀有轨电车，消防员戴着奇异的防毒面具参加防空演习，女学生听闻开国总统穆斯塔法·凯末尔·阿塔图尔克（Mustafa Kemal Atatürk）逝世的消息悲痛欲绝，跳绳的成年女子露出孩童般灿烂的笑容，骑车的姑娘在骄阳下飞扬的黑发和衣裙，还有某个朋
9 友在冬日的伊斯坦布尔抓拍的吉兹——他面带微笑，软呢帽的边沿积满雪花。如果说新闻是历史的初稿，那么有时它也是有益的冲击：促使我们回想过去的生存方式，祈祷方式和饮食习惯大相径庭的族群——穆斯林、基督徒和犹太人，教士和俗人，难民和本地人口——比邻而居，每个人都在以这样或那样的方式重新开始。

今天的伊斯坦布尔是全球化的都市，城市空间无限延展，容纳了一千三百多万人，比希腊、奥地利和瑞典的人口还要稠密。确切地说，这个城市的人口总量超过了全世界三分之二的国家。古老的渔村变成了时髦的郊区，昔日的近郊变成了城市中心，摩天大楼拔地而起，玻璃幕墙甚至比新建的清真寺和购物中心还高。即使在穆斯林的圣日，阿拉伯语宣礼的呼喊也压不住咖啡馆里传出的土耳其流行音乐。午后，你可以观赏希腊东正教的牧首宝座，参观亚美尼
10 亚使徒教会的总部和土耳其首席拉比的办公室，也可以去陵寝祭拜穆罕默德的亲密伙伴。对伊斯坦布尔的居民来说，无论他们的第一身份是土耳其人，还是库尔德人、阿拉维人、亚美尼亚人或者切尔克斯人，他们现在都十分笃定，这座城市就是他们的家园。

伊斯坦布尔的崛起始于旅行者熟知的君士坦丁堡的没落。流动的移民筑就了这座新城，不管这些男男女女出于什么目的迁入或离开，他们都是土耳其共和国的第一代伊斯坦布尔人，也是奥斯曼帝

国的最后一代君士坦丁堡人。两次世界大战之间的那段岁月，人们坐立难安，不断道别，佩拉宫并不是唯一一处见证瞬变、亲历重建的地方，但是在一拨接一拨的难民、移民和流亡人士眼里，这家古老传奇的酒店象征着旧时代向新纪元的过渡，体现了东方和西方、帝国和共和国、怀旧与创新之间的关系，是全世界唯一一个基督教和伊斯兰教的双重中心。

大酒店

13 “就地理位置而言，这个城市简直是得天独厚的世界之都。”16 世纪，佛兰德外交家、旅行家奥吉尔·盖斯林·德·布斯贝克（Ogier Ghiselin de Busbecq）写道。公元前 7 世纪，伊斯坦布尔的前身拜占庭建成。公元 330 年，君士坦丁大帝（Constantine the Great）定都此地，更名为新罗马。1453 年，奥斯曼帝国的穆斯林军队攻入，拜占庭帝国灭亡。土耳其人把这座城市称为君士坦丁堡（*Kostantiniyye*），这一名称源自希腊单词“君士坦丁波利斯”（*Konstantinoupolis*）；犹太人借用了单词的前两个音节，叫它库什塔（*Kushta*）；亚美尼亚人借用了单词的后两个音节，叫它波利斯（*Bolis*）；斯拉夫人则称它为沙皇格勒（*Tsarigrad*）。

踏海前来伊斯坦布尔依然是世间最激动人心的经历之一，从船舷放眼望去，在波光粼粼的浪涛和闪闪发亮的树梢的映衬下，古城浪漫诱人，独绝天际。这座位置绝佳的城市隐藏着现代化的真相——处处都是宽阔的马路、巴黎风格的商场和有轨电车，不复当年拜占庭教堂和奥斯曼清真寺勾勒的神秘图景——所以，经由陆路抵达难免令人兴味索然。蜿蜒的街巷、拥挤的道路、建满房屋的小山丘，一切看起来就像一匹铺展的安纳托利亚地毯，缀满了红色和
14 褐色的补丁，消煞了海上初见的惊艳之感。1910 年，一位游客极力推荐，说让伊斯坦布尔保持魅力的方法很简单，就是“绝不上岸”。

与其他大城市不同，伊斯坦布尔的中央铁路枢纽十分隐蔽。锡凯尔吉火车站窝在萨拉基里奥角的半山腰，距离拜占庭皇帝和奥斯曼苏丹的宫殿不远。19 世纪 60 年代，苏丹阿卜杜勒·阿齐兹一世（Abdülaziz）正在推行改革，他曾表示：“如果我的国家修建铁路，我愿意让行驶的列车穿过我的身体。”车站建成二十多年后，行车路线确实经过他的继承者苏丹阿卜杜勒·哈米德二世（Abdülhamid Ⅱ）的领地，而且为了铺设铁轨，还拆除了部分拜占庭海堤和托普卡帕宫（Topkapı Palace）的层叠花园。游客一看见云雾缭绕的苏丹王宫或许会激动不已，慨叹如梦如幻的东方奇境，其实这只是绕行海岬的机车蒸腾而生的水汽。

1890 年，锡凯尔吉火车站投入运营，但即便在旅客如织的全盛时期，它也极少受到关注。在伦敦的圣潘可拉斯（St. Pancras）或布达佩斯的盖莱蒂（Keleti），一趟铁路旅行的结束好似锣鼓齐鸣的乐章高潮，列车吱吱嘎嘎地驶近，掠过街旁雄伟的建筑，最终停靠在屋顶高耸的车站大厅。而在锡凯尔吉，火车进站更像是沉闷的终曲。由于铁轨材质低劣又疏于维护，列车只要越过土耳其边境，就必须减速慢行——阿加莎·克里斯蒂（*Agatha Christie*）形容这段旅程为，狂乱的快板（*allegro con furore*）转入节奏明确的连音（*legato*）。列车沿着马尔马拉海海岸行驶，在风吹日晒的丘陵和岩石海岸之间颠簸穿行，最后绕过金角湾湾口的岬角驶进车站。1921 年夏，美国小说家约翰·多斯·帕索斯（John Dos Passos）乘车抵达锡尔凯吉，他一开始以为只是中途停靠，等待错车，后来才发觉是真的到站了。“这是哪里？不会吧，哦，这确实是……君士坦丁堡。”

因为地理位置的缘故，伊斯坦布尔人只得无奈地接受铁路旅行 15
的时刻表和天气预报。根据古代历史学家希罗多德的说法，来自爱琴海的希腊殖民者最早安顿在马尔马拉海东部的卡尔西登。过了一段时日，波斯统帅前来视察，谴责他们见识短浅。他说，只有瞎子才会放弃一水之隔的战略海岬，选择卡尔西登作为殖民地。后世的希腊殖民者比较精明，他们横跨博斯普鲁斯海峡，建立了拜占庭。这个城市看似只是个微不足道的贸易中心，但它所处的航路却连通了地中海和黑海以北的希腊边境。

千年之后，君士坦丁大帝指定拜占庭为东罗马的新都，并没有详述原因，只说他是帝国唯一的神，欣然接受上帝的旨意。这座城市远离西方蛮夷，又不存在罗马旧都的异教传统，优势非常明显。新罗马（*Nova Roma*）开疆辟土，逐步深入海岬和西部的丘陵地区，几个世纪后，又括进了北方高地。时光流转——从西罗马帝国的崩溃到君士坦丁大帝即位，栖息在海上的拜占庭人和生活在陆地上的几乎一样多，他们在两大洲、三大水系之间来回奔忙：微咸的金角湾，其水源是城市西部的两条小溪；盐度更高的博斯普鲁斯海峡，持续与黑海进行水体交换；还有马尔马拉海，经达达尼尔海峡最终汇入地中海。

拜占庭的法典将产权人的海洋视野神圣化，整个拜占庭帝国城市生活的日常事务自然而然涉及水陆两方面。拜占庭人凭借连接南北航线的地理优势，建立了主要依托向地中海和黑海之间的来往船
16 只征税的地方经济。6 世纪，查士丁尼一世（Justinian Ⅰ）在博斯普鲁斯海峡沿线设立海关，指明关卡执法官的薪金由帝国国库发放，然而根据拜占庭历史学家普罗科匹厄斯（Procopius）所述，官员们还是会向过往的船长随意叫价。商人经常抱怨，他们的船只要途经帝国首都，就会被榨干。查士丁尼一世统治时期，这座城市发展惊人，新建的教堂和民宅从拜占庭的老城区逐渐外扩，一直延伸至山顶，在一定程度上正是得益于这种敲诈勒索。

拜占庭帝国的后继者也承袭大致相同的方法，从而控制了水陆资源。奥斯曼人的先祖是中亚的突厥夷族，他们几经辗转，不断西迁，和拜占庭人持续接触了大约两个世纪，到了近代，他们已经和拜占庭人无异，在文化方面兼容并蓄，还融合了不同民族的血统：

游牧民、战士、皈依的信徒和当地土著，他们出于对奥斯曼帝国最高统治者苏丹的忠诚而团结一致。1453 年 5 月，君士坦丁堡陷落，奥斯曼帝国苏丹穆罕默德二世（Mehmed Ⅱ）特意颁布了一项保护造船工程师和水手的特殊法令，奥斯曼人自此逐步发展出了一套井然有序又极其复杂的规则体系，用来管理城市水道。

博斯普鲁斯沿岸，许多雅郦（*yalis*）隐蔽在渔村乡榭之间，渡客的帆船来来往往，串起了这些贵族消夏避暑的海边别墅。根据乘客的身份地位，每艘船配备的船桨数量都有严格的规定：海军司令是十八支；大维齐尔（奥斯曼帝国首相）、大阿訇（*seyhülislam*）和外国大使是十支；地区和各大城市的地方长官是八支；中级军官和重要公民是六支。海岸护卫队不仅要防范船只倾覆，还要检查船只是否违反了有关船桨的规制。

最富丽堂皇的当属苏丹的御用船队，每艘船都精挑细选了二十 17
四名桨手，鎏金的柱子支撑着金色的流苏华盖，船首加装了镀金的猎鹰饰物，船尾还搭建了苏丹专用的高台。每年炎炎夏日，苏丹和随从的礼队（*selâmlık*）都会走水路前往清真寺，船队漂洋过海的场面蔚为壮观，19 世纪君士坦丁堡敏锐的观察家查尔斯·怀特（Charles White）曾经这样形容：

> 澄静的海面遍布着各个国家的大小船只——在正午阳光的照耀下，数不胜数的穹顶、尖塔和宫殿仿佛烫上了一层金，丰富多彩的景观显然更加灿烂——这个无与伦比的真实场景就像童话般光彩夺目，大概只有阿拉丁神灯的魔法幻境才能超越……这是欧洲仅有的帝王奇观，吸睛的焦点与周围的环境完美融合。

怀特说，亲眼见过这个场面的人就不难理解，博斯普鲁斯的船夫为什么会被大众追捧，被视作奥斯曼帝国男子气概的完美榜样，被当地人赞美为伊斯坦布尔最灵巧的情人。当时，博斯普鲁斯海峡下游登记在册的船夫大约有 19000 名，主要是希腊人和亚美尼亚人，他们掌管着 16000 艘小艇，村寨里还有数千艘开往黑海的船只。19 世纪后期，蒸汽渡轮出现，这些小船才逐渐减少。但是外国水手从他们的船舰上仍能看见奥斯曼帝国的王室船队在欧亚海岸的宫殿之间往返。皇家驳船上的桨手穿着金色制服，姬妾乘坐精雕细琢的船艇紧随其后，整个船队激起的层层海浪翻滚着没入现代巡洋舰的倒影中，就仿佛在风平浪静的海面上，旧世界与新世界默默地擦身而过。

在这座城市漫游，你不仅需要认识街道和广场，还得知道船
18 埠、码头和轮渡站。火车需要渡轮运输才能在欧洲和亚洲海岸的车站之间往复。锡凯尔吉火车站主要服务西部的站点——色雷斯和巴尔干半岛，而 1908 年建于亚洲海岸的海达尔帕夏火车站则通向东部的站点——安纳托利亚和叙利亚。尽管人们常说伊斯坦布尔是全世界唯一一座坐拥两大洲的城市（1973 年和 1988 年先后建成两座连接欧亚大陆的跨海大桥，还有一座正在建设），但人们先前只能把这句话理解为，火车可以通过近海航运到达海峡另一边的车站。直至 2013 年，博斯普鲁斯的海底隧道正式通车，这句话才真正实现，人们有史以来第一次可以完全在干燥的陆地上进行洲际旅行。

“不要以为每个人都能了解大海。”16 世纪海军司令毕尔·雷斯（Pirî Reis）在《奥斯曼帝国航海手册》（*Kitab-ıbahriye*）中告诫道。[13]风暴来袭，海水变黑，浪涛猛击海堤，渡轮撞击泊位，博斯普鲁斯海峡臭名昭著的驻波和洋流疾速抽打着海岬，使这条狭窄的海峡看起来更像是一条河流，而不是大海的延伸，早期的海员和船夫常常对此束手无策。即使在人造卫星导航时代，博斯普鲁斯海峡依然是令港口引航员和船长紧张难安。

陆地上的生存环境也同样变化莫测。伊斯坦布尔坐落在全世界最活跃的一条地震带上，每隔十几年就会发生一次毁灭性的地震。

拜占庭帝国的编年史作家记录了伊斯坦布尔发生于公元402年的第一场大地震，此后，小地震和灾难性事件屡见不鲜。557年，众多教堂毁于一旦，圣索菲亚大教堂（Hagia Sophia）的穹顶也多处受损。989年和1346年，圣索菲亚大教堂的穹顶两度塌陷。奥斯曼帝国为此还特设了一个政府部门，全面负责灾后重建，这个部门总是十分繁忙。1489年、1509年、1557年、1648年和1659年，大地震夷平了不计其数的屋宇房舍，石头尖塔像火柴一样突然折断。1766年夏，伊斯坦布尔经历了接二连三的地震和余震，法提赫清真寺（Fatih mosque）和卡里耶清真寺（Kariye mosque）壮观的穹顶轰然坍塌，托普卡帕宫也严重损毁，苏丹穆斯塔法三世 19
（Mustafa Ⅲ）考虑到自身安全，不得不暂时逃离这座城市。1894年，大巴扎（Grand Bazaar）等主要公共建筑惨遭大面积破坏。

奥斯曼帝国因此出台法规，要求用木材替代石头建造民宅，从而减少地震造成的伤亡。但这个解决方法引发了另一难题。在城内一些人口稠密的地区，巷道狭窄，水源又远在山下，所以大规模的火灾频繁发生。一盏油灯或者炭盆飞溅的火星都可能将整个居民区燎为灰烬。反叛的禁卫军——护卫苏丹的精锐部队和保镖——就曾为发泄心中的不满，故意放火烧毁了数千间房屋。扭曲变形的铁器，外露的石头地基，城内超过三分之一的区域只留下这些残垣断壁。奥斯曼帝国统治的近五个世纪里，每个伊斯坦布尔人一辈子至少会经历两次灾难性的地狱之火。17世纪后，大家耳熟能详的“火焰史诗”——记叙恐怖火灾和生命奇迹的长篇诗歌——一直是伊斯坦布尔民间文学的重要组成部分。

“天一擦黑，欧洲区或者亚洲区的某个地方就可能突然起火。”一位观察员写道。[14]不算个别居民区小范围的火情，1569年、1633年、1660年、1693年、1718年、1782年、1826年、1833年、1856年、1865年、1870年、1908年、1911年、1912年、1915年和1918年，这座城市都发生过重大火灾。新建筑焚毁，有时可能会暴露出古代的宝物。“我和许多考古界的朋友曾经多次探查大火烧焦的地区，”1908 年，一位城市居民口述，“因为我们发现，有的地方以前看不出任何线索，现在历经火海的洗礼，残存的石头物件却可能暴露一些我们想要的信息。灾后的景象……让我联想到庞贝古城。”

消防员（*tulumbacı*）在狭窄的坡道上只能像帕夏的轿夫那样高
20 举水罐跑步行进。他们“着火了！着火了！”（*Yangın var*！）的呼喊声与穆斯林的宣礼和野猫的午夜呜咽一样，都是这座城市的背景音乐。第一次进城的探险家奥布里·赫伯特（*Aubrey Herbert*）就碰见过一群半裸的疯子，他们一边尖叫，一边追着他在佩拉大街上奔跑。赫伯特心想，这群人肯定是在打击异教徒吧。当他气喘吁吁地到达酒店，别人才告诉他，这些人其实是一队赶赴火场的消防员。对个别屋主来说，救火方法有时比火灾本身还要糟糕。消防员配备的手动泵只能有效扑灭小面积的火灾，一旦火险有扩大的可能，他们的常规做法就是在火势蔓延之前，利用钩链拉倒近旁的建筑物。伊斯坦布尔火灾频频，事实上消防员也造成了不小的损失。

虽然火险无法消除，但是农村居民仍然大量涌入，城市空间加速扩张，到 19 世纪早期，拜占庭古城内的空地已然所剩无几。民宅的门廊常常直冲大街，家家户户都在房屋的上层设计了凸窗，以便多挤出那么一丁点儿的生活空间，街巷因此变成了幽暗的隧道。就连金角湾南部的要道、从城市西门行至苏丹托普卡帕宫的主路——帝梵街（Divanyolu），最宽的地方也就约二十英尺。庞大的清真寺建筑群几乎占领了古城的七座山丘，巴洛克风格的奴鲁奥斯玛尼耶清真寺（Nuruosmaniye mosque）坐落于第二座小山，第三座山上修筑了气势磅礴的苏莱曼尼耶清真寺（Süleymaniye mosque），塞利米耶清真寺（Selimiye mosque）位于第五个山冈。城内人口激增，住宅用地越来越少。一团小火苗就能轻易点燃这个拥挤不堪的城市，一条街连一条街，直到把整片区域烧个精光。几张 1912 年拍摄的老照片真实展现了奥斯曼帝国的一场大火之后，一群无家可 21
归的伊斯坦布尔人卷着铺盖，携带成堆的木制家具，聚集在苏丹艾哈迈德清真寺（Sultanahmet mosque，或称“蓝色清真寺”）旁边古老的石头方尖碑周围。

即便如此这些灾害还是提供了一些独特的发展机会。频繁发生的灾害几乎夷平了整座城市，市政规划者、地产投机商和政府官员可以趁机按照自己的蓝图重新构建城市景观。19 世纪 60 年代，奥斯曼政府专门成立了一个委员会，负责规整街道，创建新的公共空间并装配排水系统。在被火灾摧毁的街区，小公园和小广场替换了店铺林立的小巷，取代了杂乱无章、凸窗成排的木制棚屋。如今，游客在大巴扎迷宫似的通道里仍会迷路，但这样的街景其实就是奥斯曼帝国一个多世纪以前初步规整后的城区。相形之下这座城市当前的街区竟如同网格一样整齐。苏丹艾哈迈德清真寺、圣索菲亚大教堂等一些标志性的历史遗迹因为早期屡遭破坏，现在周边的街景开阔敞亮。

奥斯曼政府与其他帝国一样，长期实行所谓的强制性移民（*sürgün*）政策。1453 年，穆罕默德二世征服伊斯坦布尔后，为促进城市人口繁衍曾经推动强制性移民，而他的继任者却用这项政策实现不同的目的，有的是想惩治造反的村落，有的是要把工匠和牧人送去帝国需要这些技能的地区。但是与国家政策、战争和经济移民相比，自然灾害才是更多伊斯坦布尔人规律迁移的主要原因。1870 年 6 月，熊熊大火横扫金角湾的北部高地，佩拉区的许多地方只余下碎石瓦砾。这一时期，富裕阶级和外国投资人敏锐地嗅出了伊斯坦布尔城景周期性重建所暗藏的利益气息。但是他们的计划 22
有赖于另一项变革——也是当初建成锡凯尔吉火车站的原因——铁路时代的来临。

1883 年 10 月，一个周日的傍晚，一列短短的火车驶出了巴黎东站。在成排的新电气灯的照明下，站台上人头攒动，大家一起见证了这次启程。这个动力强劲的蒸汽机车拖挂的车体并不长，只有一节行李车、两节卧铺车、一节灯火通明的餐车，以及尾部存放扁皮箱的邮仓车厢和超大号的传动装置。乘客们很快就适应了车厢环境，他们满心期待地开始了一千八百英里、横穿欧洲大陆的旅行。这正是第一次出发的东方快车。

东方快车的首趟旅程是比利时工程师佐治·纳吉麦克（Georges Nagelmackers）一手策划的宣传活动。乔治·普尔曼（George Pullman）——在某种意义上也是这次首旅的来由——是他最强硬的对手。在铁路迷眼中，纳吉麦克确实是欧洲铁路史上的著名人物，但普尔曼才是真正的誉满天下。普尔曼的创新在于开发设计了可以寝卧的车厢，即著名的普尔曼卧铺车厢。19 世纪 60 年代初，他的设计模型在美国推出，每节车厢都按上下两行排列了二十个铺位。乘客搭乘火车进行长途旅行自此成为可能，尽管铁路车厢不过是安装了车轮的简易小屋，但无论如何，乘客们现在终于可以在类似床的铺位上舒服地躺卧了。

普尔曼的概念或许假以时日才能被大众接受——毕竟那个年代，衣衫不整地睡在一群陌生人中间的想法实在太过新奇——1865 年，因为一桩意外事故，普尔曼的试验车厢被投入使用。当年，约翰·威尔克斯·布斯（John Wilkes Booth）刺杀了亚伯拉罕·林肯（Abraham Lincoln），悼念总统逝世唯一正确的方式似乎就是一场盛大的送别。于是一周后，覆盖黑布的送葬列车载着林肯的遗体从华
23 盛顿出发，缓缓驶向他的家乡伊利诺伊州的斯普林菲尔德，让沿路的哀悼者有机会送他们的总统最后一程。为了方便和总统遗体同行

的家人和侍从休憩，列车后部钩连了普尔曼卧铺车厢。即使这是一出令人悲恸的国家悲剧，但是普尔曼却在其间证明了火车旅行并不是尘土飞扬、炉渣播撒的痛苦经历。借用一位铁路历史学家的一句话，火车旅行也可以是“难忘的（因此有利可图的）旅行方式，是车轮上优雅生活的实例”。

没几年，普尔曼卧铺车就逐步占领了美国市场，还开始进军欧洲市场。1870 年，纳吉麦克去美国考察，返回欧洲后，他下定决心取代普尔曼，成为欧洲首屈一指的卧车生产商。纳吉麦克坚持不懈地游说法国的铁路公司和政府采用他生产制造的卧车（*wagon-lit*）。他研发的卧车加装了德国设计的新型悬架系统——转向架，这个集成装置可以利用独立的活动轮轴支撑车体，缓冲减震，为乘客创造更加平稳舒适的睡眠环境。

1876 年 12 月，纳吉麦克的布鲁塞尔基础公司正式注册成立。几年后，这家公司的商标就成了欧洲大陆长途豪华旅行的代名词：两头雄狮相向而立，支撑着两个交缠的花体字母 WL，周围环绕着公司的法文名称——欧洲国际铁路卧车公司（*Compagnie Internationale des Wagons-Lits et des Grands-Express Européens*，以下简称欧洲卧车公司或 WL 公司）。没有人预先料到，一家铁路公司可以管理整个欧洲大陆铁道线路的运行。铁路不仅象征了国家威望，也是欧洲王国和帝国涉及国家安全的重要基础设施，允许外国火车——尤其还坐满了外国人——在整个欧洲大陆通行，几乎不受护照的限制和海关的干涉，这绝对可以说是史无前例。到 19 世纪 80 年代初期，欧洲 24
卧车公司在比利时国王利奥波德二世（Leopold Ⅱ）的资助下营运路线已连接了巴黎和维也纳，并且计划着进一步连通保加利亚。此外，纳吉麦克的另一项创新——餐车——还解决了乘坐火车长途旅行的吃饭问题，乘客不必再依赖小站站长提供的乏味饭菜或者陌生人递来的黑暗料理。纳吉麦克打造的卧车就像是一件艺术作品，车厢的内部装潢使用了大量的抛光黄铜和原木镶嵌，而且摆放着气派的高背座椅和皮革沙发，还加装了造船工程师专门为紧凑空间设计的折叠桌椅和隐蔽隔间。

1883 年，通过东方快车的第一次远行，欧洲卧车公司不仅展示了短短几年自身业务的迅速发展，还把目光投向了下一个伟大的目标，把铁路延伸至欧洲边缘，直达伊斯坦布尔。纳吉麦克邀请了一些欧洲二流的知名人物前来捧场：旅行作家和散文家、法国和比利时的部长、德国的新闻记者、奥斯曼大使馆的一等秘书、奥地利人和罗马尼亚人、伦敦《泰晤士报》的记者。火车穿越奥匈帝国和罗马尼亚的疆界时，一支十一人的乐队也加入了这趟旅行。伴随着火车朝着黑海的方向加速前进，他们在餐车摆放好乐器，奏响了华尔兹等一段段乐曲。

然而，首列东方快车并未走完全程。旅客必须在保加利亚的瓦尔纳港下车，转乘轮船继续前往伊斯坦布尔。包括十五个小时的黑海行船在内，整段旅程总共八十一小时四十分钟。主要原因在于纳吉麦克的野心超出了奥斯曼帝国基础设施的客观现实。

1850 年以前，奥斯曼帝国完全没有铁轨，与奥匈帝国八百多英里，英国约六千英里的铁轨完全无法相提并论。19 世纪末，奥斯曼帝国的铁路建设突飞猛进，但发展重点还停留在边远地区，并
25 没有将帝国的首都和欧洲其他的中心城市连接在一起。尽管开端不顺，可纳吉麦克最终还是愿望成真。短短五年，奥斯曼帝国全方位铁路服务就已经扩展至伊斯坦布尔，实现了主干线与欧洲铁路网的贯通。到 1905 年，纳吉麦克逝世的那一年，你完全可以乘坐火车从巴黎出发，一觉睡到苏丹的首都。一年之后，阿尔卑斯山脉的辛普朗隧道通车，从基督教国家的中心前往伊斯兰世界的中心变得更加容易。乘客下车的地点接近欧洲的地理边界，距离各大历史古迹和旅游景点都不是很远。当时某位观察家形容，这是“西方世界对君士坦丁堡的兼并”。即使经验丰富的旅行者，走近停靠在法国东站的东方快车时，也会抑制不住地兴奋。“我要坐着火车出发

了！我上车了！我竟然真的坐上了传说的蓝色列车，外面还挂着牌子：加来—伊斯坦布尔。”阿加莎·克里斯蒂写道，后来她时常乘坐火车旅行。

东方快车的第一批乘客都下榻在佩拉区，这里是欧洲旅行者的常规目的地，但是这个城区的酒店总体质量不高，房间又很紧张，为欧洲卧车公司同时提出了挑战和机遇。公司在佩拉区的边缘买进了一块地皮。这块 1870 年佩拉大火烧焦的土地地面朝着新修的博蒂尚公园（Les Petits-Champs），这个公园在市政规划者灾后辟建以前是伊斯坦布尔的公墓之一。虽然公园的历史听起来有点恐怖，可是近几年，这片绿地周围出现了一系列巴黎风格的建筑，旁边的大道也已变成了城内最新潮的酒店街，所以没几个游客会知道，向导与翻译所指的这条充满异国风情的大街——卡布瑞斯坦大街（Kabristan）——在土耳其语里其实是墓园的意思。

1892 年，欧洲卧车公司决定在卡布瑞斯坦大街和扎普丘拉尔 26
大街（Çapulcular，或称暴徒大街）交叉路段的这块地皮上投资兴建酒店。这块地最早属于苏丹捐建的伊斯兰教基金会，1881 年，被在奥斯曼和俄罗斯帝国都根基深厚的亚美尼亚商人和银行家世家伊萨恩斯家族收购，伊萨恩斯家族事后或许很后悔把这块地皮卖给了欧洲卧车公司，因为几年后，佩拉宫开业，生意非常红火。

与同样位于佩拉大街的罗德斯酒店（Hôtel de Londres）、布里斯托尔酒店（Bristol Hotel）、大陆酒店（Continental Hotel）、安格特瑞酒店（Angleterre Hotel）以及老对手托卡良酒店（Tokatlian Hotel）等附近其他一流的酒店设施相比，佩拉宫具有明显的优势。它是唯一一家由同一个公司所有并经营的酒店，是欧洲卧车公司泛欧洲服务网的组成部分。至少对新一代富有的欧洲游客来说，佩拉宫与尼斯、蒙特卡洛等城市的姐妹酒店都是他们偏爱的落脚地，为他们提供了前所未有的奢华享受，他们就像是在玩收集游戏一样。入住欧洲卧车公司旗下的每一家酒店如同后来的四季酒店和丽思卡尔顿酒店，佩拉宫带给客人的良好体验也不是因为它独一无二，而是因为它是产业链的一环——里斯本的阿维尼达皇宫、巴黎的奥德赛等大型酒店集团为了兑现承诺，在各大旅游目的地提供豪华、安全、水准一致的住宿服务，建造的所有酒店都遵循类似的风格和统一的标准。《布勒旅游指南》(*Guide Bleu*) 对佩拉宫的描述是，这家酒店配备了“电梯、卫生间、淋浴、暖气、电灯等所有舒适的现代化设施，还附送金角湾壮丽的美景”。

那段时期的灾害地图——了解城市格局变迁的最佳来源——显示了伊斯坦布尔整个欧洲区严重受损的面积以及灾后尚未重建的区域。佩拉宫所在的地段恰好位于佩拉大火过后城市规划建设的新商业金融中心，连排的四五层建筑展现了这个城区的新貌，其中许多
27 是本地希腊、亚美尼亚企业家和金融家的财产。这些仿照现代巴黎风格的大楼，面朝着博蒂尚公园，外墙平整，窗户敞亮可以远眺城市西郊，是城里欣赏日落的最佳地点之一。夕阳西下，残留余温的光线倾洒在大理石的楼面上，反射出火焰般绚丽夺目的辉光，营造出一种超脱尘世的意境。此外，建筑师还为这些建筑设计了一系列内部走廊，与佩拉区的传统步道——佩拉大街连通。

没有人能想到，佩拉大火过后仅仅二十年，这片城区就先后出现了两条著名的大街——佩拉大街和墓园大街（Graveyard Street），这两条大街车水马龙，拥有城内最壮观的内部通道和拱形游廊。20世纪头十年，金角湾高地的新街景令四处游历的勒·柯布西耶(Le Corbusier) 大开眼界，他声称，现在的伊斯坦布尔有几分纽约魅力（*allure new-yorkaise*）。

灰色舰队

佩拉宫建成的时候，奥斯曼帝国首都还是一派蒸蒸日上的繁荣 31
景象。渡轮在城市水道上来来往往。欧洲的奢侈品陈列于佩拉大街沿街商店的玻璃橱窗里。贝西克塔斯、加拉塔萨拉伊和费内巴切的新足球俱乐部——这几支队伍后来代表着伊斯坦布尔人民内部的基本分歧——主办了庆典比赛和联盟锦标赛。希腊托运人、犹太布商、阿拉伯采珠人、库尔德商队队长和亚美尼亚金融家都自认为他们生活在同一个君主国，是奥斯曼帝国苏丹的臣民。

奥斯曼帝国源远流长，它的覆灭是外交史上始料未及的大事。各国争执不休，如何从帝国的灭亡中渔利成了19世纪大国外交的固定话题之一。俄国沙皇尼古拉一世（Nicholas Ⅰ）轻蔑地把奥斯曼帝国称为“欧洲病夫”，自1683年，苏丹军队围攻维也纳失败后，奥斯曼帝国确实一直在缓慢撤退。几乎所有奥斯曼帝国的政府官员——从苏丹的高级顾问到巴尔干半岛、安纳托利亚、阿拉伯半岛等敏感边区的地方长官——都能觉察出帝国正在加速衰落。

19世纪50年代，所谓的东方问题——领土争端、民族主义运 32
动和国际僵局——搅起了奥斯曼帝国的暗潮，招致英、法、德，以及奥匈帝国和俄罗斯帝国的强势外交和军事干预。19世纪60年代初，俄罗斯人对高加索地区信仰伊斯兰教的高地人发动攻击，几十万穆斯林难民涌向边境，寻求苏丹庇护。1877年至1878年，奥斯曼帝国、俄罗斯帝国和巴尔干半岛诸国之间兵戈相向，虽然这场灾难性的战争最终和平解决，但奥斯曼帝国却失去了统治长达几个世纪之久的东南欧。五十几万穆斯林被迫迁移，在苏丹不断缩小的版图上寻找新的避难所，一波又一波的强制移民（*muhacirs*）直接构成了奥斯曼帝国整整一代的新国民，其中许多人都聚居在伊斯坦布尔。基督教国家的执政者并不在意本国仓皇逃跑的穆斯林，他们更关心奥斯曼帝国境内的基督教徒能否受到翼护。他们迫使奥斯曼帝国豁免当地刑法和民法对希腊人、亚美尼亚人等非穆斯林的处罚。

20 世纪伊始，没有哪个大国领袖——甚至时常担心海外霸业不稳的欧洲君主——会像年迈的苏丹阿卜杜勒·哈米德二世这样接二连三地面对暴动、叛乱和游击运动。19 世纪 70 年代，阿卜杜勒·哈米德二世继位，接棒此世纪中叶开始的坦志麦特（Tanzimat）改革，这项伟大的改革力图通过精简政府机关、建立现代教育、修筑新的公路和铁路、打造现代化的陆军和海军等一系列举措，推动奥斯曼帝国赶超欧洲列强。然而，阿卜杜勒·哈米德二世生性多疑，又对改革有一定的抵触情绪。在他治国理政期间，奥斯曼帝国的国家财政主要依靠外国债权人，军事方面听从英国和德国顾问的建议，而他个人的安全感则来自全国的谍报网络，间谍们每天源源不断地把书面报告送达这片能够俯瞰博斯普鲁斯海峡的森林，送进阿卜杜勒·哈米德二世居住的耶尔德兹宫（Yıldız Palace）。据称，举
33 报人不计其数，以至于佩拉宫不得不放置指示牌，请求政府特工把酒吧的座位让与消费的客人。

1908 年，少数军官组成的阴谋组织——著名的统一与进步委员会（Committee of Union and Progress），又称统一进步党（Unionists）或青年土耳其党（Young Turks）——强迫阿卜杜勒·哈米德二世接受君主立宪，恢复了先前解散的帝国议会。统一进步党内部几乎清一色都是奥斯曼帝国新一代军官，19 世纪 70 年代，因为巴尔干半岛的领土变更，他们中许多人曾经跟随父辈颠沛流离，所以他们深知这道海湾就是横亘于帝国和强国之间的鸿沟。统

一进步党眼见奥斯曼帝国一次次的军事失利，眼看沉重的外债一点点压垮了他们的国家，终于忍无可忍地在萨洛尼卡这个面向海外欧洲的西部城市、这座自由主义思想盛行的前哨关卡发起了改革运动。他们是革命的第一波浪潮，撼动了 20 世纪许多国家的民心，这一帮雄心勃勃的少校和上校揭竿而起，对抗着垂暮将军和软弱政客所把持的政权。他们相信，只要宪法归位，帝国就会重拾坦志麦特时代凋敝的理想。

几个月以来，伊斯坦布尔感觉像是卸下了重担，人们其乐融融。“就连社会最底层的乌合之众的内心都激荡着一种崇高的情感，他们脏兮兮的脸庞挂着泪水，一些小掌柜甚至撇下店铺不管，加入了游行队伍。”穆斯林作家、女权主义者哈莉黛·埃迪布（Halide Edip）回忆，“小偷和罪犯似乎也没有了……简直就是太平盛世。”只是新得到的自由很快就衍生出各种开脱的借口。报业工人断章取义地援引宪法，要求雇主支付更高的工资；贩夫走卒公开在大街上售卖烟草，叫嚷着宪法支持他们打破国家垄断；小男孩一边向过路的汽车投掷石块，一边大喊：“自由！自由！”（*Hürriyet var!*）各民族社会主义者和民族主义者——亚美尼亚人、库尔德人、阿拉伯人、阿尔巴尼亚人、土耳其人——都主张帝国转型，要 34
么改造成多民族的君主制国家，要么解体为多个主权国家，要么转变成土耳其民族国家。

1909 年，有人在伊斯坦布尔发动政变，企图撤销宪改，统一进步党奋起反击，派遣武装部队前去保卫改革成果。阿卜杜勒·哈米德二世——细瘦孱弱，弯腰弓背，总是一副疲惫不堪的模样，他象征着衰落的帝国，他的因循守旧促发了宪制改革——被强行送上火车，流放到萨洛尼卡，统一进步党在当地的支持者严密监视着他的一举一动。统一进步党推举他的兄长穆罕默德五世（Mehmed V）坐上了王位，并且控制了关键的政府部门和地方行政机关。各个派系你争我抢，从坚定的君主主义者到支持帝国分权管理的政治精英，人人都想在伊斯坦布尔争得一席之地，最终，三位统一进步党的领导人——军官恩维尔（Enver）、杰马勒（Cemal）和平民塔尔（Talât）——脱颖而出，形成了三头统治，成为操控王权的幕后势力。

国内的政治动乱啃噬着伊斯坦布尔，反对派和外国势力也在帝国边缘不断挑起事端。保加利亚在自封的国王的带领下宣布独立。奥匈帝国吞并了过去三十年一直由奥斯曼帝国受权托管的波斯尼亚至黑塞哥维那一带。1911 年秋，意大利宣告扩大版图，跨越地中海侵吞奥斯曼的黎波里塔尼亚省（现在的利比亚）。1912 年至 1913 年的两次巴尔干战争更是让奥斯曼帝国丢盔弃甲，阿尔巴尼亚独立，马其顿和克里特岛被割让，帝国几乎完全撤出了欧洲大陆。伊斯坦布尔距离前线战场仅仅二十多英里，城市向陆一侧的土方防御工事闹得人心惶惶，连绵不绝的炮火几乎能震碎门窗玻璃。大量穆斯林难民从农村涌入，遭到了本地人的报复和营地士兵的排挤。

35 1914 年夏天还未来临，奥斯曼人就已饱经风雨，这个国家经历了太多的战争、人口迁徙和经济危机。欧洲各国之间的矛盾持续升级，苏丹原本想要保持中立，但是因为与英国的经济纠纷，再加上德国的利诱，为统一进步党效力的部长与司令们最终倒向了德国阵营。德国军事顾问奥托·冯·桑德斯（Otto Liman von Sanders）接过了奥斯曼军队的作业指挥棒，对他们进行了改组整编。两艘德国巡洋舰——“戈本”号（*Goeben*）和“布雷斯劳”号（*Breslau*）——作为新型现代化海军核心力量的代表驶进了马尔马拉海，船长和全体船员都是德国人。10 月，这两艘军舰横渡黑海，先发制人地炮轰了俄国南区舰队的驻地塞瓦斯托波尔。没过几天，俄、法、英三个协约国政府就向加入德国和奥匈同盟国阵营的奥斯曼帝国宣战。穆罕默德五世作为哈里发——沿用了四个多世纪的宗教头衔——全球伊斯兰教领袖也号召全体穆斯林发动讨伐协约国的圣战（*jihad*）。这是全球伊斯兰教统治者最后一次以这个身份发布圣战的号令。

随后的若干年，帝国不知不觉地卷入了第一次世界大战，奥斯曼国民非常后悔，他们指责这是柏林的威逼利诱，是统一进步党的阴谋诡计。战争的浪潮和爱国主义的热情席卷首都，奥斯曼帝国各条战线的士兵都被动员起来，协约国也部署了双管齐下的作战计划：一支武装力量突袭巴尔干半岛，直逼伊斯坦布尔；另一队自俄罗斯高加索地区向西挺进，攻占奥斯曼帝国安纳托利亚东部的阵地。不过交战双方在这两条战线上都没能迅速取胜。这场仓促的军事行动很快就变成了新盟友争夺赛，双方都想拉拢中立国家——希腊、保加利亚和罗马尼亚——加入自己的阵营。

协约国和同盟国争取支持的筹码都是领土承诺和战后自由。协 36
约国宣称，阿拉伯人可以借此摆脱苏丹的操控，俄国人可以接管伊斯坦布尔以及经由博斯普鲁斯海峡和达达尼尔海峡通往地中海的战略要地，英、法、俄三国可以瓜分安纳托利亚东部、叙利亚和美索不达米亚广袤无垠的土地，希腊可以得到爱琴海沿岸的部分地区。对普通的奥斯曼士兵来说，这些预想的疆域划分——虽说是秘密协商的，但几乎人尽皆知——很快把军事对抗演变为生存之战，因为失败的代价太过高昂：奥斯曼帝国覆灭，国家支离破碎，甚至首都可能都保不住了。

“艾莎，美丽的天使，”开战几个月后，奥斯曼步兵队长给妻子写信诉说，

> 我们这里被英国人轰炸了。我们无法休息，粮食也所剩无几，我们的人正在因为疾病而大批大批地死去。大家怨声载道，我祈求上帝让这一切赶快结束吧。我眼看着美丽的君士坦丁堡变为废墟，孩子们倒在屠刀之下，现在或许也只有上帝的恩泽可以阻止这一切了……天呐，我们到底为什么要加入这场邪恶的战争？

这封信是在这名队长的尸身上发现的，奥斯曼军队与大英帝国部队当时刚刚在加里波利结束了一场战斗。加里波利半岛原本是协约国进军伊斯坦布尔计划的第一站，他们想要牢牢控制住达达尼尔海峡，切断经由地中海运输到伊斯坦布尔的补给。但是因为作战方案考虑不周，又遇上奥斯曼将士的顽强抵抗，1915 年，协约国部队基本一直被打压，只能退守在距离沿海登陆地点不远的沟壑和灌木林里。最后，协约国放弃并终止了一切军事行动。奥斯曼人
37 民虽然取得了实质性的胜利，但是也付出了惨重的代价。交战双方都精疲力竭，投入加里波利战役的兵力多达七十五万，充分说明了海陆攻击对伊斯坦布尔构成的巨大威胁。达达尼尔海峡布满了水雷，协约国战舰散落的残骸堵塞了航路，原本活跃的海上贸易只得中止。

在奥斯曼帝国政府供职的统一进步党意图借由这场战役挑唆海外的穆斯林起义，他们想利用苏丹的哈里发身份鼓动俄罗斯高加索地区、法属北非和英属印度的穆斯林反抗当地政府。英国人反过来也企图煽动苏丹的阿拉伯国民起来抗争，其中最著名的人物当属探险家 T. E. 劳伦斯（T. E. Lawrence）。尽管诡计没能得逞，但是统一进步党的领导人仍然时时留意着国内政治与外交阴谋之间千丝万缕的联系。官员热衷于揭发所谓的第五纵队，声讨他们赞同协约国对帝国领土的图谋不轨。安纳托利亚东部的正规军队和编外民兵组织了围捕，驱散了可能效忠俄国的亚美尼亚人和其他东正教教徒聚居的村落。亚美尼亚革命团体也在帝国人口稠密的地方举行了多次起义，其中一些人甚至在伊斯坦布尔公然行动，1896 年，他们筹划了一次惊人的袭击，抢劫了佩拉大街北段的奥斯曼帝国银行。可是以恩维尔、杰马勒和塔拉特三位领导人为核心的军方与政界，尤其是统一与进步委员会内部的特设机构（Special Organization）却官方回应说这是一场大规模的死亡运动。

这个特设机构的首要任务是组建听从军队指挥的准军事组织，

消灭国家的潜在敌人。奥斯曼军队在东部战线接连受挫，尤其是1914年12月至1915年1月，他们在萨里卡米士与俄军殊死拼杀，遭受重创，特设机构及其支持者认为亚美尼亚人在暗中破坏了战争 38
努力，于是加快了消灭亚美尼亚人的节奏。1915年3月，统一进步党的领导人决定屠杀或驱逐生活在敏感边境地区的几十万亚美尼亚人，逮捕或暗杀亚美尼亚社会的关键人物和政治领袖。19世纪70年代，大批穆斯林因巴尔干半岛的领土变迁而四处流浪，现在他们的后代加入了统一进步党，又开始为奥斯曼帝国的基督徒谱写相同的命运篇章。1915年4月24日至25日晚间，两百多名亚美尼亚知识分子和社会活动家从伊斯坦布尔被赶到了安纳托利亚乡村，其中一些人原本就是难民，他们好不容易逃脱了东部地区反亚美尼亚人的暴力行动，千里迢迢前来首都寻求中央政府的庇护和救济，结果却也惨遭驱逐。亚美尼亚牧师格里戈里斯·巴拉肯（Grigoris Balakian）回忆，除了他，被关押在中央监狱里的还有伊斯坦布尔亚美尼亚社区的许多重要人物——议员、编辑、教师、医生、牙医，银行家——以及一同被卷入暴力狂潮的普通人。没过多久巴拉肯又被送往安纳托利亚中部，他在那里被迫游街示众，忍受监禁、辱骂和虐待，度过了一段相当艰难漫长的岁月。三年后，他假扮成一名德国士兵，想方设法回到了伊斯坦布尔。

巴拉肯把他自己的苦难经历以及朋友、牺牲者、通敌分子的悲惨遭遇编录成辑。他说自己是其中的幸运儿，“多亏了大笔的贿赂或者权势阶层的人物关系，我才能成功返回君士坦丁堡，才会有机会获救”。许多人命丧黄泉，即使死里逃生也会留下不可磨灭的伤痕。亚美尼亚教会的首席作曲家、唱诗班主唱高米达斯·瓦达巴德（Gomidas Vardabed）后来获得准许回到首都，但是很快就逃去了巴黎，年复一年，他最终精神崩溃，死在了法国的精神病院。

与此同时，伊斯坦布尔又组织了多次围捕。博斯普鲁斯海峡波澜难平，三角绞刑台就立于宏伟的奇力克阿里帕夏清真寺（Kılıç

Ali Pasha mosque）的墙外，在大群男女老幼和德国士兵的围观下，
39 许多亚美尼亚人在这里被处死。后来，或许是因为德国官员施压——他们担心无法无天的私刑和驱逐会对战争产生不良影响——伊斯坦布尔剩余的亚美尼亚人才免遭清洗。此次战争期间，反亚美尼亚的暴力行动和驱逐政策导致安纳托利亚的亚美尼亚人口几近消灭，造成奥斯曼帝国六十万至一百多万名基督徒死亡。

这些种族灭绝式攻击是为了促进奥斯曼帝国新一轮的战地胜利，但是接下来三年的军事消耗削弱了奥斯曼帝国的优势地位。在巴尔干半岛和高加索地区奥斯曼针对希腊和俄国的新进攻毫无进展，在南部的美索不达米亚和巴勒斯坦，军队面对大马士革的失守和英军的火力压制又乱了阵脚。德国在西线也越陷越深，被协约国的新攻势围困。

伊斯坦布尔的英法侨民的房屋屡屡受袭。达达尼尔海峡有效的封锁措施和俄国在黑海的巡逻队阻断了航运，港口整日空空荡荡。煤炭短缺，煤气厂关闭，夜晚的城市一片漆黑。百姓每天多买一条面包都需要警方许可，面包店因此频繁爆发争斗。即便限量供应，制作面包的面粉仍然不足，有时也只能混合一定比例的稻秸。城内毒虱肆虐，数千人感染恶疾，民众都尽量避免进入拥挤电车等密闭空间。

战争刚刚打响，西部邻国保加利亚就加入了奥斯曼帝国的同盟阵营。但随着战争的发展，1918 年 9 月，伊斯坦布尔的报纸爆料面对战场失利、腹背受敌的局势，保加利亚权衡再三，同意和协约国单独签署停战协议。奥斯曼帝国西面的防御土崩瓦解，而协约国
40 部队集结在希腊边境，伊斯坦布尔又恰好位于容易攻击的范围之内。奥斯曼政府很快就传话给英国人，表示希望通过谈判来结束战争。

1918 年 10 月，“阿伽门农”号（*Agamemnon*）战舰停靠在爱琴海的穆德洛斯，英国战争办公室和奥斯曼帝国两方代表在船上会谈

了三天。10月30日，双方签署停战协定，结束了奥斯曼帝国与主要协约国的战争。没过两周——1918年11月11日11时——德国也宣布停火，请求和谈，第一次世界大战终于画上了句点。全面停战的消息迅速传遍了大街小巷，还未等伊斯坦布尔人思忖作为战败国的未来，协约国就赶来告诉了他们答案。

1918年11月13日早晨，阴云密布，一支钢铁舰队自南驶入博斯普鲁斯海峡。每艘战舰的主桅上都迎风飘扬着大面的海军舰旗，打头的是英国的旗舰“苏佩尔布”号（*Superb*），其后依次是“无畏”号（*Temeraire*）、“纳尔逊勋爵”号（*Lord Nelson*）、“阿伽门农”号，以及五艘巡洋舰和几艘驱逐舰；紧接着是法国的无畏战舰，意大利的巡洋舰和希腊的驱逐舰则走在队尾。

极目远眺，灰色的舰船星星点点。遍布整片海域的“那个宏大的场面令人难忘，英国、法国、意大利和希腊的海军联合舰队威风凛凛地驶进了博斯普鲁斯海峡，从此（我相信是永远）结束了土耳其的暴政——男女见面可以握手，但不准讲话——全体基督教徒内心激荡着巨大的喜悦。”一名英国目击者写道，这是伊斯坦布尔有史以来迎接的最大规模、最致命的外国武装舰队。

上午8时左右，舰队司令和船长们下令抛锚。船上的水手放 41
眼望去，叹为观止的古老的海堤背后布防着成排的海岸炮和其他工事。虽然船已进入苏丹宫殿四面的火炮射程，但是并没受到火力拦截。

胜利者一边在曾经的对手面前耀武扬威，一边长驱直入奥斯曼帝国的中心城市。其余战败国的首都——柏林、维也纳、索非亚——并没有进驻这么庞大的协约国部队。这些初来乍到的外国人自认为他们不仅是战胜方，而且是解放者，自认为他们来到伊斯坦布尔是顺应天意，解救当地人民免遭愚昧政府的荼毒，帮助基督教徒摆脱伊斯兰教规则的束缚。“阿伽门农”号的炮手、二等水兵F. W. 特平（F. W. Turpin）感慨：“我何其有幸，可以亲眼看到这一幕。”

每个人内心都有自己的看法。麦加埃米尔的女儿穆斯巴哈·海达尔（Musbah Haidar）和博斯普鲁斯海峡周边高地聚集的数万群众一起目睹了协约国部队的威仪。她是王室宗亲，她的父亲是伊斯兰圣城的守护者。她从自家的宅院向外张望，默默注视着希腊旗舰“阿维奥芙”号（*Averoff*）扬帆直抵苏丹多尔玛巴赫切宫（Dolmabahçe Palace）门前的帝国码头。当地希腊东正教教徒“掩饰不住的狂喜”，穆斯巴哈回忆说，而像她这样的穆斯林却“一脸茫然……他们的帝国崩裂了”。

穆斯林难民逃离了巴尔干半岛的战火，在古老的瓦林斯水道桥周围搭建了棚户区。他们压平废弃的油罐，修建铁皮房屋来抵御冬雨，整个社区看起来就像是标准石油公司的巨型广告。牧师格里戈里斯·巴拉肯在亚美尼亚种族清洗时期曾被驱逐出城，后来，他乔装打扮坐着小船横渡博斯普鲁斯海峡的时候恰逢协约国舰队抵港。“阿凡提，我们生活的时代可真糟糕！”穆斯林船夫向他抱怨说，
42 “外国舰队明目张胆地开进君士坦丁堡，我们穆斯林却只能眼睁睁地旁观，说出去谁会相信？”

协约国占领的那段日子，人们常常看见头戴蓝纹平顶帽的法国军官和身穿卡其制服、头戴钢盔的英国同僚在老城街道上并肩前进。塞内加尔步兵和意大利神枪手（*bersaglieri*）沿着佩拉大街来回巡逻，他们帽子上的长羽毛随着微风轻轻舞动。英国代表团高级将领乔治·米恩（George Milne）先是下榻在佩拉宫，后来住进了从德国克虏伯钢铁集团征用的位于郊区塔拉布亚的滨海小屋。法国元帅路易斯·弗朗谢·德斯佩雷（Louis Franchet d'Espèrey）原本想骑着白马，派头十足地进城，却发现英国上将埃德蒙·艾伦比

（Edmund Allenby）前一天也举行了相同的仪式，而且排场更加盛大。他即刻搬到了帕夏建在风景宜人的村庄奥塔科伊（Ortaköy）的宅院，聊以自慰了。“这就像是……舞台上同时出现了两位女主角，”英国联络官汤姆·布里奇斯（Tom Bridges）回忆道，“如果我们能把其中之一留在更衣室，这出戏就会更加精彩。”

不久，伊斯坦布尔就唯主要协约国马首是瞻，被划分成不同的控制区。英国人管治着佩拉区和加拉塔区，法国人控制着金角湾南部的老城区，意大利人则占领了亚洲区边缘的于斯屈达尔（Üsküdar）。协约国的联军接管了城市治安，特派专员接受委任，负责审判罪犯、监视港口活动、监察维持监狱秩序、提供公共卫生服务，以及管理部队的医疗和康复机构、督导奥斯曼军队的裁员和遣散。

没等协约国进驻博斯普鲁斯海峡，统一进步党的三大领导人恩维尔、杰马勒和塔尔，就已乘坐德国潜艇逃离了首都。所以，他们没有目睹协约国的占领。三年后，一名亚美尼亚刺客在柏林街头枪杀了塔尔，报复他推波助澜地掀起了种族大屠杀。次年，杰马勒在 43
第比利斯遇袭，刺客也是亚美尼亚人。与此同时，恩维尔则因为企图号召穆斯林反抗布尔什维克而在中亚毙命。

奥斯曼帝国世代存续六百一十九年，最终停在了“苏佩尔布”号抛锚的那一刻。截至协约国舰队抵港之日，从帝国的创建者奥斯曼（西方人所称的“奥斯曼帝国”就得自他的名字）算起，在位的苏丹穆罕默德六世——1918 年 7 月王兄过世，他才登基——是奥斯曼帝国的第三十六代君主。他与 15 世纪君士坦丁堡的两位征服者，穆罕默德二世和先知穆罕默德（Prophet Muhammad）用了同一个名字。他的先祖是突厥部落的首领，是切尔克斯人的奴隶，可世界各地亿万穆斯林却敬重他是先知的继承人，是忠实信仰的世俗领袖。

伊斯坦布尔一直是“欧洲和亚洲的主要风暴中心”，美国海军人员即将抵达，作为协约国的分遣队，他们拿到的简明手册这样评价这个城市：穆斯林“误导了这个城市，这里的民生五彩斑斓却骚乱难安……或多或少地搞臭了它在国际事务中的声誉”。现在仁慈的西方势力接管了城市，直到和平协议最终落定，奥斯曼帝国再也无力回天。

协约国官员逐步组建了他们自己的行政机构，伊斯坦布尔人记忆中最冷的冬天悄然而至。西班牙流感在本地人和外国人之间大面积传播。暴徒四处洗劫防备不严的豪宅。土耳其穆斯林齐亚·贝（Ziya Bey）亲历了协约国占领的头几个月。虽然他来伊斯坦布尔的时间也不长，但他无论如何也不愿意把自己和源源不断涌入的难民与协约国士兵相提并论。他出生在佩拉区以北上流社会聚居的尼桑塔斯区（Nisantası），周围都是静谧的林荫大道和世纪末的华厦
44 寓宇。他们一家常常搭乘客轮从中央码头出发去马尔马拉海的王子群岛消夏，那里是伊斯坦布尔富裕的希腊人、亚美尼亚人和少数穆斯林传统的避暑胜地。

第一次世界大战前夕，齐亚尚且年少，他的父亲为了照管手头的出口贸易举家搬去了纽约。齐亚在美国邂逅了一名家乡在新奥尔良的年轻女孩，两人坠入爱河，闪电结婚。战争临近尾声，贸易开始回温，他们一家人又在新机遇的召唤下回到了伊斯坦布尔。虽然政治前景仍不明朗，但是齐亚认为，无论什么样的国家取代了旧帝国，在建国之初占取先机都是合理的选择，尤其是对这位胸怀大志、四海为家的年轻人来说，这正是他走出父亲阴影的大好机会。

然而，经过多年风霜雨雪的洗刷，伊斯坦布尔再也不是齐亚当初离开的那个城市，“贪婪或诱人的目光”时刻追逐着他。难民们衣衫褴褛，骨瘦如柴，一些残疾的奥斯曼士兵还穿戴着帝国的军队制服和装饰品。穷人向过往的行人兜售着老旧的木制玩具、假花、糖果和报纸。一名神色悲伤的年轻母亲挺着大肚子倚在墙角，轻声叫卖着手里的一束彩色气球。许多睡在路边和门口的孩子，不停被

联军巡逻队驱赶。

齐亚一家起先租住在佩拉区，不久就搬去了金角湾对岸、托普卡珀宫附近的一所房子。佩拉区的寓所或许更加宽敞，可是本区的外国大使馆犹如磁铁一般吸引着寻找工作、等待签证以及讨要食物的各类难民。“卖淫、欺诈、穷困与酗酒公开标榜，”他回忆道，“这片城区仿佛复活了拜占庭和所多玛的全部恶习。”奥斯曼警察只能解决这片区域的交通问题，而协约国士兵组成的巡逻队又常被 45
认为处理纠纷时偏袒外国人。

据齐亚估计，伊斯坦布尔不到十五个人里就有一个穆斯林。协约国联军是国际常驻部队的先锋，他们将会开创帝国故都善政良治的新纪元。奥斯曼帝国名义上依然存在。这个王朝确实比历史上许多友国和敌国延续的时间都要久远。俄国革命搞垮了罗曼诺夫王朝；德国民主起义推翻了霍亨索伦的统治；奥匈帝国解体也将哈布斯堡家族扫地出门；只有穆罕默德六世仍然是公认的国家元首，在近臣和包裹头巾的骑兵队的护卫下，故作镇定地端坐在破旧的耶尔德兹宫（Yıldız Palace）里。“如果这些外国人留下不走，四处宣扬他们的不满、不安和不法……君士坦丁堡未来将会怎样？”一名本地的穆斯林向齐亚发问。没有人能够预测未来，占领者不能，被占领者也不能。

占　领

49 伊斯坦布尔的谚语说："佩拉区有三个诅咒：瘟疫、火灾和口译员。"中世纪，意大利的商人和金融家在拜占庭帝国拥有广泛的商业权利，热那亚人控制着佩拉区的高地和加拉塔区的山坡等一系列环绕黑海的对外贸易中心。他们砌筑了厚厚的棱角墙，封闭了大部分社区。这些防御工事日晒雨淋到奥斯曼帝国时代早已残破不堪，而且世纪更替，希腊人、亚美尼亚人、犹太人和穆斯林的财富也早已超过了意大利人，不过热那亚人修建的加拉塔石塔（Galata Tower）这处城防遗迹依然雄伟，周边仍是伊斯坦布尔商品贸易的主要集散地。法语——外交与国际贸易的语言——充满了这个城区的路标、窗口布告栏和酒店的广告牌。1918 年冬天，协约国把佩拉区扩建成了它们的行政中心，伊斯坦布尔看起来越发像是建在本地的外国城市。这座异邦城市——似乎并不反对反而欢迎入侵者——就快胜出了。

非穆斯林少数族裔和外国官员居住区重新修整了林荫路和漫步道，是金角湾南部老城区之外远离托普卡帕宫、大巴扎和高耸入云的帝国清真寺建筑群的另一个世界。巴尔干半岛和安纳托利亚的穆斯林难民更愿意聚居在城南，跻身于传统巴扎和买卖乡村货物的商
50 行（*han*）之中讨生活，而苏丹很早以前就搬去了海湾北边的新宅邸。奥斯曼帝国的建筑风格迥异，耶尔德兹宫的宫殿像是一批小型的欧式展馆；塞拉宫（Çıragan）和多尔玛巴赫切宫则由大量的雕花大理石堆砌而成，体现了统治者希望融入城市景观的乐观主义和

现代感；海岸公路沿线的清真寺和钟塔模仿了欧洲巴洛克风格的繁复华丽，却省掉了带翅膀的天使。

“寥寥数笔难以记叙我半个小时里遇见的各类人，”英军中尉M. M. 卡鲁斯·威尔逊（M. M. Carus Wilson）写信给远在英格兰的父亲说道，“散步是我观察这些民族的万花筒……”他又补充了一句，还描述了当日的情景：

> 以协约国联军的代表举例，常见的英、法、意三军军服暂且不提，我们还曾看见美国水兵形状怪异的白帽子以及希腊战士在特殊场合才穿着的白色百褶裙，这些都格外引人注目……当然，如果不发生冲突，城市的大街小巷也很有看头，土耳其人、亚美尼亚人、希腊人、犹太人等多民族云集，就像是均质的水油混合物一样构成了这座城市的常住人口。许多人的穿戴和伦敦民众很相似，只不过费兹帽和西服还是不太搭调。除了戴草帽的农夫和衣裙飘飘的年轻女郎之外，我还发现了一些奇怪的人物：胡子拉碴的搬运工系着两英尺宽的头巾和腰带，背负着如山的货物蹒跚前行；神秘的毛拉身着绿色长袍，一边手捻念珠，一边俯允接受信徒的供奉；咖啡店店员手执抛光的铜咖啡壶……还有一袭黑袍的土耳其妇女包裹着各式各样的面
> 纱，有的厚重得密不透光，有的轻薄得勉强算是象征性的遮 51
> 掩；最后要说的，大概也是最有趣的人是希腊僧侣，他们一脸络腮胡，穿着垂地宽袍，有时……还不合时宜地戴着小礼帽或巴拿马草帽。

每逢周五，皇家礼队（selâmlık）——苏丹前往礼拜寺的仪仗队——标志性的镀金马车和骑兵卫队都会从虔诚的围观者身旁经过。帝国清真寺的聚礼总能吸引万余名信众，戴眼镜的穆罕默德六世总是骑着白马，在火炬手的包围下准时抵达。非穆斯林群体当

中，希萨尔演奏家常常和亚美尼亚、希腊等信仰基督教的年轻姑娘同台演出，展现了这个城市的多元文化。1863 年，新教传教士在博斯普鲁斯海峡风景优美的小山顶创办了罗伯特学院（Robert College），这间音乐学府久负盛名，每年圣诞季都会举办钢琴独奏会，表演巴赫的曲目和圣诞颂歌。它的姊妹院校——美国女子学院（American College for Girls）举行的毕业典礼也因美国高级专员海军上将马克·布里斯托尔（Mark Bristol）题为“女性的毕生事业”的致辞以及英国旗舰“铁公爵”号（*Iron Duke*）的乐队演奏的音乐而声名远播。

乔治·米恩将军，就像受遣前来治理地方叛乱的殖民地总督，主持着整个城市的大局。他所效忠的英国国王乔治五世（George V）也意外成了世界两大穆斯林帝国的实际统治者：通过主权管理着本国的穆斯林国民——包括印度次大陆庞大的穆斯林人口——并且借助武力控制了奥斯曼帝国从色雷斯直到阿拉伯半岛一带的穆斯林族群。米恩及其法国、意大利同僚正在扮演自 1453 年以来，没有外国人会喜欢的角色：古代君士坦丁堡的同权总督。而三个占领国的士兵却总是并肩巡逻，反复强调着这一点。

52 米恩喜欢穿着马裤马靴，精心修剪他灰白的胡须，他是尽忠职守的军人，也是陈腐的英国官员，只不过他大部分的军旅生涯都是插曲。他曾经在法国战场上指挥千军万马，加里波利战役打响，英国三年持续作战，损失惨重，他又被派往巴尔干半岛收拾残局。后来，他还率领一支名为萨洛尼卡军的杂牌部队，帮助东线赢得了胜利，但是这支队伍却很快就被遗忘了。

过去的种种经验并没有教会他如何治理一座战后城市。经济崩溃，通胀严峻。投机倒把，囤积煤炭、食物等稀缺商品的现象十分普遍。牢骚满腹的奥斯曼士兵拉出了军火库的武器，迟迟不愿执行裁军命令。一个躁动的帝国也会牵累其他国家不得安宁。英国派遣旁遮普支队去守卫军火库，以防奥斯曼志愿军突袭。法国的摩洛哥骑兵可能会对抢夺退役武器的不法分子开枪射击。伊斯坦布尔名义上仍是一国之都，实际上就像安纳托利亚的沙尘暴，已经被风吹散了。

就在协约国正式占领的同一天，奥斯曼军队一个名叫穆斯塔法·凯末尔的战地指挥官住进了佩拉宫的房间。休战谈判期间，他曾经在安纳托利亚南部指挥军团抗击从北方巴勒斯坦压境的英军。现在战争结束了，他的部队即将解散，他决定乘坐长途列车前往首都。他希望说服奥斯曼帝国军部，建立抵抗协约国的地下组织，甚至可以任命他为军务部长，再不济，他还可以成为一名特工，在协约国 53
势力范围之外的安纳托利亚东部招兵买马。

凯末尔抵达海达尔帕夏火车站，与他的副官一同登上了开往欧洲海岸的短途渡轮。沿途他面朝波涛汹涌的博斯普鲁斯海峡，看见港口满是协约国正在卸下人、马和机械设备的军舰和汽艇。他年轻的时候曾经住在伊斯坦布尔，对这个城市充满了美好的回忆。三年前，凯末尔在加里波利作为前线指挥官浴血奋战，就是想要保全伊斯坦布尔。现在战败了，帝国已经放弃了他和无数“小穆罕默德”——奥斯曼兵士的昵称，好比英国的“汤米”和美国的“团子”——曾经立誓绝不让外国人染指的无价之城。

1880 年至 1881 年的隆冬时节——与那个时代的许多奥斯曼国民一样，他的出生日期不详——穆斯塔法·凯末尔出生，他的家乡萨洛尼卡自由开明，多种文化交相辉映，是 1908 年土耳其革命的发源地。凯末尔是年轻一代的奥斯曼帝国军官，接受过专业的军事院校教育，经历了统一进步党废黜阿卜杜勒·哈米德二世的运动。在统一进步党的队伍里，年长的军官尚可追忆昔日帝国进行现代化改革的荣光，但是穆斯塔法·凯末尔这一代年轻人却只熟悉暴力和战败。第一次世界大战开始以前，他就在利比亚打意大利人，在色雷斯和进犯的保加利亚人厮杀。每一场实战，他都眼见着帝国在外国势力的挑唆下分崩离析，被不同的宗教和少数族裔的民族主义一点点蚕食。现在，《穆德洛斯停战协定》正式签署，他和战友们又要面临大规模的裁军。

凯末尔作为改革派爱国将士的履历基本无可挑剔。如果他需要知道伊斯坦布尔自他离开后发生了怎样翻天覆地的变化，佩拉宫可以提供充足的证据。佩拉宫的外国客人熙来攘往，大堂和餐厅里随
54 处可见身穿制服的协约国军官，东方酒吧汇聚着外国代表、游客和本地妇女，还有一些摘下面纱的穆斯林女性。就连亚美尼亚牧师、种族灭绝的幸存者格里戈里斯·巴拉肯都认为，佩拉宫四周的街道真实反映了伊斯坦布尔新出现的自由思想。“靠战争发家的有钱人尽情地吃喝玩乐，享受着生活，他们胡乱置产，盲目消费；”他回忆道，“女人们的衣着装扮简直荒谬无度，她们浓妆艳抹，袒胸露怀，举止粗俗……土耳其的首府仿佛一下堕落为罪恶之都。”

米恩将军一直住在佩拉宫，等待给他安排的长期寓所，甚至奥托·冯·桑德斯——经过慎重考虑，搬去了距离不远的罗德斯酒店，避免在佩拉宫酒吧的尴尬碰面——等战败德国的军官也常常沿着墓园大街散步。即便永久和约尚未签署，协约国和同盟国也不再处于战争状态，而且国际惯例要求交战两方彼此遵守一定的军事礼节。

坊间流传一个小故事，说穆斯塔法·凯末尔在佩拉宫遇见一群正在喝酒的英国军官，军官们邀请他过去同坐，凯末尔不肯，他答道，主人不应屈身客席，如果想一起喝一杯，军官们可以坐过来。这个小故事很有可能是虚构的，目的是想表现一位年轻军官反抗英国统治的高度警戒心。穆斯塔法·凯末尔本质上是个实用主义者，而且有证据表明，他去佩拉宫正是因为那里是协约国占领的活动中心。

英国《每日邮报》（*Daily Mail*）的记者 G. 沃德·普赖斯（G.

Ward Price）乘“阿伽门农”号抵达伊斯坦布尔。他入住佩拉宫没几天，就遇见了穆斯塔法·凯末尔，或者说是凯末尔主动找上了他。普赖斯收到了酒店经理送来的一张字条，说有一位奥斯曼军官想跟他说几句话。普赖斯从没有听说过凯末尔，但他还是接受了邀 55
请。会面时，普赖斯发现这位奥斯曼军官没有穿着军装，而是身着礼服大衣，头戴费兹帽，以生活优渥的奥斯曼百姓的标准行头出现——“这位男子英俊挺拔，举手投足都很矜持，声音低沉，说话从容不迫。”普赖斯回忆道。

穆斯塔法·凯末尔抱怨说，奥斯曼帝国之所以在这场战争中站错了队，阴差阳错地和老朋友英国反目成仇，主要是受恩维尔等统一进步党内的亲德领导人的负面影响。他推测协约国将会瓜分安纳托利亚，希望英国可以在其间发挥主要作用。英国人对穆斯林可能比法国人更加友善，因为法国人在北非曾经有过统治穆斯林的艰难历史。假如这一切成真，英国人一定需要他这样经验丰富的本地人来协助控制局面。“我想知道，”凯末尔对普赖斯说道，“这种情形之下，哪里是我的用武之地。”普赖斯将他们的谈话内容转告给了同住在佩拉宫的英国军官，但是军官表示不屑。穆斯塔法·凯末尔看似只是个小人物，而且不知从哪里冒出来的越来越多的奥斯曼军官都想为协约国的事业提供帮助。“过不了多久，许多土耳其将军都会来找事做。”这位高级情报官员答道。

后世的史学家对这一事件避而不谈，或者辩称这是故意破坏英国人的形象。但不可否认的是，穆斯塔法·凯末尔随后六个月的举动确实像在寻找出路。他搬出了佩拉宫，在更北边的奥斯曼贝租下了一间房子。他几乎见了所有愿意接待他的人：军官、阁僚、愤愤不平的议员，还有四次见到了苏丹穆罕默德六世本人。他发现许多人都对协约国心存不满，但是他们却没有团结一致。占领加深了城内各派系——王室、议会、商人和军队总参谋部——之间的分歧。 56
每一派都小心翼翼，生怕一步差池，而不是大胆出击，塑造国家命运。

三大帕夏执掌城市的光景不复，但他们创立的秘密组织“前哨社”（*Karakol*）却保留了下来，这个组织如同温床，培养着整编的抵抗力量。不过穆斯塔法·凯末尔发现，前哨社只是这个城市众多活跃的颠覆组织之一，而且这些组织之间并没有什么协作。1919年春，英国人开始逮捕并驱逐疑似统一进步党的激进分子，秘密组织实现城市解放，乃至救赎旧帝国的希望愈发渺茫。占领当局步步紧逼，奥斯曼政府只得对统一进步党成员实施抓捕，审理他们背负的灭绝亚美尼亚种族的罪行。凯末尔曾经也是统一进步党的一员，像他这样的军官现在必须同党内的残余势力保持距离，撇开秘密集会和地下阴谋，另找其他渠道来表达自己的观点。

凯末尔在奥斯曼贝的住宅成了军官们的非正式聚点，他们急切地想要找出一种方法，既可以逆转协约国占领的局势，又能绕开似乎打算囚禁所有军人、消除潜在内部威胁的奥斯曼政府。保皇派嗅觉敏锐，他们很快就认清了现实，协约国当前掌控着城市的实权，王室担心士兵造反会引发镇压，最终苏丹很可能像许多著名的奥斯曼大僚和可能的滋事者一样，被英国人流放到马耳他。协约国之间的倾轧也越来越严重，城市被一分为三，每个区域都必须听从不同协约国的军事指挥。从大大小小的军官到普通士兵，协约国将士们彼此的嫌隙并不少于他们对当地穆斯林的鄙夷。意大利人给奥斯曼人传递情报，法国人撤销了英国人的命令，英国人隐瞒了一些重大信息，不向意大利人和法国人通报。

57 地下反抗势力争闹不休，协约国又含混其词，穆斯塔法·凯末尔被这一切搞得灰心丧气，最后只争取到了一个奥斯曼部队驻安纳托利亚东部巡视员的公职。当时，奥斯曼军队人心涣散，士兵逃跑的现象相当普遍，没有一支队伍拥有完整的战斗力，所以这个职位基本上形同虚设。他的工作是协助《穆德洛斯停战协定》的有序实施，切实监督奥斯曼军队余部的遣散。这个职位好歹为他提供了那个时期大多数奥斯曼官员梦寐以求的东西：一份实实在在的工作，汇报对象是奥斯曼帝国唯一确实存在的政府官员——苏丹。穆斯塔法·凯末尔这个名字也因他四处积极求职，比他刚刚抵达伊斯坦布尔的时候响亮了一些。1919 年初，穆斯塔法·凯末尔终于引起了协约国当局的注意，他们计划对他实施逮捕，并以企图颠覆停战协定的罪名发配马耳他。

协约国的命令未及执行，穆斯塔法·凯末尔就抢先一步悄悄离开了伊斯坦布尔。1919 年 5 月 16 日，他拿着苏丹的委任书，搭乘“班德尔马”号（*Bandırma*）前往萨姆松的黑海港口，这是经由陆路向东找寻奥斯曼帝国残余军部的理想起点。1919 年 5 月 19 日，穆斯塔法·凯末尔到达省城，虽然当年几乎无人留意他的行踪，但是今天就连一个土耳其学童都能说出这个日子。这一天标志着独立战争的开始，是穆斯塔法·凯末尔踏上土耳其共和国开国总统征途的第一步。

没有人真正知道当时有多少人生活在协约国接管的伊斯坦布尔。1906 年，奥斯曼帝国开展了战前最后一次人口普查，但是因为青年土耳其党的革命造成社会骚乱，普查未能完成。据统计学家估计，第一次世界大战前，伊斯坦布尔的城市人口数量大约为 58
97.7 万，若以宗教划分，穆斯林大概 56 万人，希腊东正教徒 20.6 万人，亚美尼亚使徒教（或称格里高利教派）信徒 8.4 万人，还有若干犹太人、罗马天主教徒和其他少数族裔。近 13 万人被归入外国国民，其中，大多数是非穆斯林，主要从事贸易、制造业和金融业。穆斯林的人口占比虽说仍有微弱优势，但即便在艾伦比和弗朗谢的车马入城之前，伊斯坦布尔的外国势力也已经相当明显了。

纵观奥斯曼帝国的悠久历史，穆斯林和非穆斯林一直共同生活在同一套庞杂的行政体系内，这套体系明确了基本的公共权利，管理着不同教区和民族之间的关系。奥斯曼帝国著名的米勒特制（*millet*）准予宗教社区在教会法、公共秩序、合同履行等法律、社会与经济领域的事务上实行自治。虽说所有奥斯曼帝国国民都必须效忠苏丹，基督徒和犹太人还需要缴纳穆斯林免缴的专项国税，但是人们出生、婚配和死亡基本依据的都是特定宗教派别独有的法典，而且过去几个世纪，教派具体的数量和属性也有所改变。从理论上讲，假设在人生的每个阶段，从出生登记到遗嘱执行，一个人面对大事小情最常求助的是适当的宗教权威，而不是国家机关，那么只要这个人是苏丹的子民，就无法脱离米勒特制。

即使逾越米勒特制的方法有千百种，整个国家行政等级制度的基石仍是这一教派自治的大帽子体系。苏丹作为哈里发，站在伊斯兰教统治阶级的最顶端，在穆斯林民众中一呼百应，但是他对非穆斯林国民只能通过希腊东正教主教、亚美尼亚使徒教族长、犹太教
59 首席拉比（*hahambası*）等正式的宗教领袖来间接管理。这种制度安排强化了这些世俗宗教统治者管理教众的权力。

米勒特制是帝国驾驭多宗教的治国之策，这一制度以不同的形式沿用了五百多年，发展轨迹比自由民主制和单一民族国家还要绵长。三大非穆斯林的米勒特——希腊人、亚美尼亚人和犹太人——很早以前就已经扎根这座城市。公元前 7 世纪，希腊人就开始在伊斯坦布尔繁衍生息，乃至任何一个家庭都很难展示这样源远流长的谱系。在金角湾南部法纳尔区的圣乔治大教堂，希腊牧首既是当地希腊社区的管理者，也是地中海及周边所有希腊东正教徒的精神领袖。侨居国外的希腊人只要提起他们文化和宗教生活的中心，自然而然就会想到伊斯坦布尔——或称君士坦丁堡——最出名的希腊学校，最华美的希腊教堂，最有活力的希腊企业。

亚美尼亚人同样是这个城市古老的存在，他们在贸易圈和银行业都成绩斐然。比如，贝里昂家族培养了几位帝国最受尊敬的建筑师，从华丽的轮渡站到苏丹的贝拉贝伊宫、多尔玛巴赫切宫，他们

设计了众多公共建筑。阿卜杜拉兄弟摄影工作室（Abdullah Frères photographic studio）也属于某个亚美尼亚家族的资产，这间工作室作为阿卜杜勒·哈米德二世御用的摄影机构，用数千张玻璃相纸记录了标志性的教育机构和政府大楼的影像，展现了帝国的真实样貌。19 世纪 90 年代，亚美尼亚民族主义崛起，谋求在安纳托利亚东部为亚美尼亚人单独划设领地，这既造成了社会分裂，也激怒了帝国政府。安纳托利亚部分地区的亚美尼亚人村寨随即遭到了全面 60
清洗，一百多万亚美尼亚人被迫四散逃离，这些不论年龄和身份的大屠杀震惊了伊斯坦布尔的亚美尼亚群体。1915 年 4 月，尽管关键的社会活动家已被驱逐出城，但是无数亚美尼亚人仍然认为伊斯坦布尔是最佳避难所，可以躲开帝国铺天盖地的暴力事件。

犹太人也历来认为伊斯坦布尔是避风港——他们想要躲避的不是地方性屠杀，而是深入欧洲基督教骨髓的反犹主义。自拜占庭时代犹太人就在伊斯坦布尔安居乐业，1453 年，奥斯曼人攻进城后，新的穆斯林统治者认为犹太群体是奥斯曼帝国友好的利益伙伴，所以犹太会堂等公共设施得以安然无恙地保存了下来，甚至还获准扩建。相比穆斯林的入侵，新来的犹太移民在更大程度上催动了社区生活的转变。拜占庭时代移居的犹太人大多数被称作希腊犹太人，他们讲希腊语，保持着与东正教并立数百年而发展形成的传统。1492 年，地中海另一边，西班牙逼迫当地的犹太人选择是皈依基督教，还是离开王国。许多人决定接受苏丹的翼护，迁居奥斯曼帝国的国土。随后的一个世纪，成千上万的犹太人接连从伊比利亚半岛迁来，社区规模扩大不止一倍，塞法迪姆犹太人的风俗习惯逐渐成了主流。拉地诺语取代了希腊语；墓碑上也出现了西班牙姓氏；西地中海的犹太饮食——西班牙的鲜奶油蛋糕（*bizcochos*）、北非肉丸、蜜渍柠檬——也传到了东岸。

20 世纪初，大多数伊斯坦布尔人并不认为他们生活的城市是个整体——城区毫无规划地在金角湾南部的七座小山上蔓延，向北

穿越无数的山谷山脊，一路攀爬上博斯普鲁斯海峡东部亚洲区近郊
61 的陡坡——而是数百个相异的小社区（*mahalle*）构成的“群岛”。
每个小社区多多少少都有自己独立的本土经济和生活方式，而所有
小社区又都嵌在更大的同心圆里，这些同心圆绑定了单个小社区和
更大范围的社区和行政区之间的联系。小社区的传统增强了公共生
活的独特性，也确保了穆斯林与非穆斯林之间相互依存，共同享受
社会福利。

例如，在金角湾南岸主要的犹太社区巴拉特（Balat），闲聊八卦的街坊邻里可能混说着拉地诺语、希腊语、奥斯曼土耳其语等好几种语言。沿着蜿蜒的街道漫行，你可以发现售卖香料的波斯店主，供应牛奶和甜味乳脂（*kaymak*）的保加利亚人，还可以看见阿尔巴尼亚人舀出罐头里兰根粉（*salep*），冲兑成浓郁热饮来驱散冬日的寒意。面包房的门前挤满了小男孩，他们用铜盘托着家里自制的糕点，被母亲差遣前来借用烤箱。周五早晨，公共浴室还没等犹太人的安息日开始，就排起了长队。周日上午，国家电影院放映新片，候场的观众甚至能排到影院门外。希腊人和亚美尼亚人愿意去邻近的法纳尔区参加各个教堂的服务项目。许多家庭还会去艾郁普山顶的绿蒂咖啡馆一边喝下午茶，一边欣赏海景，或者前往穆斯林也经常光顾的海滨卡希塞恩（Kagıthane）野餐。男男女女、大人小孩三五成群地坐卧在草地上，重新建构了伊斯坦布尔人口学的缩影。

近代，少数民族的小社区不再独立。17 世纪末，少数民族式
微，穆斯林步入了有产阶级，他们随着财富的增长，逐渐搬进了从
前基督徒和犹太人居住的城区。但是直至奥斯曼帝国终结保留不同
民族各自生活空间的理念仍是伊斯坦布尔不成文的城市规定之一。
拉地诺语有句老话，“不要火灾，不要打架”（*Ni a fuego, ni a*
62 *pleto*）。伊斯坦布尔的社会结构不仅是围绕清真寺、教堂、犹太会
堂的宗教社区的自然集聚，也是一种生存策略：别管闲事，保持低

调，把政治经济的大问题留给强者。无论是巴拉特区特色鲜明的门柱圣卷、库姆卡帕区（Kumkapı）亚美尼亚教堂色彩绚丽的十字架，还是贝伊奥卢区公寓大楼的希腊家族铭牌，都标示着不同群体日常生活的地理边界，也摹画了宗教社区的权力轮廓，直到协约国占领，他们还都认为是同一位君主的子民。

非穆斯林群体是伊斯坦布尔经济与流行文化的经纬线。他们是酒吧老板和银行家，是妓院老鸨和餐馆经理，也是出口商和酒店经营者。1922年，伊斯坦布尔共有1413家餐馆，其中，希腊人拥有1169家，97家在穆斯林名下，还有57家和44家分别属于亚美尼亚人和俄罗斯人。此外，非穆斯林群体因社会地位的差异，关系也剑拔弩张。希腊人和亚美尼亚人的“相处就像猫和狗”，犹太传记作家伊莱·沙乌尔（Eli Shaul）回忆，“他们尽量避免彼此碰面，总是伺机取笑对方，有时还会打架斗殴”。民间流传一个笑话，说明了伊斯坦布尔少数族裔爱兜圈子和相互攀比的特征。笑话讲的是犹太男孩所罗门跑到亚美尼亚教堂。“我罪孽深重，”他向诧异的牧师说明了来意，

> “我和一个女孩发生了关系，我想求主宽恕。”
>
> “哪个女孩？”牧师谨慎地问了一句。
>
> “哦，神父，我不好意思说。”所罗门回答。
>
> “我知道了，一定是哈古普的女儿！”
>
> “不，不。”
>
> “那就是穆格蒂赫的妹妹？”
>
> “不，不是。”
>
> “等等，那肯定是瑟庞那位年轻的太太！”
>
> “不，也不是她。” 63

牧师沮丧地打发走了所罗门。他的朋友米雄看见他走出来，便问他去亚美尼亚教堂究竟要做什么。

“有了三个人选。”所罗门答道。

这个世界纷繁复杂，一个亚美尼亚人可能是天主教徒、新教徒，也可能信奉使徒基督教。他们可能自称誓死效忠苏丹，又或者为民族解放运动而秘密工作，反过来还很容易掉入自由主义和社会主义的旋涡。即使他们世世代代都住在城里，也无法判断他们到底是苏丹的子民，还是拥有另一个国籍。犹太人同样也分成塞法迪姆犹太人和阿什肯纳兹犹太人两个支系，塞法迪姆犹太人是西班牙移民的后裔，而阿什肯纳兹犹太人 19 世纪才开始从东欧搬进这个城市。总而言之，伊斯坦布尔的每一个人都可能是犹太复国主义者、社会主义者或自由主义者，他们不是奥斯曼人，就是外国人。

奥斯曼帝国统治时期，非穆斯林国民只要能说服外国政府将其纳入保护，就可以享受一系列惊人的经济特权。这种所谓的领事裁判制度是奥斯曼帝国治国方针的组成部分，也是热那亚和英法等列强强势谈判的结果。这个制度可以豁免跨国公司的本地员工受到奥斯曼帝国法律的制裁，直接保护了外国企业在奥斯曼帝国的经济权利。久而久之，领事裁判制度限定了国内经济和对外贸易，这两者在很大程度上都落入了外国“殖民区”的控制，佩拉区、加拉塔区等金角湾北部的外国工厂和商行由此积累了大量财富。

其中最值一提的是角色不同寻常的希腊人，他们一面为外国势
64 力卖命，一面却在奥斯曼帝国赚钱养家。个人为了自身利益，可以利用奥斯曼帝国现有——却不怎么样——的复杂体系，但是反过来，这很可能对国家不利。巴希尔·扎哈罗夫（Basil Zaharoff）在佩拉宫以北的塔塔拉区（库尔图卢斯）长大，他的名字听起来像是俄国人，但他其实来自一个中等收入的希腊家庭。他在青少年时期做过导游，每天都绕着人来人往的勒邦咖啡馆（Café Lebon）拉生意。他尤其擅长向游客介绍佩拉区的大街小巷。另外，他还有一个赚钱的门路，帮助消防员纵火，每次他放完火，流动的消防员就会赶来扑救，有钱的受害人就会心存感激地支付一些酬金。后来，

他逐渐熟悉了外国人的路数，又很会耍手腕，事业因此获得了难以置信的成功。他通过英资的维氏公司结识了一名瑞典军火商，他借着法国国籍，谎称自己是欧洲首屈一指的军械贸易商。欧洲战事此起彼伏，他愿意把新发明的机关枪等最新科技卖给任何出价更高的国家，他依靠两边售卖军火发了家。第一次世界大战时期，他猜测历史会滑向民族主义的一边，而不是继续支持奥斯曼的帝国主义，于是他随着帝国命运的起伏，不断寻找掘利的时机。在他的帮助下，希腊被拉入了协约国阵营，他几乎一手包办了希腊迎战奥斯曼的全部武器装备。他是游历世界的浪子，欧洲各国的军部一眼就能辨认出他的名字。有人善意地说他是当时全世界最有趣的人，但实际上，他例证了世界性的伊斯坦布尔最丑陋的一面。

1918 年以后，许多穆斯林认为领事裁判制度、自治惯例和少数族裔经营的贸易都已跌至低谷，非穆斯林群体现在准备借助外援来瓜分帝国。协约国官员总是优先选择希腊人和亚美尼亚人来填补 65
打字员、辅警等岗位空缺，辅警上街巡逻通常也要身着英国制服，他们与英国士兵唯一的区别只有特殊的臂章。归根结底是因为协约国觉得他们责无旁贷，必须把基督徒从伊斯兰教的枷锁中解放出来，他们期望未来的和约能明令保护当地的基督徒，要求苏丹在治理国家方面接受某种程度的国际监督。1920 年，希腊和亚美尼亚社会活动家签署请愿书表呈，伊斯坦布尔的“希腊和基督教特质今已证实，即使经历数百年奴隶制，希腊人与亚美尼亚人的人口数量（与穆斯林相比）仍有相当大的增长……更何况这片黄土还掩埋着我辈帝王的尸骨和族长的遗骸”。这些基督教领袖的统计数据或许可疑，但是对穆斯林来说，权力格局却无比清晰。1920 年春，身在伊斯坦布尔的美国人查尔斯·弗朗（Charles Furlong）记录了他的穆斯林线人对协约国和城市的非穆斯林群体的一长串抱怨：

> 协约国军官征用了土耳其最好的屋宇房舍，常常还将里面

> 全部的家具据为己有。有证据表明，他们征用这些房屋的最终目的是劫掠财物；君士坦丁堡没有站街的土耳其妓女，但我得到确实可靠的消息称，联军驻地门口晃悠的希腊女人和亚美尼亚女人为了玷污协约国眼中土耳其妇女的形象，穿戴了土耳其妇女的民族服饰；希腊人常常嘲笑尖塔上宣礼的穆安津，还当着穆斯林教徒的面，冲街上的流浪狗大喊——“穆罕默德过来”；每隔几个星期，君士坦丁堡就会发生火灾，一场大火有时会烧毁几千间土耳其民宅，而有时余烬未冷，希腊地产商就
> 66 会赶来现场；尽管是休战期，但是君士坦丁堡仍然时有土耳其人被驱逐。

在穆斯林普通百姓看来，伊斯坦布尔已经面目全非。家家户户口耳相传的尽是一些可怕的故事，据说，法军的塞内加尔士兵当街侵害妇女，炙烤穆斯林婴儿当作他们的晚餐；穆斯林女性被粗暴地推下有轨电车；英国士兵在街上冲着孩子嚷嚷，打掉男人头顶的费兹帽，扯下女人的面纱。这些坊间传言充分表达了整个社会对外国统治的不满，但是如果穆斯林想找到占领者和非穆斯林少数派相互联系的鲜活实例，他们只需要去佩拉宫，与登记台的接待员或者负责招待的服务生聊一聊就知道了。第一次世界大战落幕，这家酒店也经历了所有权的更替。

反 抗

普罗德罗莫斯·布多萨克斯-阿萨纳斯达蒂斯（Prodromos 69
Bodosakis-Athanasiades）——通常称呼他布多萨克斯——身材苗条、穿着考究，蓄着小胡子、头顶渐秃，是一位温文尔雅、充满自信的希腊人。1919年，在局势尚未明朗，甚至奥斯曼财产档案还未厘清的情况下，他接管了原本属于欧洲卧车公司（Wagons-Lits company）的佩拉宫。事实证明他这个时机把握得很好，英国军官、愤懑的奥斯曼士兵，以及法国和德国商贾，布多萨克斯迎来送往接待着八方来客。据传记作家齐亚·贝回忆，佩拉宫迅速明确了自己的定位，“寡廉鲜耻的黎凡特投机商在此设宴款待外国军官和商界人士，他们搂着堕落的俄国公主或者希腊、亚美尼亚小姐一起喝酒跳舞，毫不夸张地说，这些姑娘的德行比她们的衣衫还要单薄”。

布多萨克斯出生于希腊东正教社区的小康之家，勉强读完了小学。他刚刚开始工作的时候，浪迹在地中海沿岸的两个区域商业中心，是阿达纳和梅尔辛一个小小的交易员。第一次世界大战的硝烟散尽，他来到伊斯坦布尔，投身鱼龙混杂的航运与工业领域，成为战争年代创造重要纪录的企业家。布多萨克斯是奥斯曼国籍，在帝国境内活动相对自由，而且身为希腊人，他很快就融入了城里商界与金融精英的圈子。另外，布多萨克斯还有可用的家庭关系，他的岳父是一名奥地利工程师，与德国驻土耳其的军事特派团团长奥 70
托·冯·桑德斯是亲戚。冯·桑德斯曾经协助指挥奥斯曼军队抗战，布多萨克斯的第一桶金就来自他作为部队军需官的供应商时的积累。即便是德国和土耳其战败后，尤其在这座满是外国士兵和移民的城市，认识重要人物仍是事业飞黄腾达的第一步。

布多萨克斯涉足多个不同的经济圈与政治圈。他八面玲珑，四处交涉磋商，生意因此一直繁荣兴旺。但是对许多当地的希腊人来说，协约国占领给伊斯坦布尔提出的未来问题远比答案更多。牧首虽然是希腊东正教教徒的精神领袖，但仍有源自雅典的政治权力——希腊本土政府和希腊王国——与之角逐，声明雅典的影响直达爱琴海东部。协约国之中，希腊的力量相对较小：整支舰队几十艘军舰，只有四艘是希腊战船，巡逻队也仅有几名希腊步兵，还有一支科里特岛人的小分队负责保卫法纳尔的希腊牧首散区。然而希腊军队的存在提出了一个根本性问题，它有关未来伊斯坦布尔古老的希腊社会与相对年轻的希腊国家之间的关系。

几十年前，希腊领土曾是奥斯曼帝国版图的一部分。19 世纪 20 年代，希腊本土人民起义，摆脱奥斯曼帝国的操控，创建了独立的国家。虽然希腊革命与那个时代其他反帝运动——一群自由派政治家、夸张的浪漫主义者和期盼着脱离远地君主统治的投机家——没什么差别，但是欧洲支持者却认为他们是活生生的雅典昔日辉煌的继承人：整个西方文明高尚的、热爱自由的源泉。1832 年，亲
71 希腊精神——支持源自雅典的古希腊文化和政治事业——渗透欧洲各地，最终帮助希腊的革命分子实现了国家独立。后来这个新国家的版图不断扩大，不仅囊括了附近的希腊语区，还划入了斯拉夫人、阿尔巴尼亚人以及土耳其穆斯林居住的周边区域。

第一次世界大战爆发，希腊国王康斯坦丁一世（Constantine）心如明镜，他知道英国和法国拉拢希腊加入协约国，是因为希腊在地中海的战略位置对协约国赢得巴尔干和近东战场的胜利至关重要。但他是德皇威廉二世（Kaiser Wilhelm Ⅱ）的妹夫，只能选择让希腊保持中立。随着战争创面持续扩大，德国的胜算越来越小，

1917 年，希腊议会的亲协约国派开始叫嚣，康斯坦丁一世被迫让位，他的儿子亚历山大一世（Alexander Ⅰ）登基。康斯坦丁一世流亡海外，希腊最终加入了协约国的阵营。这场战争似乎为泛希腊民族主义分子提供了一次机会，让他们实现弥足珍贵的“伟大理想”（*Megali Idea*）：在希腊国王的统领下，重夺伊斯坦布尔，重建拜占庭帝国的梦。

亚历山大国王背后的实权派是首相埃莱夫塞里奥斯·韦尼泽洛斯（Eleftherios Venizelos），他是一位经验丰富的政治家，为了让希腊参战，他曾经一手策划了王权更迭。韦尼泽洛斯既有远见，又很务实；他审时度势，确信协约国的胜利符合希腊的长远利益。希腊政府为了敦促奥斯曼帝国尽快割让领土，将占领区沿爱琴海海岸进一步延伸。1919 年 5 月 15 日，韦尼泽洛斯指挥部队进军奥斯曼帝国的主要港城士麦那（今伊兹密尔）。英国人与法国人心照不宣地默默提供支持，主要是因为另一个协约国意大利也在谋算奥斯曼的领土，他们不想让这个城市落入意大利的口袋。但与协约国军队抵达伊斯坦布尔不同，希腊入侵士麦那是一场灾难。当地的穆斯林奋起抗击占领者，整座城市完全失控。店铺被洗劫一空，希腊人、亚美尼亚人和穆斯林等宗教群体暴力冲突不断，希腊士兵不得不实施 72
强制戒严。

对当地的希腊人以及希腊国人民而言，占领士麦那都是一场胜利，是迈向“伟大理想”的第一步。（事实上，当时士麦那的希腊人口比雅典的还要多。）士麦那被占领的消息刚传到伊斯坦布尔，佩拉区的大街上就挂起了蓝白相间的希腊王国国旗，塔克西姆广场（Taksim Square）还揭开了一幅韦尼泽洛斯的巨幅画像。然而这在土耳其穆斯林的眼里却是一部惊心动魄的悲剧。现在不仅帝国首都由协约国管制，希腊还敢明目张胆地违背《穆德洛斯停战协定》，占领了奥斯曼最重要的爱琴海港口。与驻扎在伊斯坦布尔的米恩部队不同，希腊人似乎不只想担当管理者而是抱定决心要吞掉战利品。

当布多萨克斯正在尾随希腊的脚步，权衡自己可能的未来之时，奥斯曼战地指挥官穆斯塔法·凯末尔也启程前往安纳托利亚。他赶在一个不吉利的日子——1918年11月13日，协约国舰队抵港的那一刻——到达伊斯坦布尔；次年5月16日，也就是希腊军占领士麦那的第二天，他又动身去了萨姆松。在这两件大事的刺激下，他在东部组织了声势浩大的反抗运动。穆斯塔法·凯末尔放弃了军队巡回检查的借口，他开始号召对现状不满的军官和战地部队一致对抗伊斯坦布尔政府的不作为。到达萨姆松的短短几个月，凯末尔就让奥斯曼军官阶层的同僚们活跃了起来。他还在东部城市埃尔祖鲁姆和锡瓦斯协办了两次大规模的代表大会，军队代表以及其他反对占领的支持者济济一堂。代表大会谴责希腊入侵，宣告成立
73 民族军抵抗协约国占领。1919年底，凯末尔在安卡拉建立了指挥部。这个安纳托利亚中部的小镇距离协约国军队驻地足够远，适宜防守，而且有火车站，也方便联系停战后正在重新集结的奥斯曼军队残余力量。除了复杂的战略与政治环境，穆斯塔法·凯末尔日益壮大的军队更是协约国始料未及的新挑战。

安卡拉现在成了伊斯坦布尔对阵的敌手，协约国观察员用"凯末尔主义"或者土耳其民族主义来形容这些日渐壮大的抵抗运动。20世纪初，统一进步党就曾经提出一个理念，指出土耳其人代表的是一个独特的民族，而不只是多民族帝国统治精英的一分子。后来穆斯塔法·凯末尔掌权，抵制占领、鞭策软弱的苏丹等具体的政治和军事纲领进一步丰富了民族主义的概念。凯末尔主义者首先把注意力投向了东部，他们向该地区战时被统一进步党驱逐后又折返的亚美尼亚人和其他武装组织发动攻击。接下来的一年半，暴力逐渐向安纳托利亚的中部和西部扩散。希腊军队撤出了士麦那

周围的飞地，扩大了爱琴海沿岸的控制区域。苏丹政府无能为力，只能旁观着事态发展。虽然穆罕默德六世仍是伊斯坦布尔和整个帝国的合法君王，但他也只能默默看着他的官兵在没有王室援助和支持的情况下自发组织保卫祖国。穆斯林政治家和知识分子很快从四面八方涌向安卡拉，伊斯坦布尔军火库失窃以及凯末尔主义者偷运枪支的事件与日俱增。

1920 年春，软弱的奥斯曼帝国议会还在勉力维持，但立场却始终摇摆不定，一边暗中支持凯末尔主义者，一边似乎又默许协约国的权力，而协约国当局也投桃报李，承认苏丹和帝国议会仍是帝国唯一的合法政府。然而，伊斯坦布尔的穆斯林偏向性十分明显。
1920 年 2 月，约十五万人在苏丹艾哈迈德行政区举行集会，要求 74
土耳其腹地在保证控制伊斯坦布尔和博斯普鲁斯海峡的前提下，尽量保持国家统一。当月，帝国议会前所未有地大胆行动，通过了史称《国民公约》（National Pact）的宣言。这份宣言陈述了奥斯曼帝国针对协约国提出的核心要求，从主张苏丹国家的自由独立，到坚持有争议的边境地区的未来地位问题必须以公民投票的方式解决，涵盖内容非常广泛。最关键的是，这是奥斯曼帝国政府签发的第一份文件，使用土耳其（*Türkiye*）这个词来称呼曾经闻名于世的奥斯曼帝国。

协约国眼见骚乱日盛——而且担心苏丹政府、凯末尔主义者和伊斯坦布尔人最终会齐心协力反抗占领——于是做出了一个重大决定。1920 年 3 月 16 日，米恩上将下令伊斯坦布尔全城实行军事管制，这是自 1918 年以来协约国部队针对自身地位的一次技术变革。此举并未经过《穆德洛斯停战协定》的认可，新的部署要求所有的民用机构和军事机构都必须接受协约国的监督。佩拉大街巡逻的英国士兵可以佩戴并随时拔出刺刀。尽管他们随时准备应对抵抗，但是大多数情况下，协约国的警卫队也只是在政府各部门的办公室门外站岗。当地的警察和军队被解除了武装。边远村落藏匿的武器被搜缴。几批不配合的奥斯曼官老爷被送去了受英国控制的马耳他。

占领仿佛天经地义，佩拉宫的酒吧流言四起，法国人把这些计划秘密报给了奥斯曼的上层官员，让他们尽早离开伊斯坦布尔，不要等着英国人的逮捕或驱逐。但这其实是个草率又鲁莽的决定。穆斯塔法·凯末尔在安纳托利亚的同伴现在终于可以证明，他们是国
75 家政府真正的唯一的代表，因为苏丹对协约国联军正式占领首都的行为无动于衷。次月，民族主义者在安卡拉成立大国民议会，其中还有一些代表来自伊斯坦布尔解散的奥斯曼帝国议会。穆斯塔法·凯末尔当选为第一任议长，真正成为这个尚未被承认的国家的政府首脑。大国民议会发表了一份宣言，声称原本无意废黜苏丹，但是1908年，统一进步党企图从政治体系内部挽救奥斯曼帝国的计划失败后，既有政权与所谓的拯救者之间的关系一直剑拔弩张，所以安卡拉大会决议指示，所有质疑大国民议会合法性的人都必须处决。不久，苏丹也宣告对穆斯塔法·凯末尔和他最亲密的支持者执行同样的惩罚。

由于土耳其穆斯林统一战线造成的威胁，协约国接管了伊斯坦布尔。但是不到一个月，多方僵持的多民族内战似乎就已迫在眉睫。奥斯曼帝国的保皇派指责土耳其民族主义者；土耳其士兵攻击宗教少数派，认为所有的希腊人和亚美尼亚人都是协约国占领的潜在支持者；希腊军队与持械的土耳其人发生冲突；土匪和地方军阀则是谁占上风就支持谁。

千里之外，外交官们正在巴黎市郊的色佛尔举行会谈，他们打算把千疮百孔的《穆德洛斯停战协定》转变为一纸永久和约。1920年5月，协约国的谈判代表向奥斯曼官员提出了和平条约的最终草案，所列的条款触目惊心。这份和约解除了奥斯曼帝国对叙利亚、美索不达米亚和巴勒斯坦的控制，为法国人和英国人统治这些区域的托管制度铺平了道路。东安纳托利亚大部分地区被一分为

二，成为独立的亚美尼亚共和国和后来的库尔德斯坦。埃及和塞浦路斯也摆脱了奥斯曼的统治。士麦那附近的部分爱琴海海岸线被割让给希腊。伊斯坦布尔与博斯普鲁斯海峡则交由英国、法国、意大 76
利、日本、俄罗斯、希腊、美国等国代表组成的国际委员会管理。

伊斯坦布尔的协约国官员力劝谈判代表不要一一详述这些安排。美国驻伊斯坦布尔的高级专员马克·布里斯托尔上将为此还发出了大量电报与备忘录，他认为瓜分该国会激化当地人民对占领的抵触情绪，为民族主义者统战联盟提供另一个具体的理由，这样做还隐晦地表达了英国才是该地区的主导力量，甚至没有顾及其他协约国的感受以及对土耳其人造成的伤害。“美国加入这场战争后，牺牲了多少生命，投入了多少资金，才战胜了德国帝国主义，”布里斯托尔在佩拉宫隔壁的办公室里给华盛顿写信，“我现在必须提醒大家注意英国这种明显的帝国主义倾向。”然而，协约国的谈判代表并不这样想，他们认为和谈就是一盘争上游的游戏。考虑到安纳托利亚快速变化的军事形势，他们起草的和约条款实际毫无意义。昔日的奥斯曼帝国现在正在任由希腊宰割，扭转这一局势似乎希望渺茫。谈判代表推断，最好的结果就是和约至少能让奥斯曼帝国有序解体，让分割的各个部分接受某种国际祝福。

1920 年 8 月，苏丹极不情愿地接受了这项交易。尽管协约国占领是帝国分裂的实际原因，但《色佛尔条约》（Treaty of Sèvres）却是法理上的始作俑者。奥斯曼帝国和五百多年前的拜占庭帝国命数相似，现在基本被削弱为欧洲边缘一支微不足道的非军事力量。《色佛尔条约》的新闻印证了布里斯托尔等人的预言。一方面，奥斯曼官员交出了帝国版图的边远地区——比如，放弃了阿拉伯诸省——另一方面，他们还做出了巨大的让步，同意割让安纳托利亚，撤除对伊斯坦布尔与博斯普鲁斯海峡的地方控制。协约国从此
不再是争取从休战状态向和平平缓过渡的临时占领者，他们变成了 77
贪婪的胜利者，伴着苏丹的祷告一拥而上瓜分战利品。

外交官们在谈判桌前热烈讨论着领土划分、国际授权、有序的人口流动，并且重新起草了治理改革的方案，可是他们对奥斯曼国内的风云涌动却毫不知情。《色佛尔条约》签署后，穆斯塔法·凯末尔的支持者更加大胆，更加确信他们事业目标的正义性。希腊军队持续为进，他们从士麦那出发，沿爱琴海海岸北上，经色雷斯直逼伊斯坦布尔。和约尚未全面履行，各方——英国、法国、意大利、希腊以及土耳其——互不相让，都在努力制造既成事实。然而，结局忽生大变，三百多英里开外，雅典周边的某个花园里发生了一桩匪夷所思的猴子咬人事件，这一事件让伊斯坦布尔和奥斯曼帝国的命运变得悬而未决。

许多人认为在这个复杂的王权更替的时代背景下，这一事件是某种离奇的宇宙正义。1920 年 10 月初，希腊国王亚历山大一世——这个曾经把自己的父亲赶下王位的君主，指引他的王国取得了第一次世界大战的胜利，现在还督促着希腊部队向伊斯坦布尔和安卡拉进军——正牵着他的德国牧羊犬在雅典郊外的皇家庄园散步，一路上他的牧羊犬总是追着宫廷园丁的一只无尾猕猴不放，结果另一只赶来帮忙的猕猴狠狠地咬了他一口。亚历山大一世当时并未在意，可是几天后，国王伤口感染，卧床不起，不到一个月就过世了。

“毫不夸张地说，一百万人之中，有四分之一死于无尾猕猴的
78 咬伤”。温斯顿·丘吉尔随后评论道，这一事件的政治影响巨大，亚历山大大帝一死，1917 年宫廷政变的失败者名正言顺地迎回了流亡中的康斯坦丁一世。政府换届选举，首相韦尼泽洛斯下台，缺席了接下来的政治谈判。这场雅典风暴波及了整个爱琴海，但是结果却出乎所有人的预料。

康斯坦丁一世意外回归，政局发生了山崩地裂的剧变，希腊军队顺势放缓了他们在安纳托利亚前进的脚步；抢占爱琴海海岸和东色雷斯，迫使其他协约国把伊斯坦布尔交给希腊政府的宏伟计划甚至都搁置了。但是值此关键时刻，英国这个主要占领权国的态度依然十分坚决。英国人也有相当程度的伊斯兰恐惧症和亲希腊精神，他们广泛认同希腊的野心，暗示康斯坦丁一世应完成亚历山大一世和韦尼泽洛斯未竟的事业。现在，正式的和约——《色佛尔条约》——就位，伦敦立即派遣新的司令官查尔斯·哈林顿（Charles Harington）将军接替米恩将军，落实苏丹政府批准的条款。相比之下，法国人和意大利人行事显得小心谨慎，面对亲德的康斯坦丁政权的回归，他们开始撤回对希腊的支持。协约国内部的这些分歧为复位的希腊君主壮了胆，他渴望通过打赢另一场战争来展现自己获取和平的能力。雅典的报纸登载了几幅图片，图中康斯坦丁一世杀死了土耳其巨龙，大踏步进入了翻造后的君士坦丁堡，而这个城市名称恰好也和他的名字同源，都来自过世多年的拜占庭帝国的末代皇帝君士坦丁十一世（Constantine Ⅺ）。

土耳其民族主义者现在多了一项任务：防止希腊部队迫近安纳托利亚中部腹地，阻止他们向安卡拉进军，逐步把他们逼回爱琴海海岸。1921 年 1 月，凯末尔军队在天才战术家伊斯麦特·贝的指
挥下，与希腊军队在马尔马拉海以南的伊诺努（Inönü）交手，首 79
战告捷。4 月，土耳其在同一地点又赢得了另一场胜利。夏末，希腊军队主动在安卡拉附近的萨卡里亚河（Sakarya River）发起了大规模的进攻，但是也被击退了。

土耳其战士开始认为这次冲突是他们解放的战争——讽刺的是，他们追随的榜样，希腊人、保加利亚人、阿尔巴尼亚人、阿拉伯人等非土耳其人都获得了自由，摆脱了奥斯曼帝国的控制——而萨卡里亚河战役是此轮斗争的重大契机，这场胜利还把穆斯塔法·凯末尔从原来土耳其军总司令的位置推上了无可匹敌的民族主义运

动领袖的高位。凯末尔机谋巧断，智胜了战功彪炳的卡森·卡拉贝科（Kâzım Karabekir）将军和其他潜在竞争者，卡拉贝科将军资历过人，不仅是当时伊斯坦布尔知名的精英人士，也是经验丰富、功勋卓著的战地指挥官。穆斯塔法·凯末尔升任元帅后，获尊称加齐（*gazi*），这个称谓从前只授予最杰出的伊斯兰圣斗士。1921 年，一位土耳其观察家评述 1683 年侵略欧洲的奥斯曼帝国盛世时说，“这场始于维也纳的撤退 238 年后终于停止了”。

英国外交官拼命想挽回《色佛尔条约》，但是面对这场演变的暴力冲突，大多数协约国都四下退散，成了作壁上观的看客。协约国维持占领的成本超出了它们能获取的战略利益。1921 年夏，意大利与土耳其民族主义者单独缔约，从安纳托利亚撤出了部队。10 月，法国人也撤军了。次年夏末，土耳其民族军开始进攻剩余的希腊阵地，矛头直指希腊人三年前攻陷的士麦那的主要堡垒。两支军队的兵力大体相当，大约 22.5 万名希腊士兵对战 20.8 万名土耳其军士，但是希腊军队此时孤立无援，炮台几乎散布在整个安纳托利亚的前线，背后只有一望无际的大海。

80 希腊军队的人马逃向了爱琴海海岸，他们屠戮村庄，烧毁农田，推倒宣礼塔。“自占领士麦那以来，希腊人犯下的滔天罪行超越了迄今为止史册记载的所有类似的犯罪，”一份土耳其报告断言，“希腊国希腊人的野蛮行径以及一小撮本土希腊人助纣为虐的行为都是处心积虑的阴谋，是对各方面希腊军队指挥官命令的贯彻执行，这一点丝毫不用怀疑。”

只几天工夫，土耳其军就兵临士麦那。1922 年 9 月 9 日，土耳其民族军昂首阔步地进了城，开始驱赶残余的外国军队。当地的希腊东正教教徒担心民族主义者以及他们的穆斯林邻居报复，纷纷加入了撤退的希腊行伍。码头挤满了难民，暴徒控制了街道。在土耳其指挥官的煽动下，城里的希腊大主教被一伙穆斯林以私刑处死。士麦那的亚美尼亚居民区突然起火，并且迅速蔓延到其他街区，这场冲天大火熊熊燃烧，整片海都被映照成了铮亮的铜黄色，越来越多的人向海滨跑去。人们惊恐万状，场面一片混乱，数千人还没等到希腊等协约国运送幸存者返回希腊本土的船只抵达就已死去。以世代生活在士麦那的希腊东正教教徒和亚美尼亚家庭为主的大约 213000 人永远地离开了这座城市。四分之三的城区变为废墟。

士麦那灾难的消息传到伊斯坦布尔，当地人和协约国无不担心同样的灾祸也会降临这座古老的都城：土耳其民族主义者发动一轮攻击，城里的少数族裔立马乱作一团，全部逃离，协约国也跟着飞奔而去。“一想起士麦那的遭遇……外国人就精神紧张”，欧内斯特·海明威从现场发回的报道说：“都预订了近几周离开伊斯坦布尔的列车。”土耳其穆斯林高喊着“打倒英国人”的口号沿街游行，穆斯塔法·凯末尔的肖像出现在城中所有穆斯林聚集的地区。 81
希腊商店曾用来装饰铺面的希腊国旗以及蓝白相间的飘带全都消失了。“眼下，对未来的恐惧重重地压在这群可怜人的心头，”一名英军中尉在家书中写道，“如果我们离开了，他们将会有怎样的遭遇？”

就在一年前，士麦那的希腊军还未失守，伊斯坦布尔的联军统帅曾经下达过一项指令，提醒土耳其士兵碰见协约国部队身穿制服的军官行礼致敬，联军为此还成立了一个特别委员会来研究协约国军官是否需要回礼的问题。而今，权力旁落，土耳其人控制了局面，英军司令哈林顿将军向伊斯坦布尔民众发表声明的态度越来越强硬，但是收效甚微。人们私藏枪支、袭击协约国部队、破坏电话电报线路、收取联军失窃的物品，或者“其他任何有损协约国利益或危及协约国安全的行为和事件”一经定罪，均可判处死刑。但是几乎没有人相信这些判决会被执行。

英国人在日渐缩减的多国部队中仍是领导力量，面临着占领权国共同的困境。他们友好的本地伙伴——苏丹——不再受当地人民拥戴，而民心所向的队伍——凯末尔主义者——却计划着进军伊斯坦布尔，赶走占领者。穆罕默德六世和他身边的阁僚谋士都软弱无力，不得人心。他们忍气吞声地看着希腊占领士麦那，接受丧权辱国的《色佛尔条约》，他们一次次的屈膝低首削弱了奥斯曼帝国旧政权的威望，降低了这个权力集团作为未来伊斯坦布尔后占领时期政府的可信度。协约国已经把自己逼进了死胡同。

反攻士麦那之前，伊斯坦布尔是土耳其唯一一个奥斯曼政府地
82 方军队在兵力上超过民族军的城市：1200 个奥斯曼士兵比 1000 个凯末尔主义者的差距。然而，几个月后，支持凯末尔的人越来越多，这种平衡发生了戏剧性的转变。1922 年 9 月下旬，刚刚结束士麦那战斗的土耳其民族军凯旋，进入了协约国在博斯普鲁斯海峡附近划设的中立区。英军和土耳其民族军在各自盘踞的阵地上都摆开了战斗的架势，抨击对方的行为危及了停战协定，这样的对峙持续了近四年的时间。“我知道如果有人开始清洗步枪，就意味着另一场欧洲战争要开打了!!!”威尔士卫队军官比利·福克斯－皮特（Billy Fox-Pitt）趴在战壕里写道。

英国政府打算和民族主义者决一高下，他们命令哈林顿将军立即备战，但是哈林顿虚与委蛇，假意忽略了他接到的这些直接的命令。他按原定计划前往马尔马拉海边的小镇穆达尼亚（Mudanya），会见土耳其的谈判代表。根据当前急剧变化的军事形势，起草了一份新的协议。“这份协议本着平等磋商的前提，旨在解决协约国和土耳其民族主义者之间战与和的问题。”《每日邮报》负责报道此次会谈的记者 G. 沃德·普赖斯写道。英国代表团乘坐的旗舰“铁公爵”号靠岸，土耳其代表在伊诺努抗击希腊人的战斗英雄伊斯麦特的带领下也同期抵达，伊斯麦特现在成了凯末尔麾下重要的军事将领之一，位列帕夏，授上将衔。1922 年 10 月 11 日，穆达尼亚狂风乱作，大雨倾盆，哈林顿和伊斯麦特·帕夏草拟了一份协定，以一种迂回的方式保护了伊斯坦布尔免受破坏。

《穆达尼亚协定》要求希腊军队从东色雷斯撤离，交由大国民

议会的兵士接管，这一文件实质上为土耳其军队包围伊斯坦布尔提供了一种和平有序方式。1922 年的《穆达尼亚协定》在许多方面推翻了 1918 年的《穆德洛斯停战协定》——协约国的政治与军事优势无可维系，土耳其人目前占据了影响最终和约条款的有利位 83
置。在伊斯坦布尔这座很久未曾出现过真英雄的城市，哈林顿与伊斯麦特的明智之举避免了伊斯坦布尔重演士麦那的惨剧。《色佛尔条约》——签署但从未执行——现在没用了，伊斯坦布尔的哈林顿以及远方的协约国外交官开始盘算一系列新问题：过去三年，凯末尔主义者从安纳托利亚出发，一直稳步西进，协约国该以何种姿态结束占领，把城市的控制权移交给这些实际的统治者。哈林顿几乎刚一离开穆达尼亚、返回伊斯坦布尔，就要面对与奥斯曼帝国苏丹的直接冲突，这位他一度尽力支持的统治者现在四面楚歌。

查尔斯·哈林顿将军——或者用他家喻户晓的名字蒂姆——是一位头脑冷静的职业军人，与他的前辈米恩将军一样身经百战。但他们两个人的差别在于，米恩代表英国和协约国监管着奥斯曼帝国首都，而哈林顿的任务则是想出交还伊斯坦布尔的办法。

哈林顿出席正式场合总是腰系武装带，身着缎带装饰的束腰外衣，还有轻便的手杖和笔直的小胡须，这些都凸显了他有担当又果敢的军人形象。他受训于桑德赫斯特的英国皇家陆军军官学校（Royal Military Academy at Sandhurst），布尔战争（Boer War）时曾在国王乔治五世率领的军团里服役。第一次世界大战结束，温斯顿·丘吉尔亲自任命他为英国的陆军大臣，派驻伊斯坦布尔斡旋处理各方的微妙关系。哈林顿在城内外国人和非穆斯林之中的名声极好，据说他应对剧变和凶险总是泰然自若。

“生活还要愉快地继续，尤其是在夜晚。”哈林顿在他的自传

里回忆道。阅兵游行的重点是步兵分列式以及博斯普鲁斯海峡舰船
84 鸣放的礼炮。英国人在国王乔治五世的生日当天会为国王的健康举杯祝酒，每逢周末还会举办七人制的橄榄球比赛。“每个人都很了不起：狩猎、马球、射击、钓鱼、快艇、高尔夫、板球、曲棍球、网球、壁球，等等，享受一个好的俱乐部和好的咖啡馆。”在欧洲郊外的马斯拉克猎犬撒欢儿奔跑，与其他小动物追逐嬉戏。小熊米苏（Mishu）被英国士兵从高加索山区救回来，它精彩的杂技表演常常逗得士兵们哈哈大笑。圣诞节的时候，士官们喂米苏喝下一杯波特酒，它沿着博斯普鲁斯海峡的围栏没走几步就一头栽进了海里。后来，渔民们从激流中把它打捞起来，与这只奇怪的动物面面相觑。

但协约国占领者与苏丹一样，都时日无多。“协约国政府当务之急，”G. 沃德·普赖斯报道，“是尽量在不蒙羞的情况下从土耳其撤军。”有关伊斯坦布尔和奥斯曼帝国最终地位的问题一直悬而未决，外加苏丹政府在色佛尔被迫接受的毁灭性条款，这些问题叠加在一起，催生了安纳托利亚的骚乱。英国支持了康斯坦丁一世的妄为，封死了士麦那的后路。

土耳其民族政府目前的站位极为有利，不论是领土控制，还是已展示的军事实力均表明了自身优势。土耳其士兵在伊斯坦布尔的东西两侧安营扎寨，协约国的制海权现在是他们武力夺城的唯一障碍。安卡拉的大国民议会也愈发自信，即使尚未得到任何大国的承认，但已经表现得像是一个真正治理国家的、自信的议会了。大国民议会补发了声明，宣布从协约国取得控制权的那一刻起，伊斯坦布尔已经不再是国家的首都。1922 年 11 月 4 日，大国民议会的代表勒费·帕夏（Refet Pasha）抵达伊斯坦布尔，向协约国转达了议会命他接管宪兵和警察、海关大楼、公共卫生等市政事务的消息。
85 协约国官员虽然对自身权力的迅速销蚀表示失望，但也无力阻止，因为城市周围驻扎着成千上万的土耳其军队，而且他们的存在受到

《穆达尼亚协定》的保护。“民族主义者目前采取的措施仅仅在于逐步抽空我们的控制，让我们的占领沦为一场闹剧。”一位英国官员在发往伦敦的电报说道。

勒费·帕夏想要做的正是遵照穆斯塔法·凯末尔的意思行事，“我们突然醒悟，我们正在经历一场革命，这真是吓了一跳。”哈林顿说道。没过几天安卡拉政府开始对国家进行彻底整顿。苏丹曾经默许占领，签署条约，把国家领土拱手让与希腊和协约国，后来又毫无助益地看着民族将士冲锋陷阵，击退希腊入侵者。现在，君主制被正式废除，新兴的土耳其是一个共和国。

穆罕默德六世躲在耶尔德兹宫里闭门不出，这个消息对他而言是个特殊问题。1922 年 11 月 16 日，从协约国部队最初上岸的那一天算起，差不多已经过去了四年，哈林顿将军接待了苏丹王室乐队首席指挥的到访。他知道这位指挥大师不仅是宫廷音乐家，实际上还是苏丹推心置腹的亲信，他的拜访一定会带来爆炸性的新闻。苏丹听说大国民议会刚刚宣布结束君主制，深信自己有生命危险，认为对方计划在下次聚礼时谋害他。凯末尔主义者已经褫夺了他苏丹的王位，现在他很担心他们会进一步除掉他。

哈林顿意识到，这个消息如果属实，必将是占领期的紧要关头，也会是奥斯曼帝国历史的重大转折。他坚持要看到苏丹的书面请求。于是几天后，乐队指挥又送来了一张字条。“考虑到我在君士坦丁堡的境况危如累卵，”穆罕默德写道，“特向英国政府申请政治避难，请求尽快将我从君士坦丁堡转移至他地。”哈林顿和他 86
的高级幕僚决定临危受命，抓住这次外国势力未来五个世纪都不敢奢望的机会：他们打算绑架——根据君王本人的请求——这位奥斯曼帝国的苏丹，穆斯林世界的哈里发。哈林顿与一小群指挥官秘密筹划了一个把穆罕默德诱拐出城的大胆计划。

11 月 17 日，周五清晨，哈林顿将军四点起床，几口就吞下了早餐的熏肉和鸡蛋。伊斯坦布尔此时正值深秋，天空还飘洒着小雨，掷弹卫队的官兵牢骚满腹，因为他们接到哈林顿的通知，命令他们黎明时分在靠近耶尔德兹宫的兵营小院进行一次演习。六点钟左右，苏丹和他的儿子带着一小群仆役来花园散步，当他们走到花园和兵营小院毗邻的地方，仆役突然打开了后门，训练的卫兵一眼就能看清花园的情况。

一队选定的英国士兵早已收到任务简报，他们很快就把苏丹及其随从五花大绑，塞进了两辆等待的救护车，迅速离开了练兵场，还有一组机枪手殿后掩护车队离开，而其余的掷弹兵只能目瞪口呆地立在原地。救护车全速冲下山坡，停在了多尔玛巴赫切宫门前的码头。据说一支英国海军小分队晨练时分就已在岸边静候。

苏丹被安全送上了船，前往博斯普鲁斯海峡下游较远的一家造船厂，哈林顿正站在那里等待他的到来。穆罕默德六世在英军司令的陪伴下最后一次横渡博斯普鲁斯海峡，然后他独自启程，搭乘英国战舰“马来亚”号（*Malaya*）开始了漫长的自愿流亡之旅。哈
87 林顿原本以为苏丹会赠送一个小礼物来纪念这一重大事件——或许是鼻烟壶——但是没想到穆罕默德六世却委托他照顾留在王宫的五位妻子。从那以后，哈林顿就成了苏丹与其家人之间的信使，他们一家最终团聚在倒台君主和昔日贵族的避风港——意属里维埃拉（Riviera）的圣雷莫（San Remo）。

周五当天，数千人如往常一般赶来参加聚礼。耐心等候着苏丹礼队的出现，可是时间一点一滴流逝，人群渐渐散去，他们不明白统治者为何缺席周五这样重大的仪式。消息很快传遍了全城，苏丹弃伊斯坦布尔于不顾，离开了奥斯曼帝国。几天后，大国民议会推选穆罕默德六世的表弟、王储迈吉德二世（Abdülmecid）为哈里发，但是没有给他加冕苏丹的头衔。全球伊斯兰教的领袖和帝国统治者几个世纪以来首次实现了分离。奥斯曼王室治理帝国600多年，统治伊斯坦布尔469年，现在退出了历史舞台，末代苏丹也沦为难民。

博斯普鲁斯的莫斯科

查尔斯·哈林顿将军是在奥斯曼帝国衰败的决定性时刻抵达伊 91
斯坦布尔的。哈林顿的任期与凯末尔主义者的西进同时开始，稍后又在场见证了士麦那之秋，策划拐走了奥斯曼帝国的末代苏丹。然而，这些事件当时很难被写进帝国崩溃与民族革命的叙事鸿篇。哈林顿的困扰也只是一些亟待解决的问题。

那个年代生活在伊斯坦布尔的人印象最深刻的就是难民、逃兵以及失业工人。第一次世界大战的战鼓刚刚擂响，一些人就来了。接着，希腊军和土耳其民族军打得难解难分，更多的人跑来避难。尽管几年前，统一进步党驱逐过城里的亚美尼亚社会活动家和知识分子，但是如今，大量的亚美尼亚难民为了躲避安纳托利亚的战火，又不顾一切地冲了回来，伊斯坦布尔没多久就成了土耳其亚美尼亚人口最多的城市。1912 年以来，四十余万穆斯林从希腊和巴尔干半岛移居伊斯坦布尔和安纳托利亚西部，这些背井离乡的穆斯林如今和亚美尼亚人共居一地。

照顾这些人的重任理所当然地落在了协约国的肩头，他们是唯一有能力争取到充足的食物、衣服和医疗服务的官员。协约国原本一致同意由法国军队全权处理难民问题，可是问题确实非常严重，
所以其他国家也纷纷参与进来。美国海军在锡尔凯吉车站的院子里 92
搭了个露天食堂，放置可以制作面包的烤箱和冲调热可可的烧水壶。英国汉普郡军团成员拿出了他们个人的口粮，包括从当地征调

数千难民儿童需要的牛奶。私人慈善机构也加倍努力。哈林顿到达伊斯坦布尔没几周，就制订了群众住宿和食物供给计划，甚至还设计了一个票务系统，负责分拣大量的求助信息。他们向难民家庭分发彩色代用券，这些家庭可以凭券取用同颜色桶里的汤等餐食。到1920年底，协约国的流动厨房每天救济16.5万人，差不多是伊斯坦布尔战前人口的五分之一。

除了当地的基督徒，穆斯林也一样深陷贫困之中，这些人离开色雷斯和安纳托利亚的家园，辗转来到这个看似风平浪静，实际局部区域暴力生长的城市。这些人——定义了伊斯坦布尔20世纪20年代早期的难民状况——都不是本地人，他们占用了哈林顿大部分的精力。他们与周围的土耳其人一样痛失帝国，而且帝国的覆灭并不是他们自己造成的后果。他们现在很难想象一个新国家，恰恰因为他们还没有放弃重回旧帝国的想法。他们紧握着回忆，脑海中满是俄罗斯帝国和沙皇的影子，他们是流亡人士，他们出现在奥斯曼帝国首都是无法预料的意外。俄国人的涌入对这个收容他们的避难所也产生了深远的文化影响。

土耳其人和俄国人经历过同一种革命，而且他们都深感自己当年对待失败者的方式既不道德，也不合逻辑。苏联历史的必胜主义
93 版本反复强调布尔什维克注定是全人类工人阶级和剥削者之间斗争的赢家。1917年2月，俄国民众起义，推翻了沙皇统治，组建了临时政府，为工人阶级的十月革命铺平了道路。但是布尔什维克始于政变的迅速掌权原本打算在议会选举之前撤销临时政府，结果没想到革命声浪席卷了整个俄罗斯帝国，演变成了一场血雨腥风的长期内战。英国驻伊斯坦布尔的联络官汤姆·布里奇斯（Tom Bridges）当时报告说，这完全是“一场敌对的团体和派系之间的混战”。暂

且不论帽徽和意识形态，房屋被一把火烧毁，百姓纷纷投入战斗，乡间小路上都是些无人看管的牲畜。

1917 年秋，哥萨克社区拒绝承认彼得格勒的社会主义新政权，几股反对布尔什维克力量受其感召，在顿河边聚集。哥萨克起义就是一块磁铁，吸引了一批愤愤不平的帝国军官、旧贵族、俄罗斯民族主义者以及追求冒险精神的男学生，他们决意集结起来，阻挡红军的前进。他们组成了所谓的志愿军，这支小部分最初服役的士兵不足四千人，后来却逐步发展成为能够与弗拉基米尔·列宁、列夫·托洛茨基等布尔什维克党领导人抗衡的最强大的反对党派。布尔什维克党素来以团结统一为使命，执行任务时一贯冷酷无情，然而，他们的对手——统称为白党——却只有一个模糊的计划：恢复旧秩序，保护传统特权，否认调转历史风向的革命。1920 年 2 月，白军全面撤退，回到了黑海海岸的避难所。俄罗斯国民如潮水般从敖德萨和塞瓦斯托波尔等地的港口涌出，布尔什维克军队紧接着就占领了这些城市，志愿军司令安东·邓尼金（Anton Denikin）也被迫放弃了罗西斯克港的防守阵地，乱糟糟地组织撤离。

英国海军战舰“珀加索斯”号（*Pegasus*）上的飞行员查尔 94
斯·斯塔福特（Charles Strafford）是协约国派去掩护邓尼金撤退的分遣队队员。一战期间，沙俄帝国曾是协约国之一，所以英、法、美三国军队一直在有意无意地帮扶苦苦挣扎的俄罗斯保皇派对抗社会党人。斯塔福特身临混乱绝望的境地，一时之间内心的震惊无可比拟。港口人头攒动，俄罗斯士兵的制服和他们家人的便衣上全都粘满厚厚的污泥。码头火光冲天，英国和法国的船只四处晃动着探照灯，再加上海军和海岸炮兵发射的闪光弹，整个夜空在火光、灯光的照耀下犹如白昼。哥萨克骑兵卸下辔头，赶马进山。逃亡部队在协约国的护航下，乘坐疏散船只陆续撤离，据说有哥萨克人的马飞奔入海，不停游向乘船远去的旧主人。人们站在船栏边，看着马儿在深水中逐渐没顶，激起的泡沫慢慢平息。

罗西斯克港的难民刚刚安全抵达仍在白军控制下的克里米亚，邓尼金就灰溜溜地下了台。“俄国目前的形势非常非常糟糕，能跑的都跑了，可是我们只能留下来。”克里米亚的俄罗斯人、十七岁的卡佳·特纳（Katya Tenner）写信给斯塔福特说道。每个人都在权衡离开的利弊。富裕家庭虽然拥有更多选择命运的机会，但是每个人都面临着共同的计划不确定性问题。小说家弗拉基米尔·纳博科夫（Vladimir Nabokov）当年二十岁，他的父亲是邓尼金政府的司法部长、彼得格勒的著名律师，弗拉基米尔先是被父亲送往克里米亚，紧接着他们一家人又背着家厨准备的鱼子酱三明治继续迁移，后来决定在沙皇的避暑别墅、雅尔塔附近的里瓦几亚宫（Livadia Palace）暂时落脚。纳博科夫的父亲在那里找到了一艘运送干果出国的货轮，他们随船先去了伊斯坦布尔，短暂停留后又前往比雷埃夫斯，接着转乘长途火车和渡轮远走英国，一家人在伦敦开始了新的移民生活。

95 其余数万人就没有这么幸运。志愿军的残部挤进了克里米亚半岛，伏在山岳海岸之间沉潜待发。这支军队现在由彼得·“白雪”·弗兰格尔（Pyotr Wrangel）率领。他的绰号说明了他对细腻丰富的白雪香槟的喜爱，可在战场上，他却是宁折不弯的猛将。弗兰格尔四十出头，高大轻盈，他总是穿着样式独特的哥萨克制服，披着切尔可萨大衣（*cherkeska*），戴着阿斯特拉罕小羊皮帽。他出身军人世家，家族先祖曾出过多位帝国元帅。

据弗兰格尔估计，敌众我寡，布尔什维克的武装部队多达60万人，他的兵力尚不及对方的三分之一。1920年11月初，布尔什维克军进入克里米亚，向弗兰格尔的平民政府和军队集中的沿海城市逼近。1920年11月11日，冬日的塞瓦斯托波尔寒风刺骨，弗兰格尔从这个昔日俄国南方海军所在地的总部发布了一份公告。他说，在这场实力悬殊的比赛中，他们是输了，但是俄国基本的法律与秩序仍然存在，最后的幸存者将会尽快撤离。前几周，他一直在克里米亚的港口聚集船只，正是出于这一考虑。

那一天，大海风平浪静，弗兰格尔登上了他的旗舰，巡洋舰“科尔尼洛夫将军”号（*General Kornilov*），没过多久，法国巡洋舰“皮埃尔－瓦尔德克卢梭”号（*Waldeck-Rousseau*）也鸣放了二十一声礼炮，加入了撤离的船队，还有甲板上堆放着大量裘皮帽和马肉的大型运输船“顿”号（*Don*），以及沿海轮船、破冰船、货船和各种吨位的军舰，大大小小一共一百二十六艘。海鸥在头顶盘旋，粉红色的薄雾笼罩着海岸，弗兰格尔在俄国海域下达了他的最后一道命令：开向伊斯坦布尔。

三天后，船队缓慢费力地驶进了港口，停泊在伊斯坦布尔亚洲区与托普卡帕宫仅一箭之遥的莫达（Moda）。自上个世纪，四次俄土战争尘埃落定，这次弗兰格尔率领俄国海军抵达奥斯曼帝国首都的方式并不是历代沙皇军事战略家的梦想，也不是世代奥斯曼人的 96
企盼。时过境迁，俄国人如今是难民，而土耳其人也接受着外国占领者的管治。

“那些穷人的窘迫难以形容。”哈林顿将军回忆道。美国高级专员、海军上将布里斯托尔汇报说，一些大一点的船甚至运载了几千名乘客，甲板上下都挤满了人，“就像是牲口船”，他们没有篷布等任何能够挡风遮雨的东西，也没有足够的食物和水。当一小队轻帆船和巡逻艇靠近海岸时，女人们为了交换一些面包，会义无反顾地把自己的裘皮大衣和珍珠扔下船。

哈林顿登上其中一艘船，发现“众人都在忍饥挨饿”。虱子和寄生虫肆虐。如果算上弗兰格尔的船队，俄国内战期间，约有185000人从俄国撤到伊斯坦布尔，这次最大规模的人口疏散导致伊斯坦布尔的人口猛增了百分之二十。寒冬腊月，物资匮乏，流民涌入给社会治安带来了潜在的威胁，而且十多万难民是白军士兵，他们渴望重整队伍，发动针对布尔什维克主义的新战争。一些外交官出于对这些因素的考量，建议把俄国人再往南送，或许可以把他们安置在北非。但船队在莫达就停了下来，俄国人的用意不言自明，至少就目前而言，他们唯一想要征服的地方是伊斯坦布尔。

轮船还没进港，佩拉宫等酒店的代理就已在码头守候，希望拉到几个富有的顾客。为了向绝望的俄国人收取更高的房价，这些酒店的老板似乎很愿意赶走现有的房客（包括一群一伙的妓女，她们的生意全靠城里的外国士兵和水手捧场）。没什么钱的移民只能
97 依靠占领当局搭建的临时食堂和简易小屋。一份英国的外交报告指出，伊斯坦布尔很可能是全世界营房最多的城市，但是一战期间，因为移民潮一波接一波，有些人还是不得不露宿街头或蜷缩于废弃的散兵坑。尸体有时几天都没人收，旧营房和帐篷还没来得及消毒，下一批难民就已从船上挣扎上岸。

佩拉大街上的俄国大使馆成了俄国人自发组织的救济中心。鉴于俄国战乱，从沙皇到临时政府，再到布尔什维克党，接着到邓尼金和弗兰格尔领导的俄国南部政府，最后又回到布尔什维克党，旧帝国的权力疯狂转移，大使和工作人员只能自力更生，编造指令，随着时局变化不断表忠心。现在，至少大使馆还可以自称代表俄国政府，即使代表的只是一个流亡政府。部队司令的妻子弗兰格尔男爵夫人在使馆内设立了医院，收治病情和伤势严重的人员，她的狐狸犬杰克也为大家带去了不少欢乐。城外的图兹拉和加里波利也建立了营地收容难民，尤其是弗兰格尔部队编内的士兵。志愿者组织、职业公会和慈善基金会积极协调，共施善举。不过讽刺的是，俄国历史上公民社会最伟大的繁荣却出现在俄罗斯政权青黄不接的时期。

“我想我可以毫不夸张地说，在四处移居的这段时光，君士坦丁堡最让俄国人有家的感觉，即使是随时欢迎我们的斯拉夫国家都

不会比它更温暖。”俄国律师、前参议员尼古拉·切比雪夫（Nikolai Chebyshev）回忆道。苏联宣传部门后来把这些人都刻画成了流亡贵族的形象，说他们欺压农民，致使俄国陷入灾难性的战 98
争，即使人民生活在水深火热中，他们还不忘享用鱼子酱。不过话说回来，许多来自黑海的难民确实代表着一群不同的政治派别、社会阶层和种族划分。

一名英国士兵在给父亲的家书中写道：“一些人似乎生活优渥，他们一身奇特又华丽的哥萨克装束，胸前斜挎弹药袋，身披黑色长风衣，脚蹬长筒靴，佩带精巧的银匕首，炫耀扬威地在佩拉大街上闲逛。另一些人则明显出身贫寒，只能靠摆路边摊来勉强维持生计。”在这些人中，有的是在邓尼金战败后到达，有的是跟随弗兰格尔的船队一起抵港，还有的是从克里米亚或高加索地区漂洋过海而来。贵族只能和律师、马戏团演员、哥萨克骑兵、家仆等中下层人士共乘一船。白军的领导阶层刻意回避讨论政治纲领和意识形态，他们唯恐参与这场时代运动的民族主义者、自由主义者、农业党，甚至反犹主义者等众多派系另谋生路，或者单独和列宁政权讲和。他们一同流亡，在伊斯坦布尔这座饱受战争之苦的陌生城市挣扎。

德米特里·沙里卡什维利（Dmitri Shalikashvili）是十月革命之后，随民族浪潮涌入伊斯坦布尔的一分子。他是俄国国民，但不是俄罗斯人，他出生于高贵的格鲁吉亚家族，曾在圣彼得堡念书，第一次世界大战期间被授勋为俄国禁卫军军官。沙俄帝国崩溃时，地处高加索山区的格鲁吉亚宣布独立，声明自己是社会主义国家，但不属于布尔什维克。格鲁吉亚在布尔什维克党的左翼大敌孟什维克党的治理下，成了旧帝国唯一的残迹。尽管沙里卡什维利与孟什维克党在工人权利、土地改革等方面的观念并不一致，但是他们都承诺建立一个民族的格鲁吉亚国家，从而吸引众多与其社会阶层相同的人民。他利用自己的经验和军事技能全心全意地为祖国服务。然

99 而，1921 年，布尔什维克突袭格鲁吉亚，轰走了孟什维克，赶跑了整个格鲁吉亚政府，沙里卡什维利最终也被困在了伊斯坦布尔。

“就这样，我们在一个明媚的春日开始了悲哀的难民生活。”沙里卡什维利回忆道。他不久便脱下了骑兵制服，换上了平民衣衫，并且搬出了伊斯坦布尔郊外专门为格鲁吉亚难民搭建的小营地。城市的大街小巷聚集了不同民族的男女，他们的衣着各异，有些人还把军装和平民服饰混穿在一起。俄国人、格鲁吉亚人、阿塞拜疆人、乌克兰人等各地的难民带着他们对往日生活和消失祖国的残念余思，一股脑都涌进了伊斯坦布尔。大量印有俄国双头鹰标饰的纸张被贴上墙壁、置于桌台、捆进包裹或者摆放在文具店的货架上，很多地方都能看见印有俄国双头鹰的纸张。这些纸张曾被用来印制货币，在俄白军控制的地区流通，不过现在这些纸币也仅值印刷纸张的价钱。

有些人逃跑时在行李物品里夹带了珠宝和黄金，只要有适度的抱负，这一点点资本也能产生不错的收益。1921 年，沙里卡什维利抵达几个月后，王子吉古沙·埃瑞斯塔（Gigusha Eristavi）、伯爵佩蒂娅·扎尼克（Petya Zarnekow）和上校雷迪兹斯基（Ladyzensky）在距离伊斯坦布尔中部不远的马尔马拉海边的浮罗亚（Florya）附近租下了一片海滩。这处岩石海岸杂草丛生，但稍事修整，居然变成了一处优良的浴场。他们借来了一些英国人的旧帐篷，建造了一个粗糙却很受欢迎的海滨度假胜地。

沙里卡什维利受雇成了经理。他薪水微薄，但可以在海滩吃住。他大多数时候都在清理海滩上散落的垃圾，监督帆布帐篷内部更衣间的建设。穆斯林在城市其他地方有专用的浴场，他们用帘幕隔出长方形的水域，这样在不冒犯任何人情感的情况下，女性也可以在海里嬉戏。与之相较，浮罗亚浴场对男女都开放，海域也没有
100 区隔两性的幕帘，但是因为有埃瑞斯塔王妃和扎尼克伯爵夫人这些身份高贵的创始人的妻室做担保，这里仍是纯洁庄重之地。

除前俄国国民以外，还有协约国部队的将士与他们的家人，这些欧洲人都是现成的主顾，浮罗亚海滩因此大受欢迎。一位哥萨克将军的遗孀本想在同一地点再开一间自己的浴场，她们之间的财产纠纷差点扰乱了海滨的生意，不过问题最终还是友好地解决了。自此，哥萨克人供应食物，格鲁吉亚人管理更衣室，来自格鲁吉亚共和国首都第比利斯（Tiflis）的金嗓子斯纳斯基兄弟提供音乐。

整个夏日，人们纷至沓来，恣意享受大海的精彩，就好像这里是雅尔塔等旧帝国的度假胜地。天气慢慢转冷，天空总是阴云密布，浴场的游客日渐稀疏，沙滩上的帐篷也很快被折叠起来，还给了英国人。沙里卡什维利的收入越来越少，他通过一个朋友打听到两位格鲁吉亚王子在佩拉区投资了一桩生意。

科基·达迪安尼（Koki Dadiani）和尼科·尼扎兹（Niko Nizharadze）是萨梅格列罗（Samegrelo）和伊梅列希（Imereti）王室的子孙，他俩一位苗条纤细，常常穿着定制的切尔可萨大衣，另一位健壮结实，周身散发着锦衣玉食的贵族之气。他俩在佩拉区的某条小巷里开了家名为“科基和尼科”的小酒馆。这家酒馆小有名气，汤羹酒水十分丰盛，而且提供餐桌服务的都是俄国将军的遗孀和俄国海军传奇探险家的姐妹，充分体现了格鲁吉亚人的热情好客。沙里卡什维利凭借浮罗亚的工作经历，得到了一份陪客人聊天并管理现金的吧台工作。

对旧帝国一连串落败者来说，科基和尼科的酒廊在某种意义上很快就变成了他们的非官方福利社。圣彼得堡卡巴莱歌舞团曾经名噪一时的吉普赛吉他手萨莎·马卡罗夫（Sasha Makarov）如今成了酒馆的夜场艺人，当年气宇轩昂的旧帝国海军军官格里佐（Grizzo）现在的工作是烤羊肉串，某个名叫尼里杂夫的饭桶没什 101
么一技之长，可王子又不忍心将他拒之门外，于是他成了名誉的法律顾问。王子们的慷慨为破产埋下了伏笔，再加上科基赌博，尼科豪饮，酒馆不久就入不敷出，关门大吉了。

沙里卡什维利——在一本未公开出版的回忆录中表达了他当时内心的痛苦挣扎——感觉无所适从。他离开佩拉区，搬进了城内穆斯林聚居区的便宜出租屋。好在伊斯坦布尔的食物仍然廉价又丰富，遇上好时节，街边有煮熟的新鲜鲭鱼、罐装的沙丁鱼、橄榄，还有黏糊糊的芝麻蜜饼，光景差些，至少也能吃上土耳其面包。但是稳定的工作很难找。他的一些朋友去协约国当局做起了仓库保安或消防员，而沙里卡什维利却总耗在附近的茶馆里，与其他格鲁吉亚人交换信息。他的日程表曾经排满了狩猎、骑兵操练和化装舞会，现在却一片空白。偶尔，茶馆里有人会宣布自己将要返回格鲁吉亚，加入反对布尔什维克的党派运动。过不了几天，此人被杀的消息就会传来。还有一些年轻人会离开茶馆去喝酒，灌了一整夜的伏特加和葡萄酒后，常常在伊斯坦布尔曲折的巷道里迷失方向。

沙里卡什维利从过军，这项可靠的技能及时帮他在波兰军队谋得了差事。事实上，1919 年和 1920 年，波兰曾展开过反对布尔什维克的战争，这次冲突的停火最终让红军转移了重心，集中全部力量打击弗兰格尔的白军。波兰人现在急切地想要拉拢格鲁吉亚人、乌克兰人、阿塞拜疆人等所有被逐出祖国的人民，组成某种反布尔什维克的外籍志愿军，成为新的反列宁联盟的先锋部队。

没有一个大国承认新的布尔什维克政权，而且大多数国家都担心这场“社会主义瘟疫”会从俄国传播到它们等级分明的社会。
102 革命分子已经想方设法推翻了德国和匈牙利的政府，现今波兰也岌岌可危，它正在联合一切力量遏制世界革命的发展。在伊斯坦布尔，波兰人领导了针对布尔什维克的情报收集工作。他们源源不断地把从白俄难民那里搜集到的所有信息都提供给协约国当局。他们还招募了大量上阵心切的战士，这些人憎恨布尔什维克都是出于非常私人的原因。1922 年秋，沙里卡什维利和他的兄弟——刚被格鲁吉亚布尔什维克党拘留并释放的大卫——一起离开了伊斯坦布尔。他们先坐船去了罗马尼亚东南部港城康斯坦察（Constanta），之后转乘火车前往波兰。他们的母亲与姐妹留在了高加索，无论在格鲁吉亚，还是在伊斯坦布尔，两兄弟再也没见过他们的家人。

不顾一切与智谋是伊斯坦布尔的白俄人最典型的两个特质。佩拉区的二手店里摆满了白俄人寄售的零碎小物，浸透着他们过去生活的点滴：银器、瓷器和亚麻布，在圣彼得堡和莫斯科的照相馆拍摄的家庭相片，带有罗曼诺夫家族饰章的鼻烟壶，瓷质的复活节彩蛋，军人的绶带和勋章，哥萨克匕首和金银丝细工项链，银盖上的圣像，古董礼服的刺绣片，各种主题的书籍和羊皮手稿，叶卡捷琳娜大帝（Catherine the Great）面首的细致画像。

就像是一个世界通往另一个世界的灵魂大迁移，过去的才华统统以新的方式被唤醒。一支十二人的三弦琴乐队在英国军舰的后甲板上卖力演出，只是为了交换军官室的一顿晚餐。数学教授或许是理想的餐厅收银员。社交上健谈的妇人可能成为夜总会里的八卦小姐。漂亮天真的少女本该在圣彼得堡的社交季舞会上初次登场，现在她们却只能顶着一头金色短发，穿着露脐装在夜总会表演歌舞。
从墓园大街横穿加拉塔大桥，深入大巴扎四周纵横交错的小巷，整 103
个社区都变成了俄国艺术家的露天画廊，路边摆满了他们创作的风景画和人物肖像。其他更多人只能依赖更基本的技能讨生活：在城市的太平间清洗尸体，推销带有薄荷味的牙签，制作涂画了苏丹穆罕默德六世脸庞的碎布玩偶，甚至去造船厂捉老鼠，向皮货商兜售动物毛皮。

穆斯林传记作家齐亚·贝回想起自己做出口贸易时曾接洽过一
位自称王妃的俄国女人。他对此深表怀疑，特别是她提议了一连串 104
的买卖，希望引起他的兴趣，她说她家控制着克里米亚多处房产，还拥有几口高加索地区油井的开采权，她现在情愿低价出售这些权利。齐亚·贝跟她解释说，这个要约如今不值一文，布尔什维克政府已经将全部工业企业收归国有，并不承认以前的产权人或者境外雇主。眼看提议被否决，她紧接着又提出另一个，她说自己在匆忙撤离克里米亚前私藏了一些珠宝，询问齐亚是否有兴趣购买。齐亚答道，这也没什么用，因为多年来，各路军队在该地区你来我往，这些珠宝不一定能找到；即使找到了，这些珠宝也带不出国境，因为布尔什维克党限制出口贵重物品。这个女人最终想出了一个为数不多的仍在她掌控之中的事情，她询问齐亚是否认识有兴趣学习法语的人。他回答说，这个或许有用，正巧他的美国妻子报名参加了不定期的法语对话练习，这位俄国女人可以与他的妻子联系。

“君士坦丁堡完全是一座俄国城市。”弗兰格尔部队的士兵格奥尔基·费奥多罗夫（Georgy Fyodorov）回忆道。他记得佩拉区的小贩都是一边清理商品，一边用俄语大声叫卖：

> “新鲜出炉的甜甜圈，味美香甜！”
>
> “黎巴嫩的坚果！”
>
> “你不喜欢仿真花吗？”
>
> “《晚间新闻》（*The Evening Press*），俄罗斯最新消息！快来看，快来买！”
>
> “卖了卖了，便宜的衬衫，全新的衬衫！只穿了两次！”
>
> “我要买货币，邓尼金纸币，沙皇的也要一些！”

另一名老兵记得加拉塔石塔附近有个露天市场，难民可以在那里交换许多白军印制发行的不同类型的纸币。市场里的买家和卖家手中攥着大量的俄国纸币，大声吆喝着各类货币名称，这些钱币成了难民当中的非正式通货。

105 “我买入也卖出。沙皇的纸币！罗曼诺夫的！克伦斯基的！杜马的！阿尔汉格尔斯克的！阿斯特拉罕的！塔什干的！高尔察克的！什么都有！”

“我只卖尼古拉耶夫的！”

“我要买弗兰格尔和顿河的纸币！我出最高价！”

莫斯科总会（Grand Cercle Moscovite）是伊斯坦布尔一家俄国移民经营的著名餐厅，这里的夜宴和舞场可以让每一位到场客人身临其境地体会沙俄帝国昔日的乱世浮华。门卫从前是一名哥萨克骑兵，来自传闻只听从沙皇母后懿旨的哥萨克军团。经理昔日是基辅的一位工厂主。厨师长曾经是沙皇克里米亚里瓦几亚宫的主厨，而副厨以前专门为沙俄高加索地区的总督烹饪食物。领班曾在莫斯科最著名的亚尔餐厅任职，而他的助理之前是禁卫军轻步兵团的军官。所有的服务员都曾是沙皇部队或义勇军的军官，现在他们却端着罗宋汤、凯瑟琳排骨（*côtelettes à l'Impératrice Catherine IIème*）在席间穿梭服务。管弦乐队最常演奏格林卡、鲍罗丁和柴可夫斯基的乐曲，有时也会来一段狐步、一步、探戈和华尔兹之类的舞曲，或是把舞台让给在科基和尼科酒吧倒闭后仍不甘寂寞的吉他手萨莎·马卡罗夫。你起身离开时，沙皇尼古拉二世曾经的保镖还会为你服务，帮你取来外套或斗篷。“这是我吃过的最好吃的餐厅，”威尔士卫兵比利·福克斯－皮特在给母亲的一封信中写道，“但是绝对不能养成习惯，要不然会上瘾，还会破产！！”

一位当时住在佩拉宫的美国人最能理解这个世界。他打开房间的落地玻璃门就能饱览金角湾的美景，可是他却几乎没有时间欣赏。他的小桌子上总是叠放着成摞的活页纸。木箱和旅行袋不是堆

106 在墙边，就是塞在床下。打字机被搁在了梳妆台上。他实在是太忙了，忙到有时甚至会穿着两只不同的袜子与别人会面。他的房间在四楼，每天近午，俄国人在他门外排起的长队能顺着楼梯一直排到东方酒吧。

1871 年，托马斯·惠特莫尔（Thomas Whittemore）在马萨诸塞州坎布里奇出生。他沿用了祖父的名字，他的祖父是一位杰出的普救派牧师和新英格兰出版商。这位牧师的神学理论不只强调“救赎是适用于所有人的礼物”这个普救教信徒都知晓的基本教义，还包含地狱与博爱的上帝互不相容此类更为激进的观点，相信人类的普遍联系也是他可贵的箴言之一。第一次世界大战期间，年轻的惠特莫尔曾游历过保加利亚和沙俄帝国，他受雇于红十字会，负责管理驶往克里米亚的补给船，为逃避布尔什维克的难民家庭运送衣物。俄国危机波及伊斯坦布尔时，他正处于救援行动的第一线。他可能是伊斯坦布尔除协约国政府官员之外最有名的外国人，至少城里的贫民都知道他的名字。朋友都叫他“飞行的神秘人”。“惠特莫尔从来不会在一个地方久留，”策展人、艺术史学家马修·普里查德（Matthew Prichard）这样评价他的知己，“他以前是这样，以后也会是这样。他总是来来去去，永远不会安定下来。”

1914 年，惠特莫尔为解决流离失所的战争难民所带来的种种问题，创立了俄国流亡青年教育委员会（Committee for the Education of Russian Youth in Exile，以下简称“教育委员会”），他自己出任教育委员会的主任。委员会没有办公室，也没有工作人员，仅有惠特莫尔本人以及一些被他吸引或劝服前来帮忙的人，所以他的酒店房间自然而然也就成了总部。十月革命发生以前，惠特莫尔在俄国的经历已使他对整个帝国中的不同社会组织有了大概的认识。许多人背井离乡，却能很快找准位置，融入新的社会，惠特莫尔知道，这
107 些组织功不可没。而且还知道一件俄国人自己还没想明白的事：他们十有八九是回不了祖国了。

佩拉宫的大堂总是挤满了形形色色的、等待面见惠特莫尔的人，从认为他会购买自己新画作的艺术家到希望为自己的慈善组织争取赞助的伯爵与贵族。这些流亡人士虽然离开了等级森严的国家，但他们仍坚守着十月革命之前世代承袭的地位、特权和职业等框定他们生活的阶级层次。佩拉宫的休息室就像是沙俄社会的缩影，人们聚集在小桌子和扶手椅周围，三五成群，交头接耳。俄皇禁卫军的骑兵；骑炮兵和帝国海军；日俄战争的退伍军人；圣乔治勋章的受勋者；司法、内政和外交部门的官老爷；年迈的议员；工程师、医生、律师、小说家和雕塑家；俄罗斯东正教主教；库班、顿、捷列克和阿斯特拉罕的哥萨克人；高加索的登山者；黑海海岸的穆斯林；西伯利亚的佛教徒，还有地方自治会（zemstvos）委员，这些重新集结的人群曾经跟随弗兰格尔撤退，现在又要争抢协约国和其他捐助者提供的有限资源。

每一个社区的领导人都站在自己的角度思考问题，彼此如同打内战一样争论不休。惠特莫尔的部分任务就是凝聚相互竞争的派系，尤其是要动员那些精力充沛、天天结伴前来佩拉宫找事做的伯爵夫人。弗兰格尔的大部队撤出克里米亚没几周，登记局就开始建立难民名册，列示他们的特殊技能，帮助他们重新与家人取得联系。女士们被安排去挨家挨户地搜集难民信息，并且用旧雪茄盒里不值钱的纸片记录下来。

培训是开启新生活的关键之举，惠特莫尔为此专门创建了一个 108
教育体系。他在距离佩拉区中心不远处找了一小块地皮，搭起了几个大帐篷。俄国男青年可以分到营帐的铺位，他们白天当搬运工（*hamal*）、销售员或者送货人，在外奔波劳碌，夜晚可以回来休憩安眠。傍晚时分，他们陆续返回帐篷营地，搬运工扛着沉重的特殊背囊，街头小贩推着当天没卖出去的巧克力和鲜花，报童抱着次日只能折价出售的报纸，卖水人提着干净的标准石油油壶。与此同时，渔民在修补渔网，街道清洁工在修理扫帚。

但是真正的功课才即将开始。惠特莫尔安排的帐篷营地不仅是难民之家，而且是人员预修中心。他向国外的大学发出了无数封信件，想方设法争取到了数百所院校，愿意接收那些有能力通过基础入学考试的优秀俄国学生。每天晚餐结束后，帐篷就成了自习室，俄国教授会辅导这些俄国男青年学习数学、工程、物理、生物和化学方面的知识。接触过一些大学课程的学生也可以帮助只受过中等教育或军事训练的青年。

恰逢此时，久负盛名的俄罗斯帝国学院（Russian Imperial Academy）的前成员组建了一个认证委员会，为专业知识水平符合法国、比利时、瑞士、意大利、希腊、德国、捷克斯洛伐克等国外高校入学资格的学生出具证明文件。等待大学最终决定的几周是最难熬的，每一封巴黎或布拉格等地的来信都会让整个营地突然安静下来。在从前的奥斯曼军营举行的年度颁授典礼上，每位到场的学生都要临时换上俄罗斯民族服装——红十字会提供的宽大的白色衣
109 裤，腰间扎紧腰带——走上台，从穿着破旧西服的教授手中接过毕业证书。他们现在从这所行政办公室设在佩拉宫的非正式进修学校毕业了，这张文凭让他们有资格进入查理大学（Charles University）、索邦大学（Sorbonne University）等著名的高等学府深造。1921 年秋，数百名学生前往欧洲，开始了他们的新生活，一些人还是搭着货车车厢过去的。后来，更多的学生踏上了这条求学之路。纽约档案保管员煞费苦心地把惠特莫尔的文档保留至今，这些文档包含了一千多名学生的个人档案，他们的名字读起来就像是帝国舞会的宾客名单，沃尔科斯基（Volkonsky）、奥斯特罗戈尔斯基（Ostrogorsky）、库兹涅佐夫（Kuznetsov）、托尔斯泰、伊格纳提耶夫（Ignatiev）。这些文档是全世界自我改进与不断迁移的线索文件。

“年轻人背井离乡，学习有用的知识，待他们返回俄罗斯，就构成了知识分子的核心，注定要担负起重建国家的责任。”弗兰格

尔写信给惠特莫尔，表达了他对教育委员会工作的深切的感激之情。话虽如此，可在20世纪20年代中期，这些听上去也只是乐观的阿谀奉承。弗兰格尔下令撤离克里米亚之前，曾向他的军士保证，撤退只是一时的休整，稍后他们就会“从敌人手中夺取胜利”。现在军费吃紧，只要布尔什维克稍稍松懈，他们就有机会返回祖国——最迟也就到1921年秋天，德米特里·沙里卡什维利预言。然而没过多久，白俄人就跨越了这条奔逃和流亡的心理边界，他们开始明白，战争失利的权宜之计如今已变为令人心碎的残酷现实，他们永久地失败了。

惠特莫尔的学生是俄罗斯帝国的最后一代，而且很可能也是新纪元的第一代。如同1789年法国革命分子口中的没落贵族一样，他们如今也变成了现代版的遗老遗少（*les ci-devants*）。布尔什维克 110
对他们也有类似的称呼，守旧派（*byvshie*）、“老古董”。维拉·托尔斯泰（Vera Tolstoy）伯爵夫人是列夫·托尔斯泰（*Leo Tolstoy*）的堂妹，也是惠特莫尔的支持者之一，她在《大西洋月刊》（*Atlantic Monthly*）上发表的一篇文章总结了当时的情势。“如果……法国大革命的烈士曾经向他们的屠夫表现了贵族如何死去，”她在伊斯坦布尔郊外的小屋里写道，“那么我们，这些深受布尔什维克残害的人，这些已然脱离原本人生的人，应当向他们展示贵族会如何生活下去。”

君士坦丁堡

113 俄国内战结束，大约八十六万俄国国民为躲避战争和革命，以难民身份侨居海外。他们是俄罗斯民族和旧帝国几乎全部文化群体的代表。其中许多人就聚居在伊斯坦布尔。第一次世界大战之前，伊斯坦布尔的人口将近一百万，随后不断缩减，到 1918 年停战协定签署时，已缩减至七十万左右。城里的平民百姓战时担心希腊入侵，后来又害怕土耳其民族主义者像夺回士麦那一样实施报复，血洗这个被协约国占领的城市，于是纷纷逃离。直至俄国人大量涌入，伊斯坦布尔的总人口才呈现出惊人的增长。难民危机因此变成了人口革命。

自我移民（*Émigrés*）是社会对自愿迁移的外来人口的统称，而且白俄把努力在巴黎、纽约等地获得这一标签看作他们的微小胜利。在伊斯坦布尔，白俄人被戏称为“伪君子”（*harasolar*），这个土耳其俚语源自俄语单词的“好”或“不错”，虽然这个单词在俄语里是很普通的日常用语，但土耳其语的变体却是个残忍的玩笑。俄国人生活得并不如意。20 世纪 20 年代，如果你在伊斯坦布尔的某些城区遇见乞丐，几乎可以肯定他或她说的是俄语。

114 许多有关个人情况的信件被送入城里的救济组织，寄往远在纽约和华盛顿特区的慈善团体。盲人阿列克谢·斯特拉德金（Aleksei Sterladkin）原本靠在佩拉大街上演奏簧风琴谋生，因警察指控他非法行乞而请求援助；俄罗斯帝国前男歌剧演员舍尼亚娃斯基

(Tcherniavsky) 恳请救济人员帮助传递他即将在伊斯坦布尔举办演唱会的消息；米歇尔·瓦西里耶夫（Michel Vassilieff）神父申请少量捐款，为贫困的俄裔基督徒筹办复活节大餐；沙霍夫斯卡娅(Shakhovskaya) 公主写信请求为她和她的丈夫——托卡良酒店管弦乐队的一名音乐家——签发去美国的签证。

难民所面临的问题不只是伊斯坦布尔战后同样影响土耳其人和俄国人的萧条的经济，还是他们的发展前途与国际政治有着千丝万缕的联系。1923 年 7 月 24 日，协约国与土耳其的谈判代表最终签署了和平条约，结束了双方自 1914 年以来的敌对状态。在国际联盟（League of Nations）的斡旋下，《洛桑条约》（Treaty of Lausanne）允许协约国自行清理占领关系，保持一定尊严地撤离，而且条约还承认了穆斯塔法·凯末尔政府作为废黜苏丹继任者的合法地位。自 1918 年停战以来，土耳其政治与军事形势发生了深刻的变化，战战兢兢的苏丹被赶了下台，现在领导这个国家的是一个选举产生的议会和一位意气风发的统帅，他率领军队撵走外国侵略者，保卫了故都。《洛桑条约》与德国、奥匈帝国、保加利亚签署的条约不同，它没有强加的条款，是唯一一份战败国与协约国通过谈判达成的和平协定。

《洛桑条约》保证了土耳其的和平，界定了土耳其的边界，并且解决了一系列因奥斯曼帝国瓦解而遗留的隐秘但攸关生死的问
题，比如，陈旧的人寿保险如何处理，哪些债权人可对他们持有的 115
奥斯曼帝国公债进行索偿。和约签署的消息刚刚公布，伊斯坦布尔大街小巷的人们就鸣枪放炮，锣鼓喧天。家家户户的墙壁和窗玻璃上都张贴了穆斯塔法·凯末尔的画像。协约国士兵发现他们自己处于从未有过的弱势地位。“这里所有的外国人都威风扫地，”比利·福克斯-皮特给英国家中父母的信中写道，“我们现在得不到土耳其人起码的尊重，当然，法国人的境况更糟，意大利人直接被无视”。

《洛桑条约》的公布正式开启了协约国几个月后全面撤离的倒计时。城内仍有近15000名英国军士，包括约克郡步兵、皇家海军陆战队和穿着褶裥短裙的苏格兰高地人，以及其他协约国的一些小分队。经过数月的筹备，1923年10月2日，哈林顿将军与妻子，以及掷弹兵分遣队、冷溪近卫队和爱尔兰近卫队一道抵达撤离港口。码头上人声鼎沸，人们都想一睹协约国司令官检阅英、法、意三军仪仗队以及土耳其军队的风采。哈林顿依次向每面国旗敬礼，并以土耳其的星月旗作为结束，人群发出阵阵欢呼。

简短的仪式结束后，哈林顿将军和他的军事护卫队一同登上了旗舰"阿拉伯"号（Arabic），他们一路向南驶离博斯普鲁斯海峡，途经马耳他、直布罗陀，最后抵达英格兰。"这是一次奇妙的'送行'，我们挥别的是一个所谓的敌国。"哈林顿回忆道。原司令部悬挂的英国国旗是唯一能让他想起占领的物件，哈林顿临行前把它送给了加拉塔的圣公会教堂，这面英国国旗至今仍在教堂公开展出。协约国撤离四天后，也就是10月6日，土耳其军队进入并且完全控制了伊斯坦布尔。又过了十几天，10月23日，安卡拉大国民议会宣布土耳其共和国成立，穆斯塔法·凯末尔就任总统。

这一切令白俄人心绪不宁，因为新共和国最亲密的国际合作伙
116 伴正是当初迫使他们背井离乡的布尔什维克政府。列宁是穆斯塔法·凯末尔反占领抵抗运动的主要支持者，布尔什维克曾在土耳其独立战争期间为民族军提供过武器，而且莫斯科也是第一个与土耳其国民政府缔结友好关系的世界之都，布尔什维克政府向安卡拉派遣使团的时候，英国军队还在伊斯坦布尔的街头巡逻。

俄国人内部开始分裂。据估计，约百分之十的流亡人士开始积极支持布尔什维克的事业，不管是领薪水的特工，还是纯粹的支持者，他们都认为与莫斯科的苏维埃政权和解大有希望，甚至非常可取。一些白俄移民的知名人士决意与布尔什维克握手言和，重返俄罗斯。虽然有的人刚回国就被立即枪杀，但其他人仍在声援这场看

似列宁主导的转变。

1922 年 12 月，布尔什维克政府公开宣布，侨居海外的前俄国
国民不再受到新兴苏维埃社会主义共和国的保护。这就意味着，白
俄移民如果在他们的新家园没有获得公民身份，那么他们就正式地
成了没有国籍的人。东道国政府随时可以将他们作为非法移民驱逐
出境，其他国家的政府也没有义务接纳他们，他们成了国际法里没
有官方身份的一群人。后来，国际联盟介入，向世界各地几十万俄
国难民颁发了所谓的南森护照。这本以挪威探险家、人道主义者，
同时也是国际联盟高级难民事务专员弗里乔夫·南森（Fridtjof
Nansen）的名字命名的护照为他们提供了临时身份，使他们避免了
被东道国政府随意驱逐出境。不过伊斯坦布尔的俄国人恐怕没剩下
多少时间了。1923 年，佩拉大街上的前俄国大使馆已经转由苏联
控制，安卡拉政府也不断向客居的白俄人施压，让他们尽早做出选
择，要么离开土耳其，要么接受土耳其国籍。随着苏联贸易代表和
外交使团的陆续到访，宿敌之间碰面和接触的机会越来越多。俄国 117
内战期间曾对峙沙场的两拨人现在完全可能在莫斯科总会的舞池边
目光交错。

20 世纪 20 年代，伊斯坦布尔的俄罗斯社群一直在缩减。20 年代初，弗兰格尔的志愿军还曾佩戴着他们利用女士礼服的天鹅绒绲边制作的团徽，手拿着木质武器，身穿病号服改成的白外套在加里波利演练。可是时局变迁，这支军队很快就被打发去了保加利亚和塞尔维亚，从前的官兵都成了修筑公路和其他建设项目的配备人员。与此同时，托马斯·惠特莫尔的学生也陆续动身，前往布拉格等有院校答应录取并给予资助的大学城。另外一些俄国人则搬去了愿意为他们提供签证的匈牙利、法国、英国等地。德米特里·沙里卡什维利这位曾帮助建设过浮罗亚海滨浴场的传记作家和士兵也离开了，他先是去了波兰，接着在德国军队短暂任职，最后搬到了美国，在那里度过余生。他去世后，其时任美国参谋长联席会议主席

的儿子约翰·沙里卡什维利（John Shalikashvili）把他的遗体运回了格鲁吉亚老家。

老一代的俄国精英纷纷驾鹤西去。托尔斯泰在巴黎与世长辞，弗兰格尔在布鲁塞尔离世，途经伊斯坦布尔逃往异国的邓尼金最终在密歇根州的安娜堡（Ann Arbor）度假时突发心脏病去世。邓尼金在美国的土地上长眠了将近五十年，直到俄罗斯总统弗拉基米尔·普京（Vladimir Putin）带回他的遗骨，并且重新安葬在莫斯科，以示普京政权对流亡的民族主义者的支持。

大多数前俄国人的离开减轻了伊斯坦布尔照管他们的重担，但是难民危机的解除并不意味着这座城市自此变成秩序的典范。城市生活充满无法消散的乌烟瘴气。“简直想象不出来任何一样事物都
118 比海达尔帕夏火车站更像是疯人院了。”阿加莎·克里斯蒂回忆起20世纪20年代第一次到访伊斯坦布尔的情景时说道。她原本是要去探望她的丈夫——正在伊拉克参与现场挖掘的考古学家马克斯·马洛温（Max Mallowan），途中在东方快车上碰见了一位时髦的荷兰工程师，由于他的推荐，她绕开了佩拉宫，住进了同样位于佩拉大街的托卡良酒店。事实上，托卡良——而非佩拉宫——才是她最终选择让《东方快车谋杀案》（*Murder on the Orient Express*）中的比利时侦探赫尔克里·波洛（Hercule Poirot）入住的酒店。当时，佩拉宫门前的窄巷很像贫民区，而托卡良的窗户面对的是整齐的19世纪建筑外墙和宽阔的欧式大道。

尽管当时，伊斯坦布尔已属于新兴的民族国家，不再是昔日帝国的首都，但是报纸杂志仍不忘时不时地拿伊斯坦布尔人可能被捏合成单一民族身份的想法说笑。土耳其共和国成立以前，在伊斯坦布尔发行的报纸当中，有十一种是奥斯曼土耳其语，七种是希腊

语，六种是法语，五种是亚美尼亚语，四种属于拉地诺语等当地犹太人的语言，还有一种是相当于英国政府喉舌的《东方新闻》（*Orient News*）。如果你顺着佩拉大街漫步，会经过一座希腊东正教教堂、一座清真寺和两座罗马天主教教堂。如果你沿途拐进小巷，你会看见亚美尼亚天主教徒、亚美尼亚使徒教教徒以及迦勒底人、圣公会信徒和德国新教徒等其他教派教众兴建的教堂。你还可以在通往加拉塔区的山坡上找到四座犹太会堂和几座清真寺。

凯末尔主义者怀着一腔愤怒与希腊军队在安纳托利亚血战，当土耳其国民军最终从协约国手中夺回城市的控制权时，伊斯坦布尔的穆斯林如释重负。可当地的基督徒却越来越害怕土耳其新政府会认为他们其中一些人背叛了国家，对他们展开报复。在协约国和凯 119
末尔主义者联合管理市政事务期间，也就是1922年秋季直至一年后结束占领的这段日子，土耳其当局已经开始对某些希腊人实施逮捕，他们要么曾经为协约国效力，要么积极支持过希腊占据土耳其领土的主张。但希腊人绝不是唯一的目标，反民族主义的穆斯林也在土耳其当局的逮捕名单之列，而且在某些情况下，他们还会被执行枪决。希腊人在伊斯坦布尔控制着这么多的商业活动，希腊社区自然就成了大多数民族分子泄愤的靶子。希腊人走在街上可能被搭讪，他们的财产也可能被穆斯林暴徒野蛮占有。许多希腊人担心，一旦土耳其全面接管这个城市，他们是否还有生存的空间。1922年底，出于对自身安全的考虑，包括一些富裕家庭在内的约五万名非穆斯林民众相继离开了伊斯坦布尔。1923年，协约国撤退，希腊人认为他们与土耳其新政府之间的最后一层保护也没有了，随即也大批搬离。

战争与占领还加深了伊斯坦布尔希腊社区内部的分歧。谁能真正代表希腊民族和流散侨民的利益？是以雅典为中心的希腊国，还是伊斯坦布尔的希腊东正教牧首这位拜占庭希腊族系最明确的直接继承人？亲希腊与亲牧首两派系之间的纠纷不断，有时还会爆发暴力冲突。1923年夏，一队希腊民族主义分子闯入牧首教区，打断了牧首与其他东正教领袖的会议。他们拖着牧首梅勒提奥斯四世（Meletios Ⅳ）走下楼梯，打得他鼻青脸肿，直至协约国警察赶到才被制止。牧首摆脱窘境后，立即将入侵暴徒的带头人逐出了教会。梅勒提奥斯受够了内斗，厌倦了草木皆兵的生活，于是没过多久，就搭乘英国轮船离开了伊斯坦布尔，退隐去了阿索斯山（Mount Athos）一处宁静的修道院。伊斯坦布尔希腊社群内部最终推举出了一位新牧首，但即便如此，希腊民族主义和其他竞争派系的威胁依然存在。举例来说，1924年，脱离论者就创立了他们自
120 己的土耳其东正教会，聚集了一帮讲土耳其语的东正教教徒，否认法纳（Phanar）牧首教区拥有治理他们的权力。

此外，希腊东正教牧首等非伊斯兰教的宗教领袖以及他们的社区还面临着一个更严重的问题，那就是古老的米勒特制的终结。虽然同为苏丹的国民，穆斯林和非穆斯林却从未实现完全平等，这种不平等和等级制度是多层面、多角度的。奥斯曼帝国有着非常复杂的社会体制，一个人的地位不单单由宗教决定，还受性别、职业等许多因素的影响。所以当奥斯曼帝国的官员们看向全体国民时，他们可以看见许多不同种类的权力、身份和特权拼凑在一起。

然而，土耳其共和国是完全不同的社会体系，即便它的某些关键特征也带有奥斯曼帝国时代的烙印。共和国以现代公民取代了帝国国民的概念，把对苏丹个人的效忠换成了坚持世俗国家理想的承诺，用民族国家的单一理念替换了旧帝国交错的多重身份。1924年，土耳其共和国通过了第一部宪法，宪法保障所有公民无论宗教信仰，都拥有平等的权利。但是由于少数民族这个新的法律概念的引入，在宪法实践过程中，公民之间原有的差异变得更加明显，这完全超出了土耳其人的想象。

结束第一次世界大战的和平协议里其实蕴含着新思想。《洛桑条约》虽为协约国撤离、土耳其军队进入伊斯坦布尔铺平了道路，

但是和谈期间，主要的争论点还有希腊人等非穆斯林的身份问题。土耳其谈判代表最初提议驱逐伊斯坦布尔的所有希腊人。土耳其首席代表伊斯麦特·帕夏（Ismet Pasha）坚决表示，如果允许希腊人留下，他们将是“向我国输入贪污腐化和不忠不信的渠道”。希腊政府则辩称，他们已经接收了大量来自奥斯曼帝国的希腊难民，如果难民人数持续增加，终将酿成一场人道主义灾难。此外，土耳其 121
如果正式驱逐了希腊人等非穆斯林，相当于剥离了商业精英，斩断了基督教传承，只会让伊斯坦布尔这个伟大的文明中心变成一具空壳。

最终，谈判代表达成了和解。1923 年 7 月,《洛桑条约》签署，第一百四十二条证实了雅典与安卡拉两方政府单独达成的另一项协议。两国同意在彼此“交换”同一宗教信徒的情况下，强制驱逐少数族裔，土耳其境内伊斯坦布尔和两座爱琴海小岛上的希腊东正教教徒以及希腊境内西色雷斯的穆斯林不在此驱逐之列。这一例外肯定了希腊人在伊斯坦布尔经济中的重要作用，也承认了穆斯林扎根希腊的悠久历史。而被圈入交换范围的人则不得不背井离乡，重新在另一个国家定居。如果没有原政府的明令许可，他们将再也不能合法地踏上故乡的土地。两国为此还成立了特别政府间委员会，负责确定哪些家庭是“可交换的”，并安排他们的强制迁移。换句话说，哪怕这些家庭没有特定的宗教信仰，也并非混血，都要由委员会官方认定谁是希腊东正教教徒，谁是穆斯林。委员会还会对他们遗留财产的价值进行评估，财产出售则由希腊和土耳其两国管理。尽管如此，最后很少人会得到足够的补偿。有份报告曾这样记录当时的情形，“许多荣耀一时的富人如今身无分文，他们在君士坦丁堡或雅典的街头徘徊，口袋里只剩下一张几乎无法索要补偿的财产清单”。

强制交换是为了校准国家有关宗教、种族和国籍的主线，历史学家有时也会使用“希腊人”“土耳其人”等速记标签来指代《洛

桑条约》产生的这波难民。但这些名词一旦对应到这些难民本身，
似乎又有些奇怪。奥斯曼帝国曾经利用宗教忏悔来决定个人的身份
122 认同，交换委员会本质上应用的也是相同的标准，只是在旧类别上
又粘贴了一个全新的民族标签而已。鉴于这种帝国与民族混搭看世
界的方式，强制交换其实包含了许多人，他们的身份认同几乎与希
腊王国或新兴土耳其共和国核心的种族民族主义毫无共同之处。这
次民族大分离给每个人都指定了一个绝无仅有的身份。一个希腊东
正教家庭拉家常或许说的都是土耳其语，而且寻根溯源，他们可能
世代都生活在安纳托利亚的同一个村庄。同样，希腊的穆斯林讲希
腊语或斯拉夫语，他们应该与土耳其共和国的文化也没有多少共
鸣。但是在这场交换中，官方会公开宣布前者是希腊人，后者是土
耳其人，他们最终都会被送往所谓的同种族家园的异国他乡。

同一纸条约不仅结束了第一次世界大战，而且避免了未来的战争问题。条约迫使人们远走他乡，以后再也没有政府可以打着人民渴望解放的幌子宣战。这算得上一种预防性的互惠流放。该计划的发起人之一弗里乔夫·南森曾表示：“毫无疑问，这项计划在未来会发挥出良好的作用，因为它创建了更多的同质群体，消除了无尽冲突的主因，而且在近东，这些冲突常常伴随着屠杀。”南森也是国际联盟的官员，他曾为改善俄国流亡人士的困顿而不知疲倦地工作。

如果把过去一年左右相向奔逃的民众计算在内，那么《洛桑
条约》下的强制流放人口大约包括一百万名希腊东正教教徒和五
十万名穆斯林。就短期来说，第一次世界大战结束后，土耳其和希
腊的野蛮斗争一拖再拖，而《洛桑条约》恰好消除了这两个邻国
之间的一个主要冲突来源。从长远来看，《洛桑条约》重塑了人口
格局，它将古老的社区连根拔起，让无家可归的难民有机会建村立
123 寨，并且使两国实现了史无前例的种族同质化。

但无论如何，过去总会留下痕迹。伊斯坦布尔一处私宅的题

字可以确定它的建筑师或旧主人是希腊人，而希腊的顶级足球队之一——帕奥克足球队（PAOK）——因为最初成立于奥斯曼帝国时代的伊斯坦布尔，所以球队名称里仍保留了君士坦丁堡（*Constantinople*）的印记。岁月流逝，昔日的种族清洗如今变成了寻根之旅，希腊人纷纷前往佩拉区，参观家族古老的公寓大楼，土耳其人则在塞萨洛尼基（从前的萨洛尼卡）的古城中心找寻清真寺的断壁残垣。巴士观光团现在可以带着年迈的土耳其人穿越希腊北部的城镇村庄，追寻他们父母，甚至祖父母当年的足迹。土耳其航空公司每日在伊斯坦布尔与塞萨洛尼基两座城市之间有多趟航班往返，数万名希腊人在塞萨洛尼基扎下了根，和本地人一样开始了新生活，同时也有数万名穆斯林从塞萨洛尼基出发，慢慢变成了土耳其人。这次强制迁移被土耳其人叫作大交换（*Büyük Mübadele*），而希腊人仍然简单、直接地称它为灾难（*Katastrophe*）。

《洛桑条约》有很多自相矛盾的地方。一部分刚刚描述完强制迁移一百五十万人的蓝图，另一部分似乎又成了多元文化政策的样板，强调要保护少数族裔的权利。前段刚刚列示出某些可以留在故乡的个人和群体，后面整章就开始阐释土耳其和希腊对这些法律的拒不合作者——主要是伊斯坦布尔的希腊东正教教徒和西色雷斯的穆斯林——应承担的互惠义务，比如法律面前人人平等、宗教自由、小学教育以母语授课，等等。条约还用现代国家对其少数民族负有责任的理念取代了奥斯曼帝国笃信的米勒特的古老概念。

历史展开了不同的章节。协约国占领期间，佩拉宫的东家普罗 124
德罗莫斯·布多萨克斯－阿萨纳斯达蒂斯原本是受保护的少数人之一，可是与其余数万名希腊人一样，他也担心土耳其新政府的报复行为，20 世纪 20 年代初，布多萨克斯决定离开伊斯坦布尔，逃往雅典。与城内其他少数族裔开办的企业一样，即使主人不在家，佩拉宫仍旧继续营业。只是协约国一旦撤离了伊斯坦布尔，这些财产自然而然就成为土耳其大力削弱非穆斯林经济实力的首要目标。当时，大概四万名“不可交换的”希腊人移居海外，尽管无须服从强制迁移的法令，但他们还是自愿离开了土耳其。之后，他们的离开被认为是不忠不信。土耳其政府宣布，他们用脚投票，显然已经决定了自己在哪里安身立命。1923 年春，安卡拉议会通过了新法案，允许政府占用这些海外侨民“遗弃的”财产，包括所有者预先转移到当地亲属或商业伙伴名下的资产。

协约国占领前夕，伊斯坦布尔工商业联合会（Chamber of Commerce and Industry）由一位穆斯林和一位亚美尼亚人共同主持，十四名核心成员里有十一个是来自伊斯坦布尔基督教和犹太教的少数族群。到 1921 年初，两位联合主席都是穆斯林，十九名成员有十三名穆斯林。再往后，1923 年，土耳其政府成立了土耳其国民商业联盟（National Turkish Commercial Union），代表穆斯林商人利益，对原本由非穆斯林持有的实业公司、进出口企业和金融机构进行整合收购。外国的银行和企业也被迫开除了少数民族员工，转而雇用穆斯林。

伊斯坦布尔法庭中，三分之二的希腊律师被解雇。希腊工会组织也被关闭。希腊人名下的企业不是面临轻微违规等不太重要的法
125 律诉讼，就是被鼓励或被强迫接纳一位穆斯林合伙人。接着，新的穆斯林合伙人根据《洛桑条约》，可以向政府申请把某位希腊共同所有人指定为“可交换”，这样希腊共同所有人的商业股份就会全部转给穆斯林合伙人。1925 年和 1926 年当地希腊人、亚美尼亚人和犹太人的会谈正式宣布放弃《洛桑条约》赋予这些少数民族社区的集体权利。虽然只是迫于土耳其政府的巨大压力，但是他们放弃权利也代表着终结了所有基于宗教或种族的特殊待遇。1926 年，

安卡拉宣布实行酒精垄断，麻醉品的生产与销售全部由某个政府许可的企业独家控制，自此，伊斯坦布尔非穆斯林商业活动中的这一重要领域也被完全国有化。

1923 年，佩拉宫作为城内最重要的一处在外业权人名下的资产，也被宣布收归国有。此举名义上是补偿因布多萨克斯未缴税单而给国库造成的损失。可是四年后，也就是 1927 年 5 月，政府又颁布了一项新法律，宣称包括佩拉宫的希腊老东家在内，所有独立战争以后没有返回土耳其的前奥斯曼帝国国民都不再是土耳其公民。这一转变意味着布多萨克斯的地位在某些方面还不如那些曾经生活在伊斯坦布尔之外“可交换的”希腊人，至少他们离开，理论上还可以获得遗留财产的补偿，有时甚至可以在希腊分得新农田或新房屋，而“不可交换的”希腊人如果自愿离开伊斯坦布尔，就什么都没有了。《洛桑条约》用轮船和火车移除了土耳其一百万的希腊人口。1927 年的法律大笔一挥，又清除了好几万人。

这些改革出自立法、公共活动、城市法令的整体计划，故意降低了少数民族的公共关注度和经济实力。新的土耳其共和国之所以 126
否定奥斯曼帝国的宗教忏悔、多种族并存的帝国结构，是为了支持单一民族国家在这些方面的主张。最好的情况是，改革可以通过摆脱奥斯曼帝国宗教自治的“大帽子”体系，实现公民在法律面前人人平等；最差则会把穆斯林变成新国家内部的核心民族，而把其他民族降为次等。非穆斯林的宗教机构或私人基金会开办的学校必须雇用一定比例的穆斯林教师，而且课程中禁止涉及宗教引论。政府取缔了少数民族社区成立的童子军。公共场所的标语牌赫然写着：各位公民，请说土耳其语！（*Citizen*，*Speak Turkish*！）20 世纪 20 年代，政府制止生活在伊斯坦布尔的非穆斯林出城，企图把种族差异封存在旧都内部。他们还明令禁止亚美尼亚人在安纳托利亚东部定居，该地区作为亚美尼亚古老的文化中心，也曾是种族大屠杀的黑暗中心。1934 年，政府颁布了一部新法律，不仅要求所有的土耳其公民采用从前穆斯林很少使用的姓氏，而且明文规定，禁止民众登记的姓名包含明显可辨的非土耳其语字尾，比如，希腊人常用的“××普洛斯”，亚美尼亚人常有的“××伊恩”，还有斯拉夫人和犹太人名字里常见的“××奥夫”或“××维奇”。

前希腊东正教牧首梅勒提奥斯曾形容安卡拉的政策是“莫斯科做派的列宁主义”，他的话在某种程度上并没有错。安卡拉政府确实借鉴了布尔什维克的经验和教训。就像新苏联曾宣布白俄不在国家的保护范围之内，土耳其共和国也公开声明与目前侨居海外的希腊人等少数族裔断绝关系。两国的财产征收都源于共同的信念，相信胜利者正在领导改变世界的政治运动，认为战利品理应属于胜
127 利者，相信失败者不过是寄食者、寄生虫，是陈腐破败的社会秩序的余孽，正在接受他们应有的惩罚。

强制征收为土耳其政府与广大的普通穆斯林带来了片刻的宇宙正义。从他们的角度来看，贪婪的少数民族榨干了奥斯曼帝国，与协约国占领者勾结抵制独立战争，最终必将被真正的爱国者取代。对少数民族来说，这看起来就像是世界末日。“我站在佩拉区尘土飞扬、垃圾四散的山坡上……俯瞰着海港密密麻麻的桅杆和污秽肮脏的烟囱……一切看起来令人作呕，很不真实。”欧内斯特·海明威刊登在《多伦多每日星报》上的文章这样写道，“但是民众对这些的感受却非常真切，他们回眸这个城市，会想起他们舍弃的家园、撇下的生意，想起他们所有的情感关联与生计……”

一夕之间，财富化为乌有，很多希腊人等少数民族的商业领袖都一败涂地。有些人身无分文地站在雅典和塞萨洛尼基的陌生街头，还有些人沮丧至极，草草结束了自己的生命。土耳其报纸经常刊载几则有关绝望与复仇的耸人听闻的故事。1928 年，希腊人科

法克斯（Kofakos）经营的罗德斯酒店被宣告破产。这家酒店与佩拉宫同在一条街上，是海明威常来的旧地。过了一阵子，已沦为乞丐的科法克斯在酒店门阶上被人轰走。等他再回来时，带着一把手枪，当场射杀了一名酒店员工。

然而，布多萨克斯不同，他在希腊东山再起，又成就了一番事业。当时，佩拉宫只是他可观财富的一部分，他想方设法把大部分财产从土耳其转出。后来，他在雅典创办了几家新企业，经过打拼，成了希腊实力最雄厚的工业家之一。他对几乎所有的经济部门都有浓厚的兴趣。许多他在佩拉宫大堂结识的关系，尤其是那些免 128
不了要在伊斯坦布尔停留的英国士兵、德国实业家和法国商人，都成了他从移民迅速崛起为工业巨头的助力。布多萨克斯名下的希腊弹药公司（Greek Powder and Cartridge Company），生产各种口径的步枪子弹、炸药、防空手榴弹、防毒面具以及海军舰艇的船用锅炉，成了希腊最大的军火制造商。

20 世纪 30 年代末，他的业务继续扩张至丝绸和羊毛生产、造船，以及葡萄酒与烈酒销售等多个领域。西班牙内战期间，对立双方军队的武器装备都由他提供。第二次世界大战前夕，他还在坚持不懈地平衡商业利益，同时向英国和德国供应战争机器。“他很有名望，是一位头脑灵活的实业家，他知道如何把一桶炸药、一批外汇或一宗地产转变为自己的经济利益和政治优势。”1940 年，《科利尔杂志》（*Collier's* magazine）的一篇报道这样评价：“他在这场战争里扮演了上一次世界大战中蓄着山羊胡的巴希尔·扎哈罗夫（Basil Zaharoff）爵士。”已故的巴希尔·扎哈罗夫当年是伊斯坦布尔从事军火交易的希腊人，也是布多萨克斯的长辈。1979 年，布多萨克斯去世时，他的生意范围已从军工延伸到了酿酒、化工和造船业。某位研究这个主题的历史学家说，他只是“希腊工业领域最有实力的人”，而他家人建立的慈善基金会则是这个国家最杰出的慈善组织之一，专门用于奖励科学、医学和希腊文化传播方面的工作成就。

与此同时，佩拉宫却在法律的地狱饱受煎熬。1927 年夏，法律剥夺了在外业权人的土耳其国籍后，佩拉宫就被国库转让给了政府控制的艾姆拉克银行（Emlak Bank）。过了几个月，也就是 1927 年 12 月，这家酒店似乎又被穆斯林商人米斯巴赫·穆海耶斯（Misbah Muhayyes）收购。1928 年，他在市政财产档案中正式
129 登记了他对佩拉宫的所有权。穆海耶斯来自贝鲁特（Beirut），他与布多萨克斯一样，是伊斯坦布尔的新移民。穆海耶斯是土耳其民族主义早期的支持者，他与穆斯塔法·凯末尔的关系可以追溯到第一次世界大战之前。独立战争如火如荼之时，穆海耶斯利用家族祖辈相传的纺织品生意倾力支持凯末尔主义事业，为血战沙场的将士提供制服。这种种关系让穆海耶斯获得了土耳其国籍，出于对政治风向的透彻理解，他终于在名义上获得了这家废弃的酒店。

他续写了这个希腊家族中断的生意。他把酒吧装饰一新，擦亮了黄铜电梯，恢复了酒店的名声，使佩拉宫再次成为欧洲等远地旅行者皆知的停留地。而酒店的周边区域，也就是人们曾经称为墓园大街与暴徒大街的街角也进行了改造。市政府为酒店前的大道换了个更庄严的名字，宪法大街（Mesrutiyet Avenue）。佩拉宫如今是穆斯林的产业，熔炼了个体认同和共和国政治的魔力，穆海耶斯尽管曾经是阿拉伯人，现在也成了土耳其人，他已经证明了自己对这个国家的忠诚，因此获得了适当的奖励。穆海耶斯秃顶，戴着一副眼镜，领结和方巾看起来总是需要整理，他的形象恰好代表了接班希腊人的新一代伊斯坦布尔人。穆海耶斯家的避暑别墅位于耶尼亚（Yeniköy）郊区，圆屋顶充满东方梦幻，屋檐旁逸斜出，尤似礼冠，是博斯普鲁斯最宏伟的宅邸之一。

据估算，伊斯坦布尔非穆斯林的少数民族人口占比从 1900 年的 56% 下降到 20 世纪 20 年代末的 35%。别的城市这一数字更是

急剧下降。伊兹密尔（Izmir），也就是从前的士麦那，非穆斯林人口从62%减少到14%。而在安纳托利亚东部的埃尔祖鲁姆（Erzurum），城内的亚美尼亚人由于种族大屠杀几乎被完全清空，
非穆斯林人口从32%降至0.1%。不过人口革命几乎改变了伊斯坦 130
布尔少数民族老社区的一切。由于着急离开，希腊人、亚美尼亚人、犹太人在二手市场上甩卖他们住宅公寓里的各种物品，希望在登上轮船或火车之前，口袋里至少能增加一点现金。他们贱价出售了大量的家具、餐具、留声机和钢琴，以至于新家居用品的进口商后来发现，大众需求都已被这些易得廉价的商品满足了。

总的来说，因为城市的非穆斯林少数民族都逃走了，整个土耳其变得更加伊斯兰化，更加土耳其化，种族更加单一，乡土气息也更加明显。一些家族以穆海耶斯式的方式出现，其中有人将会成为伊斯坦布尔的经济支柱。他们随时留意着命运的改变，一旦希腊人等少数民族的企业挂牌出售，他们就会把政治关系转化为经济优势。他们的买卖非常诚实，至少个人交易完全没必要欺诈。但是，他们依赖这次巨大的财富转移，而这一转移之所以得以实现，是因为共和国对民族纯度的偏爱，而非帝国首都古老的世界主义。伊斯坦布尔上一代的权力精英身着锦缎华服，强调壮丽辉煌是他们的典型特征，而新的土耳其官吏则详述老奥斯曼人缺乏的品质：平静的自信和简单的优越感。这些人与他们家人正穿着定制西装和时髦的西式礼服，摆出眺望远方的姿势，等待画师为他们画像。他们与无处不在的资产阶级一样，也渴望在最有魅力、最无忧无虑的时刻记录自己。

尽管没收少数民族财产是蓄意筹划的政策，但是一代又一代伊斯坦布尔的普通人和历史学家仍然认为这是一笔横财。如果这些少数民族在协约国占领期间离开，那么人们就会记得他们简单地放弃了自己的房屋和企业，安静地锁上门，遗留下代代累积的财富。当
然，现实是法律禁止他们取回自己的资产。对今天的游客来说，这 131

次改革的整段历史都展示在佩拉宫的大厅中。这家酒店在帝国和共和国时期的两位所有者——布多萨克斯和穆海耶斯的肖像也面对面地挂在东方酒吧外。虽然他们一位是国家政策针对的目标，另一位是曲折的受益者，但画布和照片中的两人都很自信，仿佛这个城市正是属于他们这样的人。

战后世界奏响爵士乐

佩拉宫最上等的房间靠近建筑的西南角。打开房间的窗户向 135
外看，金角湾和展现奥斯曼帝国昔日盛景的细窄社区尽收眼底。远处，一片深色开阔的草坪从前是奥斯曼帝国的高官家庭最喜爱的野餐地。当年，头戴面纱的夫人们就端坐在草地上，看着顽皮的孩子在金合欢树之间嬉闹，在两条最终汇入金角湾的溪流中戏水。

帝国时代结束了，但渡轮仍吱吱嘎嘎地载着周末的游客逆流而上。一些人要去艾郁普的村庄，一些人前往虔诚的穆斯林必去朝拜的圣堂（*türbe*），也就是先知穆罕默德的同伴阿布·艾尤卜·穆哈吉尔（Abu Ayyub al-Ansari）的陵墓。还有一些人想去逛逛能为热恋情侣提供隐蔽野餐地的卡希塞恩（Kagıthane）森林。经过岁月的洗礼，这座城市慢慢变为稀疏的林地。夕阳西斜，佩拉宫把这些新区衬托得愈发绚丽，红瓦灰墙反射着橙粉色的余晖，就像傍晚宣礼结束时点亮的灯火烛光。

佩拉宫西南侧最令人满意的并不仅仅是风景，还因为这些房间距离墓园大街的酒吧和俱乐部最远，是酒店唯一一处客人容易安眠的角落。协约国占领时，欧内斯特·海明威曾担心，一旦穆斯林推
开英国人、法国人和意大利人接管这个城市，那么伊斯坦布尔的夜 136
生活将何去何从。传闻遵从伊斯兰教习俗的土耳其民族主义者在他们控制的地区取缔了纸牌游戏，推翻了双陆棋桌。海明威预言：

“就算凯末尔进城，这个男人渴求苏伊士以东的热火也绝不会在君士坦丁堡熄灭。”

事实上，这个城市似乎每周都会出现新的酒吧、饭店，还有各种剧院和咖啡馆（*cafés chantants*）。“美丽智慧、欢歌笑语是高尚的，是尊贵的，是对神的崇拜。”一位美国游客回忆道。再小的场地都会有营业的小啤酒馆。甚至一个仅能容纳几张桌子的空间都会有特色鲜明的小乐团。当地企业家瞅准了这些机会，伊斯坦布尔的人口变化完全可以通过新出现的酒馆来判断，因为这些酒馆服务的正是新移民中的特定群体。汤姆的兰开夏郡酒吧（Tom's Lancashire Bar）由一位来自萨洛尼卡的移民经营，主要招徕来自英格兰北部的普通顾客，而圣詹姆斯啤酒屋（St. James's Brasserie）则更想吸引精致文雅的英国绅士。1922 年，君主制废除后，连阿卜杜勒·哈米德二世曾动用大量资金暗自修造的耶尔德兹宫都被重新利用起来。其中一处木石复合结构的农舍隐匿于种植着松柏、木兰、椴木的小树林之中，就被意大利承包人马里奥·塞拉（Mario Serra）改造成了赌场，可以同时接待三百名客人，还配备了功能齐全的餐厅、茶室、马术竞技场、网球场和射击场。

佩拉宫每天供应晚餐的时段都有音乐伴奏，周五和周日的下午五点还会举办音乐会（*thé concert*）。不过酒店北面正对着博蒂尚公园的一角，那里有伊斯坦布尔最好的夜总会——花园酒吧。这间酒吧的老板是一位来自保加利亚的犹太移民，许多在附近冬季花园剧院（Winter Garden Theater）表演的艺术家都喜欢来这里喝
137 一杯。与城内许多建筑一样，花园酒吧也几经更迭，曾被大火夷平，后来又被新主人重建，到 20 世纪 20 年代初，它已拥有了众多穆斯林和外国主顾，还有大批从隔壁的佩拉宫前来光顾的客人。酒吧每天下午五点至八点是日场音乐演出，晚上九点到十一点还有各种铺张华丽的娱乐表演。维也纳、巴黎等欧洲各地的音乐巡

演剧团都在这里演过歌舞剧。高空走钢丝或荡秋千的演员甚至可能突然从头顶俯冲下来，让席间观众倒吸一口冷气。拳击赛的擂台上既有本地选手，也有国际运动员，而变装皇后偶尔也会用歌舞表演来娱乐人群。

花园酒吧的老板之所以选择艺术家，是因为失业的音乐家、表演家遍布这个城市，他们中的大多数是1920年大批涌入的白俄。每天上演两场音乐会的鲍特尼科夫交响乐团（Boutnikoff's Symphony Orchestra）由一位俄国移民组建，是最早把欧洲古典音乐引入伊斯坦布尔的乐团之一。歌手亚历山大·弗尔汀斯基（Alexander Vertinsky）等流行音乐明星连同后来的知名人士、年轻的爵士作曲家弗拉基米尔·杜克斯基（Vladimir Dukelsky），或者叫他弗农·杜克（Vernon Duke）都在城中各处场地表演过。俄国马戏团的艺术家还与弗兰格尔部队一起南下，所以如今伊斯坦布尔的杂耍和杂技依然欣欣向荣。就业机会稀缺，当地的红十字会办公室堆满了各种要钱的申请。八个俄国小矮人剧团请教说要创作新的滑稽剧。一个男人带着一群训练有素的鼠、狗、猪，请求协助把他的动物演出安排进合适的夜总会或表演大厅。“艺术家目前在俄国无法生活，”驯鼠师伤心地说，“那里的氛围不适合艺术。”

然而，对大多数在金角湾以北的投机者来说，艺术可能也没有触及他们的内心。传记作家齐亚·贝曾在花园酒吧报道：“在这个自持自重的人都不敢再来的地方，纵情享乐的男男女女现在却这样肆无忌惮地寻欢作乐。”俄国画家亚历克西斯·格雷琴科（Alexis Gritchenko）回忆说，整个街区就像那不勒斯的贫民窟。拼写错误 138
的指示牌用多种语言引诱着客人穿过黑暗的门廊。酒窖和酒馆里飘散出一阵阵酸葡萄酒和腐烂瓜果的气味。合法妓院的窗玻璃上晕着金色的微光。欢呼笑闹整夜不休，间或能听见大酒桶滚过碎石路时的轰隆声响。

几个世纪以来，过度消遣与恣意放荡一直是这个城市社会秩序的组成部分。不同的是现在这一切似乎随手可得，甚至在酒吧、公园和剧院里挤作一团的陌生人面前公开炫耀。直至 1916 年维也纳歌剧团首次在伊斯坦布尔演出，组织者还不得不筹办只面向女性的专场演出，从而避免帕夏家或贝家的妻女们与其他男子接触。王室的公主们在太监的包围下，咯咯地笑着涌进托卡良酒店，太监引导着她们穿过后门，走向另一边的博蒂尚剧院（Petits-Champs Theater）。事实上，这是她们第一次被容许进入酒店大堂。时针飞转，到 20 世纪 20 年代，我们已经很难想象这样天真纯洁的世界曾经存在过。“在博蒂尚，你可以观看哥萨克舞者的表演，你还可以看见干净的美国水手挤下卡车（*arabas*），成群结队地走进贩卖着香槟酒的妓院。”美国海军官员罗伯特·邓恩（Robert Dunn）回忆道。

夜总会的人气有涨就有落，变化的运气、演进的品位，或者单调乏味的表演，让顾客抽身离开了这些欢宴。这就是伊斯坦布尔早期轰动一时的俱乐部的宿命，这个花园酒吧往日的劲敌、名为“马克西姆”（Maxim）的大型热舞俱乐部最终落寞收场。

马克西姆的老板弗雷德里克·布鲁斯·托马斯（Frederick Bruce Thomas）是一位不可思议的经理人。他是美国密西西比州奴隶的儿子，最早与南部无数黑人一起前往芝加哥与纽约寻找发财机会，他在那里当过侍应生，也做过贴身男仆。后来冒险精神作祟，
139 以及渴望避开美国镀金时代无处不在的种族歧视，他还去过伦敦和巴黎。1899 年，他到达非裔美国人极少向往的俄罗斯帝国。没过几年，他就娶了个俄国姑娘，获得了俄国国籍，而且凭借费奥多·费奥多罗维奇·托马斯（Fyodor Fyodorovich Tomas）的新身份当上了莫斯科的一级军士长。他工作过的亚尔餐厅享誉整个欧洲大陆，是城内最高雅的饭店。他的莫斯科夜店刚刚开张就好评如潮，客流量不断刷新纪录。

托马斯虽然跨越了种族的界限，如愿以偿地拥有了他在美国

永远不可能达到的社会地位，但他仍然难逃政治和革命的冲击。1917年秋，莫斯科人开始支持新的内战，托马斯逃去了南方仍受志愿军控制、相对安全的区域。同许多俄国国民一样，他也在敖德萨找了一个临时避难所，因为这个港口城市一直在交锋的两军之间摇摆不定。1919年，他再次迁居，与数千名躲避布尔什维克的前沙皇支持者一起继续南移。他最终到达了伊斯坦布尔，大概 140
是除邓尼金和弗兰格尔军队的残部之外，唯一一个走到这里的白俄黑人。

托马斯很快就重整旗鼓，再战江湖。他偶然结识了兰开夏郡来的招待、偶尔也兼作老鸨的贝莎·普罗克特（Bertha Proctor），她的酒吧就在佩拉宫附近，当时已是城里最火爆的酒吧之一。他们俩在希什利区（Sisli）电车线路的终点站合伙开了一间新店。这间酒吧换过很多名字，如英美别墅花园、贝莎，最后一个广为人知的名字是斯特拉。斯特拉酒吧是协约国军官最常出入的场所之一，几年来生意一直很好，托马斯对这一行也越来越熟悉。1921年秋，他在靠近佩拉区中心的瑟斯维勒大街（Sıraselviler Avenue）为刚刚开业的跳舞和餐饮俱乐部剪彩，他给这间新店取名为马克西姆，这是他莫斯科老店的名字，与伊斯坦布尔旁边的塔克西姆广场（Taksim Square）也很押韵。

20世纪20年代中叶，马克西姆的大厅（*grande salle*）“不仅是伊斯坦布尔人最常光顾的场所，也是外国人频繁进出的地方”。曾在伊斯坦布尔生活过一段时间的传记作家威利·斯佩尔科（Willy Sperco）说道。就连尖酸刻薄的齐亚·贝也光临过这家人气爆棚的夜总会，他与妻子，还有一位战争期间靠哄抬稀缺食品价格致富的希腊朋友卡拉雅尼（Carayanni）一起进店落座。他说：“佩拉和加拉塔从未像现在这般肮脏。”他发现马克西姆俱乐部里到处都是俄国的旧贵族和冒牌的波西米亚人，每个人都在抽烟喝酒，欣赏着舞台上黑人爵士乐队的表演。人们碰见女士会效仿法国人行吻手礼，除此之外，巴黎更文雅的生活习惯却很少在伊斯坦布尔落地生根。“这群国际人士从巴黎拉丁区学会的只有自由恋爱。”齐亚最后说道。

托马斯是一位才能出众的奋斗者，他可以随时代的需要变换不同的方式。他只用一顶帽子就可以把自己从西方的花花公子变为在土耳其坐拥三千佳丽的贵胄。如果有一群美国游客走进来，托马斯
141 会立刻戴上费兹帽，还会命令他的歌舞团女演员穿上土耳其灯笼裤。游客就会感觉自己仿佛置身在奥斯曼帝国富丽堂皇的闺房，四周或坐或卧着懒洋洋的奴隶女孩，还有谄媚的服务生双手奉上滋味尚可的牛排和辣根酱。美妙的晚会结束时，托马斯这位外来的老板总是向客人深鞠一躬，投契地拍着他们的手背，引导他们走出大门，并且用温暖的声音向他们道别：“再见，先生。”

然而，美好的时光总是短暂。托马斯的生意急速扩张，但是俄国人纷纷离开了伊斯坦布尔，不仅客人少了，还带走了许多员工。再加上市场竞争愈演愈烈，对手总是争先恐后地效仿有创意的模式，提供喝酒、吃饭、跳舞一条龙服务，侍应生全部换成了年轻的姑娘。佩拉大街一带突然涌现了许多家俱乐部——黑玫瑰（Rose Noire）、绿松石（Turquoise）、卡皮希（Karpich's）、大猫和小猫（Kit-Kat）等。新场地开业仅五年，托马斯就已经债台高筑。债主像压榨所有非穆斯林企业一样，逼迫他要么偿清欠款，要么宣布破产。1927 年，俱乐部倒闭，次年夏天，他就与世长辞了。土耳其商人后来开了间同样叫“马克西姆”的新赌场，但是时光不会倒流，狂欢早已散场。“战后世界奏响爵士乐，”《纽约时报》刊登的托马斯讣告这样写道，“他深知世界主义的君士坦丁堡并不落后于时代。”报纸还封他为“爵士乐的苏丹”。几十位故交出席了他的葬礼，可大多数老主顾都转移到了更新鲜、更刺激的场所。威利·斯佩尔科回忆说，这是一个哀伤的故事，与从宿醉中清醒一样让人感到压抑。

伊斯坦布尔的本土历史学家认为，托马斯功不可没，从西方风格的舞蹈到大众夜生活的整体概念，他为伊斯坦布尔人引介了许多东西。他的马克西姆没准是城内第一家以黑人舞曲伴奏为特色的俱乐部，这支乐队是托马斯专门从法国和美国请来巡演的。
当时的人记得有个名为“棕榈滩七人组”的神秘团体，曾是伊斯 142
坦布尔历史上第一支会弱音吹奏和打边鼓的合奏乐团。马克西姆的舞蹈老师主要是年轻的俄国女子，在她们的培训下，整整一代的伊斯坦布尔人都学会了狐步舞、西迷舞等流行舞步。1926 年，市政当局颁布了有关查尔斯顿舞的禁令，不是因为舞蹈本身冒犯了穆斯林的情感，而是因跳舞导致扭伤和擦伤而住院的人数破了记录。这项禁令自然是不可能执行下去的，而且它受到了土耳其媒体无情的嘲笑，可它却实实在在地反映了白俄人的涌入给城市带来的快速转变。“他们改变了社会生活形态。”土耳其传记作家米纳·乌甘（Mîna Urgan）以及一个年轻女孩简洁扼要地描述了他们对俄国人的印象。

然而，托马斯等新移民其实只是在陈旧的社会风俗中开了条狭窄的缝隙，而伊斯坦布尔人本身早已将这些吃喝狂欢的习俗发展成极其高雅的艺术。欧洲移民通常认为是他们开创了这个城市的公共娱乐活动，比如晚上，你可以去某家饭店，坐在铺着桌布的餐桌边，翻着品类有限但定期变化的菜单点餐，训练有素的服务生随后会为您端上精美的菜肴。伊斯坦布尔从前确实没有这样的地方，欧洲移民或许是贡献了饭店的理念，但即便在奥斯曼帝国，这个城市也不乏大众餐馆等消遣的场所。

希腊人和亚美尼亚人在伊斯坦布尔拥有数不清的小酒馆（*meyhane*），每家都有自酿的葡萄酒和茴香酒。根据 17 世纪的旅行家爱维亚·瑟勒比描述，这座城市自称有一千多家酒馆。虽然数字不一定准确，但仍能说明想要在伊斯兰世界之都找到酒精有多么容易。事实上，酒吧和餐馆的数量失控在伊斯坦布尔的社会历史上是常有之事。任何“会用平底锅煎三条臭鱼的人都可以获准开餐馆”，20 世纪 30 年代一家报纸抱怨道。伊斯坦布尔人总想向街坊
143 四邻供应餐饮，每当城市管理者思考如何说服他们克制这种看似无限的渴望时，相同的情绪就会卷土重来。

从艾郁普一直到于斯屈达尔，酒馆遍布伊斯坦布尔的大街小巷，而且每一家酒馆和周边的酒吧都有自己的老主顾。按照爱维亚·瑟勒比的说法，一小盘混合沙丁鱼、蚕豆、甜瓜、白奶酪等食材制成的梅泽（*meze*）开胃菜可以搭配旧时奴隶常喝的保加利亚葡萄酒和希腊葡萄酒。17 世纪中叶，瑟勒比经常在酒馆遇见喝醉的人不停倾诉他们的苦闷。“我的脚只会走向酒馆，”他们朝着他大声叫嚷，“我的耳朵只能听见酒瓶咕咚咕咚的响声和醉汉的哭声！”瑟勒比很庆幸自己只喝了雅典蜂蜜调制的冰冻果子露，然而，他却能记起八个最受欢迎的酒馆的名字，这些名字他在著名的行记《假期》（*Seyahatname*）里都被一一列举了。

尽管理论上穆斯林不准饮酒，但奥斯曼帝国的酒业庞大，品类繁多，从茴香酒到葡萄酒、啤酒，几乎什么酒都生产，这个领域通常都是由非穆斯林经营。节制是在被发现犯戒时才应具备的美德，这就是为什么无论是奥斯曼帝国，还是土耳其共和国，佩拉宫都是对伊斯坦布尔有益的存在。从苏丹最古老的宫殿横跨过金角湾，整个佩拉区任何形式的花天酒地都会付出代价。这就好比拉斯维加斯永远只是一座遥不可及的桥。

吃饭喝酒一直没离开过公众视线。20 世纪以前，自家开火做饭非常罕见，这种用餐方式几乎是富人的特权，因为他们有经济能力，能够在别墅或公寓辟出一个永久的厨房，由仆人去市场采买，厨师料理食材。普通的伊斯坦布尔人则只能依靠群体获得食物：小

摊贩、社区的面包师、清真寺的流动厨房、某些职业阶层（比如皇宫的士兵或服务人员）的餐厅，还有无处不在的埃斯纳夫 144 （*esnaf*）食堂，以及服务特定社区的商人餐馆。人们习惯吃饭、工作、居住都在同一个地方，周围都是同一类人，比如同一宗教的信徒或相同行业的人员，因为铜匠、玻璃吹制工、木工等专门的工房往往集中在城市的同一片区域。举例来说，19 世纪 80 年代，伊斯坦布尔超过四分之一的人口不在民宅居住，这部分人口以未婚男性为主，他们都被安置在清真寺建筑群、手工店铺等集体宿舍。城里约百分之八的人没有固定住所。

考虑到人们对食物的需求，集体饭菜既要容易准备又要方便服务，所以简单是关键。品质的提升并不在于推陈出新，而是把熟悉的东西做到极致。这就是众多有关伊斯坦布尔日常生活的传记最让人留恋的原因，这些传记会引人回想起某位著名的糕饼师傅、某个酸奶特别好喝的供应商，或是某家位置极其隐蔽的茶馆。今天的旅行者早晨吃西米特（*simit*，一种口感类似脆饼干的、撒着芝麻的面包干），中午吃烤鱼或炖肉，下午喝沉渣咖啡，这些饮食习惯和热量摄入与过去伊斯坦布尔的普通人没什么两样。经典的奥斯曼帝国名菜最终走进了城市的饭店，可稀奇古怪的菜名对大多数人来说仍然十分陌生，比如，羊肉和茄子做成的菜叫“苏丹最爱”（*hünkârbegendi*），茄子、番茄和大蒜做成的菜叫“伊玛目昏厥”（*imambayıldı*）。

除了各种在公共场所可以购买的食品饮料之外，西方游客还特别迷恋伊斯坦布尔的恶习。“印度大麻和鸦片等麻醉剂和兴奋剂仍然可以获得”，畅销的《迈耶斯指南》（*Meyers Guide*）在 1914 年还这样告诉德国旅行者：

145 吸食和注射大麻能让人持续工作、缓解疼痛、治疗各种疾病，并且产生快感，激发想象力，增加食欲和性欲……吸鸦片的人（主要是波斯人和阿拉伯人，而不是土耳其人）常常秘密地聚集在叶蒂库勒（Yedikule，金角湾南部）几个隐蔽的咖啡馆里，沉浸于毒品带来的幻觉之中。欧洲人想要加入他们困难重重，因为近年来，政府大力打击吸食鸦片。

第一次世界大战之后，违禁毒品仍是伊斯坦布尔娱乐消遣的组成部分，而且样式和味道更加符合欧洲人的喜好。土耳其没有签署麻醉药品运输公约，所以生产者和毒贩都蜂拥而至，把伊斯坦布尔当作跨地中海的毒品贸易中心。报纸杂志责骂可卡因是新进口的瘟疫。因为不需要像吸食大麻或鸦片使用复杂的工具，所以可卡因在伊斯坦布尔的俱乐部和酒吧迅速蔓延。新供应商甚至把可卡因带入了高级酒店的大堂。伊斯坦布尔的某家杂志报道说，这种白色粉末很容易隐藏，盛装的小瓶完全可以藏进女人的高跟鞋。这意味着不少衣着考究、跳着查尔斯顿舞或西迷舞的女子可能就是地下毒品贩运人。

过去，人们对伊斯坦布尔丑恶面的兴趣往往集中在一个他们知之甚少的地方：闺房。在苏丹的宫廷里，闺房组成的后宫是君王妻妾的起居地，是隐秘且受高度管制的世界。太监负责看守后宫，只有极少的男子可以出入，通常也就是苏丹和他未成年的儿子。外国人想象的穆斯林世界充满了懒散的侍婢、鸦片烟管、精致的礼服。
146 但事实上，帝国的后宫和所有欧洲君主的王室并无二致，都是复杂的政治舞台，个人阴谋、家族纠纷、代际权力斗争和肆意的勾引都是习以为常的桥段。“闺房”这个词源于阿拉伯语的“禁地”，最初并不是说性别上的隔离，而是指建筑方面的规划，指的是为穆斯林家庭保留家用的私密空间——闺房（*haremlik*），要与会谈或待客的区域——前庭（*selâmlık*）完全分开。简单地用家室（*household*）

这个词替换或许会让人们少一些淫荡的遐想，更准确地去想象奥斯曼帝国的苏丹和穆斯林达官显贵成群的妻妾，想象性、权力和私生活如何交织在一起。“永远不要曲解‘闺房’这个词……你们对这个词的误解让我们的生活沾染了肮脏下流的气息，必须消除这种不当的想象。”第一次世界大战期间，土耳其著名女权主义者接受美国记者采访时这样申辩。

1922 年，苏丹穆罕默德六世登上英国军舰离开伊斯坦布尔，随行带走了一小队扈从，但是帝国后宫的大多数黑太监（*kara agalar*）仍然被留了下来。如同意大利歌剧《阉伶歌手》（*castrati*）中的人物，这些人通常是埃塞俄比亚人或苏丹人，他们放弃自己的性器官来换得一份有优待、有一定权力的职业，或者更加可能的是，他们在童年时代被迫接受了这样的交易。他们被中间商从遥远的地方带进了苏丹领土的奴隶制度，最终发现自己居然站在了帝国体制的中心。不过随着观念改变和政治革命的推进，他们失业了，许多人渐渐陷入贫困的泥潭。他们有时沿街乞讨，细长的四肢可见青春期前被阉割的迹象。“我认识的太监都个子高高的，长得很好看，他们快乐又善良，总是与汽车一同出现，很能撑起场面。同等地位的太监一些看守宫门，一些在客厅奉茶。”某位观察者写道，“他们的时代结束了。”

20 世纪 20 年代末，五十名太监为脱离困境，组建了互助社。 147
他们在于斯屈达尔设立总部，彼此交换新的就业信息。他们的旧技能派上了新用场。毕竟在后宫长年的教习和熏陶下，他们都成了礼节礼仪方面的专家，随后的几十年里，许多太监当上了博物馆警卫、前台接待、引座员以及伊斯坦布尔各大饭店的领班。阿卜杜勒·哈米德二世的御用太监纳迪尔·阿迦（Nadir Aga）后来在佩拉区的勒邦咖啡馆成天招待退休的帝国官员，他能讲一口十分优雅的奥斯曼土耳其语，全是婉转动听的客套和没完没了的玩笑。据说就连穆斯塔法·凯末尔都在他安卡拉的家里雇用了一名从前的太监。

伊斯坦布尔人的性生活最贴近西方幻想的地方和西方国家的性幻想最常被实现的地方都是妓院。1884 年，阿卜杜勒·哈米德二世倡导帝国的现代化改革，引入整套妓院监管体系，取代了早期非正式的妓院和自谋生路的男女娼妓。以往，卖淫主要被视为道德问题，最佳的解决办法就是通过穆斯林法官（*kadıs*）判定惩罚或由个别社区组织搜捕、流放。现在，卖淫成了国家写入法律的社会问题，从此以后，妓院只有获得政府批准的许可证才能开门迎客，警察和卫生管理人员还会定期检查，而且这些妓院只能集中开在专门划定的性交易区域。

妓院监管体系在第一次世界大战时就瓦解了。逃难、外国占领和绝望的时代等结合在一起，把女人，甚至还有孩子，推进了卖淫的大军。一些人被妓院老鸨招揽，另一些人只能站在街上拉客，超大手袋和缎面阳伞被公认是流莺的标志。有个故事——似乎真实发
148 生过——讲述了一名年轻的俄国难民在佩拉区的某条后街召妓，结果发现那个妓女是从前的男爵夫人，也就是他的母亲。

1918 年后，协约国特派使团着手恢复了正式的妓院许可与检查制度，基本上再造了随奥斯曼帝国一同腐朽的法律框架。法国人被委派的任务是监管合法的妓院，这个安排在某种程度上是可以预见的。法国人为军官和普通士兵划定了预留区，统一了所有妓院的价格，并且每周安排法国医生进行医学检查。英国人则采取了不同的策略。在基督教青年会（YMCA），圣公会牧师每周都会组织周日下午茶来分散士兵的心思，而英语社区的女性也会受邀前来一起谈天说地，聆听音乐。（据猜想，法国的体系运转得会更好。）

尽管做出了这么多努力，但只要说到性组织，协约国的指挥官们仍表现出鲜明的时代特征。官兵规律的性接触被认为不仅是一项基本权利，也是解闷和维持士气的有用工具。特别是驻守军队的士兵既远离家乡又身处紧张微妙的政治局势，为他们提供消遣的性服务与确保食品和装备的充足稳定供给一样，都是指挥官的工作。但

不管怎样，首要问题是要保证伊斯坦布尔完善的性产业不会传播性病，从而削弱军队战斗力。

性病“猖獗”，哈林顿将军在占领期间报告说，据他估计，伊斯坦布尔大约有四万名娼妓。当代的一份调查透露，全城共有175家营业的妓院，大部分集中在佩拉区和临近的街区，从业的妓女多达4500人。这个数字比哈林顿的估算小了近一个数量级，但可能更接近真实情况。尽管“道德状况因种种原因发生了改变，妓女据说有数千人”，但另一项调查显示，警方登记在册的娼妓有2125人，另有979人未登记。大多数的老鸨和娼妓都是希腊人和亚美尼 149
亚人，而且据估计，俄国妓女也占了四分之一。不只是占领者，许多穆斯林男人也会使用女性的性服务，不过占领者仍是主要的嫖客和性病载体。1919年，医院两个星期的记录显示，奥斯曼帝国士兵主要患伤寒或天花，而英国和法国部队的病例中，除两例伤寒、一例肺炎、六例流感之外，八十四例都是淋病和梅毒。

幸运的是，伊斯坦布尔有太多医生可以治疗这方面的问题，他们在地方媒体上登载的广告完美地反映了伊斯坦布尔这一由穆斯林、基督徒和犹太人士构成的文化万花筒。艾萨克·萨曼恩（Isaac Samanon）医生承诺，他卡德柯伊（Kadıköy）的诊所“治疗所有内科疾病和性病均运用最新的科学发现”。莫金（Mokin）和马克斯奥德（Maxoud）位于杜乃尔通道（Tünel Passage）的诊所，专门治疗性病和皮肤病。阿里·丽扎（Ali Riza）医生毕业于巴黎最好的教学医院，他收治病人的诊所距离佩拉大街不远。来自彼得格勒的A. 施瓦兹（A. Schwartzer）医生“按照最新的方法”，减轻病人的痛苦。耶范特·塔赫吉安（Yervant Tachdjian）医生可以在卡拉柯伊（Karaköy）会诊梅毒、淋病等泌尿生殖系统传染病。许多协约国军官总是就近去佩拉诊所寻求迪贾拉勒·朱凯里（Djelal Chukri）医生的帮助，他的诊所就在佩拉宫的对面，他号称能治疗性病和女性失调症。贝莎·普罗克特夫人的酒吧位于墓园大街的南端，距离诊所不远，这间酒吧雇用的女人登记的名字千奇百怪，有平底锅、方屁股、母亲的堕落，还有私通的范妮和瘦莉兹等，这间酒吧开张后，男男女女患病治病就都在同一条街上了。

150 20 世纪 20 年代初，城内性交易还相对较少，区域也很集中，服务对象大部分是协约国的士兵和水手。但不管怎样，伊斯坦布尔的肮脏形象已深入人心，在欧洲人眼中，这座城市就是犯罪活动和贪赃枉法的避风港。欧内斯特·海明威和其他记者都写过有关佩拉区低级下流的报道，说街头的妓女低泣着招引外国水手走进她们的房间。齐亚·贝虽说在新奥尔良、旧金山等臭名昭著的港城见过一些世面，但仍然忍不住对伊斯坦布尔现在的模样心生反感。“醉醺醺的水手摇摇晃晃地消失在小巷的尽头，”他回忆道，“风琴声远远传来，混合着鼻音哼唱的法语和意大利语的古老歌谣，有时甚至还隐约夹杂几句美国流行歌曲。刺耳的女声变换不同国家的方言，招呼着在巷道里游弋的嫖客。”

观察家认为，性交易虽然可耻，却也抵不过伊斯坦布尔持续不断的“白奴”贸易。在美国奴隶制废除前，大巴扎旁边最后一个公开买卖的奴隶市场已被关闭，但是奥斯曼帝国强制奴役的现象仍然非常普遍。局外人用国际法的新语言继续谴责“拐卖”妇女，这是 20 世纪初发明的新名词。1927 年，国际联盟在一系列报告中指出，伊斯坦布尔仍是贩运妇女离开欧洲、进入近东的主要城市。国际联盟认为，妓院老板、托运人和政府官员串通一气扣押女性，组成了性产业的广泛网络。

土耳其政府一再抗议这些指控，声称近期增加的性交易应归咎于拮据的俄罗斯流动人口。土耳其政府针对国际联盟的调查结果辩称，所有贩卖女性的贸易似乎都在法国、埃及等国开始和结束，伊斯坦布尔只是不幸充当了其间的运输通道。即使在奥斯曼帝国，
151 “白奴贩子”也常常被驱逐出城，警方记录显示这些人大多数栖居在音乐制作、酒吧看守、咖啡馆和妓院经营等流动性较大的职业领

域。官员还列出了一张“钢琴家/皮条客”等被驱逐者的职位头衔。但是，与日俱增的国际关注最终促使共和国官员采取了更加果断的行动。1930 年，政府严令禁止新开妓院，并且把已获得许可的妓院都交由警察管理。一轮针对妓院的搜捕和查封紧随而至。作家菲克莱特·阿迪勒（Fikret Adil）推断，共和国新法令颁布后，随着自由的性交易被叫停，伊斯坦布尔的爵士乐时代即将落幕，如果不站在道德立场，仅从分析的角度来看，他或许有一定的道理。

三年后，土耳其政府撤回了全面禁令，发布了一项新指令。政府决定成立一个官僚机构，负责审批、检查和监管城内的妓院。“我国大多数人民在文化方面仍然非常原始，”穆斯塔法·凯末尔总统公开发表声明，“妓院应当按照法律获得许可并且开在必要的地方，如此一来，妓女的管理也很有必要。”那些通过审查的新地点大部分都是协约国占领期间开办的妓院，这一事实加深了金角湾南部老城与佩拉区以北地区之间的分歧。爱维亚·瑟勒比等早期的旅行家理所当然地认为金角湾南部是彰显伊斯兰教美德与礼节的区域，而佩拉区以北则是试验和遗弃的范围。新共和国推动社会生活和性生活的现代化实际上加深了分隔两岸的鸿沟，而不是将从前帝国的首都紧密联结在一起。佩拉区曾经是奥斯曼帝国的王土，是包罗万象的都城的一部分，现在又身处现代化新共和国的怀抱。作为这个城市指定的红灯区和流行文化的先锋，佩拉区开始发挥更大的作用。

这种关系一直持续至两战间期若干年，甚至更久。伊斯坦布尔
与其他大城市没什么不同，夜生活与性交易彼此寄生，相互影响。 152
在这个穆斯林宗教和文化导向占绝对优势的国家，所有人都要以某种方式持守伊斯兰教的礼节，对他们来说，土耳其流行文化中对伊斯坦布尔的变装皇后、当红夫人和专业演艺人员的持续追捧是一种冲击。即便在今天，家庭餐馆仍与异装癖娼妓同在一条小巷，她们常常坐在二楼的窗边与路人随意地调笑。

相比之下，虔诚的土耳其穆斯林认为，伊斯坦布尔人现在行为散漫，奉行实用主义的道德标准，追根寻源都是因为外国人。最先是占领的协约国联军，接着是俄国难民，然后是本地的基督教徒和犹太人，尽管他们的财产所有权转移给了穆斯林，但他们仍在金角湾北部卖杜松子酒，表演卡巴莱歌舞。土耳其民族主义者常常分享这一观点，他们认为伊斯坦布尔是“拜占庭妓女”，把自己奉献给占领者，同时爱国者则迫不及待地想要拯救这个国家其余的地区，让它们脱离希腊人的魔掌。“拜占庭妓女”后来几乎成了这个城市的普通标签。

但是转变也正在悄悄地发生。文化的开放性、宗教信仰和道德自由兼容并蓄、容忍反差的现代性信仰，这些许多伊斯坦布尔人秉承的价值观随后被写进了土耳其共和国非正式的公共行为准则。毕竟今时不同往日，过去公众娱乐的生意一直由欧洲的表演家或穷困潦倒的俄国人控制，而现在新一代的伊斯坦布尔人已经开始用他们的歌曲记录这个城市的黑暗面。

过去是我心口的一道伤

两次世界大战间期有关声波历史的研究尚未发展成熟，但是声 155
音世界的变化却让所有伊斯坦布尔居民印象深刻。阿卜杜勒·哈米德二世统治时期，这座城市历史上第一辆汽车在佩拉大街的展厅里展出数月，吸引了大批的参观者，但是现在汽车加速的呜呜声和机油溅射的噼啪声街巷可闻。有轨电车沿着佩拉大街一路叮当作响。刺耳的喇叭声预示着博斯普鲁斯海峡的引航船在慢慢驶近。火车呼啸着绕过锡凯尔吉火车站的转向弯道。飞机的螺旋桨在头顶低沉地轰鸣。

“我就住在佩拉区，那里完美的地狱之音每天从傍晚一直随心所欲地哄闹到深夜两点。”罗马尼亚公主、社交名媛玛尔蒂·比贝斯科（Marthe Bibesco）说道。她看着煤气灯下满脸倦意的男男女女拖着疲惫的身躯，像羊群一样在舞台之间游移。互相较劲的音乐会在坡下的汤姆顿船长大街（Tomton Kaptan Street）陆续开场，与此同时，留声机的悲号从敞开的门窗里流淌出来，楼下路过演奏者的手风琴音时断时续。直至夜色深沉，水手冲出酒吧，返回舰船，呼喊声和哭闹声才随着港口的海风渐渐消散。

伊斯坦布尔现在无比喧嚣。俱乐部流淌的音乐，救护车、军车和消防车警笛——协约国占领期间出现的新声音——尖厉的嘶鸣。
“这些声音震耳欲聋，”1919 年《东方新闻》的一篇社论中写道， 156
“但是开路的效果没准还不如普通的喇叭。”搬运工沮丧的咒骂，香料市场小贩坚持不懈的讨价还价，这些未加修饰的人声承载着苦乐哀愁，与远方借由新技术传来的声音此消彼长。伊斯坦布尔人现在感觉他们对许多素未谋面的陌生人都很熟悉。

20 世纪 20 年代，城里掀起了一股电影风潮，这种变化愈加明显。19 世纪末 20 世纪初，电影刚刚起步，但主要还是舞台表演的串场，单卷小短片在墙壁或临时屏幕上放映的时候，演员可以趁机更换服装、准备道具。伊斯坦布尔本地有成熟的街头戏剧以及特色的活动艺术，比如著名的卡拉格兹（*Karagöz*）就是木偶师傅通过牵线带动投射在背光屏幕上半透明的人物影像。卡拉格兹拥有一批忠实的拥趸，与电影几乎平分秋色，斋月期间和其他假日里尤其受欢迎。直至第一次世界大战，第一家永久电影放映场地在距离佩拉大街不远的英国大使馆对面开业，事实上，它只是一间改造过的咖啡馆。城市的政界、商界和军界人物纷纷前来观看首映电影，通常是引进的德国或法国影片。为保持庄重，电影院特意将男女分区，不过在协约国占领的那几年，男女混坐的现象越来越普遍。更多电影放映的场地仍旧是粗陋的咖啡馆，有些还兼作酒吧，一般不适合文人雅士出入。"'电影'节目很多，"威尔士卫兵比利·福克斯-皮特报告说，"可是看起来都粗制滥造、漏洞百出！"

然而，正规的电影院很快就遍布全城。梅莱克（Melek）、阿罕布拉（Alhambra）、魔法（Magic）、艺术（Artistique），还有
157 1930 年 11 月开业、能够容纳一千四百名观众的格劳瑞亚（Glorya）大影院，伊斯坦布尔人终于可以坐在这些豪华舒适的影院里，观看福克斯、派拉蒙、米高梅等公司发行的法国、意大利和美国的电影。30 年代初，这个城市已经有 39 家影院可以放映无声电影和有声电影。

进口影片大受欢迎且发行利润丰厚，这意味着本土电影产业亟待发展。1931 年，土耳其第一部有声电影《伊斯坦布尔的江湖》（*On the Streets of Istanbul*）上映，创作这部电影的伊佩克兄弟

(Ipekçi brothers）后来成为共和国初期主要的电影制片商之一。这五兄弟是来自萨洛尼卡的移民，进军电影行业之前，是埃米诺努（Eminönü）区一间著名百货公司的老板。《伊斯坦布尔的江湖》是一出讲述两个男人爱上同一个女人的闹剧，故事脚本很粗糙而且电影的配音和制作都在巴黎完成，但它却反响不俗，帮助这家总部在伊斯坦布尔的新电影公司筹措到了资金。两年后，伊佩克电影公司推出了它的首部国产有声电影《民族觉醒》（*Nation Awakes*）。这部电影由穆辛·埃尔图鲁尔（Muhsin Ertugrul）执导，知名作曲家穆利斯·萨巴赫丁（Muhlis Sabahattin）配乐，以塞内加尔步兵骚扰穆斯林女孩和协约国士兵用刺刀把土耳其人刺死在床上为背景，用夸张的手法描绘了协约国占领时期的城市。伊斯坦布尔人和大多数土耳其公民第一次在电影院的大荧幕上看见有关本国近代史的故事。这部电影对大众记忆造成了巨大的冲击。就连后几代穆斯林回顾伊斯坦布尔占领时期的往事时，都会认为法国非裔士兵是不请自来的色狼，即使当年其实根本就没什么人碰见过塞内加尔步兵。

与世界其他地方一样，电影在伊斯坦布尔也是宣传的重要媒介，正确表现着国家想要传达的信息，比如爱国主义的责任、公民必备的美德、对国家的忠诚度等，但是观众免不了会用他们的钱包投票。伊斯坦布尔电影票很贵，一张电影票相当于一名普通劳动者日工资的四分之一，所以人们愿意去电影院看的一定是自己觉得有价值的影片。发行商明白，伊斯坦布尔人喜欢看的类型与西欧、北美的观众并无二致。1932 年夏，一份有关首映电影的详细调查报 158
告显示了伊斯坦布尔人的观影偏好：96% 的影片有人物饮酒的镜头，74% 有表现财富或奢侈的情节，70% 以爱情为主题，67% 的女演员穿着挑逗性的衣服，52% 有激情戏，37% 出现了性感的舞蹈。而大多数电影——63%——编造了一个难以置信的阴谋。

总而言之，电影院像这个城市一样嘈杂。人们大声朗读字幕，起身进进出出，随着音乐拍手跺脚，或者把自己想象成电影人物，与主角争吵。理论上，电影院是伊斯坦布尔所有社会阶层汇聚一堂的地方。这是社会调整后的新现象。过去，城里大多数公共聚集场所都会明确区分等级，首选的位置或最好的座位不仅卖给有钱人，也要留给有家庭关系和政治背景的权贵显要。奥斯曼土耳其语中有多种表达地位的方式，两个苏丹国民如果在同一地点碰面，必须遵循具体的等级礼制。但是在共和国、民主化的城市，这种行事方式即将被淘汰。

一则广泛报道的法律案例证实了这一转变。1928 年 3 月，巴哈（Baha）、尼苏（Nesuhi）、米德哈特（Midhat）这三位助理检察官前去歌剧电影院（Opera Cinema），要求进入影厅，大概是想免费看电影。获得准许后，他们又进一步要求坐包厢，认为只有包厢才符合他们政府官员的身份。影院老板塞瓦德（Cevad）拒绝了他们的要求，于是两方发生了激烈的争执，最终，警察被叫来，以侮辱检察官和妨碍公务为由逮捕了塞瓦德。伊斯坦布尔的媒体开始为塞瓦德叫屈，他们指出这些罪名有多么荒唐，并且抗议影院老板为高官保留包厢座席的现行惯例。次月，塞瓦德站上了受审席。考虑
159 到他将要抗衡的是三位政府官员，似乎胜算不大。然而令所有人大跌眼镜的是，他被判无罪。其中一位爱出风头的助理检察官则被撤职，塞瓦德还和媒体说，他打算起诉这三个人。电影院因此成了共和国最伟大的平衡器。

电影院既是公共空间，也是私人空间，这就是塞瓦德认为自己无须为芝麻小官的无理要求而卑躬屈膝的原因。保留些许隐私对影院的所有人同等重要，因为他们都想要藏起来。即便在奥斯曼帝国，传统的男女分区也从未对坚定的恋人们构成障碍，但是随着熄灭的灯光和舒适的座椅，影院现在成了更能满足亲密活动的新环境。因为布局上存在一些适宜隐蔽的设计，某几家电影院成了众所周知的约会胜地。那些有楼座和封闭包厢的影院，尤其票价打折的日场电影最合恋人们的心意。通过对六家大影院深入

细致的调查研究，一位观察家得出结论，几乎所有影院的观众里都有“几对正在恩爱缠绵的情侣，还有许多亲吻和彼此亲密互动的情侣”。调查包括 27 场电影、总共 177 名观众，每场电影平均有 3 对以上的热恋情侣。据说其中三例，对方还是“专业女性”——妓女。

由于西方电影的普及，伊斯坦布尔成了电影明星行程表上除欧洲主要首都之外的第一目的地。葛丽泰·嘉宝（Greta Garbo）和贝蒂·布莱丝（Betty Blythe）（早期的主流女演员之一，电影里曾出现过她近乎裸体的画面）都访问过伊斯坦布尔，因法国戏剧公司的电影而声名鹊起的查尔斯·博耶（Charles Boyer）和玛丽·贝尔（Marie Bell）也来过这个城市。约瑟芬·贝克（Josephine Baker）匆匆现身格劳瑞亚大影院时，媒体似乎并不担心她一贯不雅的行为举止，因为他们正激动万分地期待着另一位名人到场。可以预见的 160
是，这些活生生的舞台明星和荧幕明星必定会影响年轻人的时尚品位和社会追求。统计黑暗电影院中接吻情侣数量的同一份报告还有另一个观察结论，把伊斯坦布尔的女孩简单分为三种类型：运动型、知识型和“电影型”，电影型女孩最常出没的地方在佩拉大街，她们的穿着打扮都会效仿喜爱的电影明星。

与舞台演出不同，电影的魔力不仅能让观众观影时有带入感，而且多年后还会念念不忘。人们观看的不只是电影，他们还可以随着大荧幕的画面切换，想象自己正在经历影片里的情节——一段充满激情的风流韵事，吹着口哨信号曲，飞身通过酒店大堂。“就其规模而言，君士坦丁堡是全世界设备最简陋的城市，远远无法满足大众的审美需求。”1923 年，一位外国居民说道。但是相对快捷的电影、流行歌单和唱片却随手可得。不管是穆斯林，还是非穆斯林，几乎所有上流人士都认为留声机是客厅必备的摆设，而且白俄进城后，这类设备铺天盖地。俄国难民家庭急于将他们从克里米亚带出的贵重财产变现，于是向市场抛售了大量手摇留声机。20 世纪 20 年代初，许多家庭都买得起这种带有金属喇叭的手摇留声机，它们的售价通常只有二三十里拉。

又过了差不多十年，进口机器越来越多，佩拉大街由此兴起了一个机械玩家的现货市场。马克斯・弗里德曼（Max Friedman's）、帕帕佐普洛斯兄弟（Papadopoulos Brothers）、西格蒙德・温伯格（Sigmund Weinberg's）等音像店的老板摆弄机器翻录磁盘，印刷欧美乐谱逐渐开辟了一片畅销市场。盗版乐谱成了规模产业，西方大使馆不断谴责伊斯坦布尔是侵犯知识产权的罪犯，纽约和巴黎面世的舞曲几乎都可以在佩拉区找到低价的盗版。

161 国际明星、家庭娱乐和唱片的出现改变了伊斯坦布尔的街头生活，也创造了一些新职业。过去，职业音乐家的名气受地理限制。音乐家们可能在个别街区或婚礼活动的小圈子里知名度很高，但是很难收获全国甚至国际的赞誉。现在观众可以爱上某个素未谋面的演员，听众可以哭着听完一首录制的歌曲。音乐被明确分为三种类型：安纳托利亚的民歌（*türkü*），基于奥斯曼古典音乐的抒情曲（*sarkı*），源于寻常城市生活并且混合了西方旋律音调的通俗音乐（*kanto*）。

土耳其人急不可耐地借鉴了欧洲大众的娱乐活动。许多新词因此流入土耳其口语，尤其是法语和英语单词。年轻人可以在花园派对（*gardenparti*）消磨夜晚时光，享受侍应生（*garson*）的服务，并站在小便斗（*pisuvar*）前想象自己是资产阶级（*burjuazi*）的一员。20 世纪 20 年代末，政府禁止外文符号的法令没能阻止土耳其企业在不毁坏自身声誉的情况下简单地更改拼写。这就是当时无法用土耳其语解释许多著名的俱乐部和饭店的名字的原因，你只要按照发音就会明白其中的含义，绿松石（Turquoise）、摄政王（Régence）、黑玫瑰（Rose Noire）、红磨坊（Moulin Rouge）。

土耳其人还采用了一种表达情感的方式。你可以天马行空地想象甚至怀念一个具体的世界，就在你即将落入往日伤情的那一瞬

间。奥斯曼人的回忆似乎没有这样难忘的片段，至少他们想起苏
丹、闺房以及帕夏和贝的休憩生活时不会伤感。这个城市的主题是
博斯普鲁斯向北的微风、偷偷摸摸的爱情、古老的木屋、高山草甸
上的羊群，以及再也回不去的远方城市。土耳其人借用另一个法语 162
单词描述了这种感觉——“乡愁”（*nostalji*）。这也是三位音乐家
用声音线条体现城市变迁的惯用做法。

罗萨·埃斯肯纳茨（Roza Eskenazi）、赫兰特·肯库里安（Hrant Kenkulian）和塞扬（Seyyan）是上一代伊斯坦布尔人，他们都自称是苏丹的臣民。他们从未同台演出，但是他们都出生于1895年到1915年的某一时刻，他们避而不谈，或者根本无视自己真实的出生日期——奥斯曼帝国内部的社会分界线早已设定了他们的发展方向和机会 。罗萨是犹太人，赫兰特是亚美尼亚人，塞扬是穆斯林，要不是奥斯曼帝国轰然倒塌，他们的生活大概很难脱离这些宗教社区划定的疆界。

但在土耳其共和国初期，这三个人的名字紧密联系在一起。你只要知道其中一个人，差不多也就了解了另外两个人。他们的共同之处在于都可以用简单的乐曲或一连串音符来表达内心的失意与憧憬。他们运用独特的方式更好地诠释了许多艺术家捕捉不到的时代本质——那段岁月，伊斯坦布尔人来人往 ，决定了数十万老奥斯曼国民和新土耳其公民未来的命运。

罗萨·埃斯肯纳茨是土生土长的伊斯坦布尔人，是贫穷的犹太布商的女儿。年轻时，赶上了青年土耳其党革命和巴尔干战争无意间引发的难民和机会分子的移民大潮。也就是说，几乎在同一时间，摄影师塞拉哈廷·吉兹一家从偏远的萨洛尼卡迁来了奥斯曼帝国的首都，而罗萨一家则反向行之，搬去了这个希腊人、土耳其穆

斯林、保加利亚人等多民族混居的城市，犹太人是其中最庞大的民族和宗教团体。对于一个想要向上攀爬社会阶梯的犹太家庭来说，
163 定居萨洛尼卡是一个合理的决定。罗萨的父亲在当地的一家纺织厂找到了工作，母亲当了女佣，而罗萨也逐渐习惯了街头生活。这个城市的许多方面都像是伊斯坦布尔的缩影——世界性的港口，拥有政治地位的穆斯林，只是在爱琴海沿岸这片迷宫般的街巷里，清真寺和塞法迪姆犹太会堂、希腊东正教堂同处一地。

罗萨一家人一直生活在萨洛尼卡，即便 1912 年，希腊王国夺取了控制权，他们也没有搬离。但是五年之后，一场大火烧毁了大片的港区。港口附近的犹太社区受损尤其严重，许多家庭不得不认真考虑是留下来，还是搬到另一个地方重新开始。罗萨是天生的歌手，她还是小女孩时就表现出了极高的歌唱天赋，随着迈入婚姻、生儿育女，她似乎更加渴望舞台。20 世纪 20 年代初，年轻守寡的她移居雅典，开始在卡巴莱歌厅巡回表演。她与几名希腊和亚美尼亚乐师合作组建了乐队，其中有人是初来乍到的土耳其“被交换者”，还有人也是萨洛尼卡火灾废墟的移民。罗萨逐渐形成了自己的标志性风格：浑然天成的烟嗓，随心所欲的旋律，每一句歌词似乎都是随着她唇边香烟的烟雾一同被缓缓吐出。罗萨身材丰满，杏眼含情，一头油亮浓密的卷发如黑色的波浪般披散开来，她很快就在雅典小有名气，但是她认为她的音乐本体是土耳其的沿海城市，是伊斯坦布尔，尤其是士麦那这片孕育了地中海民谣（*rebetiko*）的故土。

“地中海民谣”这个希腊单词没有明确的词根，但即使在罗萨的歌唱事业刚刚起步时，她的听众也能理解这个词的含义。地中海民谣是城市黑帮的伤感恋歌，是潦倒娼妓的抒情回忆，是灰暗世界的背景音乐，人们在贫困中挣扎良久，有时还害死了最爱的人。地中海民谣是爱琴海式的蓝调，是希腊语和土耳其语的浅唱低吟，这
164 里的大麻窝点代替了美国的小酒吧，地中海沿岸相当于密西西比三

角洲地区。1922 年，士麦那战火连天，逃难的民众将地中海民谣带入了希腊。罗萨从未直接经历过这样的苦难，毕竟她是伊斯坦布尔人，而且离开奥斯曼帝国首都时大概也就十几岁。但是她率先西迁，离开了即将倾覆的帝国。在萨洛尼卡和雅典，罗萨周围都是来自各地的希腊人、亚美尼亚人和犹太人，他们舍弃了原本的一切，因为从前生活的城市现在已属于陌生的新共和国。

罗萨的独树一帜不在于她的音质。她有个奇怪的习惯，用假声说话，用浑厚的中低音唱歌。她的声音听起来很像单簧管，微微收缩的鼻音，让人很容易忽略她不多的几首录音中出现的乐器。与科班出身的歌手不同，罗萨的音准往往有些随意，即便以青睐微分音和非常规模式的东方音乐传统来看，她的音调也没有达到特定水准。但是她拥有无与伦比的表现力，总是能恰如其分地表达移民同时失去生活和财富的心境。到 1930 年前后，她已毫无争议地代表了离散的希腊人最真实的声音，她在世界各地巡回演出，名声越来越大；第二次世界大战结束后，她甚至还返回伊斯坦布尔参加了一系列音乐会。到 1980 年去世的时候，她不仅经历了地中海民谣作为一个音乐流派——而不是只能在小酒吧和酒馆听到的声音——的诞生，还见证了 20 世纪 60 年代民谣复兴时地中海民谣的第二次生命。她的歌声可以让人们插上想象的翅膀，飞越大海，抛下现有的一切，回到快要遗忘的过去。“我的灵魂，现已承受太多，”她唱道，“离开我的身体/不要再让我难过/请放弃你的希望吧。”

地中海民谣听起来即兴散漫，实际上借用了许多奥斯曼古典音乐的音阶和结构。这种类型的音乐刻意融入了不同元素，表现了多民族的城市和形形色色的社区。许多音阶和音调中反复出现滑音和
华美炫技式的哀号，这是历代苏丹和政要的御用表演家和作曲家非 165
常熟悉的手法。音乐流派从不会故步自封，它们总是在不断超越，寻找新生。

某件乐器是这类音乐推陈出新的工具，也是小乐队配合罗萨·

埃斯肯纳茨演唱的基本配备。它就是无品十一弦乐器，土耳其人称之为乌得琴（*oud*）。西方的琉特琴是最接近乌得琴的乐器。琉特琴外形古怪，球根状的琴箱、奇特的短颈，如今只能在专门表演文艺复兴时期宫廷雅乐或莎士比亚叙事情歌的乐团中找到。但乌得琴流传甚广，从摩洛哥到伊朗处处都有爱好者，有些甚至还很狂热。孩子们要上乌得琴课，老人们退休后也会捡起它作为消遣，连流行明星也竞相与知名的乌得琴乐师合作，请他们参与录音。乌得琴绝非普通的民间乐器，也不是“世界音乐”的奇珍异宝，它包罗万象，归类对它来说基本上毫无意义。乌得琴的声音能直击整个穆斯林世界亿万人的内心，让他们瞬间找回熟悉的感觉。

在所有专业和业余的乌得琴演奏者之中，辨识度最高的名字当属赫兰特·肯库里安，他还有个更广为人知的称号“乌迪·赫兰特”（Udi Hrant，“乌迪”是个尊称，表明了他乐器大师的地位）。赫兰特出生在伊斯坦布尔的一个亚美尼亚家庭，天生双目失明，这个家庭经历了从奥斯曼帝国到协约国占领、再到土耳其共和国的多重政治变迁，却仍然留在了这座城市。屠杀和饥荒几乎清空了安纳托利亚的亚美尼亚人，但伊斯坦布尔的情况并没有那么糟糕，城市少数民族社区的减少更像是希腊人的流失——一个社区接一个社区，缓慢消失的民族差异，而不是大规模的根除。亚美尼亚族长、亚美尼亚使徒教的几大领袖之一仍然留在马尔马拉海沿岸的库姆卡帕区，其他亚美尼亚宗教团体的长老也在不断证明他们对国家的忠诚，从而寻求庇护教众的方法。1933 年，奥地利作家弗朗茨·韦
166 尔弗（Franz Werfel）的著名小说《穆萨达的四十天》（*Forty Days of Musa Dagh*）出版，描写了亚美尼亚种族灭绝期间的故事，其中一段讲述伊斯坦布尔的亚美尼亚天主教徒为响应国家号召，烧毁了主人公的雕像，企图赢得土耳其政府的好感。事实上，即使在重视土耳其民族性的政治体制内，亚美尼亚人仍然有生存空间，特别是如果能避而不谈政治，在公共场合讲土耳其语，并且缄口不言往

事，那么他就不会惹上什么麻烦。

人们对赫兰特的早期生活知之甚少，20 世纪 20 年代，他走进大众视野时，已经是城里最受欢迎的乌得琴乐师之一，他惊人的创新弹法突破了这件乐器的极限。他可以模仿小提琴家同时演奏双音或拨动两根弓弦。他左右两手都可以拨弦，而且还能像吉他手一样利用拨子的两面。随着他右手的上弹下拨，音符就这样在琴弦上荡漾开来。虽然用这个理由来解释他的名望有点牵强，但确实极少有人想到以这样的方式来演奏乌得琴，而且赫兰特每次去佩拉大街，沿途总能听到爵士吉他手和小提琴手自由风格的演奏，所以他会运用这些技术也并非偶然。

爵士乐依靠即兴创作。这也是为什么爵士乐不仅被认为是音乐形式，而且被描述成道德体系。爵士乐要求演奏者真正倾听伙伴的声音，勇敢地站出来表达自己想说的话，并且沉着地知道何时该停止。爵士乐既要求精湛的技巧，也需要谦逊的态度。这一切让赫兰特这样的音乐家大开眼界，因为在他们原本的声音世界里，这些优点是分开的。歌手享有盛誉的原因可能是他对声音的灵活操控，或是能记住一长串的音乐旋律，比如著名的哈菲兹（*hafizes*）能配合优美的旋律背诵整本《古兰经》。然而，土耳其的古典音乐通常是齐声合奏，多种乐器的曲调一致，所有人始终同时演奏。

赫兰特吸收了土耳其音乐传统的精华，并且融合了两次世界大
战之间他在伊斯坦布尔学会的不同的音乐风格和技巧。赫兰特是本 167
土的即兴创作大师，他回旋且几乎失控的音乐被叫作塔克西姆（*taksim*）。即兴音乐是一次性的，只能凭借稍纵即逝的灵感和胆量现场完成。一首好的塔克西姆永远无法逐个音符地复制，因为即使技艺娴熟的乐器演奏家也很难重现完全相同的音调起伏或精准无误的琴弦轻抚。不过，一次糟糕的演奏倒是可以断送乐师的前程，而塔克西姆这种器乐演奏永远存在失败的风险。

这就是为什么聆听赫兰特的演奏既激动又紧张。他的手上下翻飞，沿着乌得琴的琴颈弹上去，再顺着琴背弹下来。他砰砰作响地拨动下弦，找到稳定的低音线，同时如瀑布倾泻般在上弦弹出一连串的高音。他在伊斯坦布尔的乌得琴乐师中并非无可匹敌，但是没有人能发展出赫兰特享誉国际的这种演奏形式。他经常出国巡演，第二次世界大战之后，还在纽约把自己的一些作品录制成了唱片。赫兰特与罗萨·埃斯肯纳茨一样，也是通晓多种语言的艺术家，可以自如地使用土耳其语创作歌曲。他不时出现在佩拉区的夜总会直到 20 世纪 70 年代末他过世。

在这个世界上，一名讲希腊语的犹太人唱出了希腊移民的心声，一位失明的亚美尼亚人彻底改变了土耳其、阿拉伯、波斯地区自认为是本土乐器的演奏，这些事情都没什么稀奇。相比民族主义者想要的世界，人们总在莫名其妙地一头扎进更加混乱的生活，而这一事实正是艺术天才汲取养料的源泉。然而，这个时代真正新鲜的不只是涌现了多少知名的艺术家，而是特定类型艺术家的出现：这位穆斯林女性摘下了遮盖发丝和脸庞的面纱，在掏了钱的男女观众面前表演。

第一次世界大战结束，虽说穆斯林女性已经可以进入戏剧学校学习，但是 1921 年出台的城市条例仍然禁止她们登台。直至八年后，第一位穆斯林女演员阿菲弗·贾莱（Afife Jale）代替一名逃离
168 土耳其的亚美尼亚女演员，参演了一出舞台剧。这次破例推开了新世界的大门，此后，土耳其的穆斯林女性陆续走上舞台，开创她们独有的表演风格，从古典音乐到卡巴莱歌舞，融合了少数民族艺术家或外国巡演剧团的多种艺术形式。本土歌手争先恐后地消化吸收国际音乐风格，把舶来品变成具有土耳其特色的曲式。塞扬就是将探戈舞曲本土化的第一人。

塞扬与那个年代的众多女演员一样，能被别人记住的只有她的教名，顶多再加上尊称“哈尼姆”也就是女士之类的后缀。塞扬

一头运动短发，描着眼线，她是最早拒绝古典音乐、支持自我解读西式风格的歌手之一。土耳其共和国沉迷于鼓吹其现代性，一心想在各行各业寻求灵魂人物的助益，尤其是音乐领域。1935 年，作曲家保罗·亨德密特（Paul Hindemith）在伊斯坦布尔创立了第一所国家音乐学院；次年，巴托克·贝拉（Béla Bartók）受邀前来搜集安纳托利亚的民歌，并延续他在家乡匈牙利的做法，把这些民歌渲染成交响乐章。虽然塞扬·哈尼姆受过传统技能训练，是一名成熟的音乐会表演者，但她逐渐显露出对探戈浓厚的兴趣。探戈是过去十年跟随狐步舞和西迷舞的脚步，传入伊斯坦布尔的西方舞曲。1932 年，塞扬出道，演唱了伊斯坦布尔作曲家内吉普·杰拉勒（Necip Celal）和词作家内杰代特·鲁斯图（Necdet Rüstü）共同创作的一首歌，这首歌很快就被贴上新流派的标签，被称作真正有独创性的、不折不扣的土耳其探戈。

这首歌有个夸张的歌名——《过去是我心口的一道伤》——而且歌词就像是纯粹的情节剧：

> 我太过因爱受苦。
> 我因这份爱，生活颠覆。
> 我知道这份爱的代价是青春不复……
> 终于我堕落，沉溺在她眼里荡漾的绿波……
> 我的真心化作荒芜。 169

但是通过塞扬的演绎，这首歌变得更有韵味：单纯悲切的回忆仿佛浸透了失落和遗憾。她唱至每段歌词的结尾都会用微颤的假音轻快地上扬，就像是伸出的手臂先悬停在高处，然后再向下滑进副歌："过去是我心口的一道伤/我的命运比我的头发还要黯淡无光/想起这些事我不时哭泣/这就是我悲伤的回忆。"钢琴为歌曲提供了和弦和节奏，同时小提琴重复着她的声线，还有多名乐手单调的合奏是在向古典传统致敬。

这种衍生的音乐类型当然更应归功于布宜诺斯艾利斯，而不是伊斯坦布尔，不过旋律和歌词才是造成轰动的直接原因。《过去是我心口的一道伤》是塞扬的成名曲，也是她的经典之作。在一首短短三分钟的歌曲里，她明确表达了一组熟悉的感觉——你的过去和你如影相随；你即便没有改变自身状况，也可以改变你的家园；有些旅程永远无法真正结束。因为《过去是我心口的一道伤》本质上是舞曲，所以塞扬不仅要凭借精湛的歌唱技艺帮助听众在歌声里找回往昔的感觉，同时还要让他们看见过去的故事在眼前展开，互相纠缠的一男一女先在某处短暂停留，然后彼此推拉到新的地方，舞池上方漂浮着他们的回忆。

罗萨、赫兰特和塞扬是两次世界大战之间伊斯坦布尔和城市移民中的流行艺术家，是这个活力四射、快速变化的艺术圈的代表人物。由于品味、人口和政治的变化，其他名震一方的表演者有时会销蚀他们的光芒。鉴赏家对土耳其伟人的排名见仁见智。真正的舞
170 台女王或许是莎菲耶·艾拉（Safiye Ayla），她是公认的第一位曾为总统穆斯塔法·凯末尔表演的穆斯林女歌手。艾拉深受奥斯曼古典音乐和安纳托利亚民歌的熏陶，她的嗓音甜美又颇具现代感，是土耳其音乐界无与伦比的女声，培养了大众对乡村爱情和大篷车旅行题材的缠绵悲歌的喜爱。而来自萨洛尼卡的穆斯林姐妹拉莱（Lale）和内尔克斯（Nerkis）则复兴了奥斯曼古典音乐，并融入了某些西方歌剧的元素。希腊人欧格斯·巴卡诺斯（Yorgos Bacanos）出生在伊斯坦布尔，是与赫兰特相匹敌的乌得琴乐师，他在技术的熟练度上或许还超越了赫兰特。这些艺术家当中的每一位在中东音乐界都是赫赫有名的行家。他们是一小众狂热爱好者极

力追捧的人物，这些爱好者保留着对他们的鲜活记忆，更新着他们在维基百科上的条目，在网络聊天室里彼此炫耀着对他们的了解。即使在今天的伊斯坦布尔，他们的音乐在酒吧响起，仍然可以让喧闹的人群安静下来。但事实上，他们的音乐能保留至今是历史的偶然，是伊斯坦布尔爵士乐和流亡时代的独特产物。

这些艺术家当中许多人都名列萨宾瑟斯这个土耳其著名唱片厂牌的核心音乐家群组，这个土耳其单词直译过来就是唱片史上最古老、最传奇的厂牌之一——主人之声（His Maiter's Voice，简称HMV）。主人之声是留声机公司推广的唱片厂牌，20 世纪初，平面唱片逐渐取代了圆筒录音，而这家英国公司就是第一批使用平面圆盘录制音乐的企业。它的商标形象——一只黑白相间的小猎犬，歪着脑袋蹲在留声机的喇叭旁边——仍然是全世界辨识度最高、影响最持久的企业标志。20 世纪 30 年代初，唱片业经历了一系列的兼并和拆分，这家公司与从前的竞争对手哥伦比亚留声机公司携手，组建了英国音乐巨头百代公司（EMI）。尽管名称不再相同，但这家公司时至今日仍是全球流行音乐的重地。

自奥斯曼帝国晚期以来，主人之声一直在伊斯坦布尔录音，这个厂牌的部分策略是发掘世界各地的流行艺术家。本土歌手和乐器 171
演奏家的作品会先录制在蜡质圆筒上，然后再转录成不同品牌留声机都可以播放的 78 转唱片。20 世纪 20 年代末，主人之声的高管们逐渐意识到，随着伊斯坦布尔乐坛的发展，新一代的艺术家正在冉冉升起，他们很容易在当地咖啡馆和歌舞厅一夜成名，从而带动唱片业的腾飞。这家公司当地分部在阿兰姆·格萨尔恩（Aram Gesarian）和瓦朗·格萨伊恩（Vahram Gesarian）这对亚美尼亚兄弟的领导下，几乎签下了伊斯坦布尔当时所有出类拔萃的音乐人才。

然而，假如没有移民的经历，这一切都不会存在。从萨洛尼卡等希腊和巴尔干城市移居伊斯坦布尔的穆斯林带来了他们情有独钟的欧洲曲风和历史悠久的城市民谣。来自安纳托利亚的穆斯林带来了他们乡村生活的记忆以及田间传唱的民歌。而离开伊斯坦布尔和士麦那的希腊人在曲调中融入了自身的悲情，表现了希腊入侵和土耳其独立战争对他们的影响，使地中海民谣名副其实地成为跨越国界的音乐形式和演唱风格。主人之声邀请罗萨·埃斯肯纳茨和塞扬·哈尼姆录音，正是因为当下伊斯坦布尔内外有许多流亡者、难民和移民，他们都认为这些艺术家的作品就是自己生命沉浮的背景音乐，如果有机会在舒适的客厅里再次听到这一切，他们情愿付钱。

伊斯坦布尔歌厅、夜总会和小酒吧的这些声音如今拥有了前几代人无法想象的国际影响力。听唱片的人越来越多，也有越来越多的人想要尝试玩音乐，这就是几乎每次主人之声开始发行新唱片，伊斯坦布尔的盗版乐谱也会暴增的原因。就连乐器制造商也发现他
172 们的产品越来越受欢迎，因为主人之声牌唱片常常把乌得琴等地方乐器和钢琴、小提琴编组在一起。音乐不再只是一种职业，也逐渐变成了一项嗜好，业余乐手和唱片收藏家开始专门研究伊斯坦布尔古典音乐、爵士乐、探戈等不同音乐风格的独特组合。在这股潮流下，一个乐器制造世家借助大众对这些艺术产品高涨的兴趣，创立了伊斯坦布尔第一个真正的全球音乐品牌。

知音（Zildjians）一家是亚美尼亚人，几个世纪以前就在伊斯坦布尔扎了根。经过几代人的努力，这个家族占据了一个所谓的小众市场，自 17 世纪初以来，他们一直是奥斯曼帝国军乐队铙钹的主要供应商。（知音这个姓氏就是土耳其语引入的亚美尼亚单词，意思是镲片匠人。）作为著名的亚美尼亚人，知音家族是第一次世界大战期间暴力倾轧的潜在目标，而且他们的情况和乌迪·赫兰特一家不同，赫兰特一家由于贫困或许可以避免被驱逐。知音一家最终决定在警察来敲门之前逃离伊斯坦布尔。

知音家族的一些成员迁往罗马尼亚，另一些则远走美国。协约国占领时期，他们又安然回归，20 世纪 20 年代初，家族生意再次

全面展开，他们在伊斯坦布尔雇了六名熟练工人，每年生产3000对镲片。随着奥斯曼帝国军乐队的没落，他们把业务重点转移到了出口市场，知音这个品牌很快就在镲片发烧友当中建立了良好的口碑。“知音的（生产）过程是商业机密，”一份有关土耳其音乐产业的外交报告指出，“据说他们的工艺可以给铙钹增加某种独有的谐振特性。”20年代末，家族族长阿兰姆·知音（Aram Zildjian）决定将整个业务从伊斯坦布尔搬到某些家庭成员战前已定居的马萨诸塞州。知音公司在美国重建了黄铜合金钹的生产线，出产的镲片依旧音色清透、声音洪亮。

知音镲片的独特音质立即在美国产生了反响。为满足爵士乐团 173
和小乐队的需求，公司开始转变原有的生产方式，生产重量更轻、声音更洪亮的镲片，增加低音键盘的拍打和踩镲的混音效果。镲片在乐曲的演绎中不再只是瞬时地附和节拍，静待管弦乐高潮或军号吹奏完结时用力敲击的一声巨响，而是变成了每段乐句必不可少的标点符号。镲片是爵士乐队借用军乐团配置的一件乐器，或许也是除低音贝斯外，唯一一件节奏组不可或缺的乐器。久而久之，这个移民的镲片制造商在打击乐器圈内收获了无上的赞誉。知音这个在闪光的铙钹上以仿东方的手写体卷曲刻制的名称目前仍是商界最受尊敬的品牌之一。

知音是奥斯曼帝国音乐传统和伊斯坦布尔新爵士乐时代的直接联系，也是日趋国际化的文化景观的使者。另两位伊斯坦布尔移民尼苏·埃尔泰格（Nesuhi Ertegün）和艾哈迈德·埃尔泰格（Ahmet Ertegün）对脚踏踩镲的低音拍打声或高架铜钹的活力尖啸声也非常熟悉。埃尔泰格兄弟很年轻，没有见识过马克西姆、莫斯科总会等大型的夜总会。虽说两人先后于1917年和1923年这段混乱的战争与革命年代在伊斯坦布尔出生，但是他们大部分时光并未在这个城市度过。他们的父亲穆尼尔（Münir Ertegün）是一名为苏丹服务的外交官，但是到20世纪20年代早期，他与许多同样职业和社会地位的人一样，必须做出艰难的决定，是继续支持倒台的穆罕默德六世，还是把赌注压在穆斯塔法·凯末尔身上。他最终选择了后者，并且两次获得首席外交官的职位，先是伦敦，1935 年又去了华盛顿特区，担任土耳其共和国驻派美国的第一位大使。

174 他的两个儿子在欧洲生活时已显露出对爵士乐的喜爱，他们在优秀的表演家艾灵顿公爵（Duke Ellington）的引导下，急切地跳进了华盛顿喧闹的乐坛。他们经常在华盛顿的黑人住宅区 U 街一带度过无数个周末的夜晚，偶尔还会去纽约参加大麻俱乐部和深夜音乐研讨。他们酷爱收藏鲜为人知的 78 转唱片，特别是南方的黑人舞曲乐队或爵士歌手，他们的职业生涯可能只会留下一张双面唱片。作为外交官的儿子，他们拥有可以满足这些喜好的社会地位与资源，而且即使远离伊斯坦布尔，他们仍然代表着这个城市政治冲突和文化变迁造就的生活：他们是游历甚广且充满自信的新一代土耳其穆斯林，正在不断推远他们自己和旧帝国之间的距离。穆尼尔（Münir）在他们这个年纪，头戴费兹帽，身穿长礼服大衣，而他的两个儿子如今穿垫肩，蹬马靴。

几年后，两兄弟决定把他们的音乐品位变成生意。1947 年，在某位世交的财务支持下，他们推出了自己的唱片厂牌，起名为大西洋唱片公司（Atlantic Records）。余下的故事自然就是音乐发展的历史。从摩城（Motown）到摇滚，从雷·查尔斯（Ray Charles）到滚石乐队（Rolling Stones）、艾瑞莎·富兰克林（Aretha Franklin）和齐柏林飞艇（Led Zeppelin），这个厂牌后来成了重要的音乐媒介。艾哈迈德也摇身一变，成了唱片界屈指可数的伟大经纪人，他每次现身都是相同的装扮，蓄着标志性的山羊胡，戴着厚厚的有框眼镜。

埃尔泰格兄弟是时代的产物，伊斯坦布尔人当时正在以震惊他们祖辈的方式逐步走向世俗、大胆和现代。奥斯曼人曾经一门心思地追赶其他欧洲国家，伊斯坦布尔人现在却为反映他们独特的处

境，再造了全球艺术形态。他们改动艺术来适应自身千变万化的文
化体验，并且陶醉在自我创造的可能性之中。他们不仅羡慕西方文
化，还像赫兰特和塞扬一样创造文化。“年轻一代并不知道托马斯 175
这位爵士乐的苏丹，”《纽约时报》一篇有关弗雷德里克·布鲁斯·
托马斯这位美裔俄籍的土耳其酒吧老板和俱乐部经理人的文章写
道，“他们的舞步只有土耳其的共和主义者能看懂。”这一切都只
是因为许多埃尔泰格和知音这样的伊斯坦布尔人出于平淡或悲痛的
理由离开了这座城市。

摩登时代

179 1925年跨年夜，狂欢的人群聚集在佩拉宫，庆祝土耳其共和国某种意义上的第一个新年。在此之前，伊斯坦布尔人从来没有完全统一的时间和日期。虽然奥斯曼帝国后期的历法变更至少为金融交易和列车时刻表引入了西方的月历，但是共和国政府仍旧是以先知穆罕默德逃离麦加的那一年算起。希腊东正教使用儒略历，与西方历法或者格里高利历相比滞后十三天。犹太人还在严格遵循着农历。虔诚的穆斯林则继续根据日出日落和宣礼计时。

旅游指南收录了各种令人费解的表格，用来解释如何把奥斯曼帝国的日期和时间换算成更为常见的国际历法。1920年的《布勒旅游指南》说明如下：

> 举个例子，假定我们想知道8月22日这一天土耳其历法的6：45所对应的西方时间，我们可以查询（附表），先沿着数字6开头的那一行和标明8月22日的那一列找到行列相交的那一格数字12：47，再在这个数字上加45分钟，就得出了我们想要的答案12：92，即1：32。也就是说，8月22日这一天，土耳其历法的6：45对应西方历法的1：32。

180 土耳其历法由于日出时刻的变化，每一天时间的计算都是不同的。不少旅行者发觉，他们即使算对了小时，也不得不从头再来。

协约国占领期间，旅行者乘坐东方快车抵达伊斯坦布尔时可能会发现，当地报纸印刷的日期比他离开巴黎那一天还早了五百多年。1926 年 1 月 1 日，土耳其历史终于揭开了新的一页，彩带临风招展，瓶塞砰砰爆开，土耳其人不仅迎来了新一年，而且迈入了新时代。严格按照法律意义来说，这是所有伊斯坦布尔人第一次达成共识，一致认可午夜的概念。

奥斯曼帝国建造的老钟塔改用了西方历法。边远地区也迅速兴建新钟塔，鼓励当地人相应地调整他们的时间观念。多年后，当土耳其人回首共和国建立之初的这段日子时，时间转换看起来就像一个深奥的隐喻，象征着穆斯塔法·凯末尔政府发起的变革。1962 年，著名作家艾哈迈德·哈姆迪·坦匹纳（Ahmet Hamdi Tanpınar）在他内容宽泛的小说《时间管理学会》（*The Time Regulation Institute*）里戏谑地仿效了这种对计时的痴迷，小说通过讲述一个过分热情的官僚机构向运行太慢或太快的时钟征收罚款，谴责了那些无法跟上新世界脚步的人以及太过超前的人。

新时钟和新日历只是长篇系列改革的一部分。1922 年，穆罕默德六世出逃，哈里发制度却继续维持着，直至 1924 年 3 月，大国民议会投票决定彻底废除这一宗教圣秩。迈吉德二世本是穆罕默德之后哈里发的继任者，大国民议会决议下达后，他和他的家人被送到郊区火车站，安排乘坐东方快车匆匆离开去了瑞士。迈吉德二世是伊斯兰教全球领袖的声明突然停发，伊斯坦布尔随之也不再是伊斯兰世界的中心。共和国政府通过禁止迈吉德的子孙后代进入土耳其更加强调了
这一点，这条针对迈吉德男性继承人的官方禁令执行了半个世纪。 181

哈里发统治的结束在世界各地引发的回响不绝于耳。它在虔诚的穆斯林之中激起了民愤，虔诚的穆斯林民众认为哈里发肩负神嘱，世俗的力量不可以打破哈里发的职权。然而，无论是神圣，还是世俗，土耳其改革的势头压倒了一切。1925 年，土耳其公民的着装开始向现代化靠拢，所有男子被要求必须戴欧式礼帽，不能再

戴帝国末期流行的红色费兹帽。小男孩可以向不服从规定的人投掷石头，想尽办法打掉老顽固头顶破旧的费兹帽。但因为规定不涉及其他服饰元素，所以一段时间后，你可以在街上看见头戴礼帽的穆斯林男人仍然穿着帝国时代宽松下垂的灯笼裤。

1926 年，新的民事法典以瑞士的法律为基础，取代了帝国包括沙里亚伊斯兰教法、基督教的教会法、犹太教祭司决策、皇家法令和部落习俗在内的复杂的法律体系。同年，共和国政府正式许可人们在公共场合饮酒（尽管从前私人俱乐部的老板也从未执行过理论上的禁酒令），而且禁止牛车进入伊斯坦布尔的街道。1928 年，伊斯兰教被废除了国教地位，拉丁字母取代阿拉伯字母被引入土耳其语的书面写作。伊斯坦布尔全城用回旋漂亮的阿拉伯体书写的路标都被摘了下来，换上了对大多数当地穆斯林来说完全陌生的标识。那个年代广受欢迎的照片是黑板前的总统穆斯塔法·凯末尔正在指导新国家的写作和拼写。

这些变化一般统称为革命（*inkılâp*）。与许多革命分子一样，凯末尔主义者开始也是改革者，他们曾经力图挽救苏丹国，使其脱离侵略者和占领者的魔掌。后来，他们才逐渐清醒，意识到陈腐的君主制已经无法补救。不过从其他方面来看，这是一场不同寻常的
182 革命。土耳其人在没有闯入王宫的情况下，通过立法将苏丹赶下了台，他们攻占的原本就是属于他们的领土。他们接受议会制共和国仅仅是为了拥戴他们的最高领导人，他们对这位领袖的个人崇拜已超越了对苏丹的忠心。每一栋政府大楼都挂上了穆斯塔法·凯末尔的画像，新闻媒体也记录报道了他的一言一行。他是国父，是第一公民，是土耳其人理应学习的至高榜样。他经历过短暂的婚姻，虽说在担任总统的漫长岁月里，他无暇顾及儿女私情，没有“第一夫人”，也没有亲生骨肉，但是他认养了七个孩子。人们至今仍对他完整的养子名单，而不是那些受他保护和资助的人争论不休。名单上年轻女性占了大多数，她们雄心勃勃、能力出众，堪称土耳其

新女性的典范，这些特质似乎打动了总统。

他凭借深邃的蓝眼睛和超凡的性格魅力成为全世界最迷人的国家元首。他是那个年代最常出现在各大国际杂志封面的领导人，他的穿着总是时髦、整洁。他习惯深夜饮酒，而且无时无刻不在与人交谈，这让他声名远播，人们认为他就像是不知疲倦的变形金刚，用尽各种方法把古老且神秘莫测的帝国拽进了 20 世纪。现在，政府不再强迫私营企业公开悬挂他的画像，但是许多店主和餐馆老板还是会把穆斯塔法·凯末尔的照片印在泳衣或舞池上，他们以这种幽默的方式向这位革命发起人致敬，这场革命绵延不绝，持续了近百年，而且似乎仍在继续。直至今天，反政府示威者走上伊斯坦布尔的街头游行，他们仍然会挥动印着凯末尔肖像的旗帜，绑着写有“国父，我们追随您的脚步！”（*Atam izindeyiz*）的发带。城市年轻的中产阶级既是保守分子又是革命派，这是对他的精神遗赠至高无上的证明。他们回顾穆斯塔法领导下的早期世俗共和国的传统，从而反对伊斯兰教的道德束缚，对抗土耳其亲宗教的执政党在 2003 年以后越来越多的限制。 183
布尔什维克甚至都没有想过一场革命会这样持久。

独立战争时期，虽然穆斯塔法·凯末尔的头衔加齐代表着伊斯兰大元帅，但凯末尔主义作为意识形态的发展更侧重于公民与政治，并不带有那么强烈的军事色彩。凯末尔主义包括六大支柱，他创立的共和人民党（Republican People's Party）党旗上六支箭头就象征了这六项原则：共和主义、民族主义、民粹主义、世俗主义、国家主义、革命主义。前五项原则主要得益于法国共和主义传统，这一传统既是 1908 年以后青年土耳其党效仿的对象，也是穆斯塔法·凯末尔及其同伴从发动战争向国家建设过渡的原型。土耳其不是全世界第一个伊斯兰教共和国，这一荣誉属于阿塞拜疆。俄国内战期间，阿塞拜疆在布尔什维克军再度征服之前曾一度独立。但是土耳其的独特之处在于，如果没有实现完全民主，它仍然承诺建立 184
代议制政府。两次世界大战期间，共和人民党是唯一合法的政党，直至穆斯塔法·凯末尔去世十几年后，选民才能够直接选举议员。政府的职责还包括防范宗教享有特权，关注人民的真正利益，使国家体系成为经济和社会发展的引擎。

凯末尔主义者与其他革命分子一样，也刻意抹去了他们不想流传后世的历史。在他们书写的新胜利故事里，对手只有受本土阴险狡诈的希腊人和亚美尼亚人挑唆的协约国。在他们眼中，凯末尔主义革命在安纳托利亚的推进轻而易举、一往无前，只遇到了一些由不满和无知造成的小障碍。他们记得，国民军英勇无比地从安卡拉长途跋涉到爱琴海海岸，恢复了土耳其自然疆界内的地方主权，这些地区差不多恰好与1918年穆德洛斯停战时期奥斯曼帝国的领土范围重合。

话虽如此，可事实是穆斯塔法·凯末尔冲破千难万险才战胜了一系列内部对手，而凯末尔主义只是这些成功经验的总结，并不是他获胜的原因。党旗上的箭头不只代表建设新国家的原则，更重要的寓意是瞄准特定利益的武器。1923年，外交观察家指出，穆斯塔法·凯末尔当时的部分敌人包括：

> 所有年长的土耳其人和苏丹支持者；
>
> 所有被凯末尔撤职的将军；
>
> 所有没被选入新议会的老代表；
>
> 所有统一与进步委员会曾经的中坚分子……
>
> 185 所有与穆斯塔法·凯末尔反目的人，以及他嫉妒或嫉妒他的人……
>
> 所有相比安卡拉，更喜欢君士坦丁堡作为首都的人；
>
> 所有乌理玛、伊玛目和阿訇（穆斯林神职人员）……
>
> 所有没有薪俸的平民，所有没有工作或者无法找到工作的复员军人……

伊斯坦布尔任何人都可以编出类似的名单。穆斯塔法·凯末尔战略的聪明之处在于他懂得借刀杀人，促成对手之间互相攻击。他有本事在战争和占领催生的政治真空中，把某些手段最残暴的枭雄拉入自己的阵营。一大群背景各异、冷酷无情的人物自此汇入了土耳其民族主义者的行伍，比如阿里剑和奥斯曼瘸子等人，他们的游击战术主要打击政治上的反对派、武装部族、占领军队，以及相关平民百姓。凯末尔主义者虽摒弃了后来吞噬苏联的公审和大清洗，但在大国民议会的授权下，成立了以独立法庭著称的革命小法庭。七千多人被独立法庭逮捕，近七百人被判处死刑。

尽管 1950 年之前，土耳其没有举行过直接的差额选举，但是政府允许偶尔的多政党实验，只是紧随民主开放而至的通常就是保守思想的回流。1925 年春，一部有关维持公共秩序的新法律为关闭报馆、查封反对派组织提供了由头。异见人士的小型示威活动或个人行为不时被夸大为“叛乱”，进而招致严厉的制裁。对国家安全不足以构成威胁的社区冲突，比如 1934 年土耳其民族主义者把埃迪尔内等色雷斯城市的犹太社区夷为平地，却在新闻报道和官方 186
发言中轻描淡写，一笔带过。第二次世界大战前，十八次叫板凯末尔主义政府的武装起义几乎全部发生在安纳托利亚东部。该地区库尔德族人的主要叛乱表达了他们从废除哈里发制到消灭传统封建特权等积累的各种委屈与不满，这些叛乱无一不引来粗暴的镇压。军用飞机被遣去轰炸村庄，其中一架还是由总统的养女、飞行员先驱萨比哈·格克琴（Sabiha Gökçen）驾驶。1937 ~ 1938 年，通杰利省的库尔德地区成了土耳其的格尔尼卡，遭遇了突然的空袭，袭击者假借反游击行动的幌子骇人听闻地对平民区实施了轰炸。不过与著名的西班牙小镇不同的是，在这里投掷炸弹的人和躲避炸弹的人是同一个国家的公民。

考虑到伊斯坦布尔的街景处处体现了凯末尔主义者急于抛弃的古老的伊斯兰教价值观，或许有人以为帝国故都将会成为异议的中心。然而，革命毕竟不是伊斯坦布尔的一切，反帝、进取、否定过去，伊斯坦布尔居民发现自己对这些的忽视要多过恐惧。随着哈里发制度的废除，伊玛目和宗教学者组成的以伊斯坦布尔为中心的地方关系网开始消失。越来越多识时务的宗教人士如同政府部门里雄心壮志的行政人员一样搬去了安卡拉，他们组成了日益强大的国家机器，这部机器并不想根除宗教，而是要管理宗教。1924 年和 1925 年，阿訇（*seyhlislam*）办公室被裁撤，穆斯林宗教法院被撤销，而且只有政府任命的神职人员可以戴头巾或穿着其他宗教服饰。即便如此，10 月 29 日土耳其共和国日这一天，虔诚的信徒也必须摘下头巾向国旗敬礼，这在从前是他们不可想象的行为。

凯末尔主义者借用法语单词“政教分离”（*laïcité*）描述了他
187 们的概念，定义了宗教在共和国的新角色。土耳其语的“政教分离”（*lâiklik*）沿用了法国的解释：不是断绝宗教与国家的关系，而是让国家积极控制宗教。新的国家政体要承担起管理伊斯兰教清真寺、基督教堂、犹太会堂等宗教设施的责任。而独立的财富来源、归属于希腊或亚美尼亚教会的资产不是被扣押，就是受到政府监管。

虽说官方宣称政教分离，可是不管个人宗教虔诚的实际水平如何，国家仍将真正标志土耳其民族的特权给予了伊斯兰教逊尼派。凯末尔主义的土耳其熔炼了宗教和身份认同，评判一个人与其说是以他信仰的宗教为依据，不如说取决于他拒绝的宗教传统，因为非世俗的虔诚被认为是落后和迷信的明显迹象。如果你的祖父母是虔诚的逊尼派教徒，他们总在悄悄抱怨你喝了多少酒，那么这或许就可以最可靠地证明你既是优秀的共和党人，又是善良的土耳其人。“我们这是在清除过去吗?”艾哈迈德·哈姆迪·坦匹纳在 1949 年出版了一本以两战间期的伊斯坦布尔为背景的小说《只要心安》（*A Mind at Peace*），其中某个人物这样问道。“当然了，”他的朋友回答，“但只有在需要的地方才会清理。”

苏非派兄弟会或伊斯兰教什叶派的分支阿拉维派（Alevis）等

其他宗教团体眼看着他们的礼拜堂被查封，或者更糟糕的是，听见别人谴责他们的信仰对国家有害。距离佩拉大街不远就是具有历史意义的特卡（*tekke*），托钵僧承载着苏非派创始人、神秘主义诗人鲁米（Rumi）的思想进城，早在奥斯曼帝国攻陷伊斯坦布尔之前就已建成了这座苏非小屋。然而，现在却被关闭了。苏非派的长老（或称谢赫）因煽动颠覆国家政权罪入狱。几乎只要牵涉宗教信徒的暴力事件就能证明，叛逆的宗教狂热分子是进步道路上的绊脚石。

伊斯坦布尔极具特色的人声埃赞（*ezan*）很难听见了。按照传统，每个区域都会安排一名穆安津（muezzin）报时，他们的声音非常有穿透力，可以从清真寺的宣礼塔传到本区的每个角落。这些人很宝贵，他们的声音优美动听，令人闻之精神愉悦，与此同时， 188
天资不足的人却只能默默承受流言蜚语。1923 年，伊斯坦布尔引进了公共广播系统，祷告报时一下变得简单易行。现在的埃赞总能听见麦克风电流不稳的嘶嘶啦啦声，这种噪声甚至成为宣礼的另类曲调。

1932 年初，土耳其的穆安津不再用阿拉伯语高呼“真主伟大”（*Allahu akbar*）。作为改革计划的一部分，政府强制要求必须使用土耳其语呼喊“真主伟大”（*Tanrı uludur*），继续使用阿拉伯语属 189
于犯罪行为。政府为清除旧帝国对公共空间的影响，制定了内容广泛的改革方案，包括清理土耳其语中阿拉伯语和波斯语的元素，用土耳其语代替阿拉伯语宣礼就是其中一项。中亚游牧民族的天神在土耳其语中被称作真主（Tanrı），这个单词从咽喉部位发出的元音和音调同样也是在向一个民族主义幻想致意：现代土耳其人真正的祖先曾是骑着矮马以雷霆之势在欧亚大草原驰骋的游牧部落。苏丹艾哈迈德清真寺人山人海，大批民众赶来听土耳其语的首次宣礼。城内其余的五个大清真寺也纷纷效仿，开始用土耳其语宣礼。在吉庆夜，在斋月里纪念发现《古兰经》的神圣夜晚，七万人挤进圣索菲亚大教堂清真寺（Hagia Sophia mosque）或聚集在周围，聆听伊斯兰教第一次全程用土耳其语完成的祷告。在新共和国，真主也被国有化了，从早到晚，一千二百名接受了再教育的穆安津宣告了这一事实。

凯末尔主义像跳过奥斯曼帝国一样，也跃过了伊斯坦布尔。穆斯塔法·凯末尔在宣布共和国成立前，一直刻意避开这座城市。1927 年 7 月 1 日，凯末尔自独立战争以来第一次抵达伊斯坦布尔，他乘坐从前苏丹的游艇“埃尔图格鲁尔”号（*Ertugrul*）停泊在已是总统官邸的多尔玛巴赫切宫前。街道两旁插满了旗帜，每家每户的阳台上也都悬挂了旗布。此后，每年夏天，他都要迎送宾客政要，用世俗和共和的形式再造苏丹每周列队前往清真寺的仪式。

每年观看总统的游艇和小船队过海，就像关注沙丁鱼在博斯普鲁斯海峡的迁移一样令人期待。不过除总统的夏日假期以外，伊斯坦布尔和它所代表的旧帝国的特质并没有渗透进更多新的民族意识。尽管绕过了五百年历史的伊斯兰帝国主义，但是土耳其共和国的成立仍是土耳其人自然演进的延续。土耳其教科书告诉新一代学
190 生，哪怕他们的祖父只是萨洛尼卡的菜贩或萨拉热窝的裁缝，突厥部族也是他们远古的先祖。20 世纪 30 年代，“太阳语言理论”深受土耳其语言学家推崇，这个理论认为所有的人类语言都是原始突厥语的衍生体。从赫梯人开始，当今土耳其的古代居民同样可以被纳入这个大家庭，他们都是东方原始突厥部落的入侵者在此处生根繁衍的后裔。

所有这一切都蕴含了个人与集体想象。穆斯林的祖先诞生在安纳托利亚，也有来自高加索、阿尔巴尼亚、保加利亚、克里米亚、希腊等旧帝国偏远地区的移民。在奥斯曼帝国，穆斯林家庭几乎没人想用“土耳其人”来形容自己，这个标签一般指乡巴佬，他们觉得骑驴更自在，田间地头的生活比伊斯坦布尔的复杂环境更舒适。这个单词代表的正是开明的奥斯曼人最鄙视的帝国愚昧的、流

动的、不怎么忠诚的农民，他们就居住在安纳托利亚最黑暗的边远地区。一个人可以是穆斯林，可以是苏丹的国民，但没有人想要成为土耳其人。

穆斯塔法·凯末尔的伟大创新是把贬义的标签提升为新的国籍，这个创新源于土耳其民族主义思想家、作家齐亚·格卡尔普（Ziya Gökalp）的理论基础。实现国民革命的理想意味着每一位新公民都要做出个人承诺。“我是土耳其人，”小学生每天的课程开始都要吟诵，“我诚实而勤劳。我的行为准则是保护幼小，尊重长辈，爱祖国、爱民族要胜过爱自己。我的追求是飞得更高，走得更远，愿我的一生都是对土耳其的献礼。”这段誓词与其说是效忠的誓言，不如说是自我改善的承诺。没有几个国家经受了革命的考验，目标看起来却是如此普通，创立新土耳其，创造新土耳其人，换句话说， 191
就是要像其他国家一样，拥有自己的民族解放运动、民族英雄和民族语言。这也恰恰是凯末尔主义的核心：相信帝国残余的多语言、多宗教的国民需要在某个灵魂人物的指引下慢慢步入现代化。

这个国家被誉为幅员辽阔，拥有众多土生土长的原始居民。如同承认信奉同一个真主这般简单的行为，库尔德、切尔克斯或阿尔巴尼亚出身的穆斯林只要声明信仰新的民族主义，就可以参加国家建设项目。1933 年，穆斯塔法·凯末尔在建国十周年的讲话中说：“‘我是土耳其人’，说出这句话的人有多么幸福。”（*Ne mutlu Türküm diyene*）这句话成了凯末尔的名言之一，被刻在各处纪念总统的石碑上。这句话既是陈述，也是警示。虽然土耳其公民是一种荣誉，而且无论宗教或民族传统，宪法把所有的土耳其公民都定义为土耳其人，但是如果你声称自己在种族意义上也是土耳其人，那么你的生活就会更加轻松。即便你是希腊或亚美尼亚基督徒，只要能正确回答有关 1923 年之前父母的身份问题，或者对此问题保持谨慎的缄默，你也可能获得同样的赞许。

土耳其民族性（*Türklük*）不仅成为一个身份，而且变成一种完整的生存方式。这一脱离实体的民族特质既离不开个人生活，又超脱于个体之外，它是个人自我完善的抱负，也是神秘的集体意志的图腾。过去，污蔑苏丹是犯罪，大多数专制君主同样也认为大不敬（*lèse-majesté*）必须受到惩处。现在，土耳其民族性取代了苏丹的地位。写了错误的报纸文章，发表了错误的评论，甚至穿了错误的衣服都是对土耳其民族性的侮辱，犯错的人都必须接受罚款或被带到法官面前接受审判。至今，同样的罪行还一直以不同的形式被庄严地写在土耳其法律里。

192 奥斯曼帝国是受传统约束的王朝统治，它的领土从巴尔干半岛一直绵延至伊朗边境，可它大部分的人口和财富却完全分布在欧洲大陆：多瑙河沿岸肥沃的平原，保加利亚高地的葡萄园，阿尔巴尼亚南部地区的山谷牧场，以及波斯尼亚和马其顿的银矿。相比之下，土耳其共和国虽说是强调现代性和进步的国家，但由于第一次世界大战带来的领土变动，土耳其陆地面积的百分之九十七现在都位于安纳托利亚，这片人烟稀少的腹地远比苏丹统治时期的许多地区贫穷。土耳其人原本可能想要向西迁移，可是土耳其政府却转向了东部。

1927 年，伊斯坦布尔迎来了城市改变最重要的证据。10 月 28 日清晨，城市上空阴云密布，加拉塔大桥往常都是黑压压的路人，这一天却没什么人经过，只能看见几个人紧张不安地盯着桥廊的入口。一名美国外交官发现自己被困在了佩拉宫。“我醒来的时候……四周一片沉寂。听不见路上行人的吵闹，也没有汽车喇叭或者有轨电车的声音。”他报告说，“透过窗户，我看见全副武装的士兵在街道上巡逻。”那个星期五，伊斯坦布尔就像是一座死城。

晚上 10：15，分秒不差，三门大炮突然齐响。人们从洋房、公寓里蜂拥而出，出租车沿街疾驰，电影院、咖啡馆开业，商店也拉起了卷叶门窗。不到半个小时，佩拉大街人头攒动。城市生活迅速恢复了喧嚣，伊斯坦布尔人像被释放的囚犯一样四处走动。

这一整天事实上都是精心策划的。土耳其政府聘请了比利时统计学家卡米尔·雅卡尔（Camille Jacquart）来指导第一次全国人口 193
普查。这个国家的居民以前从来没被系统地统计过，按照雅卡尔的要求，人口普查的调查问卷以及明确的行为管理规定都印刷在报纸上。从早晨六点整到晚间炮击解除信号，这段时间不允许任何人离开家，甚至参加周五礼拜也不行。人们不可以帮助邻居灭火，不可以逛商店或去餐馆，不可以乘汽车或火车旅行，也不可以解开港口船只的锚索。几千名志愿者负责执行这次统计调查，他们爬楼梯，钻小巷，敦促人们履行自己的爱国义务，诚实完整地报告自己的年龄、性别、母语、宗教、疾病、职业、国籍等信息。

不到一周，初步结果就出来了，统计结果非常惊人。先前估计土耳其人口在 700 万到 900 万之间，但是人口普查得到的数字显然大得多：土耳其约有 13648270 人，其中伊斯坦布尔的人口刚刚超过 69 万，还有差不多 30 万人居住在博斯普鲁斯海峡以西、土耳其境内色雷斯的楔形区域。从 1914 年开始，全国由于战争导致的死亡、疾病、驱逐和迁移，大概失去了四分之一的人口。现在伊斯坦布尔的人口比奥斯曼帝国末期要少，但是相比共和国的其他城市中心，它的人口损失并不算多。土耳其只有两个城市的人口超过 10 万，而且在排名上与伊斯坦布尔最靠近的城市——伊兹密尔——的人口规模还不到它的四分之一。安卡拉作为政府所在地已经四年了，但仍然只有 74553 人住在那里。

记者称赞全国人口普查是土耳其发展的里程碑。统计局也证明了自己有能力完成这一现代治国的复杂壮举。更重要的是，土耳其在欧洲、地中海东部和阿拉伯半岛失去了这么多领土，却提高了土耳其人在总人口中的比例。就像《民族报》所言，人口普查表明，

共和国的绝大多数公民，即1170万人是“纯粹的土耳其人”。也
194 就是说，土耳其在民族上与库尔德人、阿拉伯人、希腊人、亚美尼亚人等完全不同。这是个值得怀疑的结论。经过几个世纪的帝国大一统，还有十多年的激烈战争和人口流动，土耳其的基因库里早已汇合了各种基因。但是共和国能说服这么多人承认自己在民族意义上是土耳其人，也确实证明了凯末尔主义者建设国家的实力。

人口普查统计数据显示，伊斯坦布尔居住着大约44.8万名穆斯林、9.9万名东正教徒（主要是希腊人）、5.3万名亚美尼亚人和4.7万名犹太人，还有近4.5万名其他非穆斯林民众。除安纳托利亚东南部的库尔德地区，伊斯坦布尔目前是整个共和国唯一一个有相当多少数民族生活的地方。共和国所有正常开放的希腊和亚美尼亚教堂、犹太教会堂、修道院、少数民族语言学校和新闻媒体几乎都在这个城市。安纳托利亚东部的亚美尼亚纪念碑被炸毁，或者说是经允许被夷为平地，这都是政府有意识地消除种族大屠杀的残迹。穆斯林接管了爱琴海沿岸希腊人的资产。甚至拥有独特语言和传统的库尔德人最终也被共和党理论家简单地归入某类土耳其人。独立战争胜利至今未满十年，庞大的帝国遗产——多宗教、多语言、多种族和多传统的悠久历史——已被简化为一座单一的城市。

凯末尔主义改革方案是全世界最伟大的实验，它把从文艺复兴到工业革命整个欧洲现代史压缩到了短短几十年。生活节奏加快了，土耳其人一边建设新祖国，一边全力以赴向前跑。土耳其共和国宣告成立两周前，安卡拉被正式定为新首都，国计民生的中心立刻发生了转移。无线广播电台、歌剧、芭蕾、交响乐、有影响力的
195 报纸以及外国大使馆紧跟着也离开了伊斯坦布尔。安卡拉宽敞的街道和开阔的广场上建起了新的政府大楼。

伊斯坦布尔的城市规划者心里十分清楚旧都面临的核心难题，他们要做的不是如何从零开始构建一座城市，而是如美国游客所说

的，让一个承载这么多历史的地方实现现代化。安卡拉是从头打造的新首都，这里新的行政办公楼仍在建设，土耳其政府却组织了一次国际设计大赛，征集解决伊斯坦布尔未来发展问题的提案，法国城市工程师亨利·普斯特（Henri Prost）获选为伊斯坦布尔的城市总规划师。经过多年绘制素描草图、制作缩微模型和官场内斗，1939 年，普斯特的构想最终获得了内阁的批准。

普斯特的方案要求减少大巴扎周边的马路，拆除佩拉大街两旁的大部分建筑，把金角湾的滨海区变成工业园，在马尔马拉海沿岸建造高层的公寓大楼。如此一来，佩拉宫将有一半的窗户都面朝公路立交桥。普斯特也设计了绿色空间，但这些空间大体上都是铲除他眼中的“寄生物”后修造的整齐的漫步道，普斯特认为纪念性建筑定义了城市轮廓，而这些“寄生物”老建筑并没有那么重要。他还以巨大、崭新的“共和国纪念碑”为中心，设计了一片专用于军事队列游行的平坦空地，以此来取代圣索菲亚大教堂和苏丹艾哈迈德清真寺周边杂乱的建筑物。

普斯特突发灵感，想要原封不动地呈现老城的全貌，保留半岛上绝大多数的拜占庭和奥斯曼帝国的建筑。他坚持要保护老城，主张至少要保护城区，保证这一区域不新建高层建筑，这就意味着穹顶和尖塔等标志没有改变，尤其是从海面看过来，城市还保持着原貌。塔克西姆广场是这座共和国城市的新地标，这片广场是理解普斯特总体构想的绝佳之地。20 世纪 20 年代初，约翰·多斯·帕索 196
斯途经塔克西姆广场，走进附近的酒店，看见一名俄罗斯女郎在台上跳着农民舞，两个穿着及膝袜和毛衫的英国女孩正低声吟唱，一班希腊杂技艺人在表演杂耍，还有一位法国女人在演唱《拉美莫尔的露琪亚》（*Lucia di Lammermoor*）选段。1928 年，城市规划者清理了广场的部分区域，为共和国创始人矗立起一座青铜大理石纪念碑。纪念碑的一面展现了穆斯塔法·凯末尔、伊斯麦特·伊诺努等新国家的缔造者头戴阿斯特拉罕羊皮帽、身着独立战争时期军装的风采，另一面浮雕则描绘了他们穿西服、打领带的现代政治家形象。普斯特设计塔克西姆广场原本不是要竖立丰碑，而是为更多的汽车腾出空间，结果就是这片沥青和混凝土浇筑的旷阔平地成了城内主要的地铁站、干道枢纽和露天公交站。2013 年，基础交通工程开启，对广场进行了彻底的改建，而在此之前，步行横穿塔克西姆广场确实需要一些勇气。

普斯特如果看见他的规划最终变成一盘现代派大杂烩或许会感到局促不安，但是他提出的水准测量和城市分区重构的方法，虽然他自己认为在建筑结构上无足轻重，却一直为后来的建设者所沿用。塔克西姆广场的阿塔图尔克文化中心（Atatürk Cultural Center）最终落成，整栋建筑看起来就像空调装置的背面，还有塔克西姆马尔马拉酒店（Marmara Taksim），也只能算是一家比苏联国际旅行社招待所稍微时尚一些的酒店。在这个区域，保留至今的空间只有加济公园（Gezi Park），这片狭长的绿地是奥斯曼帝国军营的旧址，普斯特原本打算推倒这些“寄生物”，建造一处规整的传统花园。

然而第二次世界大战的号角叫停了普斯特规划的全面落实。1951 年，普斯特主动请辞，不再担任总规划师。佩拉大街以及古老的博蒂尚公园周围的大部分区域得以保存下来。战后，城市改良者回归，他们为给廉价的多层公寓楼腾出地方，缩短了深入老城中心的公路，推倒了奥斯曼帝国的木屋，尤其是在贫苦地区。博蒂尚
197 公园消失了，佩拉宫四周都是反光玻璃包裹的高层建筑。普斯特的捍卫者指责这些损失都是因为没有全面遵照他的设计蓝图，特别是在 20 世纪 50 年代，在青睐推土机的总理阿德南·曼德列斯（Adnan Menderes）的领导下，零敲碎打的建设造成了许多遗憾。但是如果在穆斯塔法·凯末尔担任总统的那几年，清除与重建的革命冲动横扫伊斯坦布尔，我们可以想象建筑瑰宝以及附近杂乱的街区会发生什么样的改变。21 世纪初，土耳其政府才开始以某种近乎普斯特式的热情重新打造伊斯坦布尔，却没有借鉴普斯特保留古

城特色的设计优势。

现代性和文明是共和国早期的口号，当得知城市无法表现其复杂性和严肃性时，本地媒体发起了主动进攻。比如，1929 年，城市举办的大型游客舞会上的最大特色是围着火盆、水烟和沙发跳肚皮舞的妓女。《民族报》谴责了这一事件的恶劣影响，并且敦促市政府制止此类伪奥斯曼式的轻浮之举。“土耳其民族风俗的表现方式应符合最文明的西方国家的习惯，如此逾矩的轻浮是无礼的冒犯，”一篇社论怒斥，“无论谁容许举办这种唯利是图的化装舞会，共和国的警察和共和国的法律都应对其严加惩处。”这个问题与性许可证无关，而是观念引发的麻烦，人们认为挖掘过去是对凯末尔主义者承诺的进步与革新价值观的公开侮辱，而这些价值观在改变土耳其女性生活的运动中宣扬得最为热切。

远去的面纱

201 人们常说，世俗国家的建立使穆斯林女性摆脱了传统和宗教的双重束缚。“社会生活形态的改变，”著名的土耳其作家、学者米纳·乌甘回忆说，“女人不再闭锁深闺。她们可以跟小伙子们一起出门吃喝玩乐。”

与男子的费兹帽禁令不同，政府并未全面禁止穆斯林妇女戴伊斯兰头巾，只是官方讲话劝阻她们说这是思想回退和不文明的表现。从学校到政府部门，头巾和面纱不允许在国家体系内出现，没过多久，伊斯坦布尔的穆斯林精英女性着装风格就十分接近其他欧洲国家了。1930 年，纱窗最终被拆除，穆斯林妇女不再隐蔽在公众视野之外，因为国家卫生法要求公寓住宅通风良好，让更多的光线进入潮湿的室内。这项改革结束了活跃一时的秘密经济。旅行者来到伊斯坦布尔，总期待探访屏风之后神秘的女性世界，所以这座奥斯曼帝都的闺房旅游特别容易吸引上当受骗的欧洲人，事实上，他们参观的基本都是伪装的妓院。

20 世纪初，这些做法逐渐消失。在奥斯曼帝国统治时期，女性的全面隔离主要是穆斯林中产阶级和上流社会存在的现象，穿戴
202 精致的面纱等遮盖物也是如此。面纱的形式尺寸不仅是宗教虔诚的标志，也是重要的装饰风格。农村妇女或工人阶级女性通常围戴长巾，能够在陌生男子面前遮掩容颜，而全身的罩袍（*çarsaf*）一般只是精英妻女的时尚，即一大块能覆盖头、脸和衣服的圆形布料。

同样，穆斯林妇女坐着轿子穿街走巷或者透过纱窗害羞地对着路人比画，这些想法也已经是遥远的——而且大部分是幻想的——过去。

穆斯塔法·凯末尔治国期间的现实创新把女性的平等权益正式写入了法律体系，在理论上实现了穆斯林女性真正参与共和国建设的梦想。新的民法典深受瑞士法律的影响，废除了一夫多妻制，结束了男性在财产继承上的优待，并且肯定了妇女提请与丈夫离婚的权利，公开骚扰被认定是刑事犯罪，1930 年，妇女还被赋予了地方选举的投票权。四年后，这项公民权的适用范围进一步扩及大国民议会的选举，十八位女性很快当选进入立法机关，人数相当于当时美国国会女议员的两倍多。

虽然法律保障了女性权利，但是新兴国家在处理公共生活的现实问题时依然因循守旧。总的来说，女性只能以群体形象写进新共和国的历史，却不能作为个人载入史册。她们现身聚光灯下，通常都是不太真实的女英雄，不是牺牲自己成就民族大业，就是肩负为共和国服务的重任。报纸杂志充斥着各行各业女强人的传奇故事。第一位出现在伊斯坦布尔法庭的穆斯林女律师布亚恩·哈尼姆（Beyhan Hanım），1928 年跻身律师行列，随后晋升为法官。第一位女外科医生萨阿德·哈尼姆（Suad Hanım），于 1931 年考取了行医执照。同年，第一位女药剂师贝尔克·哈尼姆（Belkıs Hanım）也获得了执业许可。第一位女摔跤手埃米内·哈尼姆（Emine Hanım），203
于 1932 年在立式摔跤场上挑战男选手。1941 年，第一批电车女售票员出现，公众十分满意，认为她们比男售票员更有礼貌。

然而，正如了不起的凯末尔主义和共和国的宣告成立无法改变世界，女性取得的成就也不会消除社会旧习。早在帝国末期，伊斯坦布尔的女性就倾向于晚结婚，少生孩子，她们如果想离婚也比其他伊斯兰社会的妇女更加容易。伊斯坦布尔女性拥有非常大的社会空间。她们可以参加公共娱乐，可以在离博蒂尚公园不远的拱廊做小生意，可以在佩拉宫的餐厅就餐。1920年，佩拉区超过三分之一的百货商店柜员是女性，即使在保守的金角湾南部，女售货员的占比也接近百分之二十。其中许多是基督徒和犹太人，她们的生活与同时代其他欧洲城市的女性并没有什么不同，此外，也有相当多的穆斯林妇女也在公众视线下抛头露面。电车同时搭载男女乘客（虽然会用窗帘分隔成男区和女区），而且在协约国占领时期，穆斯林男女还经常一起出现在剧院、电影院等聚会场所。

青年土耳其党革命后不久，第一个妇女组织成立，因为宪法复位带来的相对自由，城里自由主义普遍高涨，改革派团体不断涌现。这些组织和欧洲其他地方的同行一样，往往力图通过提升女性地位来实现女性解放。他们的领导人主要来自杰出的奥斯曼家族，认为提高读写能力、开放一系列新的教育机会非常必要，这可以让女性在公共生活中扮演更积极的角色。

204 受过教育的穆斯林女性参与了突厥之家运动（Turkish Hearth movement），她们原本探讨文化与时事的社团在1918年后变成了民众反占领情绪的核心。她们的名字出现在一系列有关政治、国际事务、教育等话题的署名出版物上。与此同时，《女性世界》（*Kadınlar Dünyası*）等专业学报也力荐女散文家和女艺术家的作品。1919年和1920年，群众举行集会，抗议希腊占领士麦那和协约国长期驻留伊斯坦布尔。其中女演说家发挥了重要的作用，她们呼吁土耳其兄弟姐妹站出来，共同反对国家解体。

第一次世界大战结束以后，伊斯坦布尔职业女性总数持续增加，既离不开土耳其民族主义者的自由思想，也与根本性的人口危机息息相关。1927年人口普查的结果显示，土耳其全国有一百万名寡妇，伊斯坦布尔三分之一的已婚妇女因战争、疾病等原因失去了丈夫。越来越多的女性成为家庭的主要经济支柱，这一阶段是土耳其历史上职业女性最多的时期，很大程度上是由于令人煎熬的暴力和难民混战。各阶级、各宗教的女性早在政府尚未明确表态之前，就已经开始自信沉着地占据公共空间。1923 年夏，伊斯坦布尔女权运动的主要组织者、土耳其妇女联盟（Turkish Women's Union）的创始人内兹尔·毛希丁（Nezihe Muhidin）甚至想要组建一个女性政党，在严格的法律意义上它是土耳其的第一个政党，比穆斯塔法·凯末尔创立的共和人民党还要早几个月。政府却拒绝为其登记注册。

土耳其政客时常宣称，女性进步的主要障碍是她们自身。她们视野狭隘，无法面对民法变化所带来的新机会。“土耳其女性社团的主要责任是说服绝大多数土耳其妇女接受她们被赋予的权利，”1927 年，《民族报》的一篇社论写道，“这些社团在耗费时间精力组织政治生活、投身于与男性的斗争之前，首先应该关心其他女 205
性，并且与她们自身的原始心态作战。”

女性的进步是国家仁慈的馈赠，而女性的不足是她们自身的局限。这一观点频繁出现。共和国甚至有半官方的声音专门申明这一观点。阿菲特·伊南（Afet Inan）是穆斯塔法·凯末尔的养女之一，她是一党制政府的首席女发言人。像许多共和国精英一样，她在萨洛尼卡出生，就读于伊斯坦布尔的法语学校，后来去了布尔萨担任教职。20 世纪 20 年代中期，她被穆斯塔法·凯末尔收养，受其翼护，20 世纪 30 年代，她前往日内瓦大学（University of Geneva） 206
深造。作为社会学家，伊南运用自己的学术素养精心打造着民众对总统的个人崇拜。她不仅把凯末尔主义阐释为清晰连贯的政治意识形态，并且编纂了革命推动妇女解放的官方历史。

别的女性就没有这么幸运了。20 世纪 30 年代，政府整顿无党派的公民结社，内兹尔·毛希丁的妇女组织因此被关停。但是即便此时，共和国仍有机会走出一条新路，脱离凯末尔主义日益偏狭的布局。有个最好的例子来说明这种可能性，1919 年，一名女子站在苏丹艾哈迈德清真寺欢呼的人群前，痛责协约国的占领，鼓励伊斯坦布尔人民坚定地拥护民族主义者。这是第一次，也是最后一次，女性在土耳其历史的关键时刻拥有如此重要的政治发言权。

如果想要寻找奥斯曼帝国晚期乐观主义的象征，寻求伊斯兰教、现代性和帝国复兴和谐发展的希望，哈莉黛·埃迪布是个不错的人选。她可能是旧帝国的最佳代表。1884 年，哈莉黛出生于一个受人尊敬的奥斯曼家庭，在博斯普鲁斯海峡密叶掌形的宜人环境中长大。最初的宅院位于苏丹耶尔德兹宫附近绿树葱茏的原野，后来搬去了于斯屈达尔亚洲侧的郊区。她家的别墅覆着灿若云霞的紫藤，梯台花园周围高大的洋槐和低矮的果木交相环抱。和风之中，白鸽展翅；小喷泉里石狮吐水，汩汩流淌。

哈莉黛的父亲埃迪布·贝（Edip Bey）是奥斯曼帝国的忠臣，是阿卜杜勒·哈米德二世的亲密顾问。尽管按照穆斯林的习惯他根
207 据自己的阶级地位娶了多名妻子，但是从管理财产到教育子女等各种问题来看，他是铁杆儿的亲英派。许多爱上土耳其的英国游客回到伦敦后还会吃加蜂蜜的白奶酪，用安纳托利亚长绒毯铺餐桌，可是埃迪布·贝却正好相反，他命令家厨一日三餐只做英国饭菜，他家可能是伊斯坦布尔唯一一个回报英国人这种热爱的家庭。

埃迪布·贝确信英国发现了现代性的启蒙之路，他运用各种方法把这些价值观念传递给他的孩子。伍兹·帕夏（Woods Pasha）曾是杰出的英国海员，最初人们称他为海军上将亨利·伍兹（Henry Woods），19 世纪 60 年代末，他头戴费兹帽，当上了苏丹现役海军的高级顾问。他是埃迪布·贝一家的密友，常常与埃迪布的小女儿哈莉黛碰面。哈莉黛无视奥斯曼帝国的时尚，她喜爱穿英国制造的衣服，冬天是深蓝色的连衣裙，夏天是白亚麻衫。伍兹回忆说，她纤细孱弱，但拥有非凡的智慧。她刚到开始学习外语的年龄，伍兹就为她挑选了一些英语故事书。很可能是在伍兹的建议下，埃迪布·贝决定让哈莉黛朝着非传统的方向发展，让她报名上了学。

私人家教在上流社会的穆斯林女性当中并不罕见，几乎和英国维多利亚时代同等社会阶级的女性没有什么差别。但是女孩上学就

很不寻常，即使是去女子学校读书也很少见。埃迪布·贝为培养哈莉黛，选择了美国女子学院（American College for Girls）这所传教士管理、英语授课的中学。这所学校的课程设置很全面，包括从文学到科学的一整套学科，是城内宗教少数族裔精英教育的支柱，学生里有许多英语为母语的商人和外交官的女儿。哈莉黛的同学有犹
太人和亚美尼亚人，也有保加利亚人和希腊人，她是这所著名学府 208
里唯一的穆斯林学生，1901 年，她又成了第一位穆斯林毕业生。

埃迪布·贝坚持让女儿接受良好的教育，但他又是一个十足的传统主义者，他认为培养女儿的首要目的是让她成为更好的女人，而不是助她开创事业。哈莉黛刚离开学院，就嫁给了比她年长许多的萨利赫·泽基（Salih Zeki），这位伊斯坦布尔的作家、翻译家曾经是她的数学老师，他的年龄几乎与她的父亲相当，所以他很快转换角色，把自己定位为少妻慈父般的伴侣。哈莉黛后来回忆道："从奴隶市场低价购买的切尔克斯奴隶，本来也能秉持我这样顺从的态度，过上我们这样平淡的生活。"

受自己的性别、阶级和宗教所限，她逐渐适应了柴米油盐的日常生活：成年累月幽居在家，从公寓的窗口俯瞰佩拉大街，侍候丈夫，抚养儿子。新家庭的人生观带有帝国色彩却又锐意进取，从他们儿子的名字就可窥见一斑。哈莉黛给第一个儿子取名为阿里·阿亚图拉（Ali Ayetullah），是个传统的穆斯林名字；第二个儿子叫东乡（Togo），与日俄战争中打败沙皇的日本海军司令同名。见证了明治维新中传统与现代化的有效融合，哈莉黛夫妇这样思想进步的穆斯林认为奥斯曼帝国也可以复制日本的发展，超越西方工业国家。她密切关注着国际媒体上的全球大事件，但是她的心还没有觉醒，哈莉黛说。她屡受抑郁症折磨，偶尔还会精神崩溃。

1908 年紧接着就来了。哈莉黛和许多伊斯坦布尔人一同卷入了恢复宪法和议会的热潮。奥斯曼帝国最后似乎也出现了类似欧洲的现代化革命。政治变革并非借由宫廷阴谋或苏丹早夭发生，而是

209 开明军官揭竿而起，把帝国拽离了自我毁灭的深渊。作为知识渊博的年轻女性，英语又非常流利，哈莉黛向统一进步党的主要报纸《回声》（*Tanin*）自我举荐，这张报纸的主编、著名诗人陶菲克·菲克莱特（Tevfik Fikret）同意聘她为文学专栏作者。她从未踏进报社大门半步，因为地位显赫的穆斯林妇女不能独自公开露面，即使是接受英语教育的女性也一样，但她大胆迈入了写作和出版界，这一点还是让人颇感意外。“我成了一名作家。”她这样评述她对青年土耳其党革命的回应。哈莉黛声名远播，常常因为专栏文章收到死亡威胁。1909 年，她前往埃及和英国短暂旅行，部分原因是为了避开反对统一进步党政府的那段时期。

二十几岁的哈莉黛仍是相当传统的进步分子。她重视自我完善胜过政治，看重爱国主义超过个人主义，她认为国家可以矫正无序的多元文化论。仅就这个意义而言，她是自由主义分子，她的多重身份——女性、穆斯林、土耳其人——隶属的范畴需要摆脱不同的压迫者：男人、宗教保守派，以及被她的同胞视为潜在背叛者的非穆斯林少数民族。她参与建立的奥斯曼帝国的第一批妇女组织后来成为突厥之家社团的中流砥柱，这些工作主要都是通过法语和英语讲座的熏陶，关注女性思维的培养。1910 年，她做出了个人的重大选择。萨利赫·泽基提议再娶一个妻子时，哈莉黛要求离婚，泽基同意了。她搬出了公寓，并且带走了孩子。她说，这是她人生中第一次不再怯场。

哈莉黛的出版事业突飞猛进。她一边继续写着随笔，一边投入了小说的创作，她出版的小说一心想要展现奥斯曼帝国穆斯林女性的世界，她们不是禁足在闺房的奴隶，也不是革命性的女权主义
210 者。哈莉黛因此被誉为土耳其重要的民族主义理论家，成了作家齐亚·格卡尔普的接棒人。格卡尔普的家乡是安纳托利亚东南部的迪亚巴克尔，统一进步党鼓动革命时，他居住在萨洛尼卡，而且迅速成了土耳其民族主义者圈内举足轻重的人物。格卡尔普又矮又胖，

前额有一处枪伤疤痕，站在人群里一眼就能被认出来。不过他巧言善辩，总能滔滔不绝地跟人谈论土耳其人进步的必要性，谈论土耳其的民族身份需要脱离旧帝国的烈火炽焰。哈莉黛终究还是和格卡尔普绝交了，她认为他的民族主义越了界，演变成了民族沙文主义。在民族主义者圈子里，只要谈及身份问题和土耳其的未来，她的远见卓识无人能及。1918 年，协约国的占领表明了旧帝国的软弱无能。1919 年和 1920 年，希腊人强占士麦那以及亚美尼亚人对安纳托利亚东部的权利主张最终都得到协约国的支持，被白纸黑字地写进了《色佛尔条约》，这是帝国的丧钟。“1914 年后发生的一切让我感觉麻木、疲倦而且厌恶至极。”哈莉黛说道，“我意识到，奥斯曼帝国倒下了，这不完全是统一进步党领导人的责任，他们只是压倒骆驼的最后一根稻草……帝国灭亡是注定的结局，那一刻是无法逃避的现实。”

即使是 1918 年和 1919 年，哈莉黛与穆斯塔法·凯末尔都在伊斯坦布尔，两个人也始终没有理由碰面。事实上，哈莉黛当时作为公众人物的名望明显盖过凯末尔。她与突厥之家运动的渊源自然而然把她与城市地下的统一进步党联系在一起，她的作品使她成为帝国知名度最高的知识分子之一。第一次世界大战期间，哈莉黛再婚，嫁给了阿卜杜哈·阿德南（Abdülhak Adnan）。阿德南是一位杰出的统一进步党党员、内科医生、作家，他身材矮小、面色苍白，戴一副显眼的圆框眼镜，传言他非常幽默。他一战时曾在红新
月会（Red Crescent Society）供职，后来主管伊斯坦布尔的公共卫 211
生系统，因为斑疹伤寒等疾病频发，这个职位攸关生死。

阿德南和哈莉黛是非常罕见的伴侣，夫妻双方都是公众人物，而且都积极投身国民运动。伊斯坦布尔反对协约国占领的声浪越来越大，他们就站在反对队伍的中心。哈莉黛回想 1919 年时说道：“我突然不再为个人而活：我工作，我写作，我作为高尚的热血民族的一分子疯狂生活。”那年夏天，她受邀前往苏丹艾哈迈德清真

寺外向抗议希腊入侵的大约二十万群众发表公开讲话，哈莉黛感觉自己刚刚抵达，就和现场的人群心意相通。她终于扮演了终其一生都在等待的角色：值此民族危亡之际，领导公众向伟大的目标冲刺。“弟兄们、孩子们，请听我说。”她大声说道。

> 政府是我们的敌人，人民是我们的朋友。我们内心的正义就是我们的力量。我们期盼的那一天不远了，所有的民族都必将获得应有的权利。等到那一天来临，请扛起旗帜去弟兄的坟前祭奠，他们为了最后的胜利坚守阵地到生命的最后一刻。现在请跟我重复一遍我们的誓言：我们珍视内心崇高的情感，我们必将坚持到人民权利宣告的那一天！

“我们发誓！”人群的呼应犹如雷鸣。这次群众集会不仅是土耳其民族历史的分水岭，也是土耳其女性发展的转折点。这样一位高瞻远瞩的女性史无前例地登场，发挥了这么显著的政治作用，尤其还是一名穆斯林。不过哈莉黛还是用彰显贞洁的头巾隐藏了她的金发。

次年春天，穆斯塔法·凯末尔在安纳托利亚中部展开了军事行动，哈莉黛和众多穆斯林知识分子、活动家和政治家纷纷东去，投
212 奔民族军。如果继续留在伊斯坦布尔，英国当局必然会逮捕她和阿德南，并且将他们作为扰乱治安的民族分子流放马耳他。双方也很快划清了界限，支持穆斯塔法·凯末尔的人都被奥斯曼帝国议会宣判了死刑。这项判决几乎成了民族主义者的荣誉勋章。奥斯曼帝国政府的势力范围连伊斯坦布尔的宫殿和议会大厦都超越不了，更不可能向东延伸到安纳托利亚。哈莉黛与阿德南抵达安卡拉，穆斯塔法·凯末尔亲自去火车站迎接他们，并且伸手扶哈莉黛走下了车厢。

安卡拉处处欢欣鼓舞，每天都有支持者到达，犹如一个正在筹建的新国家，他们正在更加平等、更加公正、更加坚定地朝着摆脱

外国侵略者的目标迈进。鉴于过去作家和记者的背景，哈莉黛成了新秀的民族主义媒体的重要人物。她和另一位从伊斯坦布尔前来的著名作家、编辑尤努斯·纳迪（Yunus Nadi）共同组建了安纳托利亚新闻社（Anatolian News Agency），这家新闻机构是国民军的喉舌，后来变成了土耳其政府官方的新闻办公室。

抗击希腊军的战斗打响后，哈莉黛加入了民族军。她当了一名下士，恪守投身妇女解放的承诺。民族主义者无法想象一名女军官穿着特别设计的束腰外衣和长裙，头戴暗色的伊斯兰头巾，站在穆斯塔法·凯末尔的身边。1922 年 9 月，哈莉黛见证了萨卡里亚决战，并陪同总司令高奏凯歌地进入士麦那。“我尽情享受着眼前的海景，”她说，“规划着未来的生活：一所安卡拉郊区的田园别墅，炉火中成堆的原木熊熊燃烧，壁炉前铺着一张灰色的山羊皮，我躺在上面做着梦。”

可是她名扬四海，根本没时间做梦。她结合自己的经历，创作了一系列新小说，在土耳其民族主义者夺回士麦那之后不久就出版了。这些小说是独立战争新文学最早的力作，也是共和国文学新流 213
派最初的硕果，这些作品受反占领运动启发，许多都是战争荣誉和浴血奋战的真实故事。20 世纪 20 年代末，第一批土耳其制作的电影在伊斯坦布尔的影院放映，其中穆辛·埃尔图鲁尔执导的故事片《火焰衫》（*Shirt of Flame*）就改编自哈莉黛描写民族独立战争的畅销小说。

哈莉黛和阿德南自知他们位于努力建设共和国的中心。阿德南是大国民议会的副主席，政治地位上仅次于主席穆斯塔法·凯末尔，他也是国民政府主要的外交政策制定者之一。1922 年末，他和哈莉黛返回伊斯坦布尔，此后两年他们一直没有离开这座城市，但是内心的苦楚与渴望却仿佛维持了两个世纪。哈莉黛说，阿德南被聘为高级专员，肩负着初期特使勒费·帕夏（Refet Pasha）的职责，从协约国撤离到民族政府这段过渡时期，他还担任了伊斯坦布尔的准市长。他代表大国民议会出席在多尔玛巴赫切宫举行的交接仪式，哈林顿将军向土耳其国旗行礼致敬后，永远离开了这个城市，结束了协约国的占领。哈莉黛没有官方身份，但是作为小说家、发言人以及直言不讳的女权主义者，她的名字在新共和国顶尖精英人物的万神殿当中仍然十分醒目。一份美国外交报告毫不含糊地评价了这对夫妇："阿德南·贝博士是国民政府现任的领导人之一，但是人们普遍认为，他的地位主要是凭借其妻子非凡的人格魅力，而不全是他自己的才华。"

她和阿德南刚刚在伊斯坦布尔安好新家，他们就感觉到山雨欲来。"我见过，我经历过，这片土地到处是破碎的心和痛楚的往事，在我生活的时代，政客玩弄人心就像赌徒玩纸牌一样平常。"
214 她写道，"我原本憧憬民族主义会开辟一片充满美丽、理解和爱的乐土，可最后却只能看见相互残杀、彼此仇恨，我只能看见理想成为制造人类屠戮和痛苦的工具。"

从青年土耳其党革命到第一次世界大战和独立战争，共和国曾经承诺结束哈莉黛这一代人整个成年生活的长期不和。她感觉这个诺言很快就会被打破。穆斯塔法·凯末尔收买地方军阀的意愿，他对各种不同意见渐增的猜疑，以及他建立独立法庭来惩治公开的造反派和低调的异议者，这一切似乎都与哈莉黛为之奋斗的世界渐行渐远。穆斯塔法·凯末尔看起来越来越像独裁者，他的共和人民党也越来越像是唯一获批的统治工具。她相信，独立战争是人民的斗争，没有一个人可以充分代表集体对自由的渴望。"唯有牺牲的全体人民可以证明他们对自由的捍卫。"她的回忆录写道。

昔日的同人一个接一个地消失。一些人公开与穆斯塔法·凯末尔割袍断义，结果被送上了法庭。另一些人默默退出公众生活，放弃了自己在这个一党专政国家的权力。1926 年，哈莉黛和阿德南决定离开伊斯坦布尔，也正是这一年，土耳其新的民法典确立了女性权利在法律上的平等地位。他们俩开始长期在法国、英国、印度和美国漂泊。就像当年逃离英国人治下的伊斯坦布尔，他们这次离开也非常及时。次年，穆斯塔法·凯末尔发表长达三十六个小时的“伟大演说”（Nutuk），公然抨击了他的政敌，并且时刻围绕自己展开整段叙述，从而改写了独立战争的历史。政治分歧现在提升至叛
国的高度。哈莉黛尤其受到了攻击，她被黑化为主张土耳其成为英 215
国或美国政府的保护国，而不拥护国家完全独立。这一指控尽管没有多少支持，但足以把她从共和国的建国神话里抹去。

哈莉黛利用漂泊国外的这段时间撰写回忆录，娓娓道出了一段早期共和国的或然历史。20 世纪 20 年代末，第一卷以英文出版，可是在土耳其影响不大。她和阿德南大部分时间都在巴黎和纽约，过着移民学者的生活，他们四处演讲，偶尔当当客座教授，把昔日的战斗当作古代历史说给学生听。穆斯林女性在共和国逐步拥有了新权利，她们可以摘下面纱，可以从事医生和教授的工作，还可以投票和参选议员，但是曾经为妇女事业殚精竭虑、呼吁提高妇女地位的主要斗士却无缘见证这些转变。

1938 年，穆斯塔法·凯末尔去世，哈莉黛和阿德南重返伊斯坦布尔。她一度在土耳其二战后创立的多党制民主议会供职，可是多年的流亡生涯已经拉远了她和政治的距离，她见证过共和国的诞生，却与国家痛苦的青春期失之交臂，她现在成了局外人。于是她递交了辞呈，返回了博斯普鲁斯埃迪布·贝的家宅，寻觅自己的童年时光。她是伊斯坦布尔大学的第一位女教授，当上了英语系主任，还把莎士比亚的作品译成了土耳其语。《科里奥兰纳斯》（*Coriolanus*）描写了主人公从战斗英雄到暴君，从流亡到报复的命运起伏，她的译本至今无人能够超越。

哈莉黛年轻的时候一心想要挽救帝国，她相信在苏丹的统治下，不同宗教信仰的国民都可以找到容身之所。后来经历了战争和占领，她又成了民族主义者，她认为土耳其人需要祖国，而她理解的民族主义具有世界性的内核。她说，历史和文化塑造了土耳其

216 人，他们是伊斯兰世界的新教徒——改革、务实，理应恪守政教分离的承诺。优秀的民族主义者要有自我意识，心怀家国也要学会如何评点天下。“我只有以包容的心态无私地爱我的同胞，尝试了解他们的优点与不足，我才能更好地理解他们的苦乐，还有他们在民族生活里表现出来的个性。”她写道。尽管如此，现实生活中，性别仍然深深影响着大众的行为方式。共和国主张一切平等，但是民族主义政治运动却几乎总是男人的游戏。她喜欢说：“女性也是国家的一分子。”

哈莉黛认为必须时刻争取权利。权利不会被授予或赋予，甚至最终也不被接受，也不被承认，就像是女性遮掩容颜的面纱，虽然给她们的生活蒙上了阴影，但是摘下它也需要勇气。在战场、群众集会等情形之下，土耳其未来的画面很容易想象，穆斯林女性可以追求男女平等，与男人并肩作战，她们强大而自信，摆脱了宗教和传统礼制的束缚。事实证明，女性的成就佐证了共和国的大踏步前进，值得举杯相庆，只是几十年后，女性才获得了公众话语权，达成了哈莉黛的理想。

像松鼠一样生活

1927 年后，穆斯塔法·凯末尔的“伟大演说”成了共和国历 219
史的原始文本，成了解释帝国终结和土耳其民族国家诞生的基本来源。近几年，土耳其历史学家开始质疑这个版本历史事件的片面性。如果你想理解这场革命的规模和复杂性，最好不要只看政治演说和课本，你还可以读一读《祖国的人文景观》（*Human Landscapes from My Country*），这首长诗堪称作家纳齐姆·希克梅特（Nâzım Hikmet）的大师之作。1941 年，纳齐姆在布尔萨监狱里开始创作《祖国的人文景观》，这座监狱距离伊斯坦布尔有几小时的路程，隔着马尔马拉海与这座城市对望。这首一万七千行的长诗就像一幅徐徐铺展的巨大画卷，重现了后帝国时代的起源，以普通人的视角设身处地地讲述了独立战争的纠缠和土耳其共和国的建设。

这首诗开篇的场景是海达尔帕夏火车站，穿着黑绸制服的伊斯坦布尔女学生从这里经过，然后笔锋一转，突然写到安纳托利亚，那里硝烟弥漫，饿殍遍地。战争没有荣耀，一位妇女劝告：

> “姑娘，”她说，“你尚且年少——
> 但终会长大，
> 会结婚生子，
> 到那时我再问你， 220

战争是什么。”

小偷、农夫、作家和普通士兵是这首诗里的英雄，这组人物浩浩荡荡地穿越了现代土耳其历史的舞台，或者更确切地说，是纳齐姆缓缓移过安纳托利亚高原的镜头捕捉到了他们的身影。纳齐姆事业起步时曾是导演穆辛·埃尔图鲁尔和伊佩克兄弟制片公司的编剧，他们拍摄的电影在佩拉大街场场爆满。他创作的《祖国的人文景观》具有完整的艺术性，借鉴了电影制作以及诗歌散文的技法。他运用了摇摄、变焦和定格等不同的摄影技巧，融合了自由体与叙事体，还有自传、奇幻小说、民间寓言等各种文体。《祖国的人文景观》是人类多元化社会的年代记，与凯末尔主义宣扬的均质化意识形态明显不符。这首诗或许是对土耳其从帝国向共和国过渡时期最具创意、最细致的评估，是与穆斯塔法·凯末尔精心编纂必然胜利和一心一意建设现代化的标准故事比肩的某种或然历史。

共和国成立初期，土耳其文人就已抛弃奥斯曼时代的保守体例。土耳其文坛汇集了对国家的赞歌、乡村文化的追忆以及日常生活的叙事等形形色色的文学题材，其中许多作品设定的背景是民族解放、战后斗争。当其他土耳其作家都在追问如何写诗时，纳齐姆已经开始思考诗的意义——艺术可否不只反映现实，同时还能塑造社会生活。

纳齐姆·希克梅特竭尽所能地把现代性引入土耳其文学，如今他仍是四海皆知的土耳其民族诗人。在伊斯坦布尔的卡德柯伊区，一处以他的名字命名的小文化中心搭设了阴凉的茶园，摆满了艺术
221 家的摊位，那里仍是激进的大学生和老牌知识分子重要的会面场所。然而，没几个民族诗人有生之年会如此不受欢迎。他在土耳其监狱度过了自己最好的年华，最后还被剥夺了土耳其国籍。他死后，他的遗体没有被葬在伊斯坦布尔，甚至没有葬在土耳其。

究其原因，在这个全力鼓吹革命的国家，纳齐姆的革命热忱却

始终是错误的变体。他的想法极其现代，他说在共和国所有的城市中，伊斯坦布尔最有条件体现社会主义沉默的幽灵。左派批评土耳其民族主义，说它保持着政治生活一成不变的特性，尽管这些反面言论大部分被压制，但在私下里仍然秘密流传。1930 年，一份外交报告指出，政府的正常立场是假设“土耳其共和国所有不满现状的人必定是共产党，还可能是间谍”。一党专政的政治体制意味着没有表达左派观点的合法渠道，直至几十年后，即 20 世纪 70 年代，知识分子才可以公开崇尚社会主义的奋斗目标。即便在那时，政治集团仍然认为这些积极分子位于政治图谱的异端，是国家内部的主要威胁。社会主义这个与凯末尔主义竞争的政治理论很快就被撤出了国家辛苦誊写的历史。

与同时代许多知名人士一样，纳齐姆·希克梅特也是萨洛尼卡人。他不能确定自己的出生日期，大概是 1902 年，他降生在一个奥斯曼帝国地方官员的家庭。他母亲的家族出过几名杰出的将士和学者，他的祖辈先前是胡格诺派孤儿和波兰伯爵，后来皈依了伊斯兰教，加入了奥斯曼军队。他的母亲席琳·哈尼姆（Celile Hanım）是一位多才多艺的艺术家，也是帝国最早的女画家之一。他的祖父是萨洛尼卡最后一位奥斯曼地方长官，他的父亲希克梅特·贝（Hikmet Bey）在奥斯曼帝国的外交部工作，是当地著名的统一进步党党员。

1912 年，希腊人接管了萨洛尼卡，五年后，他们夺取的这个 222
港口城市几乎被烧得片甲不留。然而，伊斯坦布尔却拥有了新灵魂。无数穆斯林家庭离开萨洛尼卡，前往首都，怀抱欧洲人的情感，相信土耳其的进步将会造就第一代共和精英。因为希腊新政府当政，希克梅特·贝失业了，于是他也举家搬去了伊斯坦布尔。他先把年少的纳齐姆送入了久负盛名的加拉塔萨拉伊公学就读，之后又送去了马尔马拉海雷贝里岛（Heybeliada）的奥斯曼海军学院，纳齐姆在学校里开始写诗，打发他没完没了的枯燥的水力学和航海课。他患有慢性肺病无法服兵役，因此只能旁观第一次世界大战。他在伊斯坦布尔现场见证了英国军舰“苏佩尔布”号威风凛凛地驶入港口，宣告协约国占领正式开始的那个时刻。

纳齐姆太年轻，在青年土耳其党革命中发挥不了作用，而且他总是病怏怏的，也没能参加一战期间的军事行动。但当穆斯塔法·凯末尔反抗政府的消息传回伊斯坦布尔时，他像许多同龄人以及同社会阶层的人一样都计划着投奔安卡拉。1921 年初，他随同朋友瓦拉·努尔丁（Vâlâ Nureddin）一起到达了穆斯塔法·凯末尔的军队，自荐当一名为革命奋勇向前的步兵。

策划独立战争的领导人毕竟都是经验丰富的军官，他们在加里波利等地都参加过战斗；纳齐姆缺少实战，在部队也没什么人脉关系，所以他很快就被派到遥远的村庄担任教职。他原本可以通过教育民众，从根本上实现彻底的革命，因为育人也是民族斗争重要的组成部分；但教书育人完全不是他希望扮演的打造新世界的角色。他想要站在斗争的前线，而不是参与后方支援。

他在安纳托利亚只待了短短几个月，目光就转向了北方，俄国正在发生的转变吸引了他的注意。在追赶穆斯塔法·凯末尔军
223 队的路上，纳齐姆听人介绍过社会主义，但是印象不深，仅仅相当于与读过几篇马克思主义宣传单的路人闲聊了几句。他认为，右派必将支持式微的苏丹，赞同外国占领，而左派则看重自由，希望民族复兴。尽管他对马克思主义的认识十分粗浅，但是他不必成为深刻的理论家就能够看清独立战争的发展趋势。这场战争正在远离革命的根源，不断巩固穆斯塔法·凯末尔及其亲随手中的权力。

许多观察家认为，革命社会主义和土耳其民族主义曾经是欧亚

前线独立反帝运动的两股力量。1921 年，美国高级专员马克·布里斯托尔汇报说，穆斯塔法·凯末尔的民族主义者与布尔什维克之间的关系或许“形成了目前近东地区重要运动的核心”。这矛头无疑直指伊斯坦布尔。协约国警察一直严密监视着城里所谓的地下组织。身边这么多一贫如洗的俄国人，官员们认为白俄走投无路，很容易转投红军。围捕嫌疑特工的情况很常见。协约国警察甚至拘留了报名参加伯利茨土耳其语课程的俄国人，因为担心他们是努力提高当地语言水平的布尔什维克间谍。根据美国的情报来源，布尔什维克党还企图说服穆斯塔法·凯末尔带领土耳其正式加入苏联，就任本国的联邦总统。如果这项提议真的呈送给穆斯塔法·凯末尔，那么他一定会默默地拒绝。

布尔什维克主义的俄国与土耳其确实存在某些共性。两国都强调国家对社会和经济转型的牵引作用，放弃了罗曼诺夫王朝或 224
奥斯曼帝国末期苟全的多党议会。两个国家最终都理所当然地认为，社会转型应由苏联共产党或土耳其共和人民党这样单一的政党指挥，政府对经济和社会进行精细化管理的中央集权制效果最佳。

弗拉基米尔·列宁与穆斯塔法·凯末尔在意识形态方面也基于同一套假设。不仅关于革命的细节，因为穆斯塔法·凯末尔的哲学基石是民族主义，而不是马克思主义，而且包括革命实现的方式，以及国家适应在 20 世纪新秩序的定位。他们都信仰先锋的政治思想及其重塑整个社会的历史使命。他们放眼未来，战略愿景都是殖民主义必将消失，帝国必将崩溃，19 世纪的旧势力必将让位给后革命时代的新政权。他们都不反对强国把自身意志植入国际体系的理念，只是简单地认为自己的国家应该加入这个强国俱乐部。

苏联模式证明了阶级斗争与草根革命的变革力量。然而，土耳其是个没有无产阶级的国家。从萨洛尼卡到大马士革，因为失去了很多城市中心，所以新共和国的乡土气息比奥斯曼帝国更强。而在农村占绝大多数的俄国，列宁和托洛茨基早已表明，工人不是工人阶级斗争的必要组成。工人革命最需要的不是工人，而是一小撮阴谋家，他们可以成立政党，以被压迫者的名义占领国家，引发内战，并且击败旧政权的支持者，然后着手建设，实施工业化和激进的土地改革，声称无产阶级是他们的根基。凯末尔主义政府最终采用五年计划作为发展工业和农业的方法。土耳其政府尽管没有直接
225 干预经济，但是国家控制的垄断部门获准接管了主要工业部门。高级官员无论如何都必须是唯一合法政党的党员。

然而，还没等到民族主义者将协约国扫地出门，两个革命政权之间的甜蜜就开始变味。俄国和土耳其是竞争了几个世纪的战略对手，这段悠久的历史很难忽略，尤其在当前这个时代，苏联立足于无产阶级革命，土耳其以民族革命为根基，两个政府都认为自己才是全世界受压迫人民开启现代化的对比模型。双方争辩理念时，土耳其首选的说法是任由他们建设自己国家，而非民族国家的彻底消亡。

尽管如此，挑逗左翼思想仍是土耳其早期政治的一贯特色，也是人们表达对凯末尔主义者独裁倾向的不满持续的灵感来源。1920 年 10 月，穆斯塔法·凯末尔最亲密的战友创立了土耳其共产党，但这个政党似乎主要是包抄其余左翼派系的工具。事实上，竞争党派已于上个月在独立的阿塞拜疆首都巴库（Baku）成立。该党的领导人穆斯塔法·苏普希（Mustafa Suphi）是在巴黎长大的土耳其布尔什维克，他认为自己是天然的管道，共产主义信条将通过自己传入土耳其。1920 年底，在苏共的帮助下，他与一群同志从高加索进入了安纳托利亚。次年 1 月，他们计划从港口城市特拉布宗（Trabzon）出发，沿海岸线前进，然后经由陆路抵达安卡拉。此时，穆斯塔法·凯末尔作为民族运动领袖的权力还未稳固，穆斯塔法·苏普希或许是打算挑战凯末尔。

接下来发生的事谁也说不清，但是穆斯塔法·苏普希和他的十二个同志乘坐摩托艇离开特拉布宗是他们最后一次出现。他们在黑 226
海上不知所踪，有人推断他们死了。右翼统一进步党被指责做了手脚，干净利索地暗杀政治图谱另一端的关键对手，但是凯末尔主义者无疑是苏普希事件最明显的受益人。不再担心苏普希的布尔什维克主义侵扰土耳其民族主义者的队伍，凯末尔主义者现在可以殷勤争取苏共的支持。两个共产主义政党——穆斯塔法·苏普希成立的真共产党以及凯末尔主义者发起的假共产党——很快就淡出了历史舞台，成为这场民族运动发展的小脚注。

穆斯塔法·苏普希的死深深影响了纳齐姆·希克梅特对祖国新政权的想象。凯末尔主义者似乎已经把革命扼杀在摇篮里。纳齐姆在安纳托利亚短暂停留了几个月，决定穿越边境进入高加索，加入布尔什维克。1921 年秋，他动身出发，恰好是当年德米特里·沙里卡什维利等格鲁吉亚孟什维克政府的支持者逃往伊斯坦布尔的路线，途经格鲁吉亚港口巴统（Batumi），一路乘火车到达莫斯科，那一年他十九岁。

这是他第一次踏上俄罗斯的土地，后来他在莫斯科和伊斯坦布尔两地轮流居住。在莫斯科，他坐在亚历山大·普希金（Alexander Pushkin）的雕像下读完了马克思理论，进入专门向亚洲知识分子灌输革命价值观的东方工人共产主义大学学习，这所大学毕业的学生最终都会返回祖国，清扫革命障碍。接下来的三年，从实验剧场到弃用传统韵律的诗歌，纳齐姆徜徉在俄罗斯艺术、文学、表演等创造力汇流的海洋之中。他这一时期创作的第一首土耳其语自由 227
诗，突破了奥斯曼诗歌的传统体例，大胆借鉴了波斯和阿拉伯诗篇的格律。1924 年，列宁逝世，纳齐姆负责在告别仪式上守棺，这是一位年轻的世界社会主义代表向已故领袖的致敬。

1924 年底，纳齐姆返回了伊斯坦布尔。他离开土耳其时，穆斯塔法·苏普希刚刚溺亡，真正的土耳其共产党几乎全部身处险境。现在情况不同了，社会主义报刊可以当街公开售卖，兴趣相投的工友们不仅可以在俱乐部或私宅民居里聚会，还可以举办学术会议研讨世界形势以及反对资本主义和帝国主义的斗争。纳齐姆开始为新杂志《镰刀－锤子》（*Orak-Çekiε*）撰稿，政治倾向一目了然。

然而，相对自由并不持久。1925 年，第一轮库尔德叛乱后，新的社会治安法出台。左翼报社被查封，左翼分子和其他积极分子受到了更严密的监视，社会主义者全被送上大国民议会的独立法庭。纳齐姆虽然藏了起来，但并没有躲过谴责的声浪。他在缺席审判的情况下，被判处十五年有期徒刑。

他很快再度离开土耳其，前往莫斯科避难。纳齐姆一头扎进了苏联首都的艺术生活。可伊斯坦布尔仍是他日夜思念的故土，仅仅两年后，他试图穿越高加索重返土耳其，结果被逮捕并关押在边境地区，当局临时起意，指控他密谋煽动少数民族反对土耳其政府，不过这一罪名似乎没有现实依据。经过数月的取证辩护，法院最后推翻了独立法庭的原判，释放了纳齐姆，并且允许他重新定居伊斯坦布尔。

伊斯坦布尔的知识分子始终热切关注着纳齐姆的审判。他被释
228 放的时候，受到了英雄般的欢迎，至少在广大读者当中引起了热烈的反响。土耳其文学报刊登了他的诗歌，1929 年春，他还在土耳其出版了第一本诗集，精选了他 20 世纪初的创作。他的作品深受苏联诗人弗拉基米尔·马雅可夫斯基（Vladimir Mayakovsky）的影响，而他对语言韵律和叙事发展的掌握也颇具戏剧导演弗谢沃洛德·梅耶荷德（Vsevolod Meyerhold）的风格。纳齐姆前后两次逗留苏联就像是度过知识分子的学徒生涯，引领他模拟俄罗斯未来主义脱节的诗歌形式，还有其工业美学和文化转型的视野。

1929 年，纳齐姆发表了他的第一首长诗《蒙娜丽莎与 Si-Ya-U》（*La Gioconda and Si-Ya-U*）。讲的是达·芬奇的蒙娜丽莎爱上了一名中国共产党党员，并因此逃出罗浮宫，投身革命斗争，结果在上

海被烧死。他成了土耳其艺术和文化的大众杂志《每月画报》(*Resimli Ay*)的主要专栏作家。1930年，伊斯坦布尔的唱片公司经 229
理还找过他，打算把他的诗歌录制成唱片。与同时代的乌迪·赫兰特和塞扬·哈尼姆一样，纳齐姆也是人们茶余饭后的话题人物。他的唱片不到一个月就卖光了。

纳齐姆在写作上一向大胆。他的作品越受欢迎，他就越不知收敛。限制性的社会治安法被废除，自由主义浪潮再次席卷了土耳其。他一如既往地攻击资本主义，毫不掩饰地赞赏苏联体制，成了长期受监视的对象。他对土耳其文学界的批评越来越刻薄，特别对那些宣称坚持凯末尔主义的故交也毫不留情，这让他的盟友所剩无几。

纳齐姆在1933年被捕，1934年获释，1938年再度被捕。部分原因是在他的母校，王子群岛之一的雷贝里岛的海军学院，士官生们都在传阅他的新作《谢赫百德雷丁的史诗》(*The Epic of Sheikh Bedreddin*)。这首诗拓宽了诗歌语言的边界，组合了学术散文、魔幻现实主义和多样性的语言形态，非常类似于他后期的力作《祖国的人文景观》，但是由于《谢赫百德雷丁的史诗》表露的政治信息穿插着一段奥斯曼帝国刻意隐匿的历史小插曲，所以为他招致了新一轮的麻烦。

1416年，在寂寂无闻的鲍柯卢斯（Börklüce）和伊斯兰教神秘的百德雷丁的带领下，安纳托利亚西部爆发了反抗苏丹穆罕默德一世的叛乱。这两位领袖鼓吹宗教和社会的阶级对等，他们的言论吸引了当地的穆斯林、基督徒、犹太人，以及对苛捐杂税和封建领主充满愤恨的城市商人和农民。奥斯曼帝国击败了叛军，扫清了障碍。他们当场逮住了鲍柯卢斯，把他带到以弗所，钉死在十字架上。为了发泄苏丹的心头之恨，他的尸体还被一头骆驼拖着游街示众。百德雷丁一度逃脱了抓捕，藏身在黑海西岸的“疯狂森林”（现在属于保加利亚）一带传教，不过最终被抓回并 230

处以绞刑。

纳齐姆在《谢赫百德雷丁的史诗》中显然僭越了政治礼仪的界限。因为主题是神化领袖的高压统治，以及对这个世界森严的等级制度和令人窒息的社会习俗终会消融的信仰，这首诗给了土耳其政府一个便利的借口，借机指控他煽动叛乱。纳齐姆站上受审台，被判处三十五年监禁。然而与前几次宣判不同，他这次再也无法逃脱牢狱之灾。在接下来的十二年，狱中的纳齐姆背负着威胁土耳其政府、否定凯末尔主义、卖国求荣、崇拜苏联等多项罪名，而苏联早在第二次世界大战前夕就已从初期的盟友变成了土耳其的区域竞争对手。1950 年，他在政治犯大赦中获释，接着加入了巴勃罗·毕加索（Pablo Picasso）、让-保罗·萨特（Jean-Paul Sartre）等欧洲知识分子支持的持续的国际运动。

他的生活拥有多个侧面，每一面都折射出相异的色彩。在私人生活里，他与许多年轻的已婚女性保持着浪漫真诚的爱情关系。在艺术中，他时而是纯朴的爱国人士，时而又是轻浮的未来主义信徒；时而是反思的监狱诗人，时而又是叙事诗作者以及高明的感伤派。他的产出惊人，1988～1991 年土耳其出版的他的文集足有二十七卷。对于政治，他真心实意地投身革命事业，但是与约瑟夫·斯大林共产主义的相遇让他对苏联满心向往，那是他十九岁离开新兴的凯末尔主义共和国，第一次背井离乡到达的地方。许多外国人曾受梅耶荷德（Meyerhold）或马雅可夫斯基艺术社会主义的风雅诱惑，纳齐姆也是其中之一，他最怀念斯大林和古拉格之前苏联初期的实验时代。他具有那一代人共同的弱点：不能识破斯大林主义
231 的可怕之处，回顾当时，对一名十几岁的土耳其少年来说，前往俄罗斯似乎意味着终极的解放。

如果说有一个主题贯穿了纳齐姆的所有作品，那么肯定不会是政治。他更愿意呼吁人们珍惜生活不经意之间展露的多姿多彩。《祖国的人文景观》就像是庆祝变幻莫测的世事——比如在伊斯坦

布尔拥挤的街头，巧遇老友时那种醉人的不知所措——以及对人类解放与正义的呼唤。他写给两大洲女人的情诗是我们可以找到的最动人却又最成熟的诗篇。他在漫长刑期里写就的《生活篇》正是他对政治斗争之外的生活的礼赞：

生活不是笑谈：
你必须一本正经地生活，
就像一只松鼠，
我是说，不要指望超越生活，
我是说，生活就是你的一生。

纳齐姆获释后，在土耳其之外云游演讲。事实上，土耳其政府最终剥夺了他的土耳其国籍，但是苏联成了他的第二故乡。那时，20 世纪 20 年代的革命活力已成往事，他对发展中国家产生了强烈的好奇心，身边环绕着许多左翼异见分子、从前的间谍和资本主义的弃儿，他对自己的作品后续受欢迎的程度一无所知。走近生命尽头时他似乎开启了一个人的狂欢，他接连赞美社会主义苏联的艺术繁荣，抨击资本家寡头政治的腐败。他的文字日渐干瘪，散发出狱囚般枯朽的气息，他再也不是早年那个手持火焰之刃煽动群众热情的诗人。乃至他的情诗都沾染了工厂里石油和矿石冶炼厂的气味。1951 年，他写道：“你是田野/我是拖拉机/……/你是中国/我是毛
泽东的军队。”1963 年，纳齐姆辞世，他的灵柩先是停在苏联作家 232
协会（Soviet Writers' Union）的总部，后来葬入莫斯科的新圣女公墓（Novodevichy Cemetery），陪伴着契诃夫和果戈理。“有些人知道植物的一切，有些人了解鱼，”他曾写道，“而我最熟悉分离。”他远离了伊斯坦布尔，躺在了俄罗斯的土地上，或许他是全世界最著名的永远阔别家乡、流亡海外的民族诗人。

20 世纪 20、30 年代，俄国革命吸引了许多土耳其的知识分

子，甚至当代，纳齐姆·希克梅特的人生故事与存世作品仍然激励着土耳其的社会主义者。（2009 年，在去世多年后，他终于被恢复了土耳其国籍。）伊斯坦布尔的历史上发生过许多讽刺性的事件，纳齐姆北上苏联算是其中之一，而大概同一时间，另一位俄国革命者却在南下。他携家带口，与冬季的北风一起到来，他称他们是“三人合作社”。他们立即成了伊斯坦布尔最著名的俄罗斯家庭，但是和 1920 年的弗兰格尔船队不同，他们不是白军。这个家庭的家长戴着圆框眼镜，下巴留着尖尖的一撮小胡须，他曾经是红军的最高领导人之一。

孤岛生活

列夫·托洛茨基或许是有史以来最不情愿来到伊斯坦布尔的游客。他甚至在上岸前，还把一张字条交给了上船检查的海关官员，要求送达穆斯塔法·凯末尔。“亲爱的先生，”他写道，“在君士坦丁堡的城门口，我很荣幸地通知您，我已经抵达土耳其，此次并不是我自愿前来，我只是服从命令才跨越了这条国境。总统先生，请您理解我此刻的心情。” 235

字条标注的日期是1929年2月12日。这是伊斯坦布尔最冷的冬天，有轨电车要挖开积雪才能行驶，偏远一点的地区偶有狼群出没，为避开博斯普鲁斯海峡漂浮的大冰块，渡轮百年以来第一次停运。巴黎出发的火车好几天都埋在雪里无法行进，这个小插曲还激发阿加莎·克里斯蒂写下了《东方快车谋杀案》。托洛茨基和他的妻子纳塔利娅·塞多娃（Natalya Sedova）在这趟列车上行进了二十二个日夜，从哈萨克斯坦向西到敖德萨的港口，缓慢行过了差不多三千英里。两年来，这一家人被约瑟夫·斯大林远远送离苏联后一直在中亚辗转。

尽管托洛茨基曾是十月革命的发起者之一，又是弗拉基米尔·列宁的亲密战友和俄国内战期间红军的领导人，但是1924年，列宁逝世，斯大林的野心之门洞开。斯大林苦心筹谋几年，除掉了布 236
尔什维克党的多位元老，但托洛茨基是当时党内除斯大林之外追随者最广的人物，也是最有实力接棒列宁的苏联领导人。所以直至

20 世纪 20 年代末，斯大林才足够强大，敢对托洛茨基动手。格别乌（苏联国家政治保卫总局，简称 OGPU，1934 年设为国家安全总局）根据斯大林的命令，首先押送托洛茨基和纳塔利娅去往哈萨克斯坦的多风平原，然后敖德萨的警察又亲眼监督着这一家人被转移上了“伊里奇”号（*Ilyich*），这艘目的地是伊斯坦布尔的轮船除托洛茨基夫妇和他们的儿子利奥瓦（Lyova）之外，没有搭载任何平民，也没有装运任何货物。土耳其准许他们一家人入境，但这并不表示对托洛茨基身陷政治困局表示同情。恰恰相反，事实证明，20 世纪 20 年代后期，土耳其政府认为自己既取用了苏联模式的精华，同时又成功挫伤了苏联的直接影响。

不管怎样，苏联人一直留意着这最著名的流亡犯。苏联大使馆殷勤接待了托洛茨基一家，为他们安排了住房。随后几周，大使馆的侧楼也预留出来，供托洛茨基使用。格别乌驻伊斯坦布尔的代表雅科夫·明斯基（Yakov Minsky）不仅负责监视他的行踪，还要帮这一家人寻找长期的住所。奇怪的是，苏联政府一边像招待客人一般善待托洛茨基，一边却在他缺席的情况下谴责他密谋推翻政府的反革命活动。更奇怪的是，苏联政府还容许他写信给《纽约时报》等西方报纸，抗议不公平的判决。没有人想到他的窘况会持续这么久，至少托洛茨基本人不相信会一直处于这种困境。他受胁迫到达这个城市，并没打算就此留下来。

沙皇时代，托洛茨基还是地下革命分子时曾有过两次流亡经历，一次去往西伯利亚，另一次在俄罗斯北部，所以他很熟悉在异国他乡开始新生活的概念。托洛茨基的前两次流亡都通向了胜利：
237 1905 年的俄国革命迫使沙皇组建了俄国议会；1917 年的十月革命又把布尔什维克政权推上了历史舞台。而现在，他不想待在一个他连当地语言都听不懂的国家，他告诉土耳其记者，他希望很快获得签证，前往德国、英国或法国。在那里，他能够代表国际社会主义继续政治工作，同时声讨篡位者斯大林。

苏联人同样以为托洛茨基只是暂时流亡土耳其。伊斯坦布尔作为流亡地有三大优势，从苏联海岸起航的船只容易抵达，国家愿意接纳托洛茨基，而且四处潜藏着寻机杀他的人。毕竟在佩拉区的后巷，许多白俄人整天无所事事，肯定有人无法克制，想要行刺这位布尔什维克宿敌。苏联秘密警察的特工明斯基甚至一直向托洛茨基递送消息，让他了解伊斯坦布尔所有白俄分子和外国间谍的动向。这或许是想帮助托洛茨基避开敌人，也可能是个聪明的陷阱：刺激托洛茨基的好奇心，假如他碰巧联系了资本主义特务，正好可以坐实对他外国间谍的指认。

纳塔利娅和利奥瓦获准离开大使馆去寻找住宅，托洛茨基偶尔也会在警卫的陪伴下，穿着暖和的冬衣沿佩拉区的电车轨道散步。明斯基担心长期把托洛茨基留在大使馆，自己会成为斯大林政敌的房东。于是，他不情愿地当起了房产经纪人，主动提供了多个可选择的居所，但都无法满足托洛茨基的具体要求，特别在安全方面，托洛茨基总觉得有漏洞。明斯基很窝火，最后一气之下把这家人踢出了大使馆，赶去了街北的托卡良酒店，纳塔利娅只好自己继续寻找。搬了两次家后，1929 年 4 月下旬，她终于找到了一栋搭乘渡
轮一个半小时就能到达城中心的房子，托洛茨基在这里可以相对安 238
全地继续写作和政治工作，同时制订他的下一步行动计划。

普林基波岛（Büyükada）是王子群岛中最大的岛屿，这九个干旱的小岛就像是马尔马拉海上突然出现的恐龙脊背。普林基波岛的修道院曾是触怒皇帝的拜占庭贵族流亡的首选流放地，而其余的小岛在青年土耳其党时代之前都是垃圾场。例如，几个世纪以来，流浪狗一直是伊斯坦布尔公共健康的危害因素之一，自 1910 年开始，市政府发起了一项秩序与清洁的长期运动，下令围捕数万条野狗，并且把它们运到海斯扎达岩岛（Hayırsızada）这个废弃的岛屿。成群的野狗相互撕咬，抢占雨水池，争夺迷途的飞鸟。多年之后，传言在安静的夜晚，如果恰巧起南风，伊斯坦布尔人还能听见

狗群的狂吠与怒嚎。

19世纪40年代，奥斯曼帝国开始定期向适宜居住的岛屿开放轮渡服务，普林基波岛一下变成伊斯坦布尔富有商贾，特别是希腊人的消暑胜地。木结构的住宅再加上粉刷一新的白色阳台和活动自如的百叶门窗，消解了夏天部分的暑气。岛上严禁（而且现在仍然禁止）私家车驶入，所以本地人和观光客只能乘坐敞篷马车环岛行进，道路上一层厚厚的松针正好可以缓冲车身的颠簸。盛夏时节，棵棵夹竹桃的枝头都挂满了白色的小花，紫色的九重葛攀爬缠绕，蔓过花园的围墙，构成路旁斑斓的画面。两旁树木葱茏的詹卡亚大街（Çankaya Avenue）向北可以直达渡轮码头，成片的别墅和相依的宾馆面朝蓝宝石般的大海和安纳托利亚海岸低矮的山丘。

托洛茨基和卡尔·马克思一样，都希望有一天资本家会被粉碎，可是他眼前的幸福却不得不依仗资本家的善心。著名的土耳其商人接连前来帮助他开始去国离家的新生活，有的人是因为有机会接近政治名人而激动万分，有的人则是想向斯大林的仇敌献殷勤。
239 一位前奥斯曼帝国官员把自己的别墅租给了托洛茨基。这座宽敞的宅院位于詹卡亚大街下坡的一侧，尽头就是临海的小悬崖。“马尔马拉海波涛拍岸，距离我们的新家仅几步之遥，”纳塔利娅回忆道，“那是个美丽的地方，宽敞又宁静，面朝无边无际的蓝色海洋，大部分时间都沐浴着金色的阳光。”

1931年3月，一场大概由电热水器故障引燃的大火烧毁了这栋房子。托洛茨基据说还起诉了房东与管家疏忽大意，但这并不能解决他必须另寻住处的燃眉之急。他们一家人不得不再次搬迁，先是暂住在岛上的酒店，接着搬去了亚洲大陆莫达区某个有围墙的屋宇，后来又搬回普林基波岛，住进了一所土耳其航运巨头名下的红砖房，距离原来的宅院只有一小段路。他们逐渐适应了这种桃李芬芳、花果馥郁的田园生活，在岛民称为拉克科斯库（*rakı köskü*）小酒吧里，他们可以一边啜饮茴香酒，一边面向北方欣赏伊斯坦布

伊斯坦布尔的小酒馆里，酒保正在倒茴香酒。

伊斯坦布尔的冬天，迎着风雪站立的塞拉哈廷·吉兹。

展翅飞翔的白鸽：金角湾一隅，背景是 16 世纪落成的苏丹苏莱曼一世建筑群（也称苏莱曼尼耶清真寺）

水上风景：一男一女乘坐伊斯坦布尔特色的渡轮横渡博斯普鲁斯海峡，背景是老城和加拉塔大桥。

伊斯坦布尔的小咖啡馆里，一群男子围坐一圈，其中几人抽着传统水烟。

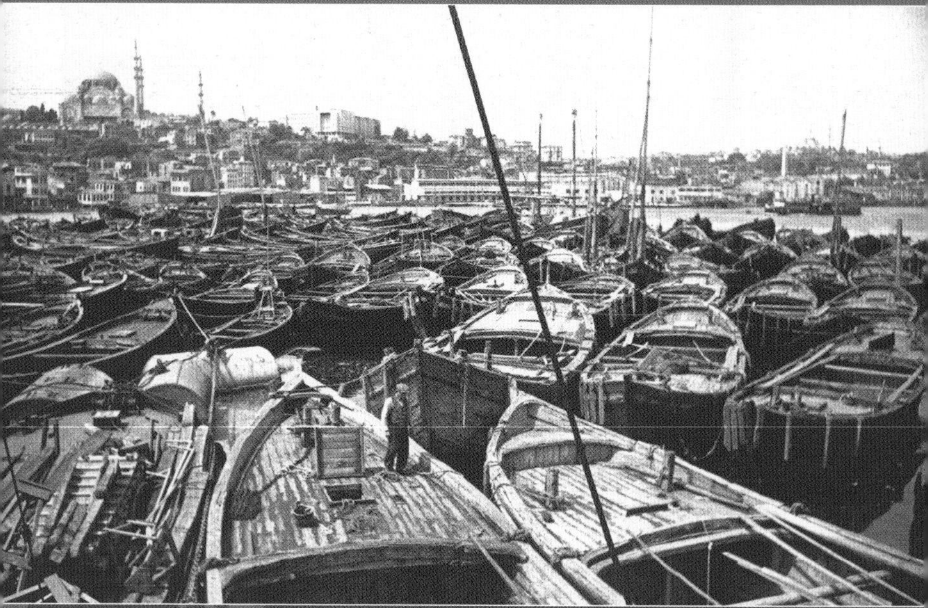

金角湾陈旧的木帆船杂乱地摆放着，背景是苏莱曼尼耶清真寺。

歌舞表演：伊斯坦布尔的夜总会上，两名或许来自俄罗斯的年轻女舞者正在表演。

（左）看橱窗：一名沿佩拉大街行走的女子，背后是一辆汽车和一个传统搬运工。

（上）伊斯坦布尔，一名男子奔跑着追赶有轨电车。

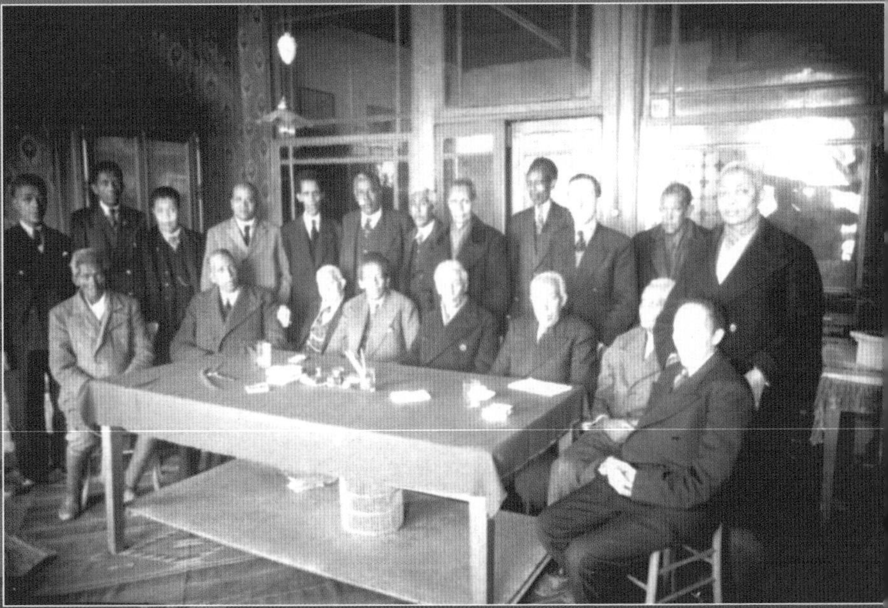

保守派：20 世纪 20、30 年代末，奥斯曼帝国后宫的“黑太监”齐聚一堂。

歌舞表演：伊斯坦布尔一家俱乐部舞台上的女舞者。

伊斯坦布尔的爵士乐：四人乐队。20 世纪 20 年代前后，
女歌手拿着当时典型的电子扩音设备——喇叭筒。

伊斯坦布尔的某家俱乐部，没准是马克西姆，一群系黑领结的社交客，塞拉哈廷·吉兹（右二）。

（上）1929 年安卡拉跨年舞会的合影，穆斯塔法·凯末尔（中）。

（右）人们正在佩拉区塔克西姆至杜乃尔电车路线的轨道上宰杀公羊献祭，或许是为一辆新的有轨电车举行的揭幕式。

10
TÜNEL

（*上*）伊斯坦布尔的街头，两名女子正在随心所欲地跳绳。

（*右*）伊斯坦布尔女子在加拉塔大桥附近散步，背景是耶尼（新）清真寺。

SURASKI

加拉塔大桥的公众集会。

受审的诗人：法庭上的纳齐姆·希克梅特（左）。

博斯普鲁斯海峡的馈赠：一名渔夫正在分拣刚刚捕捞的鲭鱼。

20 世纪 30 年代初，选美评审：一名参加土耳其小姐大赛的选手摆好姿势，接受评委的审查。

1932 年环球小姐：科瑞曼・哈里斯的宣传照。

1939年4月，友好访问：约瑟夫·戈培尔（前中）及随行人员游览圣索菲亚大教堂。

1944 年，加拉塔区的防空演习：佩拉大街空无一人，伊斯坦布尔的消防员头戴防毒面具，在加拉塔萨拉伊公学的大门外站岗。

1938 年 11 月，遗体告别仪式：哀号的群众和阿塔图尔克出殡队列的警官。

1941 年 3 月，爆炸过后：手提箱炸弹炸毁的佩拉宫休息室。

1944 年，加拉塔区，战争的轻松时刻：一名办公室职员正在向一名女同事展示他的防毒面具。

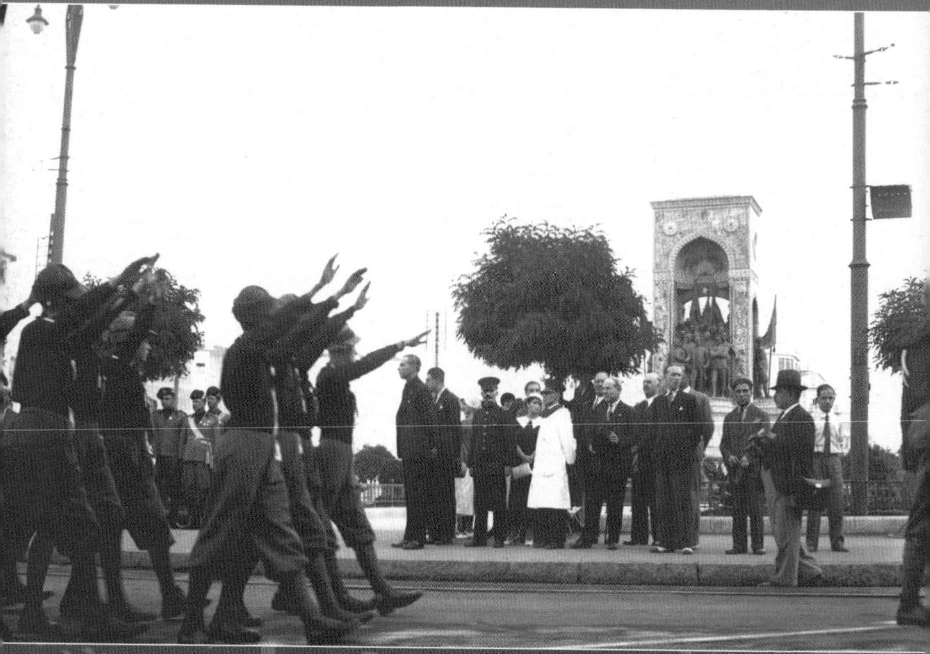

游行的法西斯分子：年轻的意大利人——或许是伊斯坦布尔意大利小社区的成员——经过塔克西姆广场的共和国纪念碑时法西斯式的敬礼。

工人正在清除电车轨道上的冰雪。

1944 年 8 月，安全的避难所：来自黑海海岸的犹太难民刚刚抵达锡凯尔吉火车站，他们可能是遇难的莫弗克号救援船的幸存者。

伊斯坦布尔的大街上，一名女子骑自行车驮着另一名女子。

佩拉宫的正门入口。

尔的景色。它如今是这位世界革命先知最始料未及的家园。

托洛茨基成年累月地待在孤岛上，他越来越担心自己的安全。他确实有理由害怕，因为城内既存在白俄分子，又有布尔什维克特工。他经常随身携带小手枪，而且从不会在没有守卫的情况下走到室外。他就像是一位冲着孩子大叫不要夺去他的财产的古怪老人。他有时会突然猛拽希腊东正教牧师的胡子，确保他不是伪装的刺客，有时还会拔枪指着当地渔民，因为发觉他连续好几天在同一个地方拖网。

岛民对他们身边这位极其著名的居民并不热情。托洛茨基聘用了当地的警卫、园丁和仆人，但是有关他特殊要求的故事也在附近流传：他要求厨师耳聋，这样他们就不能向外人汇报他的谈话；他还要求保洁工是文盲，这样他们无法阅读他的信件。他总是话中带刺。他只要发现家里有人在休息或看书，就会大声嚷嚷：“这儿有 240
俄国移民！”他还有个人类通常都有的毛病，就是过于喜欢动用自己的权力：他给身边的人都取了奇怪的绰号，在他看来，这就是他们的新身份。

他建立的唯一一段友谊似乎是与当地的希腊渔民哈拉兰博斯（Haralambos）。他们两个人时常划着小船，偶尔还带着警卫或来客进海捕捞或线钓应季的红鲤和鲣鱼。这对捕鱼搭档会在船上装载石头，然后扔进大海，把大群的鱼赶向渔网。托洛茨基和哈拉兰博斯彼此会用他们混杂着土耳其语、希腊语、俄语和法语的私人语言呼唤。托洛茨基在这些时刻似乎最好玩、最自在。“啊，杰拉德同志！”他曾经嘲笑他的律师杰拉德·罗森塔尔（Gérard Rosenthal）说：“如果你攻击资产阶级同你打鱼一样，他们会很长寿啊！”

即便如此，托洛茨基仍然很少真正地感觉安全。有一次，一个小姑娘游向小船，这个小姑娘就是后来土耳其著名作家米纳·乌甘，她当时紧紧抓住船舷不放，激动的托洛茨基咆哮着让警卫把她赶走，还用他的步枪枪托猛击她的手指。可是如果钓鱼很顺利，他也会神采奕奕地回家，迸发出新的创作灵感，兴奋地迅速口授给秘书记下来。

摆脱了苏联受限的工作环境，他可以直接表达自己的想法，与国际社会主义共同体充分交流。写稿、编辑、校订，他几乎单枪匹马地编写了一张新公报，专门报道反斯大林主义者的工作。他以早先在哈萨克斯坦做的笔记为基础，开始撰写自传《我的生平》（*My Life*）。抵达伊斯坦布尔没几个月，他就完成了初稿。他还对俄国革命的历史做了一些原始的注释。德国和美国都送来了书稿合同和出版协议。各大西方报纸热衷于发表托洛茨基有关全球局势的看法，
241 而社论和政论却涌动着相反的观点，托洛茨基的攻击目标之一温斯顿·丘吉尔（Winston Churchill）评论说，这是他“发自博斯普鲁斯海峡的悲泣”。革命肯定是结束了，丘吉尔表示：“难民战神再次展开了搏斗，共产主义取代炸弹充斥着资本主义的报纸，去职的刽子手突然有说不完的闲话，倚靠在炉边喋喋不休。”

利奥瓦被安排做了他父亲的秘书，负责管理大量的来往通信，协助接待越来越多的宾客。客人们为了一睹真容，纷纷从欧洲大陆赶来看望托洛茨基这位伊斯坦布尔最受欢迎的昨日明星，他或许也是全世界最吃香的过气人物。笔迹学家写信请求得到他的手书样本。循道宗教徒写信向他解释基督教教义的优势。星相学家解读了他的星盘。签名收藏家恳请他在“两位美国总统、三位重量级拳击冠军，还有阿尔伯特·爱因斯坦、林德伯格上校以及查理·卓别林（Charlie Chaplin）”之后加上他的签名，托洛茨基回忆道。后来，他雇了一个小团队——或者按他的说法，叫总理府——帮他处理手稿、写信、关注国际事务等繁杂的工作。

托洛茨基和斯大林决裂虽说是个惊人的发展，但也只是全世界社会主义群体分化的一部分：一些人仍然指望苏联领导全球革命，另一些人正在奋力开拓自己的共产主义道路，还有一些人认为苏联

实验注定消亡，很快就会被欧洲海外殖民地出现的新运动接替。托洛茨基现在扮演了一个他从未尝试过的角色：一个电极，周围聚集了全世界心怀不满的激进分子，尤其是那些坚决投身永久革命、传播革命思想的人。与许多著名的流亡人士一样，托洛茨基逐渐变成了图腾，除了人格和文字的力量之外基本上没有任何权力。“这个孤岛是宁静的遗落之地，就连伟大世界传达给我们的回音都低沉而迟缓。”他在摘记里这样写道。 242

想象托洛茨基是普林基波岛的哲人是一回事，和他会面则是另一回事。前往小岛的访客几乎全都自认为是反崇拜的。“他那么渺小，似乎无法斗争。”美国诗人、政治激进分子马克斯·伊斯门（Max Eastman）1932 年来小岛拜访后写道。伊斯门原本期待他们会深入讨论社会主义事业的必然胜利，但是他发现托洛茨基更加担忧世俗问题，尤其是自己的财务状况。

他的作品非常卖钱。报纸刊登了他一系列的文章，并给他带来了一万美元的稿费。美国版的《我的生平》也让他获得了七千美元的预付款。《星期六晚邮报》（*Saturday Evening Post*）连载《俄国革命史》（*History of the Russian Revolution*），还支付了他四万五千美元。但是自从第一所房子的大火毁了他多年的藏书和四处收集的照片之后，光在安保、住房、饮食，尤其是书籍方面，托洛茨基每月的支出就得一千多美元。为了节约，他很少置办家具，总是满面愁容地在空荡荡的房间里踱步。他不再打理花园，任草木疯长，他的狗托斯卡常常在高草矮树之间奔跑跳跃，追逐飞鸟。“我们似乎是扎营，而不是居住。”他的秘书回忆道。

伊斯门受雇成为托洛茨基的文学经纪人，主要负责管理其银行账户的收入。即便伊斯门是他的老朋友和美国左派的主要发言人，托洛茨基仍然用高人一等的语气与伊斯门谈话，控诉西方资本家的吝啬，抱怨美国出版商的小气。托洛茨基总不能按时履行合同约定，常常卑躬屈膝地要求延期。他先是答应交付文稿，随后又坚称自己从未给出这样的承诺。伊斯门登门造访时，托洛茨基大部分时间都在试图说服伊斯门与他合作编排一部有关美国内战的舞台剧。
243 托洛茨基认为，这出舞台剧可以结合伊斯门的美国历史知识和自己军事战术部署的专长，一定会风靡百老汇。伊斯门却认为这个想法很荒谬。

伊斯门总结说，托洛茨基有“追随者和部下”，但他无法拥有真正的朋友。托洛茨基没有反驳这一说法。“我不能以个人命运的尺度来衡量历史进程，”他说道，“相反，对于我的命运，我客观评价却主观生活，仅仅因为我的命运与社会发展的进程密不可分。”他常说，敌人应该被枪毙。他认为这项处事原则是一种美德，可大多数流亡时期熟悉他的人都认为这是他无法掩饰的瑕疵，这不只是个人的缺陷，还是身为政治家的弱点。比起亲密交谈和亲身参与，他更喜欢安全的讲台和炫目的聚光灯。斯大林的地位不断上升，而他的政治影响却日衰月减，他不适合流亡，这不是因为他丧失了权力，而是因为它夺去了他在现实世界生活的两件东西：可栖身的讲台和可落实的计划。

如同当年的白军一样，托洛茨基相信自己只要搬离伊斯坦布尔，重新找到落脚点，这两件东西总有一天会回来。所以在不写文章、不与追随者通信的时候，他都在填写签证申请。德国拒绝他入境，荷兰、意大利、奥地利和西班牙也没有通过他的申请，丹麦只允许他去哥本哈根短程旅行。托洛茨基搬去普林基波岛两个月后，伦敦政治经济学院的创始人、英国的社会主义者西德尼·韦伯（Sidney Webb）和比阿特丽斯·韦伯（Beatrice Webb）夫妇曾拜访过他，但即使他们也无法说服英国政府，后来还是惺惺相惜的工党上台，英国才允许他入境。托洛茨基苦笑着写完了《我的生平》的最后一章，标题是“没有签证的地球”。

最后，在法国社会党的调解下，托洛茨基获得了法国南部的避
244 难许可，附带条款是他不能前往巴黎，而且必须接受警方的持续监

控。据为他作传的杰出作家艾萨克·多伊彻（Isaac Deutscher）所说，托洛茨基在伊斯坦布尔的那几年是他整个流亡岁月中最平静、最富创造力和“最愉快的”时光。托洛茨基在日记里记录了他在普林基波岛的最后一段时光：“我们的房子差不多清空了，木箱放在楼下，年轻人正忙着给它们上钉子。这所旧别墅我们平日疏于打理，今年春天刚给地板刷了漆，油漆的成分很神秘，四个月过去了，桌子、椅子，甚至我们的脚现在还总是被粘在地板上。”他喜欢用隐喻来表达心绪，他觉得自己的双脚似乎已经长在普林基波岛了。在小岛的这些年，他年岁渐长，鬓发染霜，额头和眼角生出沟壑，还有了心脏病和痛风的烦恼。1933 年 7 月，托洛茨基和纳塔利娅最后一次走过詹卡亚大街，登上了一艘前往法国马赛的小船。他的儿子利奥瓦已先行搬去了柏林。

托洛茨基结束了他在土耳其的流亡生涯，奔向了新生活，他先到了法国，然后去了挪威，最后在墨西哥城的科约阿坎自治区落下脚来。他和纳塔利娅随身携带新签发的土耳其护照，用来表明他们的身份。护照第一页就申明，“本护照持有人不在土耳其政府的保护范围之内”。他乘坐的小船沿着小岛周围的海岸航行，经过了他们在土耳其第一所房子烧焦的楼顶，随着小船驶入大海，托洛茨基也走进了前所未有的危险之境。伊斯坦布尔在某种程度上一直深藏于他的内心。

20 世纪 20 年代初，约翰·多斯·帕索斯走下楼，发现佩拉宫的大堂一片混乱。休息室里，希腊、意大利和法国宪兵交头接耳，每个人都说着自己的语言。一位英国议员一边喝着鸡尾酒，一边试图向一名士兵解释着什么。服务生和门卫把一名头戴阿斯特拉罕羊皮帽、身穿双排扣礼服大衣的男子拖出了酒店，马赛克铺成的地板 245

残留下一大摊血迹，扶手椅的绒面也被染红了。酒店经理额上布满了汗珠，他焦急得走来走去，非常想知道刚才到底发生了什么事。一个人告诉他，这位阿塞拜疆的特使被人暗杀，枪手是个胡子拉碴的亚美尼亚人。另一个人插话说，枪手或许是那个不蓄胡子的布尔什维克，他径直走到门口，击毙了特使。与此同时，服务生穿梭其间，不断恳求客人把账单结了。

不管是协约国占领期间，还是他们撤军后，这都不算是不寻常的一幕。某类阴谋似乎是这座城市的通用货币。许多俄国人居住在城内和郊区，于是伊斯坦布尔成了俄国人内部纷争的战场和布尔什维克特工的潜在目标。1921 年 10 月，弗兰格尔的游艇“卢库勒斯”号（*Lucullus*）停在博斯普鲁斯时被一艘轮船撞沉，很可能就是个暗杀阴谋，将军和他的妻子因为当时不在船上而逃过一劫。某个名叫库兹涅佐夫的俄国人住在佩拉宫，被称为布尔什维克政治宣传的中心，他特定的兴趣是劝说哥萨克人等白俄分子投身共产主义事业。

“博斯普鲁斯海峡是个垃圾场，堆满了欧洲战争骗子和间谍。”美国海军军官罗伯特·邓恩回忆道。佩拉宫和墓园大街自然而然成为他们的聚集地，吸引着所有参与情报收集游戏的外国人和当地人。大街的北端是英国大使馆，使馆门外永远有一名土耳其警察驻守，指挥佩拉大街的交通。沿着大街向南一些是古老的博蒂尚公园，以及坐落其间的剧院和俱乐部。公园旁边就是佩拉宫，酒店紧挨着美国大使馆的小操场。使馆再往南，依次是基督教青年会和英国警察局。协约国占领期间，英国海军情报总部和英国代表团的军
246 官食堂就在佩拉宫街对面的大楼里。而街道的南端伫立着贝莎·普罗克特的酒吧和从前的妓院。

20 世纪 20 年代末，这座城市的外国势力被大幅削减，但在佩拉区说话仍然要小心谨慎，留心观察角落的动静。定居伊斯坦布尔难免会遇到“小欺骗和小胁迫”，托洛茨基的妻子纳塔利娅回忆

道。在普林基波岛的岛民眼里，托洛茨基似乎阴险古怪，但是如果外面真的有人要抓你，妄想和偏执是一个人正当的反应。苏联大使馆（也就是今天的俄罗斯联邦领事馆）是托洛茨基在伊斯坦布尔的第一个家，也是持续监视他的指挥部。以伊斯坦布尔为中心的间谍网络不断发展扩大，他们希望把这个城市变成南欧和近东情报行动的基地。

“君士坦丁堡的间谍网络组织严密有序。”格别乌对外情报部门的高级官员格奥尔基·阿格比科夫（Georgy Agabekov）回忆道。阿格比科夫声称，伊斯坦布尔几乎所有乌克兰民族主义者、高加索山地人等主要反苏侨民组织的通信几乎都会落入苏联政府的手中。苏联人小心取舍，既渴望渗透敌方组织，又需要低调行事，避免与土耳其人闹得不愉快。阿格比科夫声称，苏联人曾想方设法在日本、奥地利等外国使馆发展内线，拦截发给白俄社团和托洛茨基本人的信件，高薪雇用亚美尼亚主教当间谍，甚至在普林基波岛托洛茨基的家里安插了眼线。然而，这些情报行动都是用力过猛的拙技。苏联特工因他们布尔什维克主义积极捍卫者的身份而自豪，而且在许多场合，他们表现得太过骄傲，伊斯坦布尔、巴黎、伦敦等城市反间谍活动的特工几乎一眼就能认出他们，“穿着俄国流亡贵族裁缝定制的蓝哔叽西装，走路大摇大摆”，一位失望的苏联官员指出。

阿格比科夫没准是斯大林秘密警察的第一个叛离者，而伊斯坦 247
布尔正是他被策反的地方。1929～1930 年，他一边在伊斯坦布尔开展工作，组织希腊、叙利亚和巴勒斯坦等地的一系列情报行动，一边把有关土耳其的事务交给大使馆之外的格别乌的其他同事。阿格比科夫一再声明自己对苏联体系不再抱有幻想，但是他背叛组织的直接原因非常俗套，因为他爱上了一位年轻的英国女人伊莎贝尔·斯特赖特尔（Isabel Streater），她曾经是他聘请的语言教师。阿格比科夫首先把自己想叛变的消息递给了英国外交官，但他们怀疑是个陷阱，对他的态度非常冷淡。最后，1930 年 1 月，斯特赖特尔乘坐东方快车，阿格比科夫乘船，两个人先后逃去巴黎，最终开始了他们夫唱妇随的新生活。

阿格比科夫的变节对苏联的情报工作是个打击，但是伊斯坦布尔的间谍机构已习惯了经常的人员流动。阿格比科夫离开不到一年，大约在 1929 年中，伊斯坦布尔格别乌站站长、曾帮助托洛茨基在这个城市安顿下来的雅科夫·明斯基因病返回了莫斯科。他的继任者是一名黑发圆脸的特工，在圈内享有翩翩君子的美誉。他灰绿色的眼睛十分迷人，行为举止机智有趣，一连串的女同事似乎都无法抗拒他的魅力。甚至今天，我们都很难确认他娶了谁，何时结的婚，没准他同时娶了好几个女人。他的正式头衔是苏联大使馆的外交官，他的旅行证件上的名字是瑙莫夫。上级联络他的代号是“汤姆”和“皮埃尔”，他的真实名字是列昂尼德·爱丁根（Leonid Eitingon）。

爱丁根在诸多方面都完美符合苏联特工的职位要求，尤其是他早在清晰的冷战战线尚未形成之前就已经投身情报工作。他家几代人都具备多地生活的能力，可以立即融入陌生的环境。爱丁根是著名的俄罗斯犹太裔毛皮商查姆·爱丁根（Chaim Eitingon）大家族
248 的一员。老爱丁根建立的毛皮贸易网络横跨俄罗斯帝国和海外地区。帝国终结时，他的家族仍是苏联毛皮生意的主要渠道，是新政权主要的财政来源。

从莫斯科到莱比锡再到纽约，这个家族管理的进出口公司经受了俄国内战的风吹雨打，利润依然很丰厚。直至 20 世纪 30 年代，经济大萧条，斯大林将基础工业国有化之后，他们家族生意的利润源头才被切断了。查姆的儿子马克斯在富裕的中欧和犹太人圈子里长大。他象征着这个家族改头换面的一代人，他们从俄罗斯边境的犹太人小村庄步入了欧洲上流社会。马克斯是训练有素的医生，他是西格蒙德·弗洛伊德（Sigmund Freud）最早的助手之一，也是

弗洛伊德精神分析法的首席编纂者。

马克斯的表弟列昂尼德来自爱丁根家族中不太富裕的支系。1899年，列昂尼德出生在莫吉廖夫，也就是今天的白俄罗斯地区。他是小资产阶级工厂主的儿子，趁着俄罗斯帝国式微，跟随许多犹太青年的脚步向上攀爬社会阶梯：他加入了共产党，最初受雇于社会革命党，布尔什维克政变后，又应募加入了托洛茨基的红军。内战期间，他是列宁秘密警察契卡（Cheka）的成员，负责根除家乡的反革命分子，他执行公务一向冷酷无情。列昂尼德是第一代好士兵，既为社会主义新国家战斗，也为当时的世界革命而战——列宁、托洛茨基等布尔什维克领导人认为世界革命必然发生。

内战结束不久，列昂尼德·爱丁根被分配到哈尔滨从事对外情报工作，这个地处东亚的中国城市当时在许多方面都和伊斯坦布尔很相似。哈尔滨有个大型的白俄社区，这些白俄分子在布尔什维克军队横扫旧帝国的时候并没有往南跑，而是选择向东逃离。哈尔滨和伊斯坦布尔一样，既是国际大都会，也是谍报与阴谋的温床，是
古老的俄罗斯文化播种的海外小岛。爱丁根的任务主要是收集信 249
息，拉拢白俄倒向布尔什维克，很可能还要安排对白俄社区主要领袖的暗杀行动。他的种种行为最终激怒了中国当局，他们如同土耳其人一样，不愿看见自己的国家成为别国纷争的战场。中国警察闯入哈尔滨的苏联领事馆搜查文件，爱丁根是秘密警察的真实身份暴露了，于是被遣返莫斯科。

1929年，他被调往伊斯坦布尔，立即接管了苏联对外谍报活动中真正的大任务：密切监视刚刚迁居普林基波岛的老年流犯。爱丁根微调了自己的政治观念，他努力在土耳其平安度日，却没有沾染一丁点儿托洛茨基分子的气息。驻扎伊斯坦布尔、监控苏维埃政权的大敌存在巨大的职业危险，危险之一就是执行危险任务的特工可能转变立场，投靠托洛茨基的阵营，成为危坐孤岛之上那个男人的线人。20世纪30年代，斯大林开始肃清苏联官僚机构的异己分

子，伊斯坦布尔从前的特工队伍里至少有一名特工雅科夫·布卢姆金（Yakov Bliumkin）被解雇，并因叛投托洛茨基而被枪决。虽然没有证据表明托洛茨基的支持者从事过这样大规模的反间谍活动，但是莫斯科当局显然还是畏惧托洛茨基的人格和思想磁力。

不管怎样，爱丁根在苏联肃反运动中毫发无损。他在任务结束并离开伊斯坦布尔后，被派往西欧主管间谍活动，他是海外工作经验最丰富、级别最高的秘密特工。他曾一度担任著名的英国叛徒、所谓的“剑桥五杰”之一盖伊·伯吉斯（Guy Burgess）的谍报官员。西班牙内战时期，爱丁根曾担任斯大林秘密警察西班牙站的副
250 站长，负责训练与弗朗西斯科·佛朗哥（Francisco Franco）右翼武装力量作战的突击队，并且与年轻的西班牙共产党党员加利达·麦卡德（Caridad Mercader）建立了友谊，甚至发展了更深的感情。麦卡德与爱丁根一样，也出身于资产阶级家庭，在政治信仰的感召下，加入了反对资本主义的阵营。她最初为无政府主义者工作，佛朗哥打败左翼势力后，跟随爱丁根逃去了莫斯科。爱丁根具备西班牙的实战经验，拥有工作高效的好名声，再加上他与麦卡德的个人关系，因此被推荐去主持在世界另一端即将展开的新行动。

1940 年 8 月下旬的某天下午，在墨西哥城的边缘地带，两辆没熄火的车停靠在尘土飞扬的街道旁边，爱丁根就坐在车里。他正在监控一件资产，这与他多年前在伊斯坦布尔的工作非常相似，这件资产就是加利达英俊的儿子拉蒙·麦卡德（Ramón Mercader）。事情进展得不太顺利，爱丁根明白，这项任务依靠拉蒙执行，成功率并不高。

三年前，爱丁根亲自把拉蒙训练成一名突击队员，并将他派往迎战佛朗哥军队的前线，不料没几天，他就因伤病和枪声恐惧症被遣返。拉蒙做事优柔寡断，一紧张就冒汗。他参与此次行动的唯一优势是他会献媚，懂得如何取悦住在高墙里面的老人，爱丁根亲自给这位俄国老先生取了个代号“鸭子”（Utka）。拉蒙的任务是杀

了他，所以个人关系万分重要。

院内警报鸣响，狗吠不停。大门背后一阵骚动。如果任务失败，拉蒙的后备计划是利用他的左轮手枪逃脱，没听到枪声意味着后备计划也出了乱子。爱丁根下令汽车离开，让刺客自己想办法脱离困境。不久之后，爱丁根安全回到苏联，才知道了整件事的细节。

8 月 20 日那天下午，拉蒙如往常一般在高墙外停下车，挥手示意武装警卫放他进去。他走进书房，老人正在埋头研究文件。几分钟后，他掏出藏在雨衣里的短柄冰斧，砸向了列夫·托洛茨基的后脑勺。

托洛茨基发出一声尖叫，声音非常大，街边的爱丁根或许都听见了。纳塔利娅冲进书房，看见两个人已经分开，托洛茨基倚靠在门口，拉蒙一脸茫然，似乎很惊讶刚才那一击没有杀死他。

书房里到处都是血。托洛茨基的警卫闯进来，抓住了拉蒙，对这个年轻人拳打脚踢，在托洛茨基喝止前几乎快把他打死了。毕竟，拉蒙的证词可以指认谁是这次刺杀事件的主谋。当救护车把托洛茨基送到附近的医院时，他还能讲话，“我不想让他们脱我的衣服，我希望你帮我脱”。他陷入昏迷前对纳塔利娅说道。第二天晚上，托洛茨基就去世了。

爱丁根当日扬长而去，他或许不知道自己的职业生涯已达顶峰，等待他的是相当漫长的坠落。爱丁根是唯一一位在自己的职业生涯见证了托洛茨基流放始终的苏联特工。他与托洛茨基差不多同时抵达伊斯坦布尔，接着又亲自策划了十一年后的刺杀。因服役期间的杰出贡献，爱丁根和加利达受到了表彰，他是主谋，她是职业杀手的妈妈，他们俩在克里姆林宫的私人庆祝仪式上被授予列宁勋章。拉蒙这个行凶者却因谋杀罪在墨西哥监狱服刑二十年。

然而，20 世纪 50 年代初，爱丁根失去了当权者的信任。他被指控在医生的阴谋里发挥了核心作用，所谓的阴谋是指苏联医生合

252 谋策划了对苏联重要领导人的暗杀行动，而许多参与密谋的医生都是犹太人。事实上，这只是斯大林出于对内部假想敌的恐惧而捏造的故事情节，但是鼓励揭发同谋者引起了疯狂的反犹运动，高级别的犹太共产主义者成了被攻击的对象。爱丁根被捕入狱，勋章也被收回了。尽管他最终获释，但是直至 1981 年去世，他的余生都背负着情报部门弃儿的恶名，只能担任翻译。“在我们的体制内，有个可以保证我们不坐牢的小方法，”爱丁根曾跟他的上司开玩笑说，“不要是犹太人，不要当国家安全部门的头儿。”这位神机妙算的老布尔什维克曾经从伊斯坦布尔到墨西哥城悄悄追踪托洛茨基，然而最后他也难逃这种命运，死于内部流放。

皇后

当列夫·托洛茨基离开普林基波岛，前往法国和墨西哥时，纳 255
齐姆·希克梅特正在坐牢，哈莉黛·埃迪布和她的丈夫正在自愿放逐，普罗德罗莫斯·布多萨克斯－阿萨纳斯达蒂斯崭露头角，逐渐步入了希腊最伟大企业家的行列，而穆斯塔法·凯末尔稳固了权力，已是土耳其共和国至高无上的领导人。社会主义和共和主义、爱国主义和女权主义、忠诚度和领导力的观点之争分化了伊斯坦布尔人。这些分歧甚至可以让相知多年的老同志分道扬镳。比如，尤努斯·纳迪和哈莉黛·埃迪布曾经共同建立了安纳托利亚新闻社，但是现在他们却渐行渐远。哈莉黛·埃迪布成了政权最重要的批评家，尤努斯则是政权最坚定的发言人。

尤努斯在奥斯曼帝国晚期曾当过记者，还一度在帝国议会供职。他是当之无愧的改革派宣传员，犀利的文笔无懈可击。他参加过统一进步党的地下组织，穆斯塔法·凯末尔的抵抗运动一开始，他是最早一批从伊斯坦布尔逃去安卡拉加入反抗队伍的狂热分子。共和国宣告成立后，他返回伊斯坦布尔，成了城里首屈一指的报刊编辑和出版人。他或许会言辞激烈地批评某些具体的政府政策或低效无能的国家机构，但是他的行为从未逾越以总统为核心的权力圈 256
边界。

1924 年，尤努斯创立《共和报》（*Cumhuriyet*），这张报纸迅速成为土耳其影响最广的日报和凯末尔主义宣传的桥头堡。这张报纸的言论版既会反映公众态度，又能左右舆论意向。外国政府常常逐字逐句地翻阅，从早期与苏联的逢场作戏到对阿道夫·希特勒在德国权力渐增的大加赞赏，他们从中细嗅着土耳其外交政策的风向。土耳其正在走向现代化，《共和报》不仅记录了变革的过程，也是这场重大改革的拥护者。“四五年来，土耳其一直在进行深度的结构调整，”1928 年，尤努斯刊登在报纸上的文章这样写道，“我们想把西方文明的特质全部引入我们的国家。不久以前……我们的社交生活还仰仗东方哲理，如今我们要依靠西方信念。”

尤努斯身材肥胖，有明显的双下巴，他灰白的头发总是一丝不乱地完全梳向后方。他常常穿着宽大的西装，偶尔还会戴上浆的翻领，整个人看上去就像卡通片里的媒体大亨，土耳其版的公民凯恩。他在报纸上针砭时弊，私底下却喜欢婉言相劝。有时他灵机一动，想要提高报纸销量或者展示凯末尔主义为这个古城带来的新现代感时，这两样技能就都派上了用场。1929 年 2 月，尤努斯·纳迪宣布，伊斯坦布尔将主办共和国第一届选美大赛。

“我们为什么不做同样的事情呢？”《共和报》的头版头条这样发问。所有的文明国家都举行过选美比赛，欧洲和美国都有国际选美大赛的获奖者，土耳其如果举办类似的比赛，将是社会迈向成熟的另一个里程碑。报纸很快宣布寻找“最美丽的土耳其女人”，当选的冠军将代表土耳其出国，向全球观众展示新共和国女性的高贵气质。这和足球赛没什么不同，尤努斯·纳迪说道，选美也是一次
257 机会，派最佳的土耳其公民走向海外，和其他文明国度的优秀代表共同竞争。大赛的规程和细节随即公布。所有十五岁以上的土耳其女性不分宗教和种族都可以报名参加，参赛选手需寄送自己的照片，这些照片将被印在报纸上，由读者投票选出决赛的入围名单。报纸还进一步解释，评选过程没有泳衣环节，评委都是德高望重的土耳其公民。妓女被明确禁止参加比赛。

这个国家只有一个政党、一位领袖以及一条可接受的未来之

路，选美比赛现在征求民众意见，号召他们自由投票，这种新奇的做法仿佛向平静的湖面投下了一颗小石子，激起了层层涟漪，尤努斯·纳迪的想法达到了预期的效果。报社编辑部不断收到参赛选手的照片，读者开始讨论不同入围选手的优点。土耳其的获胜者有很大机会在国际选美大赛中击败其他选手。某位作家声称，最近一期欧洲比赛的冠军是一名匈牙利女人，而土耳其人和匈牙利人在遗传上同源，都是中亚游牧民族的后裔，所以共和国的胜算很大。这些讨论非常激烈，以至于很少有人注意到在比赛结果揭晓的同一周，另一位名人列夫·托洛茨基悄然抵达了伊斯坦布尔。

读者投票选出约三十名入围选手之后，报社编辑部举行了第一场比赛。五十位名人组成的评委会审查了每一名选手，她们被要求穿着露肩连衣裙，并且出示保证她们土耳其国籍的身份证件。9 月 3 日，比赛结果揭晓，《共和报》用整个头版描写了比赛的经过以及获胜者弗瑞哈·陶菲克（Feriha Tevfik）。这个原本默默无闻的年轻女子一夕之间名气飙升，接着她前往比利时参加国际选美大赛，尽管尤努斯·纳迪对她的期望很高，但她最终未能取得名次。不过后来，土耳其新兴电影产业的大亨主动登门，邀请她出演了几部情节剧和爱情片，她由此成了土耳其 20 世纪 30 年代 258
家喻户晓的明星。

不久，尤努斯·纳迪宣布以后每年都将举办一次选美比赛。1930 年初，二十位入围者受邀参加了在绿松石俱乐部举办的盛大舞会，她们仿照国外选美大赛的风格，依次在评委和买票观看比赛的客人面前巡回展示。“美丽不必难为情”，一篇社论标题这样写道。即便如此，这一切仍然显得过于新鲜扎眼。从最初表露这个想法的那一刻开始，尤努斯·纳迪就不得不捍卫这场比赛。社会负面反应不断膨胀，他发现自己需要承受巨大的压力，不只是伊斯坦布尔社会保守派的大力抵制，还有土耳其政府的强烈反应。1931 年，当土耳其女教师纳赛德·沙菲特（Naside Saffet）获选土耳其小姐时，教育部随即发布通告，威胁要开除所有参加此类比赛的老师和学生。他们认为，教师是政府雇员，也是举止得当、思想进步的楷模，如此行为不端，将自己展示在色迷迷的评委面前严重冒犯了公共道德。

更糟糕的是，尤努斯·纳迪未能实现他最重要的承诺：他举办的选美比赛偏离了社会正统的审美品位，还允许穆斯林女性参选，可是至少他曾许诺过，获胜者能够代表土耳其摘得国际大赛的桂冠。然而，在比利时和法国选美大赛的舞台上，土耳其参赛者连续三年都惨遭淘汰。1930 年“欧洲小姐”的名号又落入希腊参赛者之手，土耳其选手惨败，这对土耳其的国家威望无疑是沉重的打击。也正是此时，尤努斯·纳迪似乎想明白了一个道理。保守派认为选美比赛有失穆斯林女性的身份，在某种程度上是因为获胜者后来都从事了电影或演艺事业，而这些职业当时都是道德沦丧和地位低下的象征，解决这个问题的一种方法就是获提名
259 的参赛者的个人背景无可非议。他后来找到了一个人，就是科瑞曼·哈里斯（Keriman Halis）。

共和国宣告成立的那一年，科瑞曼才十岁，但是对她这样的家庭来说，奥斯曼帝国的陨落既是旧生活方式的完结，更是新一轮的提升，他们通过正确的规划和良好的人脉可以增加财富和再次把握机会。科瑞曼的曾祖父是伊斯兰教的大阿訇，宗教地位仅次于苏丹，在整个奥斯曼帝国是一人之下、万人之上的宗教领袖。她的祖父是帕夏，帝国陆军的高级将领。她的父亲哈里斯·贝（Halis Bey）是一名商人，19 世纪晚期，奥斯曼帝国的消费者渴望得到能表明他们是现代欧洲人的商品，他抓住机会在事业上获得了巨大的成功。他是帝国最早引进灭火器的进口商，在某种意义上帮助伊斯坦布尔解决了几个世纪以来的突出难题。

出身于这样的家庭，科瑞曼从小就由法国保姆照顾，对骑马郊游、社交舞会和陪同远足等上流社会的生活方式习以为常。科瑞曼

有一张可爱的圆脸，棕色眼眸闪闪发光，是个标准的大美人，而且她的家在博斯普鲁斯欧洲区的芬德克勒（Fındıklı），那里的人都反应敏捷而且乐观地看待未来。她的父亲热爱文学和艺术，所以她的身边也围绕着一批穆斯林作家、艺术家和思想家，这些人对重塑伊斯坦布尔都有很大的帮助，他们持续推动了从协约国占领到国家宣告主权的城市改造。科瑞曼的父辈为她创造的生活氛围和哈莉黛·埃迪布的童年时代很相似，但是差异也十分明显。哈莉黛是第一代土耳其女性，她的成年生活经历了从帝国到共和国的风风雨雨，她们一直在有关面纱、隐居和公民权利的斗争中挣扎。相比之下，科瑞曼这一代人理所当然地拥有了新的公共生活和平等的女性法律地位，她们是第一批在共和国旗帜下成长起来的女 260
青年。

20 世纪 20 年代末，科瑞曼没有任何理由从她家一路爬坡，频繁光顾佩拉区喧闹的爵士咖啡馆和舞厅。混迹在这些场所的多是俄罗斯歌手和爱社交的黎凡特人，有时还有妓女，科瑞曼这种教养和社会地位的人出现在这种地方几乎不可思议。但是尤努斯·纳迪的超凡才能就是可以弥合这两个迥然不同的圈子。

伊斯坦布尔在许多方面就像是大农村，至少政商界高层中人数稀少的穆斯林都这么认为。因此，这座城市备受尊敬的报纸编辑轻而易举就打入了哈里斯·贝和他才貌双全的孩子的生活圈。据称，尤努斯·纳迪在多个场合刻意接近哈里斯·贝，询问他是否允许科瑞曼参加选美比赛。但是那个时代，无论多么才华横溢，穆斯林女性登上舞台都会被看作异类，所以很难想象一位父亲会让自己的女儿站在那里，任由陌生人评头论足。根据尤努斯·纳迪制定的规则，科瑞曼至少在年龄上满足参赛条件，可是她的父亲表示很怀疑，回绝了尤努斯每一次的提议。最后，经过数年温文有礼的劝诱，哈里斯·贝终于妥协了，1932 年，科瑞曼·哈里斯的名字被放进了《共和报》土耳其小姐大赛的参选名单。同年 7 月，在佩拉区的决赛中，她轻松获胜。

然而，尤努斯·纳迪的目的并不是简单地让科瑞曼在国内声名鹊起，他还有更加远大的目标。他立刻为她报名参加了佳丽云集的国际盛会，俗称环球小姐大赛。这个大赛和尤努斯·纳迪的比赛一样都是公关噱头。环球小姐大赛的起源地是得克萨斯州的加尔维斯顿，1900 年，一场飓风摧毁了这个港城，甚至三十年后，这座城市还在寻找吸引游客的方式。大赛虽然标榜全球选美，
261 但是起初的大部分比赛其实都在加尔维斯顿举行，大多数的获胜者也都是美国人。后来，大赛的组织者意识到，他们可以将盛会的主办权授予其他想要提振旅游业或者发展品牌的城镇。于是，1932 年环球小姐大赛的举办地点定在了比利时的度假小镇斯帕。当时全球经济萧条，酒店和餐厅的收入减少，选美一方面可以吸引资金，
262 另一方面也可以获得媒体的关注。1932 年 8 月，参赛者、亲友以及记者陆陆续续抵达斯帕小镇，伊斯坦布尔人也正在为他们的冠军饯行。

据称在塔克西姆广场，两万名伊斯坦布尔人参加了科瑞曼·哈里斯的欢送会。她在父亲的陪同下乘火车出发前往比利时。沿途的土耳其火车站人山人海，聚集了大批赶来看她的群众。到了斯帕，所有的参赛选手都是热情的媒体关注的对象，但是科瑞曼尤其显眼。她是唯一一位来自穆斯林世界的参赛选手，而且这个姑娘因为良好的家世背景，似乎天生就拥有一种尊贵优雅的气质，这正是尤努斯·纳迪如此努力说服她的父亲允许她参加选美的原因，或许也可以解释为什么科瑞曼登上比利时的舞台会得到土耳其政府的全力支持，与他们对待早几季参赛选手的态度形成了强烈的对比。

科瑞曼在斯帕的表现保持了她在伊斯坦布尔的高水准，她穿着舞会礼服如公主般缓步走过，与评委愉快地交谈，以大方的仪态面对世界媒体。比赛接近尾声，她与德国参赛者是大奖得主呼声最高

的两名候选人。当喊到她的名字时，她面带腼腆的微笑走上前，站进了相机的闪光灯区域，她被宣布荣获冠军，成为 1932 年的环球小姐。随后几天，她收到了近三万封贺电，尤努斯·纳迪在《共和报》上整版报道了赛事的每个细节。穆斯塔法·凯末尔也打电报送上了他温暖的祝福，还有大国民议会、内政部长和伊斯坦布尔的地方长官，都纷纷来电道贺。尤努斯·纳迪还被召唤到总统办公室，接受穆斯塔法·凯末尔本人的祝贺。老战斗英雄、总理伊斯麦特·帕夏在议会上赞扬科瑞曼“以行动反证了我们众多不赞成的声音”。《共和报》从不错过任何大肆宣传的机会，这张报纸把科瑞曼称作“征服世界的土耳其女孩”。

公共活动邀请纷至沓来。科瑞曼在比利时接受赞誉，在巴黎被 263
盛情款待，出席了开罗的庆典。她去柏林和芝加哥参加活动，甚至中途还在雅典停留，对埃莱夫塞里奥斯·韦尼泽洛斯进行了礼节性的拜访，自此以后，这位希腊宿敌与穆斯塔法·凯末尔修补了关系。她不仅成为全球佳丽的典范，更重要的是，她还成了自己国家的特使。她的表现总是在东道主的意料之外。在一次庆祝晚宴上，热心的组织者用小纸片叠成费兹帽，摆在餐桌中央，他们认为这种东方的装饰品或许可以让全世界第一位穆斯林的选美皇后展颜一笑。结果因为费兹帽是旧帝国的象征而且在土耳其共和国是非法的，所以科瑞曼在这些装饰品被撤掉之前拒绝进入礼堂。

科瑞曼返回伊斯坦布尔后受到了热烈的欢迎。她在国内巡游的每一站都被热情包围，狂热的场面只有总统穆斯塔法·凯末尔能与之媲美。她收到了电影邀约，但是她拒绝了。她说，荣誉要求她必须说不。后来，她结婚了，组建了家庭，成为凯末尔主义美德值得歌颂的标志人物。随后数十年，选美比赛的参与者都会习惯性地拜访她。她总是拒绝美女专家的标签，而且坚称选美比赛是女性解放和土耳其现代性的展览。

她在比利时夺冠两年后，法律规定土耳其人必须采用姓氏，穆斯塔法·凯末尔宣布，科瑞曼的姓氏是埃杰（Ece），意思是皇后。这个姓氏后来被保留了下来，变成了她的家姓。虽然哈莉黛·埃迪布还在国外巡回演讲，但是这位土耳其最著名的女权主义者在科瑞曼的面前已经黯然失色，科瑞曼既是共和国最知名的女性，而且一瞬间又蜚声国际。伊斯坦布尔的上班族如果开车途经博斯普鲁斯海峡附近的海岸公路，就会发现科瑞曼的老家为了纪念她，已经把一条街道更名为皇后大街（Queen Avenue）。

圣索菲亚大教堂

科瑞曼·哈里斯被土耳其视为国宝不只因为她在比利时的环球 267
小姐大赛上技压群芳，更重要的是，她战胜了希腊推选的参赛者。这恰恰是尤努斯·纳迪的希望。希腊与土耳其的积怨一直是他手中的王牌，他利用这张牌频繁打退了那些认为选美的总体理念有损土耳其尊严的保守派。纳迪指出，多年来，希腊人一直会派本国选手去参加泛欧洲的选美比赛，土耳其务必也要选拔本土佳丽，为国家的荣耀尽一份力。“如果希腊人能做，我们为什么不能?”《共和报》的大字标题问道。科瑞曼的夺冠——引申开来，就是土耳其的胜利——充分证明了尤努斯·纳迪力陈的观点。

就在科瑞曼世界巡游的同时，伊斯坦布尔又开始了另一项美与现代化的伟大试验。不过，这次试验的目的不是打败希腊人，而是在某种程度上拥抱他们。金角湾彼岸与佩拉宫遥遥相对的遗迹曾是几座东正教的大教堂：圣伊莲娜教堂（Hagia Eirene），尊奉“神圣和平”，后来隐藏于苏丹托普卡帕宫的庭院深处；圣塞尔吉乌斯和巴克斯教堂（Sts. Sergius and Bacchus），拥有独一无二的波浪形穹顶；柯拉（Chora）的圣救世主教堂（Holy Savior）坐落在城市的岸墙之内，圆筒形穹窿和拱门交错层叠。奥斯曼帝国征服拜占庭后，大多数教堂要么变成清真寺，要么渐渐腐朽破落。伊斯坦布尔
高耸入天的几乎全是大清真寺四角的尖塔，只有一处被土耳其人称 268
为索菲亚（Ayasofya）的建筑与众不同，听名字就知道它原本是一

座希腊东正教教堂：圣索菲亚大教堂（Hagia Sophia）。

这座宏伟的建筑屹立在拜占庭最早的希腊人聚居区中心，这里也是君士坦丁堡政治与宗教的核心。6 世纪，东罗马皇帝查士丁尼一世（Justinian I）下令在两个早期建筑的旧址上建造一座新教堂，要求这座教堂建得比以前更宏伟、更精美。查士丁尼横跨地中海扩张了帝国版图，创立了新罗马，他希冀在这里获取民心，实现复兴，这座教堂就是为了展现他新的权力。537 年，这座教堂被正式宣告为主教座堂，它的完工被誉为奇迹。“这座教堂简直是出神入化的美丽奇观，”查士丁尼统治时期固执的编年史学家普罗科匹厄斯写道，“亲眼见过它的人无不叹服，而那些道听途说的人完全无法想象。”传说查士丁尼一世第一次走进这座建筑时，把自己的成就比作耶路撒冷圣殿的建造者。“哦，所罗门！”他大声喊道，“我超越了你！”

这座教堂供奉“神圣智慧”，但是拜占庭人只知道它是大教堂，圣索菲亚大教堂照希腊语的字面意思理解就是上帝的智慧。它的外形、结构和规模为后世所有的拜占庭式基督教堂建立了标准。教堂的中区或称中殿接近正方形，中央穹顶的拱高超过一百英尺。拜占庭人继承了古罗马人的建筑技艺，解决了中世纪一直困扰西方设计师的基本构造难题：如果没有室内支柱，如何封盖大空间。而这座建筑物其实实现了自我支撑。

穹顶的重量通过一系列半圆形的穹顶、拱门和柱廊，沿中殿外
269 围落至地基。奥斯曼帝国征服君士坦丁堡后也采用了相同的技术，
这就是为什么在帝国首都，苏莱曼尼耶清真寺、塞利米耶清真寺、苏丹艾哈迈德清真寺和奇力克阿里帕夏清真寺等所有大清真寺的内部既能通风良好，又能容纳一排排参加礼拜五祈祷的虔诚信徒，这些大清真寺在自身设计上运用了许多方法，都超越了圣索菲亚大教堂的原始设计。世界各地的希腊东正教和罗马天主教教堂常常模仿圣索菲亚大教堂的样式建造，从意大利文艺复兴到 19 世纪晚期新

拜占庭复苏，许多伟大的建筑都深受它的影响。

这座教堂的内部装饰最初都是没有描画人物形象的马赛克。8世纪，东方基督教的圣像破坏运动抵制人形神像，谴责这些图像都是“伪神”，强调《十诫》严禁圣像崇拜。狂热的僧侣在帝国四处奔走，损毁教堂、修道院等公共场所的壁画、马赛克镶嵌画。后来统治者态度转变，具象艺术才逐渐被允许在城市最重要的神圣空间内部呈现。

10世纪初，教堂内中殿天顶和袖廊两侧布满了安详的天使和虔诚的帝王。后殿的半圆顶是一整幅图像，圣母坐在天堂的宝座上，膝头抱着童年的耶稣，中央穹顶则是正统基督教艺术中最常见但醒目的一幅图像：基督普世君王的威严神像，全能的耶稣表情仁慈又坚定，他一只手举起，似赐福又似责备。

圣人的眼波似随烛光流转，缭绕的熏香袅袅没入黑暗，教堂内的整个氛围都令人迷醉。10世纪，斯拉夫代表团依例来访，向他们基辅大公弗拉基米尔汇报：“我们不知道自己身处天堂，还是在人间……我们只知道上帝就住在那里，在那些人当中，他们的宗教仪式是全世界最公平的。”在代表团的建议下，弗拉基米尔将基督 270
教奉为国教，并且与拜占庭帝国联姻，娶了皇帝的妹妹，这就是俄罗斯东正教的起源。

几个世纪过去，教堂的内部装饰损毁严重，大部分都被人当作纪念品或战利品剥离。穆斯林的胜利可能是最好的保护。1453年，穆罕默德二世攻入君士坦丁堡，他为保护城市，打断了教堂里正在进行的弥撒。他的军队撞烂了教堂雄伟的青铜大门，将受困的崇拜者或杀或捕，还把正在咏唱圣歌的神父拖下圣坛。

不过穆罕默德很快意识到，眼前的这座教堂不仅是建筑瑰宝，而且是精神财富。军队攻占这个城市数小时后，他走到教堂门口，俯身用头巾兜起一捧泥土，在神殿前摆出宗教仪式中净化的姿势。他走进教堂，静静地站在宽阔的空间里，注视着几千支蜡烛摇曳跳动的光影。伊玛目一边宣称，万物非主唯有真主，穆罕默德一边跪在后殿前祷告，面朝东南耶路撒冷和麦加的方向。那一天，他下令，这座教堂变为清真寺。外围随后建起了四个不协调的尖塔。由于伊斯兰教禁止具像，他们尽可能廉价而有效地处理了内墙的人物图像，用石膏和油漆进行了简单的覆盖。

基督教天使和希腊皇帝因此只能潜藏在薄薄一层碎石下面，距离苏丹和他的随从周五礼拜的地方只有几英寸远。在奥斯曼帝国时代，这些人物图像仅有一次机会得见天日。19 世纪 40 年代，作为首都现代化计划的一部分，改革派苏丹阿卜杜勒迈吉德一世（Abdülmecid I）委托两位瑞士建筑师加斯帕雷·福萨蒂（Gaspare Fossati）和吉乌塞皮·福萨蒂（Giuseppe Fossati）修复城内最重要
271 的清真寺。福萨蒂兄弟改造了外墙，清除了几个世纪的尘垢，赋予了墙壁更多的色彩和艺术感，包括红色的糖果横纹，表现了欧洲无节制的新哥特式风格。

福萨蒂兄弟也是最早去除内墙上的石膏、暴露繁复的马赛克镶嵌画的人，他们在修补裂缝、加固大理石护壁时偶然发现了这些马赛克。阿卜杜勒迈吉德一世是胸有丘壑的君主，对自己在世界文明的地位很有自信，可以兴致勃勃地观看面前这些基督教统治者的成就。这些新发现让他兴奋不已。经过几个月的整修，清真寺重新焕发了青春，到处都闪耀着晶莹的光芒，皇后的王冠熠熠生辉，基督头顶环绕金色的光环，圣母玛利亚斗篷上的青金石炫目璀璨。

奥斯曼帝国第一次这样长久凝视着拜占庭的过去，但是没过多久，这个伊斯兰国家就厌烦了大清真寺墙壁上的具象艺术。福萨蒂兄弟把他们的发现编成了一份目录，后来，苏丹屈从于穆斯林保守派的压力，命令他们用石膏重新遮盖了图案。近百年之后，这些马赛克才重新显露真容。

20世纪20年代初，托马斯·惠特莫尔住在佩拉宫，他是伊斯坦布尔人缘最好的人之一。他管理着一个小王国，监督着其中慈善组织、募捐项目、难民救济中心、孤儿院和学生奖学金基金会等机构的运营，他所做的一切都为了帮助白俄逃离他们的旧帝国，在土耳其或其他地方重塑自我。他与协约国的高官将帅共进午餐，拜访
奥斯曼帝国的政要，取悦现所谓的伊斯坦布尔公民社会的核心人 272
士，尤其是许多女性，她们在很大程度上承担了城里的慈善工作。

惠特莫尔天生派头十足但又憧憬避世隐居，非常注重隐私却又希望万众瞩目，他是头等压抑的自我推销者，是敬畏并探索美的人。换句话说，惠特莫尔就是公共知识分子的缩影。在他的晚年，著名摄影师德米特里·凯塞尔（Dmitri Kessel）为《生活》（*Life*）杂志拍摄了一组他头戴招牌软呢帽的照片。他面对影棚镜头摆出的造型总是眉头紧皱、帽檐拉低。他矮小瘦削，出席会议时常常外裹北非式的条纹连帽斗篷，内穿巴尔干羊毛外套或库尔德山羊皮衣。他总出现在一些很古怪的场合，参加了埃塞俄比亚海尔·塞拉西一世（Haile Selassie）的加冕典礼，曾带着威廉·巴特勒·叶芝（W. B. Yeats）和雅沙·海飞兹（Jascha Heifetz）横渡大西洋，还向奎里纳勒宫（Palazzo del Quirinale）的意大利末代国王赊过账。他刻意培养自己学习别人的闪光点：出人意料的风流韵事和“神秘”的爱情，他总是频繁地和“神秘”这个词联系在一起。

惠特莫尔是波士顿一个著名家族的成员，第一次世界大战前，他还年轻，不停追求新目标。他在塔夫茨大学（Tufts College）拿到英语学位，后来在那儿教文学课。他又去了哈佛大学读艺术与艺术史的研究生课程，还涉猎中世纪研究。通过反叛的策展人、艺术史学家、波士顿美术博物馆前秘书马修·普里查德（Matthew

Prichard）的介绍，惠特莫尔成功进入了大西洋两岸俗称美学家的男性社交圈：说话速度很快，妙语连珠，与其说是饱览群书，不如说是见多识广，他有点像奥斯卡·王尔德（Oscar Wilde），是坚定的独身主义者，但口音一听就是美国佬，那个年代人人都明白独身主义意味着什么。普里查德和惠特莫尔结伴去巴黎旅行，他们穿梭于各种文学活动和美术馆开幕仪式之间，普里查德把惠特莫尔引荐给他在巴黎最好的聚会地点格特鲁德·斯泰因沙龙（Gertrude
273 Stein's salon）认识了朋友亨利·马蒂斯（Henri Matisse），他们三人成了亲密的伙伴。马蒂斯为惠特莫尔画的肖像素描一直是惠特莫尔最珍贵的财产。

1910年，惠特莫尔或许和普里查德一起，参观了“穆罕默德艺术杰作欧洲展”（*Meisterwerke muhammedanischer Kunst*），慕尼黑的这次展览展出了三千多件伊斯兰艺术杰作，是有史以来伊斯兰微缩画、书法和装饰艺术单次展品最多的展示。这次展览是欧洲人第一次把伊斯兰国家的物品看作人类想象力的自发产品，而不是装饰东方幻想的闺房和贝都因人帐篷的舞台道具。十余万名观众观赏了几十个展厅里代表各个时代的伊斯兰艺术品。

慕尼黑展览改变了许多艺术家、收藏家和评论家对近东的看法，惠特莫尔也重新认识了近东的潜力与富饶，那里不仅有伊斯兰教的现在，还有基督教的过去。接下来的十年，他改变方向，离开艺术，进入了难民救济领域，但是他对该地区多层面传统的兴趣从未动摇。他曾向朋友吐露，他的心总在伊斯坦布尔。他总是在佩拉宫外长时间散步，他发现真正的使命几乎就摆在他面前，召唤他的不是酒店大堂里排长队的俄国难民，而是城市的石子路和泥灰墙，是古代拜占庭的遗迹。

据惠特莫尔所知，所谓的拜占庭帝国主要是现代历史学家的概念。拜占庭这个英文单词第一次出现在1794年，是有关植物学的来源，并不是历史或文化方面的资料。我们现在所称的拜占庭人，他们自己从未使用过这一标签，而且认为他们的世界在政治上是罗马祖先的延续。

确实，他们把异教仪式换成了对基督教的虔诚，把垂死的西罗马帝国粗俗的拉丁语换成了文雅的希腊语，把河道淤塞、洪涝灾害 274
频发的台伯河畔换成了自由流动、连通两个大陆的博斯普鲁斯海峡。即便如此，他们仍然间或用希腊语自称罗马人（Romaioi），并认为他们顺理成章且完整地继承了奥古斯都（Augustus）和马可·奥里利乌斯（Marcus Aurelius）的罗马文明。几个世纪以来，他们的领土扩了又缩，但是拜占庭人始终把生活在都城之外的所有人唤作“新罗马人”（hoiexo Romes），也就是伊斯坦布尔人。就像纽约人说起曼哈顿一样，他们通常把自己的大都市简称为“城市”。他们的这个习惯叫法能让我们明白城市现代名称的来历，因为希腊语的“去城市”（eis ten polin）与“伊斯坦布尔”的发音非常接近。直到今天，伊斯坦布尔本土希腊人的土耳其语发音依然有点类似“罗马人”（Rumlar），就像是古代拜占庭人的呼喊传至现代的回音。

拜占庭文化具有明显的丰富性和应变力，它既能延续想象力，又可以适应环境的变化。中世纪早期，一个边陲小城楔入了巴尔干半岛上彼此竞争的基督教大国之间，它劫掠西方涌来的十字军，袭击东部和南部入侵的穆斯林。这个城邦的影响力不仅依赖奥斯曼帝国的文明——除了基督教神学，这个城市其实吸纳了大量的拜占庭文化——而且汲取了希腊、俄罗斯、埃塞俄比亚等东方基督教在艺术、音乐、精神和建筑方面的养分。

尽管存在这些千丝万缕的联系，但拜占庭长久以来在西方学者和艺术收藏家眼中仍是古希腊和古罗马物质文明可怜的附属品。最糟糕的是，作家们常常附和 18 世纪历史学家爱德华·吉本（Edward Gibbon）在其权威大作《罗马帝国衰亡史》（1776～1789年）[*Decline and Fall of the Roman Empire*（1776－1789）] 中勉力证明的观点，吉本长吁短叹地控诉了拜占庭人的斑斑劣迹。“我终于写到了最后统治君士坦丁堡的君主，”他写道，“他们性格懦弱，无力维系恺撒的名誉与威严。”拜占庭艺术在本质上也被认为介于
275 两者之间：简单纯朴，无法脱离惯例的限制，与其说是反对具象艺术，不如说是不在乎表现形式，它们没有早先希腊、罗马高度写实主义的绘画、雕塑那么有趣，与之后文艺复兴时期的挂毯、绘画相比又少了些想象力，这一特定表现某个艺术黑暗且深受上帝影响的世界，具有一股浓重的香烛味。故此，拜占庭（*Byzantine*）这个形容词最终变成了官僚化、深奥难懂和荒唐的代名词。

然而，在一小部分艺术史学家看来，拜占庭传统是一座被遗忘已久的桥梁，这座桥连通了希腊语区的地中海、古罗马的政治遗产以及许多东方影响，最终都高度表达在伊斯坦布尔的奥斯曼帝国建筑之中。19 世纪 90 年代，第一本拜占庭研究期刊出现；20 世纪 20 年代，第一届国际大会（仅有三十名与会者）召开；20 世纪 30 年代，第一次国际拜占庭艺术展览举办。两战间期，罗伯特和米尔德里德·伍兹·布利斯这对独具眼光的夫妇搜罗了许多拜占庭时期的工艺品，塞满了他们位于华盛顿的敦巴顿橡树园（Dumbarton Oaks），他们的大量藏品推动了整个拜占庭研究领域的发展。现代学者如果想要理解拜占庭皇帝、编年史作者和工匠生活的这个失落的世界，那么这些工艺品至关重要。

托马斯·惠特莫尔是投身这一专业领域的先锋。他没有艺术史方面的学位，而且他唯一一次真正的考古经历是在第一次世界大战之前，担任埃及某项现场发掘工作的助理。可是他有极大的信心筹足资金去继续福萨蒂兄弟俩未竟的事业，恢复圣索菲亚大教堂的昔日辉煌，敞开大门，迎接更广阔的世界。

惠特莫尔很容易走近权贵，他在这方面有着不可思议的能力。第一次世界大战期间，他帮助英国女王给她身居俄国皇太后之位的
276 妹妹送过饼干和小食。参与俄国难民的救济工作时，他与欧洲一些

最伟大的历史学家和保护人士取得了联系。伊斯坦布尔的俄罗斯考古研究所（Russian Archaeological Institute）坐落在佩拉大街上，距离佩拉宫不远，曾是负责发掘拜占庭遗迹的主要机构。十月革命后，研究所被查封，许多重要人物都寻求过惠特莫尔的援助。他借助波士顿的家族关系可以轻易接近美国慈善家，而在艺术家社交圈和巴黎人沙龙虚度的青春也磨炼了他，让他有能力把模糊的热情转化成重要的项目。“他天生擅长招摇撞骗，就仿佛他自己真是个江湖郎中。”著名的拜占庭文化研究者史蒂芬·伦西曼爵士（Sir Steven Runciman）回忆说，但是“他也很有说服力，能够筹措资金……他手腕极高，能把富有的美国名媛骗得团团转”。

1930 年，惠特莫尔成立了拜占庭研究所，在巴黎、波士顿和伊斯坦布尔都设立了临时办公室，借助这些筹款渠道和通讯地址，他就可以接近土耳其政府，争取修缮圣索菲亚大教堂的特许权。按照惠特莫尔的说法，他无非是恳求了穆斯塔法·凯末尔，凯末尔接受了他的提议，他第二天就亲自写了个“内部维修”的标牌，挂在了清真寺门前。但这只是一个筹资人吹牛的荒诞故事。事实上，惠特莫尔施展了他当年为俄国难民筹款的技能：他向土耳其官员求情，争取美国业余收藏家和有钱家族的支持，与伊斯坦布尔和安卡拉的外交官搭讪，还主动接近土耳其国家博物馆前馆长、大国民议会议员哈利勒·贝（Halil Bey）这位政府要员。1930 年春，托普卡帕宫曾经只允许王室妇儿出入的后宫向游客开放。海角周边的老城，从这座皇家宫殿到苏丹艾哈迈德清真寺的整片地段都被划作历史保护区，都归属于亨利·普斯特设计的纪念碑公园。形势正在朝 277
着惠特莫尔期望的方向发展。

政治也扮演了有益的角色。穆斯塔法·凯末尔政府仍在努力达成两个主要目标：解开奥斯曼帝国悠久传统的束缚，实现伊斯兰教与国家权力的分离；把少数民族的财产交到穆斯林土耳其人手中，实现财富的转移。哈里发制度被废除，少数民族被迫放弃了他们的集体权利，伊斯兰教也被解除了国教地位。这座建筑曾经是除帕台农神殿之外最伟大的希腊古迹，现在又是伊斯坦布尔最重要的清真寺，如果能改成博物馆，将是实现政府核心目标的绝妙创举。尽管雅典政府的首脑是昔日煽动叛乱的韦尼泽洛斯，但是这个执政政府更愿意和解，所以土耳其和希腊之间恢复了邦交，还扩大伊斯坦布尔重新评估希腊遗产的范围。1930 年 10 月，两国签署了中立合作条约，而且出乎意料的是，这份条约被证明是两次大战间期欧洲区最长效的外交协议之一。两年后，穆斯塔法·凯末尔派遣仍头顶环球小姐光环的科瑞曼·哈里斯去拜访韦尼泽洛斯，象征性地承认了此一时彼一时，曾经的竞争对手也能变成合作伙伴。圣索菲亚大教堂也是文化缓和政策的一项类似举措，但讽刺的是，修复希腊正教最伟大的物质实体却成了凯末尔主义者最有力的杠杆，他们利用这些手段努力使这个国家更土耳其化、更为世俗，与邻国和平共处，更加安全。

1931 年夏，土耳其内阁授权惠特莫尔的拜占庭研究所领导考察队修缮教堂，特别是要让古老的马赛克重见天日。12 月，木头和金属脚手架在教堂内部宽敞的空间里搭建了起来，他们可以接近
278 正门之上的空间，进入二层的高架走廊，俯瞰整个中殿。惠特莫尔的工人为露出玻璃镶嵌物或小块马赛克的真容，日复一日地轻轻刮除着上面的油漆和石膏。细碎的石膏紧紧粘在玻璃表面，如果清除不当，这些精美的镶嵌物很容易偏离原位，所以惠特莫尔要求工人只能使用牙科工具刮落石膏。

这些镶嵌物一旦暴露，就可以用鹿皮和低浓度的氨水轻轻擦洗，用软毛刷擦拭，再用另一块鹿皮擦亮。工作进展极其缓慢，即使是惠特莫尔也从未监管过这样的工程，于是他雇用了许多优秀的技术与监理人员，威尼斯的镶嵌细工师、俄罗斯的工人、法国的考古学家和美国的建筑史学家都被拉了进来，让这项工作迅速变成全世界最有趣的考古壮举。

修缮让这个城市拥有了看待希腊遗产的新视角。随着古老的教堂再现昔日辉煌，这个城市的艺术和文化遗产也会逐渐显露，土耳其人自认为是合法且宽宏大量的托管人，托管着这个城市多元化的过去。如果希腊雅典卫城象征了希腊人被太阳晒黑的面孔，象征了他们是简朴的异教徒，那么圣索菲亚大教堂一点点展露的容颜就是它天然的反证：色彩浓烈、庄严壮丽，东西方元素的混合完全满足了穆斯塔法·凯末尔对共和国的构想。

但这也是惠特莫尔的工作招致一时非议的原因。虽说土耳其总统对这项工程表达了他个人的祝福，但是很多报刊文章都谴责美国人破坏了这个城市最伟大的清真寺。有人指责惠特莫尔是以考古学家为幌子的传教士，无时无刻不在寻找机会传播基督教教义。还有人声称伊斯兰教禁止人像，惠特莫尔揭开清真寺的异教源头就是公开冒犯穆斯林的宗教信仰。

世俗的土耳其人组织集会表示抗议。大国民议会议员、博物馆 279
馆长哈利勒·贝力挺惠特莫尔，强调了这项事业的学术和艺术本质。尤努斯·纳迪也称赞惠特莫尔的工作是科学对宗教的胜利。他在《共和报》上写道，苏丹阿卜杜勒·迈吉德一世最初用石膏掩盖马赛克的决定表现了残酷的宗教保守主义。现在，这座城市辉煌的艺术成就终于揭开了宗教的面纱，真实地展现在它们的现世托管人面前。

1932 年夏，惠特莫尔前往安卡拉，直接向穆斯塔法·凯末尔汇报工作进展。总统派养女泽赫拉（Zehra）去火车站迎接他，并开车把他带到了市郊的总统农场。惠特莫尔和土耳其领导人在泽赫拉的陪同翻译下，一边在庭院散步，一边讨论正在进行的修复工程。惠特莫尔展示了一些新近发现的马赛克的照片，穆斯塔法·凯末尔表现出浓厚的兴趣，并且对拜占庭研究所的劳作表示非常满意。惠特莫尔在返回伊斯坦布尔拥挤的火车上兴高采烈地四处宣扬，总统为他安排了专门的卧铺，日本临时代办还被留下来照料他的起居。

惠特莫尔早前在埃及的挖掘工作涉及筛细沙或松岩，但除了倒塌的城墙或遗落的陶片外，他们找到其他东西的概率很小。然而现在，他几乎时时刻刻都知道自己能发现什么，因为他们找到了将近一个世纪以前福萨蒂兄弟留下的一些有关镶嵌画的记录。他的团队按照福萨蒂兄弟的记录，逐渐发现了这两个瑞士人所做的许多加固工作，保证了内墙上的马赛克仍然牢牢附着，没有脱落。惠特莫尔用胶片拍摄了团队辛勤工作的过程，他的助理穿着白大褂和工装裤，而他身着深色西装，头戴着标志性的软呢帽。

1933 年初，修复团队开始清理教堂的一堵空墙，这堵墙面朝
280 东方，位于二楼南走廊，可以俯瞰教堂的主体空间。经过小心翼翼
地开凿，墙面很快浮现出一大片马赛克，整体轮廓看上去就好似直飞天顶，相形之下周围的一切都显得矮小。惠特莫尔的团队投入全部精力逐块清理，随着锐口刮匙的每一次敲凿刮擦，越来越多的马赛克显露出来。或许由于地震，又或许因为 15 世纪奥斯曼步兵冲进基督教堂不顾一切地劈砍，许多马赛克早已不知所踪，但经过几周的努力，这幅镶嵌画的完整尺寸和内容还是越来越清晰地展现出来：巨幅的宗教图像，艺术史学家称之为《祈祷图》，这个名称源自祷告这个希腊语单词。结果证明，这幅《祈祷图》是拜占庭艺术的瑰宝。

《祈祷图》的中央是庄严的耶稣基督，他的右边是圣母玛利亚，左边是施洗约翰。玛利亚和约翰都略微侧身，低头朝向救世主，耶稣则头微微右转，神似洞察世间百态，右手高举以示赐福。这样的圣像恰如其分地表现了东正教信徒的期望：他们敬爱救世主，想要借祷告和谦卑接近他，在灵犀触动之间寻求他的宽恕。与

西方教堂的圣像不同，东正教的圣像不是讲述圣经故事这样简单，也不是通过寓言或意味深长的符号揭示什么基本真理，这些圣像是要告诉信徒应当做些什么：作为传送门，作为紧急直达天国的通路。你不只要欣赏东正教的圣像，你还要与之交流，当然，你也不用崇拜它。

《祈祷图》是拜占庭艺术的标准形式，但是惠特莫尔的专家们 281
知道这个特例已经超越了形式的束缚。整幅《祈祷图》的背景全是镀金的马赛克，把耶稣、玛利亚和约翰的人物形象衬托得生动立体。他们服饰的褶皱有了深浅不同的阴影，外缘还能散射着展现基督荣耀的背光。救世主的青金斗篷凸出平面，圣母玛利亚和施洗约翰的灰暗衣着因此退进了背景。在金色背景的衬托下，耶稣全身环绕着巨大的光环，他苍白光洁的脸庞可见柔和的辉光，浅褐色的胡须和肉色的皮肤、粉红色的嘴唇自然融合。观察者仰视着他长衫交叠的边角不可思议的深度，乃至表现耶稣锁骨线条的细微刻痕，很容易忘记实现这一切的只是这些镶嵌在平面上的小玻璃块。

虽然基督理所当然是《祈祷图》的中心人物，但在这幅圣像中，约翰却抢了风头。约翰与其说是披挂，不如说是裹着一件绿棕相间的斗篷，他的服饰线条粗糙生硬，表现出比折痕还多的皱褶。他红褐色的头发细软又凌乱，梳向脑后，从背部垂下来。散乱卷曲的胡须遮住了他的嘴，与耶稣下颌浅淡的绒毛形成对比。

他的面部呈现出拜占庭传统中极其痛苦又极为动人的表情。他紧皱的眉头像几乎触碰在一起的八字。他眼珠上翻，尽力注视着荣耀的基督。此处是这幅《祈祷图》视觉纵深要素的最伟大表达，打破了东正教图像回避平面透视法的一般规则。约翰的右眼比左眼略小，使整张脸不同寻常地自然，充满活力。

约翰不像基督和圣母玛利亚，也不像圣索菲亚大教堂其他图像 282
里描绘的皇帝和皇后，他既不是供奉的对象，也不是拜占庭历史上某些伟大的人物。在教堂名扬四海的鼎盛时期，他置身在信徒礼敬的圣像当中似乎很孤单，但他本来就不是敬奉的对象，而是效法的典范：他正是罪孽深重、被世界抛弃、在圣智面前充满无私敬畏的信徒。

识字的希腊人可以阅读《祈祷图》最右边的铭文。这段铭文说明了这幅图中的约翰与西方教堂通常描绘的他的形象不同，比如对浸信会教友来说，约翰用约旦河水为耶稣施洗，是擦去圣子罪恶的矛盾人物。而约翰在这幅图里叫先行者（*Ho Prodromos*），是走上天国之路的第一人，也是救世主出现之前的唯一一个人。他指明朝圣的方向，张开的左手消失在马赛克缺失的一片空白之中，他转向右方，转向从高耸的塔窗流进来的光线，把参观者的注意力从自己身上引向升天的基督。

惠特莫尔的团队推测《祈祷图》创作于13世纪60年代，当时的拜占庭艺术已经吸纳了西方中世纪早期的一些设计特点。约翰的面容表现出令人揪心的痛苦，还有对拜占庭世界会变成什么样的迷惑。拜占庭帝国没有文艺复兴，但是这幅图不仅安静地提示观者，拜占庭宗教艺术也有出现提香和米开朗基罗的希望，而且还让人们想起，至少在13世纪，教会两部分的分歧还没有那么大，他们如同施洗约翰一样挣扎着想要理解无限神圣的意义。这幅《祈祷图》还有深一层的秘密，这个秘密并不在于图的主题，而是微小的部
283 件：拜占庭细工师用来创作图像的马赛克。事实证明，这幅《祈祷图》与其他许多图像共同装点了大教堂。

惠特莫尔的同事们单独测试了每个马赛克的黏合强度，发现它们并没有形成光滑的表面，反而以各种角度向外伸出，有些边角外露，另一些却深埋在石灰和大理石粉这些组成基本水平面的黏合剂里。这其中的原因不单是年代久远和周期性的地震，还包括镶嵌画的放置方式：把图像的金色背景、光环，甚至圣人的眼睛都变成几百个能使烛光和阳光转向的反光片。这个技巧可以让图中人物栩栩如生，仿佛走出了虔诚的神话世界，走进了凡间。马赛克的镶嵌角

度有个令人惊奇的规律。与墙壁平面构成的角度越大，马赛克就会显得更亮：因为阳光透进前厅更加困难，所以门廊十五度角的马赛克要比前厅三十度角的马赛克更亮。为了增强闪亮的效果，马赛克会掺入金箔并以扇形排列安放，使整个背景熠熠生辉。

惠特莫尔明白，他的工人不仅展露了《祈祷图》引人注目的圣像，还证明了希腊人、威尼斯人等许多不知名的艺术家们的创作不仅没有脱离社会的审美习惯，而且还进行了超越和深化。惠特莫尔的团队无意之间唤醒了遗忘在记忆角落的永恒瞬间：13 世纪的某些日子里，镶嵌细工师们或独自工作，或彼此分工，他们站在咯吱作响的木头脚手架上，靠近这座当时全世界最伟大的教堂的顶部，把半英寸的雕花玻璃以各种合适的角度嵌入，组成了这幅异常精美的图像。近七个世纪后，阳光穿透教堂窗户照射在这些镶嵌物
上，仍令人目眩神迷。这些镶嵌细工师不仅提升了《祈祷图》的 284
整体观感，而且精准表达了局部之美。

经由惠特莫尔团队的努力发掘，《祈祷图》等马赛克镶嵌画再次现世，重燃了人们对拜占庭艺术的兴趣。他们每季度的工作进展都会被国际媒体跟踪报道，惠特莫尔为让全世界的人都看见这些伟大的作品，还制订了大规模复制马赛克图案的宏伟计划。他的团队把大幅的描图纸附在圣像上，用铅笔精描了每一块马赛克的图案，然后把所有的临摹图拍好照片，用亚麻支撑建立稳定的平面，再对照墙面的镶嵌画涂上相同颜色的蛋彩颜料。他们还用薄棉填充马赛克的缝隙，压实后利用虫胶固化处理，再用特定纹理的棉花为模子，制成石膏模型。这样制造出来的模型也可以着色，是三维的圣像复制品。参观者甚至能够借助这些模型感觉马赛克的表面裂纹，就仿佛自己爬上了惠特莫尔摇摇晃晃的脚手架，观看教堂原版的镶嵌画一样。

1941 年，纽约大都会艺术博物馆（Metropolitan Museum of Art）花 7500 美元购买了一幅《祈祷图》的复制品。三年后，博物馆举

办了一场圣索菲亚大教堂修复成果的盛大展览，这幅《祈祷图》是其中的核心展品。如今，它依然摆在博物馆中世纪大厅的重要位置。伊斯坦布尔之外的无数人因为惠特莫尔的雄心抱负，第一次能够看见这些奇迹。毫无疑问，参观者之中有许多20世纪20年代逃走的希腊家庭，他们在美国开始了新生活，对罗萨·埃斯肯纳茨的唱片着迷，随歌声追忆往昔，现在还能看见故乡里这座地标建筑的修复成果。惠特莫尔的爷爷是名传教士，他的核心信念是人类的同一性，现在他的孙子却重新点燃了公众对地球上这个多宗教混合的地方的兴趣。这里先是全世界最伟大的教堂，接着变成了最伟大的清真寺，然后又成了博物馆，放置着标志性的流浪者施洗约翰，这位天国之路的先行者在威严的上帝面前眼目低垂。

285 圣索菲亚大教堂“是建筑史的日月星辰”，惠特莫尔写道，“它是这个世界最需要的建筑，也是遗失太久的建筑。”1934年，土耳其内阁正式宣布圣索菲亚大教堂改为博物馆，并于次年年初向游客开放。爱德华八世（Edward VIII）和华里丝·辛普森（Wallis Simpson），约翰·D. 小洛克菲勒（John D. Rockefeller Jr）和惠特莫尔的巴黎旧识马蒂斯先后到访，前来参观的政治家、外交官和各界名流络绎不绝，拜占庭研究所开始编录贵宾日志，以便向未来的资助者更好地推荐新项目。几个世纪以来，这座最重要的建筑一直是城内伊斯兰教的礼拜场所，只准许伊斯兰教信徒出入。现在它却向所有人开放。

无论何时走入这个空间，都能体会到心灵的震撼。阳光穿过高处的窗玻璃透进来，墙壁被照得绚丽夺目，散发着辉光，一如1453年穆罕默德二世以胜利者的姿态大步流星地走进教堂时所感受的庄严肃穆。惠特莫尔委托电影人研究了室内的光线，捕捉了地板上光线的轨迹，通过这样的方式理解马赛克镶嵌的巧妙角度，以及震惊前几代人的频闪和散射的光学原理。如今，在敦巴顿橡树园拜占庭研究所的档案馆（现在属于哈佛大学），再度观看这些影片就像观看某些舒展自然的芭蕾舞的录像，依然令人着迷——查士丁尼大教堂的建筑形式交缠着变幻的光影，还搭配着温柔细腻的游客解说词。

1939 年春，一位德国游客入住佩拉宫，前往圣索菲亚大教堂参观惠特莫尔劳心劳力的成果。“中央穹顶优美典雅，明亮隽永。”他在 4 月 14 日的日记中写道。初春的日头还没那么高，阳光穿透四面的窗户照亮了整个教堂，仿佛置身梦境一般。稍后，他在苏格兰酒吧（Teutonia Club）与当地德国社区的代表共进午餐，下午又去大巴扎买了一些地毯和旅游纪念品，他说，“家里人喜欢这些 286
东西”。

古城的生活似乎精彩纷呈，可是他仍然迷惑，在圣索菲亚大教堂的华美与他自称为“精神错乱”的阴郁之间摇摆不定，这似乎也深入伊斯坦布尔的骨髓。一周前，法西斯意大利突然入侵阿尔巴尼亚，导致民众开始担心墨索里尼不久也会侵略土耳其。希特勒的宣传部长约瑟夫·戈培尔抬头仰望着这些古老的马赛克拼图，双手紧握着背在浅褐色雨衣后，他知道风暴即将到来。即使在伊斯坦布尔，所有人也都在等待战争。

暗影战争

289 约瑟夫·戈培尔结账离开佩拉宫五个月以后，德国和苏联入侵波兰，第二次世界大战打响。土耳其很快表示保持中立。第一次世界大战初期，这个国家早早参战，土耳其政客——更不用说共和国的避难百姓——对战争结果记忆犹新。种族灭绝、外国入侵、种族清洗、强迫迁移的影响几乎波及了所有家庭。葬礼上，你站哪儿都无所谓，土耳其外交部长告诉英国大使，只要不是躺在棺材里就行。

袖手旁观是共和国古老的处世态度。穆斯塔法·凯末尔明确表述了"国内和平，世界和平"的总体构想，成为土耳其外交政策的指导方针。这个概念的出发点既是理性的利己主义，也有部分唯心主义考虑。土耳其为了自身的巨大优势抛弃了旧帝国。共和国现在更小、更高效，几乎不存在曾经困扰帝国的领土问题。"我们现在应该在什么地方，如果被迫调动，我们的部队要部署在色雷斯，我们同时还要保卫也门?"总理苏克鲁·萨拉克格鲁（Sükrü Saracoglu）向一位同僚解释道。但是土耳其依旧身处乱局。

意大利野心勃勃的崛起变成地中海的主要威胁，尤其是 1939 年春，意大利占领阿尔巴尼亚以后，局势愈加剑拔弩张。黑海对面
290 的苏联也是个棘手的麻烦，土耳其向苏联看齐的日子一去不返，一党专政、经济迅猛发展、国家飞速建设的苏联模式不再是他们学习的典范。安卡拉与莫斯科根据共和国早期的遗留问题，联合签署了

互不侵犯条约，可现在的问题是，斯大林想以战争为借口，霸占土耳其的安纳托利亚东部领土，或者实现俄罗斯控制博斯普鲁斯海峡的旧梦。而在南方，英法势力对巴勒斯坦、叙利亚和黎巴嫩托管政府的影响仍挥之不去。尽管一些土耳其政治家认为往日的对手就是未来的盟友，但是在伊斯坦布尔占领和《色佛尔条约》流产二十年后，另一些政治家仍需谨慎对待与伦敦和巴黎的关系。在巴尔干半岛，土耳其与希腊、罗马尼亚和南斯拉夫也签署条约，条约承诺倘若发生冲突，签约国必须保证边境稳定并且积极磋商，但是保加利亚拒绝加入，使得该地区区域关系依然紧张，土耳其仍旧无法保证边境安全。

更远一些，德国是土耳其最重要的贸易伙伴，也是铬等德国军工产业原材料的核心市场。尽管第一次世界大战期间，与柏林结盟损失惨重，但是土耳其仍对希特勒自信的民族主义和国家主导经济的新秩序深表赞同。伊斯坦布尔和安卡拉的一些公众人物还分享了德意志帝国的建国思想，宣称土耳其人和雅利安人在未来的种族斗争之中是天然盟友。就在戈培尔访问伊斯坦布尔的当月，柏林又加派了最老练的官员、前总理弗朗茨·冯·帕彭（Franz von Papen）担任德国驻安卡拉的新大使。虽说冯·帕彭有时会批评希特勒，但他其实是纳粹主义的主要推动者之一，正是他协助希特勒升任德国总理，并且争取奥地利加入德国阵营。他的说服力现在似乎又在土耳其派上了用场。

19 世纪的法国和英国，20 世纪初的德国，独立战争时期的
苏联，所有曾被土耳其人视为文明典范的国家都向着相互毁灭的 291
方向疾驰而去。土耳其的外交政策因此只能小心平衡，他们的应对策略是建立一张由同盟、反同盟和互不侵犯协约织成的保护网，同时游说各个大国，土耳其保持中立符合每个国家的最佳利益。1936 年，土耳其签署了有关博斯普鲁斯海峡和达达尼尔海峡的航运治理的《蒙特勒公约》（Montreux Convention）。公约要求

土耳其政府必须在和平时期保证海峡对民用交通开放，限制黑海周边国家之外的海军舰艇的部署；一旦进入战争状态，土耳其有权自行限制交战国军用和民用航道。这些条款让土耳其政府更加有恃无恐地置身事外：他们提出了一个具有法律约束力的理由，可以公平对待所有的国家，无论是同盟国、轴心国或者中立国。但是随着欧洲走向战争的脚步不断加快，老条约和旧承诺都形同废纸。几乎没有人能够预测土耳其的外交政策在不远的将来会如何演变，因为自共和国成立，这个国家本身就处于最深刻的政治不确定期。

1934 年，土耳其的姓氏法通过，大国民议会投票授予穆斯塔法·凯末尔的姓氏是阿塔图尔克，这个姓氏常常被翻译为“土耳其之父”。阿塔图尔克当时的意思是：国家的军事解放者、第一任总统、远见卓识的国家现代化推广者、共和国真正的奠基人和第一代模范公民。但是更好的翻译是“土耳其爸爸”。他不仅是国家文化、政治和经济方面彻底变革的驱动力，还被认为是慈祥的亲人，
292 他的每句话都会引来恭敬的——只要这些事情可以辨别——真正的崇拜。

阿塔图尔克是 20 世纪独裁者的楷模。他碾压一切政治反对派，坚信计划经济可以实现真正的国家利益，从未感觉有必要问问这个国家，它的利益到底是什么。然而，他不是墨索里尼，也不是佛朗哥，他知道底线在哪里。他是那个时代为数不多的最高领导人之一，引发的个人崇拜经久不息，但花落花开只是时间问题。

阿塔图尔克似乎一直福星高照，他退出历史舞台时声望依然不减。1938 年夏，他按照过去十年的老习惯去伊斯坦布尔避暑，畅游浮罗亚海滩，临时居住在多尔玛巴赫切宫，开着土耳其政府为他

购买的游艇“萨瓦罗纳”号（*Savarona*）出海。然而，他的青春已然远去，精力不再充沛，体格也不再健壮结实，原本挺直的身板也佝偻了，他的皮肤日渐灰黄。肝硬化耗尽了他的体力，鼻出血、皮疹和肺炎使他不得不退出了日常政务。在五十七岁这个年纪，他体弱多病，虽然还是受人尊敬的国家元首，但不再是精力充沛的政府首脑。仅仅几年前，他还推行了姓氏法律、妇女选举权、世俗主义的宪法保障等最后一批重大改革，现在却仿佛一盏油将燃尽的枯灯。10 月中旬，他陷入昏迷，恢复了短短几天，然后又不省人事。11 月 10 日清晨，他在多尔玛巴赫切宫与世长辞。这座皇家宫殿见证了伊斯坦布尔现代历史的多个关键时刻。从末代苏丹的流亡到协约国占领部队的撤军，这一天，总统卧房的时钟被永远设定在他离世的那一刻——9：05。

全国悲恸，伊斯坦布尔陷入了疯狂的哀伤。孩子纷纷在学校
哭倒，忧心的父母也以泪洗面。晌午出版的报纸都加上了黑色的 293
边框。阿塔图尔克的临终遗言是穆斯林式的问候——“求主赐你们平安”，但他的葬礼安排却明显很世俗。他的遗体做了防腐处理，没有按照伊斯兰法律立即下葬，而是停放在宫殿里整整一周以供人凭吊。前来吊唁的群众浩浩荡荡，伤心欲绝，甚至有十二个人在拥挤的人群中被踩死。几天后，他的灵柩由隆重的送葬队伍抬上战舰。随着战舰驶离城市，无数人依依不舍地站在岸边的码头和防洪堤上，像海鸟一字排开。战舰穿越马尔马拉海，把灵柩送上开往安卡拉的火车，总统将埋葬在那里。他的遗骨后来又被迁去了更宏伟的陵寝，俯瞰整个首都。

阿塔图尔克送给国家最后的礼物是，他没有指定总统的首选继任人。这次沉默意味着新总统将按常规程序进行选拔。宪法规定，每个任期，像阿塔图尔克当年一样，国家元首应由议会选举产生。
大国民议会很快推举独立战争的野战司令、曾经的总理伊斯麦特· 294
伊诺努（Ismet Inönü）成为共和国的第二任总统。

伊诺努是土耳其伟大的政治幸存者之一。尽管不总受凯末尔的青睐，但是他设法躲过了大多数阿塔图尔克早期盟友的悲惨命运，成了总统忠诚的副手。他登记的姓氏与1921年的往事有关，当时他还是伊斯麦特·帕夏（Ismet Pasha），领导国民军在伊诺努奋勇杀敌，这两次战役的胜利是民族主义者早期反击希腊军的里程碑。除总统职位，议会还授予他“国家领导人”的尊称，可这是个尴尬的身份。伊诺努身材瘦削，蓄着大胡子，他是管理者和战略家，却毫无阿塔图尔克的领袖气质和进取精神。即使去世后，阿塔图尔克的荣誉头衔仍是“永恒的领袖”。

然而，所有这些不足最终都变成了好事。伊诺努为了保证自己继任总统，在幕后要了许多手腕，但是表面上的交接却风平浪静，超乎所有人的预期。按照英国大使许阁森（Hughe Knatchbull-Hugessen）的说法，“唯一明显的变化是他将更安静、更正统的生活引入了政治圈”。伊诺努不排斥土耳其冷血肮脏的民族主义，对少数民族也总是心存疑虑，但他的外交政策是促进土耳其与存在竞争关系的国家政府达成一系列的条约和明确承诺。当希特勒和斯大林共同占领波兰时，伊诺努第一个转向西方，与英法两国签署了互助条约。一旦德国军队进军巴黎或德国飞机瞄准伦敦，这条生命线就会变成把土耳其拖下战争泥潭的铁锚。1941年6月，土耳其心思回转，又与德国签署了互不侵犯条约。当月，希特勒突然对苏联发动袭击，开辟了这场战争的一条新战线，似乎证实了安卡拉押在德国优势上的赌注。

295 作为中立国，地理位置又处于欧洲、苏联和中东交界，土耳其向来不缺战略追求者。这场战争伟大的室内游戏之一就是掌握土耳其的舆论动态，并且引导民意朝着对轴心国或同盟国有利的方向发展。这也是无数自由间谍、领薪特工和专业情报机构持续的追求，所有国家都不遗余力地彼此暗中监视，希望土耳其加入他们的阵营。

“你每次从大酒店的窗口扔出一块石头，几乎都能打到一名特工。”一位美国官员回忆战时的伊斯坦布尔说道，“事实上，我们也应该这么做。”外国使馆在佩拉区留下了奥斯曼帝国特色的华美建筑，在博斯普鲁斯海峡留下了夏宅，在安卡拉留下了更多实用的营房。但是伊斯坦布尔显然更易接近，而且依旧是共和国最大的中心城市，因此成了搜集土耳其人和敌人情报的重要竞技场。

大量的外国人是情报工作的助益，所以，整个 20 世纪 30 年代，城内的外国人口不断增长。在伊斯坦布尔几乎能听到所有的欧洲语言，在这些群体当中，不难找出某个人——商业领袖、银行家、教授、店铺小老板或酒吧服务员——对他的祖国心怀不满并且愿意向竞争势力提供信息。德国政治引发了一轮热心对抗纳粹统治的难民潮。伊斯坦布尔曾经是白俄逃离布尔什维克统治的中转站，现在又成了学者的生命线，尤其是被纳粹革职的犹太人的避难所。

通过瑞士人从中调停，德国和奥地利学者与土耳其教育部取得 296
了联系，并且争取到讲师等伊斯坦布尔的职位。这些学者脱离德国大学，摆脱种族不纯和政治嫌疑的愿望，让土耳其直接受益。共和国第一所真正的西式高等院校伊斯坦布尔大学刚刚建立，讲德语的教授成了其中的教学骨干，他们在本地翻译的帮助下开讲座，并且沿用欧洲标准帮助构建新的教学体制。1933 年 11 月，第一位德国教授步入讲堂，尤努斯·纳迪第一时间在报纸的头版头条进行了报道。他声称，土耳其的高等教育终于加入了西方世界。

伊斯坦布尔大学的学生突然可以走近欧洲几乎所有研究领域的学术权威。纽伦堡著名的社会主义活动家（也是政治学家丹克沃特·罗斯托的父亲）亚历山大·罗斯托（Alexander Rustow）教他们哲学和地理学。科隆的比较语言学家列奥·施皮策（Leo Spitzer）

是外语专业的带头人。柏林最好的东方学者之一沃尔特·戈特沙尔克（Walter Gottschalk）组建了大学图书馆，对苏丹阿卜杜勒·哈米德二世收藏在耶尔德兹宫的可观的学术典籍进行了分类编目。玛堡的文学理论家埃里希·奥尔巴哈（Erich Auerbach）教语言学。他一边写他的代表作《模仿》（*Mimesis*），研究表现手法的易变与西方文学的现实，一边在博斯普鲁斯海峡授课。如果不是收到新泽西普林斯顿高等研究院的邀请，阿尔伯特·爱因斯坦或许也会来到伊斯坦布尔，成为这个群体的一员。

这些学者不仅丢掉了工作，而且失去了祖国。虽然许多人最终拿回了他们曾经被纳粹撤销的国籍，但在那段日子里，他们和20世纪20年代布尔什维克主义出现后的白俄一样，都被称为“无家
297 可归者”（*Heimatlose*），同样是这个胜利者和受害人狭路相逢的城市收留了他们。除了避难的教授，土耳其还生活着差不多一千名德国公民，他们大多数也聚居在伊斯坦布尔。这些侨民组建了纳粹党的区域性组织“兰德斯小组”（*Landesgruppen*）。这一组织的总部设在莫达，那里是博斯普鲁斯海峡亚洲区上流人士云集的社区。每个周日，当地德国人和效忠纳粹的支持者会聚集在纳粹旅行社“力量来自欢乐”（*Kraft durch Freude*），接收他们下一周的工作指令。许多高官在佩拉大街附近的德国学校（Deutsche Schule）都有宿舍，这所著名的德语高中与政党精英的主要聚会地苏格兰酒吧也相隔不远。

纳粹的种族法常常被移植到国外，德国公民被要求只能与通过德国领事馆审查、政治和种族都纯洁的公司开展业务，也就是说，他们不能与同情反纳粹人士的侨民做生意，也不能与支持同盟国的企业或伊斯坦布尔的犹太人有商业来往。德国领事馆的核准名单上有奥地利人尼古劳斯·麦德维克（Nicolaus Medovic）经营的托卡良酒店，还有埃里希·卡利斯（Erich Kalis）和安德烈斯·卡普斯（Andres Kapps）在佩拉大街的书店、约瑟夫·克劳

斯（Josef Krauss）在大巴扎的地毯店以及汉斯·沃尔特·费斯特尔（Hans Walter Feustel）在加拉塔区开办的旅行社。不过，这些通过德国领事馆核准的商家也遭到了本地犹太人的联合抵制。1938年，麦德维克在酒店外悬挂纳粹旗帜——向德奥合并致意，伊斯坦布尔的犹太人组织运动，说服市民同胞回避这家酒店和餐厅。托卡良曾是这座城市最好的酒店之一，从操办婚宴到举行尤努斯·纳迪的土耳其小姐大赛，是各种重要招待会的最佳场地。然而，由于联合抵制，托卡良酒店客流骤减，给佩拉宫和其他酒店创造了机遇。

这样大张旗鼓地承认德国共同体的存在也使得伊斯坦布尔变成 298
各方秘密收集情报的理想地点。这座城市本就是欧洲和中东之间天然的沟通渠道。德国与土耳其军队又有很深的历史渊源，甚至可以追溯到奥斯曼帝国时期，这意味着许多受过教育的土耳其成功人士会同情德国。此外，当地白俄确实反苏，亚美尼亚人也存在着反对土耳其的可能性（并且可能因此提供土耳其事务方面的信息），还有土耳其政治机构有长期秘密监视本国人口的经验，所以说，伊斯坦布尔可谓轴心国和同盟国间谍事业的沃土。

据统计，战争期间有十七家独立的外国情报机构活跃在伊斯坦布尔。问题并非许多国家的特务都在土耳其境内开展行动。这是中立国可以预料的状况，而且伊斯坦布尔一直是情报搜集的主要战场，从前苏丹的特工在佩拉宫也常被服务生礼貌地请求让出桌子。只要外国的特务谨慎行事，不滋扰东道国，土耳其官员一般不会横加干涉这些偷偷摸摸的大胆行径。只是暗影战争偶尔也会见光，当真相暴露时，伊斯坦布尔人才会发现他们的城市有多么脆弱。

周日傍晚，伴随着巴尔干半岛始发的列车抵达，车站里乘客一拥而下，小贩四处招徕顾客，外交官争相翻找行李，拦截出租车。1941 年 3 月 11 日，保加利亚将整个英国外交使团驱逐出境。与
299 1914 年一样，保加利亚现在是德国的盟友，不再欢迎德国轰炸机锁定的目标国的官员。六十名英国外交官被疏散到伊斯坦布尔的安全区。上一次这么多英国官员抵达这座城市，还是乘着“苏佩尔布”号等舰船前来的占领者，现在他们却是土耳其政府的客人。

这不是他们预期的撤离方式。3 月 1 日，德军的先头部队夺下索非亚。不久，英国大使乔治·伦道尔（George Rendel）面见了保加利亚总理波格丹·费洛夫（Bogdan Filov），措辞严厉地言明英国要与保加利亚断绝外交关系。伦道尔的女儿安妮特意开车绕城一周，车尾的英国国旗迎风飘扬。

伦道尔返回大使馆，命令焚毁所有文件。一大堆的行李箱、手提箱和包裹堆放在大使馆的客厅里。美国外交官因本国尚未参战还驻留在当地，他们到场接过了大楼的钥匙，并且回应了大使对他们帮忙照管财产的感激之情。行李整理完毕，长长的一队汽车和卡车载着外交官们前往市郊火车站。两名德国安全官在现场看着他们出发。为了振奋撤离人员的精神，美国大使和几名亲英国的保加利亚人陪同这一群人登上火车，直到保加利亚的边境。香槟见底，别离在即，火车穿过马里查河（Maritsa River）继续开往土耳其之前，陪同的乘客才下了车。

火车窗外，色雷斯的田野波浪起伏，伦道尔的内心却愁云惨淡。在索非亚，他见识过德国士兵严明的军纪、机械化的装甲车和干净挺括的制服。现在，他看着派往边境增援的土耳其士兵：一大群牛车和小矮马，男人们拿着古董似的滑膛枪。“那一幕在我的脑海中挥之不去，如果德国人决定攻占土耳其，他们肯定可以打到博
300 斯普鲁斯海峡，因为没有什么能够阻挡他们。”伦道尔回忆道。

英国外交官周日晚六点左右抵达伊斯坦布尔。锡凯尔吉火车站人潮汹涌，异常嘈杂，英国领事馆的朋友以及纳粹占领的波兰、比

利时和荷兰流亡政府的代表都赶来迎接他们。他们沿路而下走向码头，拐过花岗岩砌成的建筑外墙，第一次瞥见佩拉区的高楼大厦和加拉塔石塔周围的万家灯火，以及金角湾随波摆动的渔船。

出租车离开火车站，穿过加拉塔大桥，走出市中心的尖塔森林，驶往贝克巴斯（Tepebası），然后开向宪法大街，也就是从前的墓园大街。经过几个街区，汽车转过拐角在佩拉宫门前停了下来。搬运工卸下行李箱和手提箱，搬进了大理石门厅。接待员连忙过来记录护照的详细信息。手续刚刚办完，伦道尔就陪女儿进了房间开始整理行李。其他的使馆人员则穿过短短一段台阶，走进东方酒吧丝绒般柔软的黑暗里，喝几杯睡前小酒。

突然，强光一闪，整个酒店都随着震耳欲聋的轰鸣开始摇晃。电梯电缆嘎吱作响，厢体骤然跌至井底。雨棚倒塌，碎玻璃像雨点般洒落到酒店大堂。镶饰橱柜和红木桌椅的残片在木地板上滑动。鲜血飞溅在大理石楼梯和灰泥墙上。木隔板还窜动着小火苗。

一阵可怕的寂静过后。粉尘和烟雾中传出了伤员的呻吟。一楼的地板裂开一道锯齿状的大缝，黑暗中，茫然的客人浑然不知地跌了下去。两名英国大使馆的员工痛苦地躺在地上，很快就因失血过多丧命。酒店的几名土耳其员工和旁观者也死了或垂死挣扎，另一些人不是断手断脚，就是忍受着烧伤的折磨。两名本地的犹太门 301
卫、酒店的希腊总经理卡拉蒂诺斯先生、一名穆斯林司机、两名土耳其警察、一名希腊总管、一名穆斯林守夜人和其他一些员工、客人都受了伤。总共六名成人死亡，还有一名使馆工作人员的孩子胎死腹中。酒店外面，有的人不省人事地倒在路旁；有的人极度震惊地走来走出。临街的店铺和窗户都被震碎了，碎片散落在周围的街道上，楼上的客人冲出房间，言之凿凿地说是德国飞机发动了空袭。

一些幸存者随即明白，爆炸的原因并不是空袭。他们的思绪又 302
飘回了索非亚人声鼎沸的火车站。火车尚未驶离保加利亚，他们发现多了两件无人认领的行李，但是因为着急离开，使馆人员决定暂且把这两个手提箱与其他人的行李放在一起，等到达伊斯坦布尔再寻找失主。佩拉宫爆炸刚过，一名外交官就反应了过来，他跑进了旁边的酒店，其他的使馆人员还在办理入住手续。他认出了第二个手提箱，拎起箱子就往外跑，使劲扔向了一片开阔的空地。这个手提箱没有爆炸，但是赶来的警察发现，箱子里有一根导火线和足量的 TNT 炸药，随时都可能爆炸。

没过多久，一连串事件的真相就浮出了水面。保加利亚特工勾结德国人，把装满炸药的手提箱偷偷放进了英国人的行李堆。这起耸人听闻的事件是个卑劣徒劳的阴谋，只是为了大规模地暗杀敌方的外交官。土耳其政府犹豫不决，担心这场显然不是针对土耳其的危机会不断升级。随后一个月，检察官发表了一份报告，非正式地表明了态度："我们已得出结论，这一事件……是蓄意攻击英国公使馆全体员工，是德国、保加利亚或其附属组织在索非亚筹备的阴谋，没有任何证据证明这次攻击是在土耳其境内预先安排或是有土耳其的个人或组织参与，所以我们检察院认定，没有理由对任何人提起诉讼。"

这次爆炸事件就这样结束了，至少在外交上已成定论。佩拉宫不是投弹者故意锁定的目标。酒店的命运又与声誉息息相关。两个炸弹显然都没打算在行驶的列车上引爆：炸弹抵达酒店后才爆炸，因为这是英国公使馆选择的舒服住地。英国政府最后向在
303 佩拉宫爆炸事件中丧生的两名使馆人员——打字员格特鲁德·埃利斯（Gertrude Ellis）和特雷泽·阿姆斯特朗（Therese Armstrong）的家属以及其他几名受伤的英国人支付了补偿金，伦敦还因此次爆炸对伊斯坦布尔本地人造成的大批伤亡，赔偿了土耳其政府抚恤金和医疗费。

倒霉的老板米斯巴赫·穆海耶斯开始规划酒店重建，被炸毁的佩拉宫时刻提醒着人们战争到底有多近。德军已经进驻保加利亚，

1941 年 4 月到 5 月，德国国防军在巴尔干半岛发动攻击，迅速占领了南斯拉夫、希腊和克里特岛。伊斯坦布尔紧临前线，尤努斯·纳迪在《共和报》上疾呼，土耳其必须随时准备支援边境。1940 年 11 月后，伊斯坦布尔人已经进行了数次防空演习和电力管制。树干、人行道和电线杆都被漆成了白色，这样人们借着月光更容易辨认。防空演习期间，全城三百个警报一同拉响，消防员在佩拉大街上排起长队，他们头戴防毒面具，看起来就像来自另一个世界的生物。为了节省燃料，私家车严禁上街，近两千辆出租车有一半都闲置了。

对外国政府来说，战争扩大意味着伊斯坦布尔愈加重要，它既是收集情报的竞技场，也是组织多种地下活动的前站：可以转变土耳其的舆论风向，可以组织针对德国及其东南欧盟友的特务行动，并且为在希腊和南斯拉夫崎岖不平的高地上坚守的抵抗战士输送资金和武器。1941 年 6 月，希特勒入侵苏联，土耳其人几乎被各方积极的军事行动重重包围。对土耳其政府而言，保持中立不再只是
拒绝参战，还意味着收买朋友和了解潜在的敌人——换句话说，就 304
是与交战双方一起积极加入这场间谍游戏。

马哈茂德·阿尔德（Mahmut Ardıç）和雷萨·穆特卢格（Resat Mutlugün）是佩拉宫爆炸的其中两个遇难者。从姓名判断，他们两人都是土耳其穆斯林，而且很可能是开始有可继承的家族姓氏的第一代土耳其人。尽管阿尔德和穆特卢格被多方认定为侦探或宪兵，但是大酒店本来就是便衣警察或私家侦探常来的地方，而且爆炸前，他们也没有任何重大的犯罪记录。这两个人更有可能是——他们的姓氏不可能是杜松子军官和欢乐日二人组——土耳其秘密警察埃米叶（Emniyet）的成员。他们的早逝只是运气不佳，手提箱爆

炸时恰巧出现在佩拉宫，他们的意外死亡象征了这座战时城市外国情报、外交和商业错综复杂的关系。

埃米叶军官原本想到场监督大型外国使团的抵达，特别是这些乘坐专列从敌国撤离的外交官。留意外来人员的行踪是这个组织的职责，以及对政治异见人士、诗人、记者、宗教狂热分子、颠覆分子、恐怖分子、激进分子、革命分子、共产主义者、社会主义者等埃米叶认为是国家现存威胁或潜在威胁的人实施监视。

1926 年以后，埃米叶基本上无事可做，但它仍是国家整个监督和镇压体系的组成部分，是阿塔图尔克任期内与一党专政政府并肩成长的组织。它还仰仗着土耳其公共秩序的古老观念和无形势力
305 的阴谋诡计。半个世纪前，阿卜杜勒·哈米德二世日日埋首案头，审阅这些间谍网络送达的书面报告，从外国移民的一举一动到街上偶然听见的反政府笑话，间谍们都会巨细靡遗地记录下来。苏丹说起外交官的小绯闻尤其眉飞色舞，他随口的一句暗示就能让某位大使面红耳赤，他时常有意无意的提醒就是想让外交官们明白，即便他们寂寞难耐，去佩拉区妓院消遣，也逃不出他的视线。那段时间，穆斯林只要被发现与欧洲人交谈，就可能面临流放，所以电车上的乘客往往都保持沉默，佩拉宫等公共场所的交谈也都是窃窃私语。

现在埃米叶成了中央机构，负责保卫凯末尔主义革命成果，揭发内部作乱的敌对阶级。埃米叶专门揭露阴谋，对纳齐姆·希克梅特这样的国家敌人或哈莉黛·埃迪这样难以控制的流亡者，它还开发了特别的副业，观察土耳其共和国的反对派系以及他们外围支持者之间假定的联系。然而，因为一切行动都是秘密进行，所以解除一次切实的危险与制造一起可能冲销的危险，这两者之间的界线并不清晰。情报工作是封闭的循环，有时，存在威胁的证据不过是安全特工决定上报的事实，还有许多真相未曾汇报。这种对安全、政治和外国间谍战的理解奠定了共和国及其警察体系的基本结构。

一个信息饥渴的城市自然会催生海量的信息供方，这大概正是阿尔德和穆特卢格这样的军官当天会出现在佩拉宫的原因。酒店是收集和分享信息这一复杂的经济体制的中心。“伊斯坦布尔有许多人通过出售信息谋生。”美国秘密情报文件指出。外国人越多，他们的工作就越多；工作越多，情报获利就越丰厚。埃米叶可以定期提供书面报告、照片、入住和退房名单、酒店登记信息，甚至护照 306
照片，如果他或她的模样恰好和外国情报机构想要追踪并且愿意付钱的某个人相似。每当新人到达酒店并把护照递给礼宾员时，他的个人信息肯定很快就会传到土耳其人、苏联人、美国人、德国人、英国人、意大利人的耳朵里，“而且他最喜欢的咖啡馆的服务员很可能也会知道”。

许多刺探消息或收买土耳其同行的工作早已不是暗中行事，反而成了公开的创造性行动。1943 年 2 月，德国送回了塔尔的尸骨，这位统一进步党的领袖、亚美尼亚种族屠杀的策划者二十多年前在柏林被亚美尼亚刺客枪杀。这是一个善意的举动，希望已故的流亡者魂归故里。虽然阿塔图尔克在世时，这位争议人物的历史作用被一笔带过，但是现在，他又被非常正式地被挖出，被奉入土耳其民族主义英雄的万神殿。送葬队伍浩浩荡荡，土耳其总统伊斯麦特·伊诺努、总理苏克鲁·萨拉克格鲁，德国大使弗朗茨·冯·帕彭，还有许多土耳其和德国军官均身着礼服出席了安葬仪式，这位老帕夏的遗骨被重新下葬在伊斯坦布尔的小山顶，他终于与其他青年土耳其党重聚在一起。到 20 世纪 90 年代，他的伙伴恩维尔的遗骸也从塔吉克斯坦带回了这里。当时，似乎没有人注意到其中的尴尬和讽刺，这个山顶碰巧可以远眺城市主要的亚美尼亚墓地。

同盟国也一门心思想要左右土耳其舆论，动摇共和国的中立立场。但他们的相对成功主要取决于战争进程，而不是情报机构的妙计。1941 年夏，德国国防军大举东移，土耳其与德国签署互不侵犯条约的这一步棋看似非常合理。然而，次年秋天，轴心国进军苏

联，结果被困在了斯大林格勒，北非的德国军力也不断消耗，同盟
307 国开始敦促土耳其加入盟军阵营。漫长的迂回躲闪、战术评估以及精心策划的虚伪掩饰都必将面对渐渐明朗的现实，希特勒很可能输掉这场战争。1943 年 7 月，意大利的墨索里尼垮台，轴心国一盘散沙，土耳其刻意保持的中立似乎越来越站不住脚。

佩拉宫爆炸事件发生时，英国情报部门著名的特别行动处（Special Operations Executive，或称 SOE）正在城里行动。伊斯坦布尔是特别行动处在巴尔干半岛的行动中心，英国军官不仅要获取信息，还要谋划具体的破坏行动，或者翼助保加利亚、南斯拉夫和希腊等国的地下斗争。随着战争创面不断扩大，特别行动处安排了一项应对紧急情况的协调抵抗行动，倘若德国入侵土耳其，他们培
308 养的特工可以伪装成忠心耿耿的纳粹分子进入敌后，充当德国机构内部的双重间谍。

一旦美国参战，美国战略情报局（Office of Strategic Services，或称 OSS）最终也必须在伊斯坦布尔建立据点。1943 年夏，芝加哥银行家兰宁·“帕基”·麦克法兰（Lanning “Packy” Macfarland）抵达，他在美国就被招募进了情报部门。他最初在美国领事馆工作，后来租住了距离佩拉宫不远的一间公寓。美国人打算利用这座城市大量的移民群体——德国人、捷克人、匈牙利人等来自纳粹占领区或者轴心国的人——当作信息来源，如同某个时期英国人的做法。

这场无声战争的详尽史料都是最无聊、最无心的信息来源：情报人员联系秘密线人后填写的报销表。特工每月可预付的费用是 50～500 土耳其里拉，土耳其警方每月提供酒店入住和退房名单的酬金高达 400 里拉。情报工作者的报销表需附一份“贿赂”物品清单，从买通电话接线员不要向上汇报长途通话，到通过土耳其人和其他渠道的五花八门的“战略信息采购”，战略情报局员工的一切费用都能报销。情报人员报销的项目还包括购买乐器、网球拍和

男士西装等消费支出。拥挤的街巷是传递流言蜚语的最佳场所，是地下经济繁荣发达的地方，世界大战两方的情报人员奔忙时常常偶遇。这简直是怪诞的秘密生意。举个例子，假如一名特工需要一条疝气带，提供者很可能是一名美国情报人员。

管理伊斯坦布尔的特工就像是蹲在鳟鱼池塘边钓鱼，随时都会有鱼咬钩，但真正的问题是确保这条是你想要的鱼。“针对土耳其之外其他国家的间谍活动被认为是某种赚钱游戏，任何人都可以玩，而且相对不会受到什么惩罚。”一份战略情报局的报告指出。309
在这座盛产特工的城市，最重要的工作是审查这些特工的可靠度。美国特工把这个领域称为 X－2，或称反间谍活动或策反活动。1943 年 7 月，一位名叫约瑟夫·寇蒂斯（Joseph Curtiss）的美国特工怀揣 25000 美金抵达伊斯坦布尔，据称这笔私人捐款是用来为东海岸的三所大学图书馆购买古籍。随后的几个月，他频繁光顾大巴扎，咨询书稿经销商，散布他正在寻找特殊学术文集的消息，从而建立了自己的信息网络。他带来的钱都付给了特工，并没有购买什么珍本书籍。到 10 月——长期的铺垫，足够发展他表面的身份——他已经可以安全地直接联络战略情报局局长麦克法兰，以便制订下一步的行动计划。他得到了战略情报局总部的一间办公室，负责在次年 1 月前建立站点，等待另一名 X－2 特工，也就是后来的分部主管约翰·马克森（John Maxson）的到来。

寇蒂斯和马克森的行动资金很少，但是他们很快发现手边一个尚未有人充分利用的信息网络：城里人数可观的美国人群体。一些商界领袖是战略情报局最早的招募对象。在麦克法兰上任前，美孚－真空石油公司（Socony-Vacuum Oil Company）的董事阿奇博尔德·沃克（Archibald Walker）就管理着城市的间谍活动。但 X－2 不久就开始有计划、有步骤地接触美国人，其中许多人供职于罗伯特学院，这所学院是美国女子大学（American College for Girls）和新教教会学校的兄弟院校，是这个国家最好的教育中心之一。教授、接待生和教务员后来都签约成了信息提供者。美国领事馆稳重的长官贝蒂·卡普（Betty Carp）也是他们主要的信息提供者和审查人，尽管她名字听起来像美国人，但实际上是拥有奥匈帝国血统、土生土长的伊斯坦布尔人。她不动声色的谍报技术和异常敏锐
310 的判断力非常出名，她早前曾被部署支援华盛顿。她经常邀请苏联大使的妻子马克西姆·李维诺夫（Maxim Litvinov）一同看电影，然后将她们的谈话内容报回战略情报局。她精通德语、土耳其语等多国语言，而且可以低调地讨好伊斯坦布尔的任何人，这种润物细无声的能力让她的行动几乎无往不利。没几个德国人知道，这个小个子的中年女人若无其事地站在苏格兰酒吧门外，实际上是在仔细观察和默记南来北往的客人。

令人敬畏的托马斯·惠特莫尔是为数不多的没有特工身份的美国人之一。他能够用想象编织现实，这种能力在为圣索菲亚大教堂筹款时非常宝贵，但在间谍圈却极其不利。“托马斯·惠特莫尔先生是非常著名的拜占庭学者……（而且）他消息灵通，能接触到各个方面的内阁部长。”贝蒂·卡普在一份秘密报告中注释道，“他无论如何都不会屈尊为地位低于丘吉尔和罗斯福的人提供信息。”

在信息溢价出售的城市，同一条信息吸引着多个买家，出价最高者得，所有特工都承受着巨大的压力，换言之，每名特工都可能是双重间谍。“伊斯坦布尔到处是这样的人。”伊斯坦布尔分部给华盛顿战略情报局局长威廉·“狂野比尔”·多诺万（William “Wild Bill” Donovan）将军的报告说道。情报工作包括监视“敌国公民”在伊斯坦布尔的活动，这项任务的工作量很大。战略情报局 X-2 分部建立后短短几个月，就收集了差不多三千张便笺，每一张都记录着一个监视对象的个人背景和情报信息。问题是德国的情报人员非常厉害，他们拉拢的线人至少都能说出一些真正有趣的事情。特别是德国的军事情报部门阿勃维尔（Abwehr）能力非凡，他们招

募的某类特工似乎总是能通过同盟国人事部门的审查，这个群体在美国 X－2 的秘密报告中被称为“酒吧女郎、艺人，等等”。德国情报人员花费了大量的金钱用于收买特工，支付特工出入酒店、餐 311
馆和夜总会的账单。美国人似乎特别愿意相信“迷人的女孩都是真心反纳粹的，她们常常梨花带雨地哭诉自己有多恨德国人”。据报道，美国情报部门的员工常常出入“大型聚会，并且总是喝得酩酊大醉”，而现场的许多女人都是德国间谍。酒精能麻痹舌头，让人放松警惕，这是伊斯坦布尔这群特殊间谍惯用的伎俩。

1944 年，美国情报安全方面漏洞百出，已经达到了荒谬的程度，情报人员甚至谱写了自己的主题歌。这首歌由一名美国政府职员创作，并且在当地舞场举行了激动人心的首演。歌词被油印出来，分发给了现场的观众，它一炮而红，成了唱遍全城的流行曲目，无论何时只要一群美国人进门，乐队就开始演奏。这首歌的歌名和副歌——“嘘，嘘，宝贝，我是间谍”——讲述了一名卧底特务走进酒吧间最不愿发生的事情。

我卷入一场危险的游戏，
每一天，我都要改变自己的姓名，
我的脸变了，但身体依旧，
嘘，嘘，宝贝，我是间谍。
你肯定听说过玛塔·哈里，
我们只是现钱交易，
但是爹爹知道了我们的关系，我们必须结婚，
嘘，嘘，宝贝，我是间谍。
我并不是彻头彻尾的坏小子，
我其实真是个好情人，
但是听着，宝贝，我们还是要谨慎，
要秘密行事……

312 政府职员以卡巴莱音乐的形式公开散布他是间谍的消息，这至少是非常差劲的情报技术，美国官员认为歌词是安全威胁，于是报告给了华盛顿。但是这首歌实乃虚张声势。“我很骄傲，我昂首阔步，”副歌唱道，“我十分之一是披风，十分之九是匕首。”事实上，美国间谍很少有内幕消息。

他们的消息主要来自城内居留的广大东欧移民，这群人被称为“山茱萸”组织，曾是捷克工程师阿尔弗雷德·施瓦茨（Alfred Schwarz）与战略情报局联络的主要代号。麦克法兰招募了施瓦茨，他在欧洲占领区建立了最大的信息网络，四方汇集部队动向、机场、武器弹药倾销、燃料终端等方面的信息，发回战略情报局伊斯坦布尔站。问题是这个情报网的下级特工中有许多是德国情报部门的双重间谍，因此山茱萸被认为不可靠，于是1944年夏，麦克法兰下令关闭了这个情报网。

山茱萸的大多数报告都乏善可陈，充其量只能算一般信息。这是伊斯坦布尔常有的事，或许是因为太多金钱追逐着太多心甘情愿的间谍。很少有间谍活动会产生惊人的效果，即使有，也只可能发生在安卡拉。1944年初，阿勃维尔伊斯坦布尔站站长的秘书埃里希·沃梅伦（Erich Vermehren）变节，投靠了英国人。英国情报部门的这次成功策反沉重打击了德国在土耳其的士气，但事实上阿勃维尔的情报工作更胜一筹。

英国大使许阁森是一位无可指摘的外交官。维多利亚时代，他在肯特郡乡村长大，培养了清廉正直的品德，他从伊顿公学一路读到牛津大学，走的都是学术路线。许阁森是典型的英国外交官形象，身穿三件套西装，小胡子修得齐齐整整。这位大使在外交圈里德高望重，甚至他的主要对手冯·帕彭也非常尊敬他。土耳其人对
313 他唯一的抱怨似乎只有他难以正确发音的姓名。显赫的地位让他志得意满，放松了警惕。1943年秋，在第二次世界大战最大一次知情人行动中，德国人招募的代号为“西塞罗”（Cicero）的线人，

就是许阁森的管家。

西塞罗主动投入了德国人的怀抱。他说着蹩脚的法语，化名“皮埃尔”向德国驻安卡拉大使馆的一等秘书自荐，说自己手上有一系列绝无仅有的秘密文件，他很乐意把这些文件卖给柏林。“你知道，我讨厌英国人。”他简单做了解释。他还威胁说，如果德国人不接受他的开价，他可以卖给苏联人。德国外交官原本将信将疑，但这名管家很快就履行了诺言。他可以打开许阁森办公室的保险箱，拍摄大使与伦敦的往来密件，包括战时会议的细节、霸王行动的线索、同盟国诺曼底联合登陆的计划等。虽然其中一些文件呈报给了希特勒，但是阿勃维尔并未充分挖掘西塞罗这条线的真正价值，主要原因是他们固执地认为他完美得令人难以置信。这个国家遍地都是双重间谍，德国情报人员屡屡生疑，担心西塞罗也是其中之一。但实际上，西塞罗是真正可靠的信息提供人，德国假如听信了他的情报，就可以改变这次战争的进程。反倒真正的欺骗总是出其不意。西塞罗向阿尔巴尼亚人阿利萨·白瑞纳（Elyesa Bazna）出售情报并获得了一大笔钱财，结果发现这几十万英镑居然是伪币。

佩拉宫爆炸事件是一次罕见的例外，打破了在中立国开展间谍活动的基本原则：不要打扰东道国。伊斯坦布尔的谍报战争一般都
在私人寓所和密会地点执行，无论何时，情报人员和特工都要尽量 314
避免在公共场所碰面。即便 10 月 29 日土耳其共和国日庆典这一天，各国外交官受邀参加外交部在安卡拉举办的盛大招待会，土耳其官员也会准备两个独立的空间，以免敌对势力分享同一份餐点和同一瓶香槟。可是外国人的圈子太小了，偶然撞见敌方特务的情况相当普遍。特迪·科勒克（Teddy Kollek）是土生土长的奥地利公

民，他时常回忆起纳粹特工在伊斯坦布尔的阿卜杜拉·阿凡提饭店与他搭讪的情形。这家餐厅很受欢迎，有许多同盟国和轴心国的官员在这里用餐，科勒克的德语很流利，于是这名特工开始与他热切地交谈，后来特工意识到自己犯了严重的错误，谈话硬生生地停了下来。科勒克事实上是犹太复国主义的地下工作者，与英美的情报机构是同一阵线。

谍报工作只是科勒克传奇生涯的开端。他战后还担任过耶路撒冷的市长。但他在伊斯坦布尔的这段时间参与了一次非常失败的特务行动。1944 年，战略情报局的特工圆满完成了他们在伊斯坦布尔的任务，正当他们开始清算账目，思考自己未来职业发展的时候，新的情报行动异常活跃起来。这次行动的组织者明白，他们的意图不是怀柔，而是要不断滋扰土耳其政府，此类卧底工作严重触碰了土耳其共和国最神圣的准则：要求种族纯化、慢慢点燃针对国内少数民族的战争，公平对待同盟国和轴心国两方。无论如何，这次行动的目的不是搜集信息，而是孤注一掷地想要聚集流亡群体。

书面记录

20世纪20年代，米斯巴赫·穆海耶斯收购佩拉宫是桩划算的 317
生意，但是1941年爆炸发生后，他估计很后悔自己当初的决定。不只维修费用高昂，而且这样惊天动地的爆炸是酒店老板最不想看见的负面新闻。穆海耶斯想尽了一切办法来弥补他的损失。他打电报给温斯顿·丘吉尔要求赔偿。他起诉大使乔治·伦道尔疏忽大意，把装着炸弹的行李带进了酒店。他最终名义上获得了数十万土耳其里拉的赔偿，但是因为伊斯坦布尔法院对境外国家没有司法权，所以整个判决结果基本没什么意义。

爆炸事件之前，佩拉宫的财富就一直在缩减。犹太人对老对手托卡良的联合抵制尽管短暂提振了佩拉宫的生意，却仍然无法弥补天鹅绒褪去的色彩，无法擦除大理石的斑斑污渍，这家酒店就像是东方酒吧中一些絮叨的老主顾，整日沉湎在往日的功绩和出彩的故事里。佩拉宫如果登上报纸头条，大多是不堪入目的丑闻。1935年，著名的土耳其外交官阿齐兹·贝（Aziz Bey）把人支出房间，在桌子上放了些用来处理他后事的钱，然后就用剃须刀片划破了自己的喉咙；1939年，一个也门人带着三个墨西哥女伴一同登记入
住，他自称是富有的印度王子，要求记账后付，三个月过后，酒店 318
管理层才明白他其实身无分文。

佩拉区的社交生活逐渐北移，超出了佩拉宫的范围。在街区南端，佩拉大街拐入了文具店、唱片店和玻璃经销铺面遍布的窄巷和

阶道。在塔克西姆的北端，1928 年建成的共和国纪念碑和 20 世纪 30 年代末亨利·普斯特活力四射的再造工程交相辉映，广场成为这座现代城市的焦点。无论是四面八方前来缅怀阿塔图尔克的学生，还是踢着正步走去佩拉大街的本地法西斯分子，他们都会不约而同地经过塔克西姆广场，他们的每一步都在作别伊斯兰帝国，向共和国靠拢。

公园酒店抓住了这次北移的机遇。这家酒店的基址原本是奥斯曼帝国最后一任大维齐尔艾哈迈德·陶菲克·帕夏（Ahmed Tevfik Pasha）家宅。与塔克西姆广场相隔不远，恰巧位于通往海岸公路的大街。德国领事馆就在隔壁，随着工作人员日益增多，酒店餐厅几乎变成了领事馆的第二个食堂，佩拉宫也曾为周围的大使馆提供类似的服务：比邻的奥斯曼帝国大厦里的美国领事馆，以及鱼市附近、宪法大街北边的英国领事馆。佩拉大街两头喝酒的土耳其官员数量一度成为土耳其摇摆的外交政策的判断标准之一，是佩拉宫，还是公园酒店。不过后来发生了爆炸事件，佩拉宫不得不停业维修，重新补合地板，悬挂电梯，所以公园酒店似乎占了上风。

在公园酒店狭小的大堂里，英美商人与日本、保加利亚和德国的官员擦肩而过。外交官携家带口前来，孩子们在火车或轮船上憋了太多天，往往把门厅当成了他们追逐嬉戏的游乐场。餐厅里，日
319 本人早在德国人投降前夜就开始讨论，餐后会谈一直持续到午夜。谣传所有的房间都装了窃听器，每个人都认为服务员为客人点餐或揭开主菜盘盖后在旁侧停留得太久。他们偷听的所有消息都会送达某个领事馆。不过这种不确定性建立了某种权力的平衡，在这家酒店的餐厅，谈话轻松，政治言行却很谨慎。意识到敌人的存在也代表着某种安全。

这就是为什么这个地方似乎对布卢明代尔百货公司（Bloomingdale's）总经理很有吸引力。1944 年 2 月的某一天，伊斯坦布尔狂风大作，伊拉·希尔施曼（Ira Hirschmann）来到公园酒店，他黑发圆脸，

领结总是整洁时髦，装饰方巾却显得有点蓬乱。他初来乍到，对周遭的一切还不熟悉，如果情况有异，他的时间还可以用来商谈面向纽约时装区的纺织品出口协议，也可以尽量收购工艺复杂的奥斯曼镶嵌品。此外，他还热爱音乐制作。无论走到哪里，他都喜欢利用闲暇时间同本地的明星小提琴家或钢琴大师组织即兴音乐会，偶尔在饭店大堂听见管弦乐队的演奏，他也会毫不犹豫地纠正他们的节奏或曲调。他是天生的组织者和大思想家，他对自己推动事情发展的能力极度自信。

但是在伊斯坦布尔，希尔施曼大多数时候都是一名推销员：他租下锈迹斑斑的货船，重新装配成客船，并且向边境官员、本地警察、港务主管求情，商讨有关航运章程和货单的细节。退休前，他总去公园酒店吃晚餐，他每天离开办公室的最后一件事就是烧掉当天的工作底稿。其他客人很少知道希尔施曼正站在另一波流亡的风口浪尖，这是最后一次，也是最大一次把犹太人赶出被占领的欧洲的活动。佩拉宫爆炸后的几个月，他拐弯抹角地试探伊斯坦布尔，却卷入了一场大规模的悲剧。

1941 年 12 月 15 日，“斯特鲁玛”号（*Struma*）顺着博斯普鲁 320
斯海峡的洋流南下，悄悄地在伊斯坦布尔下了锚。这段自罗马尼亚港口出发、近二百海里的航程惊心动魄。“斯特鲁玛”号是一艘改装过的帆船，原本最常用来运送牲畜，它的引擎是拆卸并翻新一艘沉没拖船的废置品，老旧的木质船体只镀了薄薄一层金属，在冬季风暴搅弄的黑海上航行简直不堪一击。

船上的乘客满满当当，这是唯一能够阻止他们像洋娃娃一样被海浪抛得到处都是的方法，抱着皮箱和毛边大衣的男男女女，以及搂着心爱的玩具和故事书的孩子塞满了甲板和通道。甲板下就挤了将近八百人。

他们通过了雷区，避开了水面舰艇和深水巡逻的潜水艇。其中大多数人被纳粹的结盟政府剥夺了公民身份。德国禁止犹太人离开德国控制的地区，并且向其轴心国伙伴罗马尼亚施压，要求他们也这样做。“斯特鲁玛”号停泊在萨拉基里奥角，他们终于进入了中立国，希望经由此地前往巴勒斯坦。博斯普鲁斯不再只是欧洲东部边缘的海峡，而且还是“斯特鲁玛”号上所有犹太家庭的逃生通道。

一周又一周，这艘船一直在伊斯坦布尔等候，与二十年前弗兰格尔的俄国难民船队停泊的地方距离不远。大雪漫天，灰白的海冰包围了金角湾。港务局用小船给“斯特鲁玛”号上的难民运送食物和水，土耳其政府拒绝让他们登岸，不仅害怕他们扰乱自己在战争中勉力维系的平衡，还担心由此开了先例，招致更多贫困的难民
321 涌入伊斯坦布尔。巴勒斯坦的英国托管政府对犹太移民设定了严格的限制，驳回了这些难民进入巴勒斯坦海法（Haifa）港口的通关申请。因此，这些乘客既没了国籍，也没有获得目的地官方的入境许可，他们无处来无处去，不属于任何地方。

“斯特鲁玛”号的桅杆上张贴着黄色的检疫标志，土耳其警方严密监控着他们与地面的交流。富有同情心的人道主义者偶尔会为乘客来回传递消息，但还是需要等到受贿的警官当值。当地的纺织巨头、犹太慈善家西蒙·布洛德（Simon Brod）为他们提供了毛毯等生活必需品。伊斯坦布尔的其他犹太人则想方设法代表他们向港务局求情。

1942 年 1 月 2 日，“斯特鲁玛”号上的六个人伊曼纽尔·卢多维奇（Emanuel Ludovic）、爱德华·卢多维奇（Edouard Ludovic）、伊斯雷尔·弗伦茨（Israel Frenc）、大卫·弗伦茨（David Frenc）、特奥多尔·布雷特施奈德（Teodor Brettschneider）和伊曼纽尔·盖夫纳（Emanuel Geffner）向港务局递了一封信，描述了他们的具体

情况，说他们大多数人都有罗马尼亚护照以及巴勒斯坦、叙利亚和土耳其的入境和过境签证，但是他们拿到签证的时间与真正在罗马尼亚登船的时间实在间隔太长，所以手里的文件都过期了。他们请求港务局允许他们各自联系领事馆，为通行文件延期。

卢多维奇兄弟被认为没有适当的通行文件，只得留在船上，但是布雷特施奈德、盖夫纳和弗伦茨兄弟获准上了岸。他们进入城市，开始安排陆路前往巴勒斯坦。犹太事务局（Jewish Agency），也就是巴勒斯坦积极组织“斯特鲁玛”号等运输工具的犹太团体利用土耳其政府允许乘客下船的这次机会，呼吁英国当局同意他们入境。他们请愿说，如果不能整艘船航往海法，英国托管政府至少可以为船上52名11岁至16岁的孩子签发巴勒斯坦的入境签证，他们的年龄可以独自旅行，又不会对任何国家构成威胁。土耳其和英国掌控着难民的命运，这一提议巧妙地在两国政府的人道主义和 322
理性利益之间探出了一线生机。

经过一阵紧张忙乱的电报、电话沟通，犹太事务局的官员最终争取到了许可儿童通行的协议。英国驻安卡拉的大使馆向伊斯坦布尔市政府发了一封信，确认了孩子们的入境签证。随后，土耳其政府把这项指令传达给了港务局，要求他们把孩子们的护照转寄给英国领事官员盖章。然而，港务局对待此类重大问题向来行事独立谨慎，他们一口咬定，这些安排必须经由他们安卡拉的上司直接下令才能确认。

就在他们等待指令时，传来了一项撤销命令。“斯特鲁玛号”被拖回了汪洋大海，船长被要求重新启动引擎，驶往保加利亚的港口，或者返回罗马尼亚。让孩子们下船上岸，或者将船逐出伊斯坦布尔，在多项官僚指令的艰难抉择中，简单清晰的命令赢得了胜利。外交僵局持续了十周，土耳其政府最终决定用最直白的方法解决这个问题，把这艘船赶出土耳其海域。

2月23日，土耳其拖船绑缚了绳索，一前一后将船拖出了狭窄的博斯普鲁斯海峡。船离开了岩石岬角，融入无边无际的大海，开始与北向的洋流激战。“斯特鲁玛”号就这样被悄悄拖离了海港，伊斯坦布尔人还可以看见船上的人们涂画并悬挂在栏杆上的床单：“救救我们！”

刚一进黑海，拖船就割断了绳索，掉头返回了博斯普鲁斯海峡，任凭“斯特鲁玛”号在那里随波逐流。虽然出港的时候已经失败了无数次，但船员仍在努力重新启动引擎。“斯特鲁玛”号在海面上安静地颠簸了几个小时，大约 1942 年 2 月 24 日黎明时分，
323 一声巨响，大爆炸撕裂了整个船体。冰冷的海水横扫甲板，浸没船舱，没几分钟，“斯特鲁玛”号就断成两截。

第二天，犹太事务局的代表约瑟夫·戈尔丁（Joseph Goldin）打电报向耶路撒冷的上级通告了这条消息。“‘斯特鲁玛’号在黑海海域失事，距博斯普鲁斯海峡四英里，”报务员轻敲着电文，“尚未获悉灾难和生还者详情。估计大多数人遇难。”

随后几个小时，戈尔丁竭力拟出了一份生还者名单。他先是列入了卢多维奇兄弟，因为他们曾经设法与其他签证持有者一起上岸，后来又用铅笔在旁边打了个问号，最后还是划掉了他们的名字。接下来的几天里，他在乘客名单上几乎每隔一个就要划掉一个名字。签证过期的卢多维奇兄弟以及英国人批准通行的数十个孩子都丧生了。在拖船绑上绳索，把“斯特鲁玛”号拖进黑海之前，只有 9 名乘客获准离开。虽然直至今天，仍然不能确定乘客的准确人数，但留在船上的大约 785 名犹太人和 6 名保加利亚船员之中，只有大卫·斯托利亚（David Stoliar）一人生还，土耳其救生艇发现了他，把他打捞上了岸。

过了一阵，爆炸的原因浮出水面。这艘船是被苏联潜艇击沉：作为阻止援助轴心国的一种手段，苏联潜艇奉命攻击所有在黑海海域出现的船只。然而，伊斯坦布尔很少有人愿意花时间思考“斯特鲁玛”号，他们对这次残杀反应冷淡。难民来来往往这么多年，让本地报纸的头版头条更感兴趣的是另一则惊人的故事：“斯特鲁

玛”号沉没后的第二天，安卡拉有人行刺德国大使弗朗茨·冯·帕彭未遂。后来发现，这次行动策划也出自里奥尼德·爱丁根之手，同一位特工十八个月前曾成功完成了刺杀托洛茨基的任务。

几周后，总理雷菲克·赛达姆（Refik Saydam）在伊斯坦布尔 324 的德语报纸《土耳其邮报》（*Türkische Post*）上发表了一份官方声明。当局会竭尽所能，避免“斯特鲁玛”号上的悲剧再次上演，他说道，但是归根结底，土耳其不能充当某些人的祖国替代品或“不必要的避难所”。继而赛达姆解雇了土耳其国家通讯社的犹太职员，理由是他们报道了沉船事件，散布有关犹太人的谣言。

世界各地的报纸刊载了“斯特鲁玛”号的故事。这次事件不只是当时难民遭遇的最大灾难，也是他们自作自受的一场悲剧——犹太激进分子计划把犹太人带离欧洲、带入巴勒斯坦却发生了一连串的惨案，还有许多不切实际的远航和阿利雅非法移民（aliyah bet）错失的良机都源于他们自身愚不可及的盲目行为——过程中错失的良机的一部分。

十五个月前，“帕特里亚”号（*Patria*）停泊在海法港口，因为没有正规的入境文件，船上的犹太乘客被英国人归为非法移民，于是该船计划前往英国人预先安置难民的毛里求斯。起航前，犹太特工在船上安放了一枚炸弹，希望炸毁引擎，逼迫英国人出手相助，但是错误的判断最终导致爆炸规模过大，大约 267 人因此丧生。一个月后，另一艘难民船“萨尔瓦多”号（*Salvador*）由于风暴搁浅在伊斯坦布尔以南的马尔马拉海，造成 200 多人遇难。

伊拉·希尔施曼在《纽约新闻报》（*New York Press*）上读到了有关这些事件的报道。他也看了许多其他船只的故事，它们不是被逐出欧洲港湾，就是漫无目的的长途航行，不时请求许可停靠在英

国、美国、巴勒斯坦等地的码头。但他印象最深刻的还是“斯特
鲁玛”号的灾难，不仅因为这场悲剧的规模过于离谱，而且他不
能接受的事实是，繁文缛节的官僚文书阻滞了简单的解决方案，甚
325 至连大一些的孩子都没能登岸。随后的几个月里，希尔施曼越发关
注有关难民通过巴尔干半岛和土耳其逃跑的报道，这似乎是犹太人
逃离纳粹占领区、避开轴心国政府围捕的最后几条逃生路线。“这
些不幸的统计数据就像雪崩，令人窒息。”他回忆道。

希尔施曼一生都在不断尝试新的领域。他父亲十几岁时从拉脱维亚移民到巴尔的摩，因制造男装、投身银行业而发了财。希尔施曼一家人都雄心壮志，具备中上阶层犹太家庭轻松和乐观的精神，他们修习钢琴和音乐，接受良好的教育，成功似乎是顺理成章的安排。但希尔施曼却总是坚持自己的选择，成为家里最没用的人。他在约翰·霍普金斯大学（Johns Hopkins University）短暂学习了一段时间，没等选择专业就辍学了。他加入了一家巴尔的摩的广告公司，却发现工作枯燥乏味。

他真正的才能在于处理人际关系如鱼得水。他突然离开了巴尔的摩，前往纽约寻找更多的刺激，他外向活泼，又是有些身份的年轻人，于是很快就融入了纽约和新泽西州犹太人的慈善和商业组织。其中，美犹联合救济委员会（American Jewish Joint Distribution Committee，或称联合会）是美国最大的面向美籍犹太人的慈善协会。他在联合会主办的联谊会等社交活动上偶然遇见了纽瓦克市最成功的百货公司班伯格百货（Bamberger's）的老板。希尔施曼充分利用这次接触机会争取到了一份工作，成为公司广告部的一名低级文案人员，他的事业自此扶摇直上。他成了零售界的新星，先是跳槽到罗德泰勒百货（Lord and Taylor），接着又去了并购班伯格的梅西百货（Macy's），最后进了布卢明代尔百货。

希尔施曼作为广告业的新贵，他的主要工作就是结识各种各样
326 的人：拉拢富豪名流，掳获所有人的心。他寻求过路易斯·布兰代

斯（Louis Brandeis）和费利克斯·弗兰克福特（Felix Frankfurter）的建议。他帮费奥雷洛·拉瓜迪亚（Fiorello La Guardia）做过巡回宣传。他与托斯卡尼尼（Toscanini）共进过午餐。然而，“斯特鲁玛”号事件让他开始关注国际事务。他后来写道，读完这些灾难报道，他“压抑的情感爆发了”。

数百万人当时正在躲避迫害，逃离屠杀，发展军队。在波兰和乌克兰，战争和军事占领摧毁了整个犹太社会。匈牙利、罗马尼亚和保加利亚虽然尚未大规模地驱逐犹太人，但是轴心国不断施压，这些国家迫不得已，只能同意《最终解决方案》（Final Sŏlution），放弃本国的犹太国民。

土耳其在地理上是犹太人逃跑的最佳路径。只要救援行动相对隐蔽，不给政府造成公共关系方面的困扰，那么中立的土耳其完全可以提供相对的自由。从罗马尼亚出发的航船一天两夜就能在伊斯坦布尔靠岸。保加利亚首都索非亚开出的火车隔夜就能抵达。欧洲持续传出新的消息，有关设计建造新的屠戮中心、驱赶大批犹太人去劳改营，同盟国政府成了他们最后的希望。1943 年夏，拯救欧洲犹太人突发事件委员会（Emergency Committee to Save the Jewish People of Europe）在纽约成立，委员会不断向美国政府施压，要求解决犹太难民问题。他们提议派人前往土耳其，调查经由伊斯坦布尔移民的可行性，希尔施曼主动请缨。

几周以后，希尔施曼和紧急委员会主席彼得·柏格森（Peter Bergson）会见了负责应对欧洲难民危机的助理国务卿布雷肯里奇·朗（Breckinridge Long）。朗声称，政府正在尽一切可能救济惨遭战争蹂躏的欧洲平民。柏格森提出，紧急委员会想派遣特使去欧洲，希尔施曼愿意担此重任。朗犹豫不决，致电美国驻土耳其大使 327
劳伦斯·A. 斯坦哈特（Laurence A. Steinhardt）寻求建议，问他是否愿意和希尔施曼共事。斯坦哈特回电表示同意。1944 年 1 月，希尔施曼开始会晤华盛顿各机构的负责人，了解难民救济的相关工作。

希尔施曼四处奔忙准备，某天清晨接到了一通电话。电话的那一头是总统富兰克林·罗斯福的密友奥斯卡·S. 考克斯（Oscar S. Cox），他说：“总统刚刚签发了命令。”希尔施曼立即明白了他的意思。考克斯近日刚给希尔施曼看过罗斯福命令的内容，要求国务卿、战争部长和财政部长组建战时难民事务委员会（War Refugee Board）。这个委员会必须立即采取行动，无论纳粹迫害的是民族或宗教上的少数族裔，还是政治少数派，都要尽可能多地营救。这个最后出场的美国机构唯一的任务就是救助东躲西藏的灾黎难民，换言之，就是确保“斯特鲁玛”号的悲剧不再重演。考克斯继续说道，希尔施曼的官方身份是国务院遣往土耳其和中东的特派专员，职责是在当地开展工作，执行委员会的指令。

希尔施曼欢欣鼓舞。他现在是美国政府的官方代表，不再只是普通公民肩负人道主义使命、帮助四处逃难的家庭。第二天，他就登上飞机去了迈阿密，他在迈阿密苦等了整整一周，才在飞往土耳其的美军运输机上找到了一个铺位。一月底，C－54 载着一群前往印度的年轻军官和一位要求免费搭乘的中年平民起飞。希尔施曼结束了五天的长途飞行，接着转机去了波多黎各、巴西、加纳和埃及；在耶路撒冷逗留几天后，乘火车穿越托罗斯山脉和半个安纳托利亚，经过二十八个小时的颠簸，终于在 1944 年情人节这一天抵达安卡拉。

“旧世界似乎渐渐离我远去，”他的日记写道，“我仿佛正在加速
328 奔向新世界。”土耳其的首都是坚强的存在，但是把它当作真正的城市仍然需要强大的想象力。宽阔的街道和专门建造的政府大楼似乎没有灵魂，只是实用的物体。希尔施曼很高兴，他抵达后不久就收到了一份社交邀请，请他出席在斯坦哈特大使官邸举办的外交午宴。客人们三五成群，在宽敞的房间内转来转去，他们每换个位置，希尔施曼都会跟在后面，寻找与斯坦哈特私下交谈的机会。

除了犹太血统，这两个人几乎没有共同之处。斯坦哈特的事业或许是希尔施曼曾经的梦想：他从前远赴瑞典、秘鲁、苏联，如今

又在土耳其，一直过着跌宕起伏的外交生活。大使找他谈话，希尔施曼受宠若惊。

斯坦哈特通知希尔施曼，他可以保持美国大使馆特派专员的身份，无限期地留在安卡拉。华盛顿的命令几乎赋予了他史无前例的权力。根据法律，其他外交官不能和敌国特工对话，但是为了达到鼓舞难民远离伤害的目的，华盛顿却期望希尔施曼与敌方势力建立融洽的关系。尽管使馆工作人员会提供支持，可是希尔施曼的肩头仍负着重担，他必须负责“难民的运送、救援、救济和给养”。美国人是有良知的公民，希尔施曼回想自己第一次接到命令的反应，但是现在他们的“政府有良知，也有政策方针”。

希尔施曼在安卡拉四处打听消息，渐渐发现官僚机构总是互相推诿，大使馆把责任推给土耳其政府，政府官员再借机推回去。他开始感觉自己也成了难民，漂泊无依。英国当局允许一定配额的移民进入巴勒斯坦，可是入境的人数从未满额，原因很简单：合法进 329
入英属巴勒斯坦托管地需要一系列文件，比如纳粹盟国的出境许可、中立国的过境签证，以及英国托管政府签发的移民证明。交通工具可以秘密安排，或者效仿“斯特鲁玛”号冒着极大的风险运送人员，但是这些文件除了政府无人能够提供。

二月中旬，安卡拉仍是寒冬，呼啸的北风吹醒了希尔施曼，他渐渐明白自己现在需要的关键人物根本不是公职人员，而是伊斯坦布尔一位嗜好收集名单的普通公民。这个人不像希尔施曼那么富有，他只付得起佩拉宫的房钱，佩拉宫的房间当时有固定的电报代码（相当于如今的电子邮箱），所以非常抢手。后来，整场战争都流传着他的代码：“巴拉斯，佩拉帕拉斯，贝伊奥卢。”（*barlas perapalas beyoglu*）

查姆·巴拉斯（Chaim Barlas）与初来乍到的希尔施曼相比，

至少算是伊斯坦布尔的老鸟。他在人群中并不起眼：身量瘦小，却总裹着一件不合身的大衣，眼睛耷拉着，一看就是重度失眠症患者。但是他认识这座城市的每个人，还了解整个国家大多数有身份地位的人。他的信函档案收录了许多平信和便笺，有的来自美国、法国和英国的大使，有的来自瑞典武官，还有的来自希腊、南斯拉夫、罗马尼亚、捷克斯洛伐克、法国、阿富汗、瑞士、西班牙和意大利的领事。他的文件夹塞满了各种备忘录、电报、合同，还有土耳其航运巨头、商界领袖和政治人物的报告。巴拉斯没准是在伊斯坦布尔的最佳联络人，他写信用词过分礼貌，对谈话内容非常留
330 心，他醉心于收集每个人准确的姓名、出生日期和出生地点。巴拉斯天赋异秉，许多人的生命都取决于他如何应用这些信息。

巴拉斯的官方头衔是犹太事务局巴勒斯坦移民处（Immigration Department of the Jewish Agency for Palestine）的代表。但这一头衔和组织名称并不能暗示他本人和这个组织即将发挥的巨大作用。根据国际联盟的协议，第一次世界大战结束，奥斯曼帝国分裂，原本属于帝国领土的巴勒斯坦作为殖民地委托英国行政当局管理。犹太事务局巴勒斯坦事务处受命成为当地伊休夫（yishuv）即犹太社区的官方发言人，负责与英国当局联络，沟通社区事务相关的大小问题。在大卫·本－古理安（David Ben-Gurion）的带领下，事务处组建了自卫队哈加纳（Haganah），监督犹太共同体的社会与经济发展。犹太人想要移居英属巴勒斯坦托管地也会请求事务处帮助办理入境许可证，时间长了，事务处慢慢变成促进移民的组织，最后还转变成独立的以色列政府。

犹太复国主义是移民的本质原因。犹太人口的内迁改变了巴勒斯坦阿拉伯人占大多数的人口现状，犹太人逐渐在以色列的土地上创建了他们的家园。随着欧洲《最终解决方案》的出现，移民成了最佳的求生方式。1938 年后，中欧反犹太律法竞相出台和袭击犹太人的热浪不断升温，美国、英国和其他欧洲国家开始对犹太移

民实施严格的配额。这些国家的政府担心，一旦逃离德国与纳粹占领的欧洲沦陷区，犹太移民将会寻找机会永久定居。这一忧虑激起了移民入境国广泛的反犹主义。故此，巴勒斯坦成了越来越多犹太人盼望抵达的安全目的地。

1940 年 8 月，巴拉斯抵达伊斯坦布尔，住进了佩拉宫的房间。331
酒店的位置很理想，不仅美国人和英国人近在咫尺，还和轴心国官员喜欢落脚的公园酒店和托卡良酒店保持着一段安全距离。自从佩拉宫有了电报站，巴拉斯几乎把大堂当成了他的私人办公室。即使后来，他在佩拉大街另找了一个更大的永久办公室，送信人仍然不时往返，前来酒店打电报。

巴拉斯和他的同事约瑟夫·戈尔丁是犹太事务局仅有的两名公开工作的代表，不过他们身后还有更多犹太激进分子的支持，这些人以记者或商人的身份在伊斯坦布尔居住，同时秘密协助救援行动。土耳其政府认为，所有的外国人都是间谍游戏的参与者，所以他们也严密注意着巴拉斯组织的动向。持续的监视偶尔会发生离奇的趣事。巴拉斯的同事特迪·科勒克记得在街上曾被一个路人接近，这个路人是一位犹太干果进口商人，从事干果进口工作，来伊斯坦布尔安排一批运往巴勒斯坦的货物装船，他无意间听见科勒克在讲希伯来语。当时，商人的签证期满，他向土耳其警察申请延期，可是警察认为进口商只是他掩人耳目的假身份。他们再三追问他为哪家外国情报机构工作，他表示抗议，说自己不是情报人员，他的签证申请因此没有通过。科勒克想办法说服了一名英国情报处的线人出面，谎称这名心烦意乱的商人是他们的人。警察对这个答案很满意，于是签发了干果商人的签证。

犹太事务局的代表在某些方面需要英国官员的帮助，同时，英国政府也为他们设置了最大的障碍。工作刚刚展开，巴拉斯和他的同事就发现他们的处境进退两难。首先，犹太事务局必须努力说服英国当局允许犹太人迁入巴勒斯坦。尽管英国政府委托事务局对入

332 境的犹太人进行审查，但是批准与否还是由英国领事馆最终决定。1939 年以后，英国政府对入境的犹太人设定了严格的限额。20 世纪 30 年代，伊休夫组织了移民运动，一大批犹太人迁居巴勒斯坦，引发了当地阿拉伯人的抵制。英国首相内维尔·张伯伦签发著名的白皮书，表明了英国政府的态度。这份政策文件承诺，英国支持巴勒斯坦转型，国家未来应由犹太人和阿拉伯人共同治理，但是从 1940 年到 1944 年的五年间，新迁入的犹太移民不能超过 75000 人，以维持人口平衡。

巴拉斯面对的另一个问题是争取土耳其政府的同意，允许犹太人乘车船经由伊斯坦布尔过境。希尔施曼曾经讽刺说，犹太人很快就会发现他们掉进了白皮书和黑海之间的陷阱。自开战以来，土耳其人一直在玩一个微妙的平衡游戏，不仅要与拉拢他们参战的大国周旋，还要协调他们自己的过去。尽管土耳其官员常用移民法来解释他们对待犹太难民的行为，但是实际上，土耳其移民法并未仔细考虑战争期间难民潮的预防方式，它考虑更多的是如何避免 20 世纪 20、30 年代逃离土耳其的少数民族回流。这些法规执行得非常严格，甚至希腊裔的美国水兵有时都不准在伊斯坦布尔登岸，唯恐他们是秘密潜回的前伊斯坦布尔人，要求归还家族产业。

战时的恐惧和持久的执念巩固了往日的积习，他们总认为本地少数民族是为敌所用的潜在的第五纵队。日常生活中的反犹主义和种族主义司空见惯。反犹主义漫画成了土耳其媒体的主要内容，当地犹太人被描绘成寄生虫，渴望从饱受战争蹂躏的经济中渔利，犹太侨民则被描绘成寡廉鲜耻的财富贩子，为逃离欧洲而出卖土耳
333 其。在法国等地，个别土耳其外交官试图阻止土耳其国籍的犹太人被遣送到纳粹集中营等死亡地点。但是这些例子后来都被浓墨重彩地描画成了土耳其集体英雄主义的证据，仅有一个营救的实例似乎是可信的：土耳其驻罗得岛领事塞拉哈廷·尤库门（Selahattin Ülkümen）努力阻止纳粹将四十六名犹太人驱逐出境，其中大多数是

土耳其公民。如果土耳其公民碰巧也困在纳粹占领的欧洲沦陷区，土耳其政府会更加积极地介入调停，那么或许会有更多的人被拯救。

土耳其对待犹太人的态度部分体现了其压榨少数民族、经济国有化以及鼓励非穆斯林离开的广泛方案。1942 年 11 月，土耳其政府颁布法令故意运用了模糊的措辞，解释了此次向“财富和超额利润”一次性征税的目的。这项新“财产税”一方面是为了筹集资金，以防土耳其被迫参战，另一方面是为了打压奸商借由战时通货膨胀和商品稀缺而大发横财。大约 114368 个个人与企业接受了特别委员会的特别评估，除了直接向议会提请复审，他们没有上诉的权利。虽然这项税赋的征收对象大部分都在伊斯坦布尔，但是包括佩拉宫在内的土耳其人名下的主流酒店似乎都没受到太大的影响，因为最大一部分的征税估值都分发给了希腊人、亚美尼亚人和犹太人。“这部法律也是一部革命的法律，”总理萨拉克格鲁说道，“我们将以这种方式淘汰控制我们市场的外国人，把土耳其市场还给土耳其人。”

少数民族的家庭和企业认为无法满足这些要求。根据战略情报局的秘密报告所述，亚美尼亚财产所有人的征税估值相当于他们财产实际价值的 232%，犹太人的这一比值是 179%，希腊人的是 156%。相比之下，穆斯林财产所有人的征税估值还不到他们财产实际价值的 5%。包括曾为塞扬、乌迪·赫兰特等当代主流艺术家 334
录制唱片的格萨伊恩兄弟留声机公司在内，城里许多成功的企业都成了征税的目标。伊斯坦布尔负责管理税收的土耳其官员法伊克·欧克特（Faik Ökte）后来写了一本回忆录，揭露了这一事件的始末，并且谴责了想出这个烂主意的总理萨拉克格鲁。这完全是一段可耻的章节，欧克特总结道：“是可鄙的德国种族主义和奥斯曼帝国狂热盲信的产物。”

美国领事馆行政主管、战略情报局特工贝蒂·卡普记得这个法令对一些朋友和熟人的影响，他们原本就不富有，也没什么财产，这项税赋让他们变得一无所有。卡普的一位希腊朋友伊里尼眼睁睁地看着警察到她家，运走了房间里的所有东西，只剩下了一张床和床垫、几件瓷器和餐具，并且还以她的衣服作为要挟，向她索贿。家里的男人全被带走了，他们在肆虐的暴风雪中被赶上一辆敞篷垃圾车。最终，包括许多著名实业家和商业领袖在内的一千多名伊斯坦布尔人聚集在锡凯尔吉火车站，他们被集体驱逐出城，其中许多人被送往安纳托利亚东部的阿什卡莱特殊训练营，他们只能在那里通过强制劳动来清偿债务。他们的个人物品全部被放在大巴扎公开拍卖。

1944 年 3 月，财富税废止，被囚禁的人也可以返乡，但是他们却永远地失去了财产。事实上，这次超额征税参照了 20 世纪 20 年代的做法，想要发起伊斯坦布尔民族群体中另一次巨大的财富转移。希腊人、亚美尼亚人、犹太人原本拥有伊斯坦布尔近百分之八十的财富，在财产税执行期间这些财富几乎全部廉价出清，其中百分之九十八的买家是穆斯林或土耳其政府。“根据可靠消息推断，”一名外交官说，“这只是一场不流血的大屠杀的第一步。”

因此，犹太人在官僚政治上面临的障碍是土耳其政府对少数民族及其流动的深层忧虑。查姆·巴拉斯在一系列外交难题之间不断
335 周旋。一扇门打开，另一扇门就会关闭。土耳其政府同意提供帮助，通过红十字会向犹太社区分发葡萄干、坚果、无花果和人造黄油的食品包，这是犹太人在等待移民许可期间的一种权宜之计。但是由于定量配给，土耳其当局强制规定，食品包内的肉类只能是猪肉，因为猪肉在穆斯林当中需求很低，可问题是严格遵守教规的犹太人也禁食猪肉。类似的问题同样影响着交通运输。1943 年 2 月，土耳其放宽了对难民群体过境的限制，但是两个月以后，保加利亚却关闭了边界，禁止大批人通过，这有效阻止了难民穿越两国重要陆路口岸的实质性流动。巴拉斯再次去安卡拉的外交部交涉，请求土耳其改变政策，允许难民个人过境，而不用非得预先组成群体。

这是一个大胆的请求，也正是土耳其政府担心的问题：一旦犹

太家庭大量涌入，政府很难监督，也无法控制。这些难民取道土耳其，万一找各种理由停留下来，政府也无从知道他们是否会真的离开，继续前往巴勒斯坦。土耳其政府同意了巴拉斯的请求，但是针对人口迁移设定了几乎无法实现的限额：每周只允许九个犹太家庭中转过境。此外，土耳其政府还要求，每个人都必须遵守一个前提，只有一个配额离开，另一个配额才准许入境。伊拉·希尔施曼初步估算了一下，如果遵照这些条件——全部难民经由这条狭窄的通道，从匈牙利、罗马尼亚和保加利亚疏散完毕需要 200 年。

这项计划 9 月生效，随后的两个月，只有 215 人到达伊斯坦布尔，其中一些人来自罗马尼亚，另一些人是曾经逃往匈牙利的波兰人。1943 年 12 月，巴拉斯的名单已经编排了一千多个名字。还有一小部分难民从希腊抵达土耳其海岸，正在准备前往巴勒斯坦的移 336
民文件。

12 月，巴拉斯给斯坦哈特大使写信说道，只有 1126 人途经土耳其逃离了纳粹控制的欧洲沦陷区。事实上，前往巴勒斯坦的土耳其犹太人——2138 人——是从纳粹魔掌下逃脱的犹太人人数的近两倍。如果这一比例继续维持，那么犹太事务局救助困于欧洲轴心国的犹太人的速度将远远赶不上伊斯坦布尔犹太人离开的速度。

1944 年 2 月，希尔施曼抵达伊斯坦布尔，救援工作由此增添了新动力。希尔施曼为了方便开展工作，将许多原本存在意见分歧的组织团结了起来。他除了握有美国政府的充分授权以及罗斯福总统和内阁政要的个人背书，还带来了大把的美元。

希尔施曼在纽约和新泽西的那些年就与美犹联合救济委员会长 337
期打交道。他在战时难民事务委员会任职时，常常帮助疏通各种关系，战时难民事务委员会因此变成了美犹联合救济委员会的资金通道。第一次世界大战以后，美犹联合救济委员会一直很活跃，不断将美国犹太群体捐助的救济物资运送给国外贫困的犹太人，它不仅是土耳其救济工作的主要资金来源，也是世界各地许多项目最大的金融保障。战时难民事务委员会劝说美国财政部取消对敌国贸易往来的限制，允许美犹联合救济委员会在轴心国控制地区从事金融交易：兑换货币，分配资源，必要时为个别犹太家庭买票并安排行程。除了通过匈牙利等国中转运输并经由土耳其配给食物方面花费的数十万美元之外，其他资金——近 70 万美元——都通过土耳其的财务运作，间接运往巴勒斯坦。美犹联合救济委员会资助的项目还包括向集中营的拘禁者和隐藏在俄罗斯远东地区的犹太难民运送食物，向罗马尼亚贫民区的犹太人发放粗麻布包装的食品（因为粗麻布还可以用来做衣服和毯子），向巴尔干半岛难民中心派遣医生和公共卫生工作者，以及直接为伊斯坦布尔、安卡拉、伊兹密尔等土耳其城市的犹太学校、医院等社区组织正在开展的工作提供资金支持。

希尔施曼、巴拉斯、斯坦哈特等主要参与者在短时间内达成了一项非正式的制度安排，拉入了美国政府、犹太事务局和私人慈善家，他们所做的一切都力图让尽可能多的犹太人从土耳其过境。希尔施曼会定期联络兰宁·麦克法兰和战略情报局的伊斯坦布尔站，一方面是要利用美国情报部门获取的资料信息，另一方面是要把自己搜集的有关欧洲轴心国局势的消息传递出去。

巴拉斯告诉希尔施曼，他从战争开始的第一天起就想投身于援
338 救行动。如今，他终于“有了信心，相信没有什么可以继续扰乱我们的合作，这次合作只有一个既定目标：组织营救，把我们的弟兄带到安全的地方”。然而 1944 年，伊斯坦布尔寒冬渐远，万物开始复苏时，奇异的问题依然存在：如果纳粹继续大肆杀戮，甚至是以多疑的同盟国观察员都无法否认的规模接连屠杀犹太人，那么唯一的救援方法也只能是大批营救。

从理论上讲，只要有必要的通行文件，普通公民进入土耳其等

中立国家不成问题。但是理论与现实之间往往有很大差距。1938年夏，土耳其政府正式关闭国门，禁止来自反犹国家的犹太人入境。安卡拉相信，这些犹太人纵使穷困潦倒，也更愿意留在土耳其。如果德国人开始向波兰的屠杀场地大批运送犹太人，那么最可行的救援路线就是准备专门的轮船或火车，把犹太难民集体送去土耳其。但最棘手的是官僚政治的细节问题。

这一系列官僚式的流程始于巴拉斯。他是犹太事务局的代表，拥有巴勒斯坦英国托管当局授予的权力，可以以己方特工的情报来源为基础，或者根据犹太人家属直接提供的轴心国控制地区受困人口的资料，草拟外来移民的候选名单。名单所需的信息非常详实，而且战争也增加了信息搜集的难度。一份完整的名单可能需要两到三周才能集齐，其中包括所有受救人的姓名、出生日期和地点、当前住址等，并且这群人还必须足够多，可以填满整艘船或整列火车。

只要名单所需的信息收集完毕，巴拉斯就会将其寄往巴勒斯坦。巴勒斯坦当局会按照巴拉斯拟订的名单逐个核对，认可或否决
某个人的资格。确定的名单会再寄去伦敦批准。整个审批流程又需 339
要两到三周。此后，伊斯坦布尔的英国护照控制官会奉命自行起草优先名单，这也得耗费两到三周的时间。护照控制官还会与安卡拉的英国大使馆直接沟通，详细说明哪些家庭获准移民。

名单接着会从英国大使馆发往土耳其外交部，经过三四天，再送达土耳其领事事务部。随后，领事事务部会把批准的候选名单依次发送给布加勒斯特、布达佩斯、索非亚等城市的土耳其领事馆，由当地官员核发过境签证。这样算下来，假如一切进展顺利，一个犹太家庭至少要等待两个半月才有望获得土耳其过境和巴勒斯坦入境的许可文件，而且实际的等待时间往往更长。再往后，希尔施曼的工作还要解决更复杂的问题，安排车船，把持有通行文书的人送往安全地带。

对申请人来说，整个过程极其痛苦。你发出一封信或者填完一

份表格，然后经历了漫长的等待，没准到头来还要重新申请。1930年，亚伯拉罕·斯罗维斯（Abraham Slowes）从波兰移民到巴勒斯坦，他作为一名发电站工程师，在海法的事业发展顺遂。他的父母摩西和马勒卡仍在家乡维尔纳生活，是当地受人尊敬的牙科医生。这座后来更名为维尔纽斯的城市经历了巨大的变化：斯罗维斯家族刚搬去的时候，这座城市还属于俄罗斯帝国；第一次世界大战后，它成了波兰的一部分；1939 年 9 月，它又被苏联红军占领，并入了立陶宛苏维埃共和国。随着希特勒和斯大林携手共同穿越东欧，维尔纽斯成了签证中心。1941 年 3 月初，亚伯拉罕收到一份简短
340 的电报，“把证书寄来”。他的父亲写道，摩西·斯罗维斯要求儿子为他和妻子以及菲斯克斯曼斯一家取得通行文件。

亚伯拉罕很快回信说，他正在尽一切努力为他们争取经由土耳其移民巴勒斯坦的许可证件。事实上，他已经代表父母提交了申请，但是 1940 年 2 月，申请被驳回。随后的几个月里，维尔纳的局势越来越糟。摩西给亚伯拉罕发第一份电报时，德国和苏联还是盟友。三个半月后，两个国家交恶，德国入侵苏联，直接导致维尔纳成了新战争的前线。亚伯拉罕更加努力，不断给他认为可能帮上忙的所有人写信或发电报。终于在 1942 年 3 月，距亚伯拉罕第一次提交申请后两年多，耶路撒冷移民局一篇感天动地的新闻报道发挥了作用，伊斯坦布尔的英国护照控制官接到指示，可以向摩西和马勒卡发放移民证书，只需要他们在伊斯坦布尔亲自申请。

亚伯拉罕遇到的难题首先是如何把这个消息告诉父母，其次是如何让父母到达伊斯坦布尔。1941 年夏，德国国防军入侵维尔纽斯，没几天就攻占了城市，城里的犹太人遭到了围捕，并且被圈禁在贫民区。亚伯拉罕肯定知道当时的维尔纽斯是何等绝境，可他又无法越过战争的不确定性和官僚制流程带来的新障碍。亚伯拉罕写信请求红十字会根据他父母最后登记的地址协助联系，接收信件的官员却回信吩咐他填写所需的表格。亚伯拉罕很快返回了表格，列

明了他曾经住在占领区的八名家庭成员，并且附带了一张用于支付寄送费的邮票。他甚至还给耶路撒冷和梵蒂冈的瑞典领事写信：“我冒昧打扰，请求不要拒绝对老年人的救助，他们当了一辈子医生，即使在这艰辛的岁月里，仍旧不忘帮助病人。”他将父母的具体情况告知了瑞典官员，并且随信附了照片当作身份证明。耶路撒 341
冷的领事写信回复，让他向海法的瑞典领事提交申请，其他回函的驻外官员也是类似的答复。他们全部表示说，很遗憾，他们与德国占领区的联系已经中断了。

亚伯拉罕想尽了办法，最后他觉得越接近源头，结果或许会越好，于是1944年8月初，他给驻莫斯科的英国大使馆写信，请求他们把有关移民证书的消息转寄给他的父母。几周以前，红军刚刚收复了维尔纽斯，亚伯拉罕满心期待通信线路重新开放。11月，大使馆的专员第一次明确给出了答复，“关于8月8日来函询问您父亲的下落，”回信写道，“我很遗憾地告诉您，按照您提供的地址，我们转寄的信件已被退回，退信标明的理由是‘收件人亡故’。”

次年春天大使馆发来的后续记录包含了进一步的信息：四年前，德国占领一开始，斯罗维斯一家人显然就已经被杀害了。他们的文件档案刚盖上第一枚印章的时候，还没等到巴勒斯坦当局签署移民证书，伊斯坦布尔的护照控制官准备校验，以及土耳其官员签发过境签证等一系列流程结束，他们就已经死了。参与营救工作的人只会忙着整理等待救援的长名单，而对个体小家庭以及巴拉斯和希尔施曼来说，填满一份乘客名单有时就像是在组建一艘幽灵船。

吉兆门

345 英勇的行动总是看似平淡无奇。巴拉斯从佩拉宫发送的电文只是一个复杂的官僚谜题。救援与逃生的关键全都在于填写表格、整理官方文件、协调运输公司、安排修理船舶发动机，还有持之以恒地追逐着土耳其官员，与解决问题相比，他们显然对摆脱麻烦更感兴趣。

生存需要预先计划，而计划之前需要完成许多文件。战争、占领和暴行封锁了斯罗维斯一家人文件传送的通路。然而，许多犹太人面对的核心问题不只是获得进入土耳其的许可证，然后继续前往巴勒斯坦。更确切地说，在德国占领区之外，还有一堆繁复和令人恼火的技术问题，包括说服政府——哪怕是通过合情合理的合作关系——允许人们离开。“从希尔施曼与我收到的电报来看，在战争难民委员会印象中，我们面临的主要困难一直是土耳其政府方面不愿配合。”1944 年 3 月，斯坦哈特大使给华盛顿写信说道：“事实上这种情况并不存在。到目前为止，我们最头疼的问题是巴尔干半岛的轴心国当局拒绝让犹太难民离境。”

346 如同当年“斯特鲁玛”号不幸遇难的乘客一样，罗马尼亚成了越来越多犹太人匆忙选定的目的地。一些人原本就是罗马尼亚人，他们公开居住在首都布加勒斯特等城市，挨过了艰难的战争岁月。另一些人被驱逐或者被拘役在德涅斯特河沿岸，罗马尼亚政府在这片强占的乌克兰领土上建立了营地和社区，聚集了成千上万的犹太人。还有一些人从波兰等德国的直接控制区一路向南逃到罗马尼亚。

尽管罗马尼亚与纳粹党结了盟，柏林依然不断向布加勒斯特施加压力，催促他们围捕犹太人，并送到德国人管理的集中营，不过这个国家战前的社会生活仍然相对安全。战争将四面八方的犹太人汇聚在罗马尼亚，而吸引他们前来的正是这个国家政府的规定，罗马尼亚官方同意签发出境证明，必要时还会发放护照，正式批准犹太人的移民申请。这是许多国家监视公民跨越国际边界来来往往的常规做法，但在迫害和逃亡的大背景之下，却为犹太人制造了巨大的障碍。

后来，土耳其政府不再要求持有合法移民证的犹太人必须取得过境签证，但是罗马尼亚政府仍然坚持，移民临走前必须出示特定的出境文件。自 1938 年以来，罗马尼亚政府实行了一系列反犹太法律，剥夺了许多犹太人的国籍，这些犹太人如果想要离开这个国家，必须申请恢复或证实他们的国籍。当时的官老爷们尽职尽责地保留着所有记录，就像现代的移民官一样，可以完整地告诉你，某个人从哪个机场出发，具体什么时间离开。

一个犹太人申请离开罗马尼亚，至少需要提供下列文件资料：

一张近照； 347

一份申请人的自述，包括出生日期和地点，身高，头发和眼睛的颜色，鼻子、额头、嘴和下巴的形状，以及是否有胡须；

一份证明，证实申请人没有未决的法律案件；

两位证人的担保，证实申请人的身份、父母、出生日期、住址，以及确实是犹太人；

一份宣誓书，证实上述两位证人的身份；

一份财政部的证明，证实申请人过去五年内没有拖欠税款；

一张需申请人签名的特定表格，明确请求获得离开这个国家的许可。

这份资料清单最后一个要求最无礼。表格要求申请人签署一份简单的声明，如下：

按照本文件要求，我，签字人____________，住址__________，在此郑重声明，我同意，如果获得护照并且离开这个国家，我和我所有的家人将永久移居国外。

官方措辞掩盖了一个有悖常理的事实：犹太申请人可以恢复罗马尼亚国籍，但条件是他和他的直系亲属不再踏进这个国家。

除了罗马尼亚方面有诸多约束，土耳其政府也频频设置障碍。
348 安卡拉的官员们忌讳救援行动的船只使用土耳其国旗，即使全部费用都由私人组织或外国政府承担，他们仍旧担心这样做会把土耳其推向同盟国的阵营，点燃希特勒的怒火。“斯特鲁玛”号事件之后，土耳其政府行事慎之又慎。安卡拉认为，倘若再出现一起海难，土耳其难辞其咎，必定会受到国际社会的谴责，还得偿还救援工作的经费。甚至看似简单的问题，比如允许救济组织以外交使团的特惠汇率兑换土耳其里拉，安卡拉也要谨慎考虑。所以，土耳其政府采取拖延策略，拿外交磋商和官方调查当挡箭牌来回应斯坦哈特大使的援助请求是十分正常的。

1944 年中，事态逐渐趋好。许多外国组织通过伊斯坦布尔持续救助犹太人，其中有犹太组织，也有美国组织，还有红十字会等国际组织，救援工作不断取得突破性的进展。在这种情况下，难民总是愿意联系尽可能多的救援组织，期待至少有一个能提供帮助。但有些时候，许多组织针对某个具体的问题投入了巨大的精力，结果却发现另一个组织早已经解决了。

6 月，斯坦哈特大使写信跟巴拉斯说，许多团体派到土耳其的代表只停留几天，根本无法了解当地环境的复杂性。多个救援组织甚至竞价承包同一艘船，抬高了船主索要的价格。还有一些人明目张胆地参与非法移民——因为希望更多的犹太人可以离开中欧，竟然无视土耳其的移民法律——他们的行动很可能导致犹太事务局等合法输送犹太人过境土耳其，前往巴勒斯坦的救援工作被叫停。早在初春，外交部长努曼·米尼门塞格鲁（Numan Menemencioglu）就曾明确地告诉斯坦哈特，土耳其官方对伊斯坦布尔正在运作的不 349
法活动了如指掌，政府轻易就能启动方案叫停这些行动。出于这个原因，巴拉斯一直谨防趟入非法移民（aligahbet）这摊浑水。他尽可能通过光明正大的合法途径，争取更多的犹太人能获得官方过境签证和巴勒斯坦移民证。

救援工作无论是合法，还是非法，信息都是其中影响生存的重要因素。如果你知道家人和朋友在哪里，又知道如何联系他们，而且能动用必要的资源收集到很容易遗失或毁坏的正式文件，那么你的亲友安全逃离的机会就能大幅提高。这就是为什么巴拉斯和希尔施曼经常走出佩拉宫和公园酒店，穿越塔克西姆广场，直奔哈比耶（Harbiye）区的原因，他们要去圣神主教座堂（Cathedral of the Holy Spirit）打探消息。

哈比耶这个名字的词根是“战争”，但是这座城市原本就没有和平安全的地方。哈比耶以前是奥斯曼帝国军事训练学院的场地——也是名字的由来——走出了包括穆斯塔法·凯末尔在内的多位苏丹帝国的陆军精英。第一次世界大战后，英国的占领部队也曾经把这里选作他们的总部。这片区域和金角湾北部大多数的城郊高地一样，从奥斯曼时代就是非穆斯林民众的聚居地，混杂了基督教堂、墓地、商铺和出租屋，这一切都不安地与营房和练兵场比肩而立。协约国占领时期，查尔斯·哈林顿将军修建办公室的时候，在附近发现了一片杂草丛生的亚美尼亚公墓，他下令把墓地改造成了运动场，并且用旧墓碑垒成了临时的露天看台。英国官员常常坐在看台上一边享用点心，一边观看业余的板球比赛。

哈比耶区不仅在地理上远离老城，在文化上也有很大差别。土 350

耳其小说家皮雅米·萨法（Peyami Safa）在1931年出版的名作《法提赫－哈比耶》（*Fatih-Harbiye*）中就对比了金角湾南部穆斯林聚居的法提赫区和北部高地之间在传统上的差异。虽然越来越多世俗的穆斯林搬进了哈比耶区的高层住宅和新建公寓，但这片区域最著名的还是基督教的企业、学校和教堂。1846年，奥斯曼政府在这片划拨的土地上建成了伊斯坦布尔最重要的天主教堂。这里是一个族群精神领袖的所在地，这个城市群体至今仍被称为拉丁人或者黎凡特人。

伊斯坦布尔的黎凡特人能够融入不同的文化，或许是因为他们从未在祖国生活过。教区居民有阿拉伯商人、马耳他银行家和意大利金融家。他们的母语通常是法语或意大利语，但天生会讲多国语言，是奥斯曼人与地中海东部的基督教徒长期交流往来的产物。其中一些人来自富裕家庭，集中居住在佩拉区的别墅和公寓。他们是“一个奇怪的群体”，作家哈罗德·尼科尔森（Harold Nicolson）说道：“孤立但又举足轻重，通晓多种语言，共同身份是经济中间人，齐心协力地连通了土耳其生产商和欧洲市场。”传记作家齐亚·贝的话语更加直截了当，反映了穆斯林的普遍观点。他说，这些黎凡特人“毫无特点……他们唯一的目的就是赚钱和花钱，他们愿意售卖任何东西”。尽管如此，齐亚·贝轻视的黎凡特人只是城市人口的一小部分。1927年，土耳其共和国开展第一次人口普查的时候，伊斯坦布尔只有不足23000名黎凡特人，其中三分之二还是外国公民，而且此后一直稳步减少。

中东的天主教群体一直保留着教会历史的早期传统。1054年，
351 基督教界大分裂，这些如今贴着正统天主教标签的教会——希腊东正教、俄罗斯东正教、罗马尼亚东正教等——决定坚持遵守圣统制，与不同民族和文化群体相关联。他们摒弃了罗马主教主张的普世权威的理念。不过罗马方面也发现，他们在东方世界越是大声宣扬普世权威，东正教的地位就会越巩固，更糟糕的是还可能冷落了

原本忠诚的教会，让它们发展出各自的传统。这就是伊斯坦布尔很像大马士革和贝鲁特的原因。这座城市修建的教堂各式各样，从亚美尼亚天主教到叙利亚天主教，再到拉丁天主教（即罗马天主教），而这些教会在西方都只是被简单地称为天主教。天主教广泛吸纳了多种东方形态，每个教会都有自己独特的礼拜仪式、法衣和等级制度，一些教会甚至还允许教士结婚。在这层意义上，黎凡特人虽说是纯粹的罗马天主教徒，但或许也算是天主教内部最东边的西方人或者最西边的东方人。

教皇行事一贯轻慢，没有收获这些天主教徒的忠心。这正是为什么宗座代表——教皇在土耳其的个人代表——最后会定居在相当偏僻的哈比耶，而不是在佩拉这个古老的基督教区安身立命。圣神主教座堂在伊斯坦布尔绝不是最吸引人的天主教堂。灰泥外墙镶嵌着一幅委婉有趣的马赛克图案，一只鸽子俯身飞下，众多信徒的头顶升腾起火舌。庭院里，紫藤和常春藤蔓生。这座大教堂缺乏建筑上的吸引力，却从世俗权力中得到弥补，所以 1943 年初冬，查姆·巴拉斯一直竭尽全力地接近这里。

尽管巴拉斯从大教堂走到佩拉宫的电报站不过半个小时，但是外交礼仪要求他通过适当的渠道。他给宗座代表的首席秘书维托雷·瑞吉（Vittore Righi）写信，希望安排他会见宗座代表。他本 352
来在 1 月就获得了准许，但是由于彼此的客套和请求的转递，这次见面拖延了几个星期。

1943 年 2 月 12 日，巴拉斯在佩拉宫大堂接到了一封电报。这封电报是耶路撒冷的首席拉比伊萨克·赫佐格（Isaac Herzog）警告他，意大利的犹太人正面临“极度危险”。他敦促巴拉斯尽快联络教宗代表，看能否为此做点什么。原本的救援计划并不包括让意大利的犹太人进入伊斯坦布尔，巴拉斯已经在竭尽全力地为东欧被围困的大批犹太人安排通路，但他还是希望有一名德高望重的资深教会领袖可以代为向罗马教廷求情，无论如何，他目前还有另一个话题可以吸引梵蒂冈代表的注意。

即使整个欧洲的犹太群体面临灭顶之灾的态势已经非常明朗，庇护十二世（Pope Pius XII）仍然审慎地选择在战争中保持中立立场。他坚决反对共产主义，所以他不再公开支持同盟国的目标，因为这会让他和苏联站在同一个阵营。他担心希特勒的军队会侵扰罗马和梵蒂冈城，因此尽管梵蒂冈的外交人员明知轴心国在波兰和苏联占领区犯下令人发指的罪行，但是对待解决德国暴行这个问题依然言语谨慎。平等对待交战双方成了庇护十二世外交政策的指导原则。“他解释说，如果提到暴行，他不能谩骂纳粹，同时绝口不提布尔什维克……”罗马教廷的美国代表小哈罗德·H. 蒂特曼（Harold H. Tittmann Jr.）说，“他表示，他‘害怕’有依据可以证明同盟国残暴的行为，但是我相信，他也感觉到其中有一些是夸大其实的宣传。”

353 巴拉斯对罗马教廷的立场心知肚明，这就是他在伊斯坦布尔接近教宗代表时这样小心的原因。经过连番的交涉和持续的努力，1943 年春，巴拉斯终于通过共和国大街（Cumhuriyet Avenue）不远处的小门廊，见到了享有森布瑞亚荣誉大主教、驻土耳其和希腊宗座代表这样尊贵头衔的人物。

安吉洛·朱塞佩·兰卡里（Angelo Giuseppe Roncalli）主教待在伊斯坦布尔的时间比巴拉斯还要长。自 1934 年以来，他一直担任宗座代表，他非常喜欢这份前途无量的神职事业，不过他也具备巴拉斯最感兴趣的核心品质：致力于全球的社会运动，发挥教会的作用。

兰卡里出生于 1881 年，与穆斯塔法·凯末尔是同一时代的人，他的家乡在意大利的贝加莫附近，他是佃农的儿子，家中还有十二个兄弟姐妹。这样的大家庭出现一个神职人员原本十分正常，但是兰卡里似乎对神学有着异乎寻常的热情。他在本地神学院完成学业后，获得奖学金前往罗马进修，一直读到了博士毕业。1904 年，他被授予神职。他返回贝加莫，担任当地主教的秘书，第一次真正接近了教会高层。贝加莫作为进步社会思想的中心，认为教会应将巨大的财富和权力用于提高教区居民的个人收益，以及推动发展更加公平、公正的政治制度。

作为本地主教的重要心腹和顾问，兰卡里直接跨入了进步教义的主流之中。他的组织经验也让他获得了教会高层的关注。1920年，他被教宗本笃十五世（Benedict XV）升任为万民福音部（Society for the Propagation of the Faith）的主管，这个职位为他增添了管理意大利和海外传教士的国际经验，让他有机会去意大利之外的地方任职。1925 年，他被任命为大主教和教皇代表，派驻保加 354
利亚；1931 年，兰卡里同时说服教会和保加利亚政府将这个职位升至宗座代表的等级；三年后，他又被调任为罗马教廷驻伊斯坦布尔的宗座代表。

兰卡里很喜欢土耳其人，很快就爱上了土耳其。他在保加利亚待了十年，已经成为东南欧社会与文化方面的专家，怀着满腔热情投身于新的工作。他开始学习土耳其语，这门复杂的语言几度让他认为这项学习计划是某种形式的苦修。然而他真正的挑战其实不是文化，而是政治。“我在土耳其的工作并不轻松，”兰卡里在日记中坦言道，“这里的政治局势使我做事束手束脚。”

宗座代表在教会外交圈中的角色十分微妙，他没有合法的外交身份，与官职更高的教皇大使不同，他不能代表梵蒂冈发言。兰卡里把主教会设在了土耳其大多数罗马天主教徒居住的伊斯坦布尔，而且他待在这里，有时还能避开安卡拉的外交阴谋和政治权力。土耳其政府意图将世俗主义扩展至国际领域。兰卡里和土耳其外交部长米尼门塞格鲁之间的所有通信都被认为是个人交流，而不是某种形式的外交函件。1939 年，兰卡里联络土耳其外交部，正式宣布教宗庇护十一世逝世、庇护十二世继任的消息，外交部的回应却是，此事纯属宗教问题，并不影响国与国之间的关系。因为土耳其政府明令禁止人们在公共场合穿戴宗教服饰，所以兰卡里与其他教士一样，只能常常把他的教士衣领留在衣柜里，而且即使在他的辖区，兰卡里也没有超越主教的特别行政权，他唯一实用的工具就是
355 道德劝说以及和罗马教廷的直接联络渠道。兰卡里身处这样不利的环境，丰富的地方经验和当地人脉帮助他扫清了不少障碍，他“机智老练，能力出众”，法国大使这样形容他。

巴拉斯第一次接触兰卡里没有文字记录，但是推测他大概向这位宗座代表提起了早先与瑞吉（Righi）通信时论及的几个观点：犹太事务局正在加倍努力，让犹太人离开被占领的欧洲；教会能够发挥更大的作用，谴责纳粹在整个欧洲大陆犯下的暴行；教会可以扮演特殊的角色，动员一切能动员的关系，确保犹太人可以获得离开原籍国、过境土耳其和最终抵达巴勒斯坦所需的移民文件。不管怎样，沟通渠道现在打开了。1943 年整个春夏两季，巴拉斯要么亲自拜会兰卡里，要么通过瑞吉给他递送文件。6 月，巴拉斯向耶路撒冷汇报新近的工作进展：“今天有幸得见声名显赫的宗座代表，他正在尽最大努力提供帮助。”

巴拉斯的要求既直白又具体。他一再请求兰卡里调动资源，敦促罗马教廷更加强势地反对迫害犹太群体，并且利用梵蒂冈的关系帮助个别家庭逃命。事实上，巴拉斯和兰卡里是互相帮助的关系。鉴于过去在保加利亚的经验，兰卡里早已听说有些家庭想要逃离。很多时候，他也会要求巴拉斯跟踪打听索非亚等地的某个人是否收到了移民文件。11 月，耶路撒冷的首席拉比写信向兰卡里致谢，他说，感谢“您对巴拉斯的工作频频伸出援手，帮助了我们可怜的兄弟姐妹”。

然而，另一个危机正在悄悄靠近。匈牙利和罗马尼亚等轴心国颁布了严苛且歧视性的反犹太法律，关闭了犹太人的企业。他们在
356 占领区无所顾忌地残杀犹太人。希特勒瓜分东欧的时候，匈牙利获得了捷克斯洛伐克和乌克兰的几片区域，罗马尼亚拿走了乌克兰包

括战略要地敖德萨在内的大量土地，保加利亚则占据了马其顿和西色雷斯的部分地区。这三个国家对占领区的外籍犹太人实施了围捕和驱逐，其中一些犹太平民还因反对占领或协助同盟国敌军的罪名遭到了大规模的屠杀。

但是，这些政府却对本国的犹太人爱护有加。他们顶着德国的压力，坚决反对把本国的犹太人推上出境的火车，送往纳粹管理的屠戮中心。所以，总的来说，匈牙利、罗马尼亚和保加利亚的犹太人逃过了大屠杀初期最严重的几次蹂躏和摧残。

1944 年春，匈牙利的局势发生了改变。同盟国胜利的迹象越来越明显，于是匈牙利政府开始将触角秘密地伸向伊斯坦布尔和其他中立国的首府。如果同盟国接受特定的条件，比如承诺苏联绝不占领匈牙利，或者在和议中放弃任何惩罚性的边界变化，匈牙利可以改变立场，不再效忠轴心国，转而支持同盟国的目标。德国情报机关对这些会谈内容一清二楚，所以德国自斯大林格勒战败，从苏联撤军后，就开始制订各种作战计划，全面入侵匈牙利。德国以这种方式制止了匈牙利退出轴心国，并且建立了一个缓冲区，防止同盟国的军队直穿东南欧。与此同时，纳粹的进攻还能够实现一个目标，这个目标自开战以来一直受到不合作的匈牙利政府的百般阻挠：大规模地驱逐和残杀匈牙利的犹太群体，据战前统计，匈牙利大约有 72.5 万名犹太人。1944 年 3 月，在党卫军（SS）和盖世太保（Gestapo）的陪同下，国防军越过了边境，进入匈牙利。同年夏天，他们开始对犹太人发动攻击，党卫军驻布达佩斯的高级将领阿道夫·艾希曼（Adolf Eichmann）亲自督导了这次按预定计划实
施的行动。他们没收了犹太人的财产，强迫犹太家庭迁入贫民区， 357
紧接着从 5 月开始，他们又安排了多趟列车，把大批的犹太公民运往奥斯维辛集中营。许多犹太人到达集中营没多久，就被送进了毒气室。

此时，巴拉斯正在与希尔施曼联手施救，希尔施曼致力于依靠

自己的经费和人脉，弄到黑海救援行动所需的船只，然而匈牙利的局势却提出了特殊的挑战。许多犹太群体此前一直遭受迫害，但仍能保证生命安全，而现在纳粹的根除行动开场了。纳粹当局认识到同盟国政府特别关注犹太人的命运，所以布达佩斯的德国官员总是千方百计地想要利用这种关心，从而达到宣传和经济的目的。

1944 年 5 月中旬，征得艾希曼的同意后，两名密使乔尔·布兰德（Joel Brand）和安德里亚·久尔吉（Andrea György）被派往伊斯坦布尔，与同盟国开启秘密谈判。布兰德大名鼎鼎，巴拉斯和伊斯坦布尔的犹太特工都对他有所耳闻，他是匈牙利年轻的犹太实业家，一直积极帮助本国的犹太人逃离。同伴久尔吉也是一位匈牙利犹太人，他皈依了天主教，而且有一连串众所周知的化名。他有时叫格罗什，有时格罗斯或格雷涅尔，有时又被称为特瑞里尔，这些都是美国联络人给他起的代号：他是美国战略情报局山茱萸网络的一分子，是同盟国情报部门最有价值的线人之一。

布兰德和久尔吉带来了一个荒诞的提议：德国政府同意释放犹太人，以换取他们所需的物品。“我们打仗已经打了五年，”艾希曼在布达佩斯向布兰德提出了他的要求，“严重缺乏物资补给。好吧，我知道你想拯救犹太人，尤其是年轻人和育龄女性。我是理想主义的德国人，我尊重你是理想主义的犹太人。你可以带走匈牙利、波兰等地一百二十万名犹太人，他们是我用来交换的商品。”艾希曼开出的条件具体得令人吃惊。如果同盟国愿意提供二百万块
358 肥皂、二百吨可可、八百吨咖啡、二百吨茶叶和一万辆卡车，那么德国允许限定数量的犹太人离开匈牙利。

同盟国的特工扣留了两位密使，在伊斯坦布尔和开罗对他们做了进一步的审讯，艾希曼的提议遭到了严词拒绝。同盟国政府无法容忍这个向纳粹支付血腥赎金的想法，尤其是苏联，他们担心额外的战争装备或物资补给可能会鼓励德国在东线发动新的进攻。伊休夫领导人此前就提过类似的赎金计划，他们想尽了办法，探讨了所

有能让犹太人离开欧洲的方案，包括与魔鬼订立契约。然而，布兰德的使命表明了德国人的绝望。德国目前在东线节节退败，注意力全部放在战争结束之前如何尽可能多地消灭犹太人。

布兰德的使命也表明了救援行动尚未终止。尽管驱逐犹太人的速度加快了，但是逃生路线仍然可用。通过布达佩斯教堂神职人员的沟通渠道，兰卡里获悉，尚未被驱逐出境的犹太人或许还有机会离开匈牙利，可他们所需的前往巴勒斯坦的移民证书只有在伊斯坦布尔才能获得。如果身处危难的犹太人不能赶到土耳其领取证书，那么唯一可能的解决方法就是深入纳粹占领的国家，把这些证书送到他们手中。1944 年仲夏，被德国人送到劳工营和死亡集中营的犹太人已经超过 40 万。

巴拉斯和希尔施曼此时此刻非常需要兰卡里帮助他们完成递送证书的任务。当年夏天，犹太事务局和战时难民事务委员会精心筹备，经过层层转手，终于将装有移民证书的包裹交给了兰卡里，然后由他通过教会网络送到匈牙利的犹太社区。巴拉斯委托递送证书的神职人员尽可能多地确认匈牙利犹太人的身份信息，这样他的同
事就可以在伊斯坦布尔搜寻他们亲友的名字和地址，另外一些人则 359
负责抄写布达佩斯电话黄页上所有可辨别的犹太人姓名。

6 月 5 日，兰卡里给巴拉斯写信说道：“我很高兴地通知您，您交给我转递匈牙利犹太人的移民证书正经由一位可靠的信使送往布达佩斯。”“幸亏这些文件”，巴拉斯第二天回信说道，匈牙利的难民“有救了”。但兰卡里并没有向他的罗马上级汇报。匈牙利的驱逐开始之前，战时难民事务委员会就已经把德国人大规模屠杀匈牙利犹太人的计划告知了兰卡里，兰卡里向梵蒂冈转发了这份报告——两名逃出奥斯维辛集中营的斯洛伐克犹太人的目击证词，但是他并没有得到公开的答复。随后，布达佩斯的宗座代表还亲自向罗马通告了匈牙利犹太人当前的处境，然而教宗庇护十二世仍然不赞成指明犹太人是希特勒的主要受害者，拒绝谴责针对犹太人的纳

粹政策。

兰卡里作为没有外交身份的宗教领袖，明显逾越了他在中立国本应遵守的规矩。他还明白自己正在积极参与一项教会曾经拒绝支持的计划：让犹太人大规模移民进入巴勒斯坦。因为《最终解决方案》的大背景，救援和移民之间的界线——实际上还有移民和犹太复国主义之间的界线——越来越模糊不清。7 月下旬，希尔施曼赶往普林基波岛的避暑别墅，拜访了兰卡里。“他帮助过匈牙利的犹太人，我恳请他再次施以援手。”希尔施曼在日记中写道。成千上万的移民证件虽然已经被送往匈牙利，但是现在还要准备后续运送犹太移民横渡黑海的船只。

五旬节当日，兰卡里跨步走上圣神主教座堂的圣坛，进行了一
360 场有关战争最沉痛、最深刻的布道。“我们受主召唤，生活在狼烟四起、仇恨蔓生的痛苦时代，国家利己主义无情地牺牲了个人，野蛮残暴的行径令人类蒙辱。”就在他讲这番话的时候，犹太人正在前往巴勒斯坦的路上，他们中许多人携带的文件正是经由兰卡里的教会网络递送的。

几乎没有逃亡者看见过伊斯坦布尔的全貌。犹太人从锡尔凯吉转车开始，直至跨越博斯普鲁斯海峡抵达海达尔帕夏火车站的这段时间，土耳其当局都会严密看守。这些人初来乍到，还没来得及熟悉周遭的环境就必须迅速赶路，等待他们的是接连不断的火车、检查站和手续。而乘船抵达伊斯坦布尔的犹太人也受到类似的限制。

犹太事务局、战时难民事务委员会和美犹联合救济委员会抽调了一小群积极分子，负责路途上每一站的组织和补给。与此同时，巴拉斯和他的同事们负责处理文书，希尔施曼应对政治问题，伊斯坦布尔的慈善家西蒙·布洛德（Simon Brod）则承担了其他日常事

务。西蒙经历过土耳其财产税的重击，受到全城协约国和犹太特工的尊重，犹太难民到达伊斯坦布尔第一眼看见的往往就是他指尖缭绕的香烟烟雾和头顶一簇醒目的白发。

整个救援工作看似很抽象，大多是处理一些清单、时间表和电报，直至希尔施曼和巴拉斯安排的车船真正抵达伊斯坦布尔，他们才看见了这些工作的实际收效。1944 年 7 月初，758 名犹太人乘坐“卡兹别克”号（*Kazbek*）从黑海驶入博斯普鲁斯海峡。这艘船的核载定员是三百人，但是根据希尔施曼的回忆，他眼看着船驶进港口，就连甲板都挤满了人。乘客名单多了 256 名从德涅斯特河沿岸乌克兰的罗马尼亚占领区营救的儿童。

市政府准许希尔施曼和一些积极分子在旁观看救援船的到港和
起锚。难民们拿着大包小包的行李物品刚刚上岸，土耳其警察就会 361
护送他们一路赶到海达尔帕夏，登上在车站等候的列车，坐进为他们安排的二、三等车厢。基本每次运送，美犹联合救济委员会都会提供食物和水——通常是几百条面包、几千个黄瓜和西红柿，以及大量的盒装香烟，这些物品即便在伊斯坦布尔也是严格限量供应。坚忍的乘客们默默地在车厢里找座位安顿下来。

突然，难民队伍中冲出一名女子，她跑下码头，打破窗户，大喊大叫，直到被人制止。有人告诉希尔施曼，这一路漂洋过海，她一直都这样疯疯癫癫，因为她目睹了自己的母亲和三个孩子被枪杀。许多伊斯坦布尔的犹太居民此时此刻也涌进海达尔帕夏火车站，四处打听他们亲属的行踪。在某些情况下，犹太事务局的官员可以进入车厢，顺带捎回某个具体家庭的消息。“不出所料，目前的情况非常糟糕。”某位打听消息的伊斯坦布尔居民随后在给犹太事务局的感谢信中这样写道。

傍晚时分，列车终于驶离了车站，希尔施曼也准备返回欧洲区，他站在冷清的渡轮上，注视着整个城市不断点亮的灯火。他可以远眺萨拉基里奥角，瞭望托普卡帕宫的尖塔和穹顶，还能隐约看见藏在石墙和柏树林背后的内院。出入深宫后院——苏丹的私人生活区——要穿过一段装饰华丽的门廊，奥斯曼人称之为吉兆门（Gate of Felicity），而且在奥斯曼帝国的外交函件中，伊斯坦布尔也时常以德尔萨德特（*Dersaadet*）这个单词的变体自居。希尔施曼知道，他在伊斯坦布尔的工作只是长链中的一环，这条长链无国无家，只能通向他方。他说这个世界看起来疲惫不堪。

车船现在很轻松就能抵达，往复的时间也更加规律。但是这条路线依然十分危险。1944 年 8 月 3 日，夏末，“莫里纳”号、“布布尔”号和“莫弗克”号三艘船组成的护航队离开罗马尼亚港口，
362 驶往伊斯坦布尔，每艘船运载的难民都超出了定员数量。在航行的第二天，速度较快的“莫里纳”号就已经看不见“布布尔”号和“莫弗克”号了，后来，因为引擎故障，“莫弗克”号甚至落后得更多了。

8 月 5 日 12：30 左右，“莫弗克”号遭遇火力扫射，很可能又是来自苏联潜艇的攻击，重现了两年前“斯特鲁玛”号的悲剧。大口径的炮弹撕裂了木造船体，火势在甲板上迅速蔓延，土耳其船长和四名船员趁乱划着唯一可用的救生艇逃走了。

几十名乘客纵身跳入大海。袭击发生时，其余的人还在睡觉，枪声响起约半个小时后，他们就与燃烧的船体一起沉没了。“莫弗里”号只有 5 名乘客生还。他们紧紧抱着船体残留的一块碎片随波逐流，四个小时后，幸运地被“布布尔”号发现。其余的 320 名难民不是被射杀，就是被淹死。

另外两艘船停泊在靠近保加利亚边境的土耳其小镇埃格尼达，乘客们下船后，转乘火车前往伊斯坦布尔。他们筋疲力尽，却面带释然的微笑，满心期待地倚靠着锡尔凯吉火车站的栅栏，从银质托盘中拿起形似莲花花苞的玻璃杯，大口啜饮着红茶。他们很快就会转车去海达尔帕夏火车站，然后继续开往巴勒斯坦。

“莫弗克”号沉没的时候，同盟国部队已在诺曼底登陆，苏联还在东线继续发动大规模的进攻。红军首次解放了一个纳粹死亡集中营。罗马尼亚撤离了德涅斯特河沿岸，并且为避免苏联的全面入侵，还于当年夏末宣布转变立场，加入同盟国的阵营。保加利亚左翼政变后，也效仿罗马尼亚转而投入了同盟国的怀抱。

谣言盛传土耳其正在计划对德宣战。博斯普鲁斯海峡和马尔马 363
拉海如今空空荡荡，只剩下几条小船随着波涛起起伏伏。土耳其当局下令，要求海军军舰和民用船舶远离海岸，以防德国先发制人地发动攻击。他们还加强了防空演习，把工商企业和公寓住宅的窗帘换成了遮光幕布。

德国人在公园酒店一旁默默进餐，近旁的大堂仍有记者徘徊，跟踪报道德国的命运转折。酒店的房价跌了一半，德国人拖家带口地挤满了结账柜台，他们都想在土耳其结束中立之前尽快离开。德国大使弗朗茨·冯·帕彭也匆匆告别了安卡拉，他从锡尔凯吉火车站启程返回柏林，他向站台上欢呼的德国人、日本人和土耳其群众不停挥舞着帽子。8 月中旬，土耳其外交部宣布土德两国断交。1945 年 2 月，土耳其正式加入同盟国。

战争结束，人们仍旧通过伊斯坦布尔前往巴勒斯坦，但是船队、专列和紧急公务文件的获取工作都开始放缓，因为幸存下来的难民不再面临那么紧迫的生存威胁。曾经运送犹太人的船舶叙述了战时大批欧洲人万里逃亡的一段史诗。许多犹太人的家族史不只包含一连串祖先的姓名——能够追溯到波兰、匈牙利、罗马尼亚消失的村庄和空荡荡的社区，还与不少外国船名交织在一起，这些拥挤的船只曾经运送幸存的犹太人抵达安全的地方：“米尔卡”号（*Milka*）、“马利特萨”号（*Maritza*）、“贝拉齐塔”号（*Bellacita*）、

“卡兹别克”号、“莫里纳”号、“布布尔”号、“萨拉哈提”号（*Salahattin*）和“托洛斯”号（*Toros*），还有遇难的“莫弗克”号和“斯特鲁玛”号。这些船运送过 4127 名难民，更多的难民是搭乘火车，还有一小群人乘坐近海航船和小汽艇抵达伊斯坦布尔。从 1942 年到 1945 年，总共 13101 名犹太人途经土耳其，前往巴勒斯坦或其他目的地。第二次世界大战期间，成功抵达巴勒斯坦的犹太
364 人之中超过四分之一是从伊斯坦布尔过境。“移民分批次抵达（巴勒斯坦）的人数与犹太人在敌占国家的悲惨处境无法匹配。”巴拉斯的报告声称，“但是……我认为即使只有少数人逃离了……地狱，这也算是个奇迹。”

查姆·巴拉斯退了佩拉宫的房间，返回巴勒斯坦主管整个犹太事务局的移民处，没过多久就组阁形成了以色列新政府。伊拉·希尔施曼也离开公园酒店，回到了纽约，当上了布卢明代尔百货公司的副总裁。他待在土耳其的时间不超过六个月——来来往往地维系人脉，报告工作进展，但是这段经历塑造了他，让他将余生奉献给了公共事业。联合国成立后，他成为其中一名关键的行政官员，负责处理难民问题。

安吉洛·兰卡里也离开了伊斯坦布尔。1944 年，他被调往法国，就任教皇大使。这个职位要求他机智果敢，因为他最困难的一项任务是决定法国神父的命运，这些神父曾在德占时期通敌，与德国人合作。庇护十二世后来又提拔兰卡里为枢机主教，不过这一头衔更像是某种嘉奖，认可他虔诚的信仰，看重他长期的实地经验，而不是为了表明他在教会统治阶级内部的权力。他长年身在海外，对罗马内部的运作方式和人际关系知之甚少，这让他成了教廷权贵当中的主要发言人。1958 年，教皇逝世，令人惊异的是，其余的枢机主教一致推举兰卡里加冕。他很快就被改称教皇若望二十三世（John XXIII）。

许多人跟随救援行动离开了伊斯坦布尔，其中至少有 3994

人——接近巴拉斯救助总人数的三分之一——没有经历过大屠杀。
他们都是伊斯坦布尔人，要么是世代居住的塞法迪姆犹太人，要么
是已经安家立业的东欧移民。现在因为财产税、反犹主义宣传以及 365
巴勒斯坦这条安全生命线的存在，更多的人像第一次世界大战后的
亚美尼亚人以及协约国占领结束的希腊人一样，纷纷逃离了伊斯坦
布尔。

1944 年夏末的一个晚上，伊斯坦布尔人眼看着新一波移民潮即将涌出这座城市，公园酒店管弦乐队的大多数音乐家都停止了夜间演出。首席小提琴手弗里茨·古思（Fritz Guth）却举办了一场个人独奏会。他面朝酒店餐厅里不多的几位客人，合上了爵士乐乐谱，拉奏了几段舒伯特和莫扎特的曲子。这是他在伊斯坦布尔最后的表演。他是维也纳犹太人的儿子，想尽办法让自己进入了巴拉斯的移民名单，过不了多久，他就要带着妻儿去巴勒斯坦了。

尾　声

369 1927 年，米斯巴赫·穆海耶斯掌管了佩拉宫的大权，与新来的移民相比，他更了解远走的犹太人。战争年代的紧张局势和财产税让他少了很多生意。1941 年的爆炸事件发生后，酒店几乎一整年都没有什么客人光顾。第二次世界大战结束，同盟国的特工和救援犹太人的工作者纷纷结账走了，佩拉宫的声誉只能长久驻留在泛黄的登记名册上。在新近的记忆里，最著名的客人约瑟夫·戈培尔连酒店的宣传页都没拿，就悄悄离开了。

战争落幕，穆海耶斯已年近六旬。他的成年时光伴随着土耳其共和国的崛起，也见证了伊斯坦布尔穆斯林文化的迅速扩张和凯末尔主义资产阶级思想的深刻影响。无论以何种标准来衡量，穆海耶斯都非常富有，从贝鲁特到伊斯坦布尔，他投资经营的生意都有很好的回报，完全可以抵销佩拉宫逐年的债务。他没有孩子，可是每年都会带着侄子和侄女去耶尼亚的雅郦避暑。

20 世纪 40 年代至 50 年代初期，穆海耶斯仍会定期视察佩拉宫，监督酒店的运营。然而，生活不再围绕着狂欢打转，如今世故大胆的土耳其人更加喜欢造型简洁的现代家具，不再迷恋丝绒窗帘和过度的奢华。佩拉宫周围现在都是些简陋破落的经济公寓，酒店前门正对的街道狭窄阴暗，但是背面仍是城内欣赏夕阳美景的最佳
370 地点。这片街区居住着许多来自黑海海岸和安纳托利亚中部的土耳其移民，他们公寓的窗外常常挂着晾洗的衣服，整个街区的生活气

息非常浓厚，佩拉宫耸立其间，显得十分突兀。

1954 年 10 月的某一天，六十八岁的穆海耶斯在酒店二楼开了个房间，还点了一瓶威士忌。次日清晨，夜班门卫听见他的房间里传出一声巨响，打开门，发现老板倒在浴室的地板上，血流不止。人们对这起致命事故推测了很多种可能，有人说穆海耶斯或许喝醉了，在湿滑的大理石地板上摔了一跤，也有人说没准是谋杀。但是据报道，最终的解释来自他几天前跟朋友说过的话。“现在，我的猫死了，”他说，“我也活不下去了。”他的遗嘱随后被启封，没人预料到他把这家酒店赠予三家面向儿童、老人和肺结核病人的慈善机构。

佩拉宫仍在营业，因为慈善基金会明智地把酒店出租给一家私营公司管理。可是土耳其飞速变化，伊斯坦布尔人与旅行者的品位与期望也随之不断改变。1950 年，也就是穆海耶斯去世前的几年，土耳其公民第一次以自由的直接选举方式选出了议会。他们投票决定，撤除了阿塔图尔克创立的政党。街头巷尾，锣鼓喧天，这是 1908 年革命以后，土耳其人民面对变革再次展现出巨大的热情。总统伊斯麦特·伊诺努引退，他辞去了国家元首的职位，选择领导新的在野党，而民主党成员则趁机上位，填补了政府高层的空缺。

传统的共和人民党自称拥有深厚的历史积淀。他们坚持认为，阿塔图尔克用尽全力让土耳其人从帝国的昏睡中清醒过来，下定决心带领他们走进现代化，即便穆斯塔法·凯末尔不在人世，他一手创立的政党仍是实现凯末尔主义理想的最佳选择。与之相比，新的民主党领导人则强调政党受命于人民的意愿，而不是国家的命运。民主党因此在选举中获得了压倒性的胜利。不管是执政党，还是在野党，这些双重的权威主张变成了土耳其政治的支柱，一边以奋力 371
推进现代化为己任，另一边则承诺为沉默的民众发声。

尽管民主党总理阿德南·曼德列斯采纳凯末尔主义基本原则为一种政治意识形态，但他还是废除了陈旧的一党制政治体制。共和人民党所属的财产均被没收，入缴国库；政党领袖在阿塔图尔克执政时期获得的土地全部收归国有。私有化催生了由土地所有者和实业家组成的新阶级。新政府在外交政策上抛弃了阿塔图尔克和伊诺努时代的平衡之道。土耳其是联合国的创始成员国之一——第二次世界大战的最后几个月里，土耳其加入同盟国的决定帮助它得到了这个位置——1952 年，曼德列斯政府又带领土耳其加入了北约(NATO)，使其成为所谓的自由世界的一员。土耳其部队的运输船抵达韩国，这是克里米亚战争之后，土耳其军士第一次和西方士兵比肩而立。民主党的政策在土耳其两年后的换届选举中获得了回报，他们得到了大国民议会的更多席位。

民主党取得了实质性的成就，但是国家经济萧条紧随而至。债务增长，通胀飙升。共和人民党瞅准机会开始敲打曼德列斯，他们第一次向议会制度真正发起挑战。反对意见更像是忘恩负义的诽谤，而不是建设性的帮助。曼德列斯既疑心重重又愤怒不已，但他相信不管安卡拉牢骚满腹的政客发表什么意见，人民都会站在他这一边。外交政策危机四伏——与希腊新一轮的争议，这一次是有关
372 塞浦路斯的棘手问题——他直接向全国发出了呼吁。他打算号召民众齐心支持政府，结果却演变成一次对少数民族的新迫害。

1955 年初秋，谣言四散，说希腊激进分子烧毁了塞萨洛尼基的土耳其领事馆。领事馆的位置恰巧是阿塔图尔克童年时代的家乡，土耳其政府在土希两国睦邻友好时期购买了这片土地。这个谣言传遍了伊斯坦布尔的街头巷尾。一大群穆斯林很快聚集在独立大街，也就是早前还没更名的佩拉大街。9 月 6 日至 7 日两天，这群劫匪冲进希腊人、亚美尼亚人、犹太人等非穆斯林名下的商铺房屋，打着所谓亵渎凯末尔主义圣地的旗号烧砸抢掠。在这场暴乱中，至少 11 人死亡，5600 多家商店、民宅、餐馆、教堂和学校被毁。独立大街和通向佩拉宫的小巷到处都是散落的杂物和翻倒的汽车。人们一边检查受损情况，一边嘎吱地踩过碎玻璃。

土耳其人把这次暴乱称为“九月事件”，对伊斯坦布尔的许多少数民族来说，每一年似乎都会出现一次倒退，冲击他们的心理防线，而这次事件成了放在他们身上的最后一根稻草。亚美尼亚教堂围起了封闭的金属栅门。希腊教会把钥匙交给了土耳其门卫，请他帮忙看守圣泉，定期支付电费，然后不知所踪。政府为了防止破坏分子和恐怖分子突然闯入，在犹太会堂门外修建了警卫室，这些宗教场所门口的茶色玻璃使它们看起来越来越像是外国大使馆，而不再是老邻居。曼德列斯——后来又把目光对准了伊斯坦布尔重大的公共工程项目——在 1960 年的军事政变中被推翻，连同两位部长一起被绞死。紧接着 1971 年和 1980 年分别发生了军事政变，出于不同的原因，牵涉的人员也不一样。最近的一次发生在 1997 年，政府再度面临倒台的危险。

20 世纪 50 年代，社会动荡逐渐平息，易主的商铺重新开张，
穆斯林移民纷纷从安纳托利亚迁居，接管了空置的公寓大楼，但是 373
老街区似乎不再是城市的中心。市政府提出了城市改造的宏伟计划，后来却只实现了一部分。佩拉区建起了一座新建筑，虽说规模很大，但是仍然无法掩盖周围斑驳的灰泥墙和低垂的屋顶。游客喜欢苏丹艾哈迈德附近提供住宿和早餐的酒店，还有那里的地毯商店和拜占庭遗迹。1979 年，加利福尼亚的灵媒塔玛拉·兰德（Tamara Rand）说她看见阿加莎·克里斯蒂在佩拉宫的 411 号房间隐藏了一些无人知晓的秘密。一时之间，这个故事成了记者争相报道的新闻素材，并且大幅提高了酒店的客流量。人们都想揭开这个秘密，但结果发现这只是一个捏造的谎言。除了一把旧钥匙，他们什么都没有找到，不过克里斯蒂入住期间创作的小说《东方快车谋杀案》仍是酒店最为人津津乐道的故事。

佩拉宫是伊斯坦布尔仅存的几家具有历史意义的酒店之一。它接待过许多著名人物，无论他们是否真的签了登记名册。诗人约瑟夫·布罗茨基（Joseph Brodsky）就是曾经光顾佩拉宫的名人，但

是20世纪80年代他入住的时候，大多数商务人士和婚礼宴请都已转移到了希尔顿、瑞士等连锁酒店。根据布罗茨基的观察，佩拉宫附近的街道“歪七扭八，十分肮脏，鹅卵石乱铺一气，而且堆满了垃圾”。他说自己做了一个噩梦，梦里三只流浪猫在佩拉宫的大理石楼梯上撕碎了一只巨鼠。

酒店隔壁的美国领事馆隐蔽在粗糙不平的煤渣墙背后。街道另一端，用栅栏封闭的英国领事馆与周围高低不平的街道仿佛是两个世界。鲜有外地人会来佩拉区以及其周边地区——贝克巴斯的小高地、斯舍（Sishane）和塔拉巴斯（Tarlabası）的陡坡，还有从佩拉大街通往加拉塔的黑暗峡谷。伊斯坦布尔的山脊地区可以饱览全城最佳的景致，尤其是在夜晚，而佩拉宫恰好就位于这段下坡路。

374 欧洲现代史存在民族体和挽歌体两种主导模式，但这都是人们按自己的意愿杜撰的历史。民族历史要求我们汲取不计其数的人类经验，这些经验就像一副叠放的扑克牌，我们却只想抽出民族这张牌——人民升起国旗、共同思忆往事，这些都是罕见的历史时刻。挽歌体则要求我们每段故事的结尾都是一片黑暗，在旧世界失落的某一时点戛然而止，空留一串指向过去的省略号。

这两种历史都没有充分思考故事发展的其他可能性：包括许多老旧的桥段，比如民族大义输给小情小爱，或者个体生命的低落和奋起。人们活在当下，就好比一场恢宏的即兴表演——总是误解自身的生存状态，理应哀伤的场合却要放声大笑，本该转身就走却又留在原地，最应足不出户的时候却在收拾行李。他们一直朝着目标奔跑，很少体验生活。他们常常就像一艘小船，颠簸着离开了码头，先是桥墩在视野中消失，然后是树木和建筑，最后连整个家乡都变成了海天之间一道暗淡的细线。

奥斯曼帝国的资产阶级摇身一变，成了热心的共和党人。穆斯林村民改头换面，成了住进公寓的伊斯坦布尔人。白俄去了巴黎。希腊人在雅典和塞萨洛尼基开始了新生活。年代久远的外交大街恐怕早已被人遗忘，他们的儿孙也不再耐烦听老人家讲起街上某家商铺的陈年旧事。许多亚美尼亚人去了美洲，还有几万人留在了家乡，成为土耳其公民，过着平静的生活，他们有时还自称是土耳其民族。古老的犹太墓地草木丛生，仅存的小社区又修建了新坟，墓 375
石上纪念逝者的铭文是用土耳其语镌刻的，不再是曾经熟悉的拉地诺语。

机会的结局有时是意想不到的悲剧。公园酒店最终被拆除，从而给城市改造让路。托卡良酒店变成了一个面目全非的壳子，注定很难再被开发。莫斯科总会、花园酒吧和绿松石酒吧都不见了。早期来自大都会萨洛尼卡的穆斯林移民——从纳齐姆·希克梅特到阿塔图尔克等现代土耳其的建设者——已被一波又一波来自安纳托利亚东部和黑海海岸的满怀希望的新移民取代。当年哈莉黛·埃迪布和科瑞曼·哈里斯摘下头巾是现代性的示范，如今一些伊斯坦布尔女性再次戴上头巾也是穆斯林女性主义的宣言——是共和国早期的世俗改革者让她们拥有了选择的自由。林荫道上仍然能看见走来走去的俄罗斯人，不过他们更有可能是好奇的游客，而不是贫困的难民。伊斯坦布尔的希腊人、亚美尼亚人、犹太人和黎凡特人都减少了，因为当时佩拉大街上总是用一种语言提问，另一种语言回答。在古老的基督教社区，看门人仍会在上午八点和下午五点敲响教堂的钟，甚至不用旁人提醒。

第一道曙光拨开天际，古老宏伟的建筑依然在这个全球中心和国际大都会里矗立，让我们不禁开始追忆伊斯坦布尔的爵士乐和流亡时代。佩拉宫完成了彻底改造，炫目的白色舞厅被粉刷一新，铸铁电梯再度运行，人造大理石重新上漆，一切工作都交给迪拜的奢侈品公司管理。这是一记警钟，提醒我们所有人——不管是移民的原乡人，还是在此地安身立命的后来者——最终都只是托管人。

376 伊斯坦布尔总是散射着炫目刺眼的光芒，甚至在黄昏，夕阳的余晖映照在水面上，也会恼人地闪耀着粼粼波光。博斯普鲁斯海峡两岸，民宅公寓透出万家灯火。大广场上，灯光广告牌不停闪现着产品信息。即便夜色深沉，中世纪塔楼在泛光灯的照射下也十分显眼，而且斋月期间，帝国清真寺的宣礼塔也会系上串串灯泡。我们很容易描画这个城市地平线以上的全部历史，从拜占庭教堂到奥斯曼帝国的王宫，再到土耳其巨商的摩天大厦。从古城脚下的艾米诺努到亚洲区的卡德柯伊，接着跨越博斯普鲁斯海峡，从塞拉宫和多尔玛巴赫切宫乳白色的大理石宫殿到如梅利堡垒（Rumelihisarı）锯齿形的城堡，然后伴随着频闪的红色刹车灯和让人灵魂出窍的交通堵塞穿过桥梁和高速公路，再到油轮右舷的绿灯泡在污水上倒映的光亮，伊斯坦布尔几乎无时无刻不在发光。

城市的冬天寂静灰暗，疲倦的乘客爬到渡轮顶部，坐在栏杆附近的露天座位上，盯着船体表面斑驳的光纹发呆，看着鸬鹚展翅飞跃，黑箭般的长喙掠过水面。天空湛蓝，天气依然冷得刺骨，成群的海鸥和鸽子沿着海岸边上下翻飞。白头翁和喜鹊故意在冬眠的夹竹桃下昂首阔步。白雪覆顶的犹大树与常绿松柏共同装点着滨海丘陵。每天清晨狂风大作，马尔马拉海就像一块无趣的蓝宝石，与岸边铅灰色的穹顶和镀金的尖塔一同开启静音模式。一旦晨雾消退，一切就会散发出蓝色的冷光。

过去二十年里，无论是城市规模，还是企业的活力和创意阶级的雄心抱负，伊斯坦布尔都再度跻身于全世界最伟大的城市之列。没有哪座城市能够成为世界的首都，但是至少今天——与佩拉宫衰
377 败的年代不同——你可以看见，某些人是多么怀念曾经那个站在世

界之巅的伊斯坦布尔。光明的未来充满了各种超级市场和认真的企业家，在这场勇往直前的比赛中，我们很容易忽略这个城市最早的现代化革新实验——当时，随着这个城市的新移民慢慢找到了永久的家园或临时的避难所，帝国古老的世界主义也渐行渐远。现代伊斯坦布尔所隐藏的起源就是这块土地之上的佩拉宫大酒店：穆斯林基金会是它最早的所有者，亚美尼亚人为它规划了之后的发展，比利时的跨国公司让它名扬四方，希腊商人收购了它又失去了它，还有阿拉伯出生的土耳其穆斯林引领着它狼狈地走过了第二次世界大战。

我们不难想象伊斯坦布尔的普通生活里曾经存在这样一些人，比如在 1941 年春的某个星期二，新来的客人正在办理入住手续，就在此刻，一道闪光透过木框门和镀金窗户。人们循着巨响走向佩拉大街，佩拉宫的玻璃天蓬坍塌，碎片如雨点般落下；地板开裂，六人当即死亡；冲击波摧毁了周边的房屋，火势一直蔓延到前面的墓园大街。我们从佩拉宫爆炸事件相关的信函和伤亡名单上可以知道他们的名字。

其中有酒店的两个犹太门卫缪兹（Muiz）和艾弗拉姆（Avram），他们的位置距离两名都叫康斯坦丁（Constantine）的希腊司机不远。三位英国女士站在前台，分别是刚从巴尔干半岛乘火车过来的埃利斯（Ellis）小姐和阿姆斯特朗（Armstrong）小姐，以及明显怀有身孕的麦克德莫特（McDermott）夫人，她的宝宝没能熬过那一晚。两名埃米叶的警官马哈茂德（Mahmut）和雷萨（Resat）在行李堆旁边，穆斯林司机苏库（Sükrü）正在整理后备厢的行李物品。酒店的总经理卡拉蒂诺斯（Karantinos）先生正注视着希腊来的总管科斯塔斯（Costas），而科斯塔斯正在指导土耳其护照官穆罕默德（Mehmet）快速记下每个人的详细信息。穆斯林守夜人苏莱曼（Süleyman）也在拼命干活。

山下，泰格（Téhige）夫人要给英国领事写信，她的兄弟曾经 378

是俄国圣议会（Holy Synod of Russia）的检察长，如今却在服“苦役”，她担心女房东不久后就会“把我赶到大街上”。一文不名的穆斯林村民塔尔（Talât）仍是单身，那一天，他刚刚从黑海边的家乡吉雷松（Giresun）来到伊斯坦布尔，他从码头区过来，或许正在找工作。附近的公寓里，巴尔干移民的后代，一位穆斯林的音乐家正在练习低音提琴。在小藤蔓清真寺街的街角，莫迪凯（Mordecai）的儿子，邻居都叫他沙洛姆（Shalom），已经出门散步。

致谢

“他们都在书写土耳其的故事。”罗斯·麦考莱（Rose Macaulay） 379
小说《特拉比松塔》（*The Towers of Trebizond*）里的多特阿姨说。这本书就是我写的土耳其。

我花三年写完了这本书，却构思了整整二十七年。1987年暑期，我和大学室友、如今的医学博士凯文·库姆顿（Kevin Crumpton）一同背包旅行，第一次抵达伊斯坦布尔的时候，我就迷上了这座城市。我每一次到来似乎都是全新的体验，或许只有这个地方能带给我这么多惊喜。过去的二十五年，甚至未来更长的岁月，我都对在伊斯坦布尔结识的朋友们心存感激。

我有幸在哈坎·阿尔特（Hakan Altınay）、托尼·格林伍德（Tony Greenwood）和卡甘·厄纳尔（Kagan Önal）的热情招待下，住过伊斯坦布尔三个最有趣的社区：如梅利堡垒、库兹甘库克（Kuzguncuk）和阿纳伍特科伊（Arnavutköy）。托尼是不可或缺的大人物，他是土耳其美国研究所的主任，总能借参加深度会谈或钓鱼活动等机会返回阿纳伍特科伊。米歇尔·图曼（Michael Thumann）和苏珊娜·兰德韦尔（Susanne Landwehr）是当代政治和社会方面的专业人才。我从前的两个学生莱尔纳·亚尼克（Lerna Yanık）博士和诺拉·费舍尔·奥纳尔（Nora Fisher Onar）博士也酷爱土耳其，他们教会了我不少东西。我还有多位土耳其语老师，包括近期的泽伊内普·吉尔（Zeynep Gür），他们纠正了我对土耳其语从句的理解。还有我现在和以前的同事们，盖博·阿高斯顿（Gábor Ágoston）、穆斯塔法·阿克萨卡勒（Mustafa Aksakal）、西尔维亚·昂德（Sylvia Önder）、斯科特·雷德福德（Scott Redford）、萨布里·萨亚尔（Sabri Sayarı）和已故的法鲁克·塔巴克（Faruk Tabak），他们对我这个初入行的新手总是很宽容，不断提供帮助。

380 我的这本书借鉴了土耳其、托洛茨基和探戈等许多不同领域的著作，这些素材通常很少组织在一起。我非常感谢众多历史学家和学者的贡献，他们的作品已经详细列在了注释和参考书目部分，尤其是瑞法特·巴厘（Rıfat Bali），正是他为公众提供了这么多的原始资料，我们才能够更加了解那个几乎被遗忘的时代。我很高兴能和这些人交谈，格克汗·阿克朱拉（Gökhan Akçura）、奥赞·阿尔斯兰（Ozan Arslan）、萨瓦斯·阿尔斯兰（Savas Arslan）、穆拉特·贝尔盖（Murat Belge）、叶利夫·巴图曼（Elif Batuman）、安德鲁·芬克尔（Andrew Finkel）、卡洛琳·芬克尔（Caroline Finkel）、科里·古特斯塔特（Corry Guttstadt）、霍普·哈里森（Hope Harrison）、布莱恩·约翰逊（Brian Johnson）、图纳·阿克索伊·科普尔鲁（Tuna Aksoy Köprülü）、史蒂夫·拉格菲尔德（Steve Lagerfeld）、安塞尔·马林斯（Ansel Mullins）、卡伦·纳特（Cullen Nutt）、伊格尔·施莱弗（Yigal Schleifer）、道格拉斯·史密斯（Douglas Smith）、杰拉尔德·施纳彻（Gerald Steinacher）、罗纳德·格里戈尔·尚米（Ronald Grigor Suny）、利昂·塔兰托（Leon Taranto）、弗朗西斯·特利克斯（Frances Trix）、托马斯·德瓦尔（Thomas de Waal）、苏菲安·哲姆克沃夫（Sufian Zhemukhov），他们的话让我受益匪浅。我亲爱的伙伴玛格丽特·帕克森（Margaret Paxson）一直引领我探求真相，她就是我的灯塔（*bay mir bist du sheyn*）。我还要感谢在伦敦调研期间，好客的劳伦斯·塔尔（Lawrence Tal）和艾米·塔尔（Amy Tal）、阿纳托尔·利文（Anatol Lieven）和萨莎·利文（Sasha Lieven）、莱斯利·维涅穆里（Leslie Vinjamuri）和奥利弗·莱特（Oliver Wright）对我的盛情款待（同时也要感谢马修、卢克、菲比、美莎、卡佳、亚历克斯、亨利、奥丽维亚和斯库比，我偶尔也会占用他们的地方）。

我尤其要感谢的是伊斯坦布尔亚比信贷银行（Yapı Kredi）档案馆的阿卜杜拉·居尔（Abdullah Gül）和艾汗·乌卡尔（Ayhan Uçar），他们俩帮我找到了塞拉哈廷·吉兹的影集。我的合伙人弗拉·洛伦佐·皮雷托（Fra Lorenzo Piretto）给我讲解了拉丁社会的历史，让我知道了圣彼得教堂和圣保罗教堂的奇迹。弗斯蒂克·艾哈迈德·坦瑞维尔蒂（Fıstık Ahmet Tanrıverdi）曾经是托洛茨基的保镖，他向我描绘了自己的童年时代，并且帮助我在布尤阿达找到了托洛茨基的旧居。哈罗德·哈格皮安（Harold Hagopian）在曼哈顿的小提琴商店里为我重现了 20 世纪 20、30 年代伊斯坦布尔音乐演出的场景。我很遗憾没能和科瑞曼·哈里斯·埃杰对话，她在我动笔前的几个月过世了，但是她的女儿埃杰·萨普耶纳尔（Ece Sarpyener）和孙女艾瑟·托菲里（Ayse Torfilli）亲切地跟我分享了她的往事。梅拉尔·穆海耶斯（Meral Muhayyes）陪伴玛格丽特和我一同乘船游览了博斯普鲁斯海峡，并且告诉我一些关于她的舅姥爷米斯巴赫的故事。朱美拉佩拉宫酒店的总经理皮纳尔·卡塔尔·
蒂莫尔（Pınar Kartal Timer）和营销部的苏赞·托玛（Suzan Toma） 381
跟我讲述了酒店修复维新的历程。

弗拉特·卡亚（Fırat Kaya）展现了他在伊斯坦布尔的建筑和城市景观方面渊博的学识。我们在城市漫游——时常随身携带一本 1934 年的旅行指南——仿佛在时光隧道里穿梭。伊金·奥兹别卡罗格鲁（Ekin Özbakkaloglu）仔细翻看了土耳其二十几年的报纸，发现了其中一些非常珍贵的信息。法蒂玛·阿布山纳（Fatima Abushanab）查阅了很多文献，向我普及了女性和伊斯兰教方面的知识。罗恩·普莱坎尼（Ronen Plechnin）和 M. 法提赫·卡利斯尔（M. Fatih Çalısır）帮忙找到了一些有价值的希伯来语和奥斯曼土耳其语的原始资料。这是我出版的第五本书，克里斯·罗宾逊（Chris Robinson）还为此精心绘制了几张地图。

许多机构院所的档案保管员和图书管理员列示的目录能指引我浏览他们收藏的文献。我尤其感谢敦巴顿橡树园影像和田野调查档案馆的夏尔美·怀特（Shalimar White）和罗娜·拉宗（Rona Razon），他们帮助我了解了托马斯·惠特莫尔的事业和生活。我很幸运，住所距离美国国会图书馆和大屠杀纪念馆仅有几步之遥。纪念馆的罗纳德·科尔曼（Ronald Coleman）、丽贝卡·厄贝尔丁（Rebecca Erbelding）、克丽斯塔·黑格博格（Krista Hegburg）和文森特·斯拉托（Vincent Slatt）的讲解真是一级棒。

穆斯塔法·阿克萨克勒、朱莉娅·菲利普斯·科恩（Julia Phillips Cohen）、丽贝卡·厄贝尔丁、赖安·金杰斯（Ryan Gingeras）、科里·古特斯塔特、安德里亚·奥佐夫（Andrea Orzoff）、莫根斯·佩尔特（Mogens Pelt）、迈克尔·雷诺兹（Michael Reynolds）和夏尔美·怀特仔细审阅了我的手稿。我对他们的批评指正表示真心的感谢。这本书如果还有什么不足之处，那都是我自己的问题。

1998年，在土耳其和罗马尼亚做富布莱特高级职究员期间，我的一些灵感和想法最终促成了这本书的面世。2012～2013学年，威尔逊中心的奖学金让我能够安下心来，集中精力研究土耳其的前世今生。该中心图书馆的工作人员——珍妮特·斯派克斯（Janet Spikes）、米歇尔·卡玛里克（Michelle Kamalich）和丹格·吉萨瓦（Dagne Gizaw）——干劲十足，总是友好地回应我的各种请求。借
382 助乔治敦大学埃德蒙·A. 沃尔什外交事务学院和政府系提供的研究基金，我才能多次游览伊斯坦布尔。我还要感谢外交事务学院的院长卡罗尔·兰卡斯特（Carol Lancaster）、资深副院长詹姆斯·离尔登－安德森（James Reardon-Anderson）、教务主任大卫·埃德尔

斯坦（David Edelstein）和杰弗里·安德森（Jeffrey Anderson）、系主任乔治·香博（George Shambaugh）和迈克尔·贝利（Michael Bailey）的领导。

这是我和利平科特·马西·麦克奎金（Lippincott Massie McQuilkin）文学机构的威廉·利平科特（William Lippincott）合作完成的第二本书。如果没有他的热情建议，我肯定茫然无措。我十分荣幸能够再度与 W. W. 诺顿出版社的阿兰·萨列尔诺·梅森（Alane Salierno Mason）共事，这位理想的编辑教会了我心里装着读者去写作。还有安娜·玛格拉斯（Anna Mageras）、艾琳·张（Eleen Cheung）、南希·帕姆奎斯特（Nancy Palmquist）和凯思琳·布兰德斯（Kathleen Brandes），在这本书印刷出版的过程中，他们都是必不可少的伙伴。

卡塔林·帕特尼是我在扉页上致谢的唯一一人。二十多年以前，我和他在牛津大学的布告栏前偶遇，自此开启了我在另一半欧洲的事业。

年　表

公元前 7 世纪	现代伊斯坦布尔的城区是由来自爱琴海海岸的希腊人圈定，他们根据领袖的名字“拜占斯”将这片殖民地定名为“拜占庭”
公元 330 年	罗马皇帝君士坦丁一世迁都至拜占庭，不久这座城市更名为“新罗马”
537 年	查士丁尼一世统治时期，圣智教堂（圣索菲亚大教堂）神圣不可侵犯
1204 年	第四次十字军东征，威尼斯人及其盟军洗劫君士坦丁堡，夺取了拜占庭帝国的权力
1261 年	拜占庭帝国王权复辟
1453 年	在穆罕默德二世（胜利者）的带领下，奥斯曼帝国攻陷城市
1520 ~ 1566 年	苏莱曼大帝统治时期的辉煌：奥斯曼帝国政权的巅峰
1839 ~ 1876 年	坦志麦特时期：奥斯曼帝国开始现代化改革
1853 ~ 1856 年	克里米亚战争

1870 年	佩拉区大火
1876 ~ 1909 年	苏丹阿卜杜勒·哈米德二世统治时期
1883 年	东方快车的首旅
1892 年	佩拉宫酒店开业
1908 年	青年土耳其党革命
1909 年	阿卜杜勒·哈米德二世流放
1909 ~ 1918 年	苏丹穆罕默德五世统治时期
1914 年 10 月	奥斯曼帝国作为同盟国加入第一次世界大战
1914 年 12 月 ~ 1915 年 1 月	萨里卡米士决战：安纳托利亚东部，俄罗斯帝国军队重创奥斯曼军队
1915 年 4 月 ~ 1916 年 1 月	加里波利战役：奥斯曼军队从伊斯坦布尔西南方的加里波利半岛打退了英国、澳大利亚、新西兰的联军
1915 年 4 月 24 ~ 25 日	亚美尼亚社会活动家被逐出伊斯坦布尔，许多人随后身亡
1918 ~ 1922 年	苏丹穆罕默德六世统治时期
1918 年 10 月	《穆德洛斯停战协定》结束了奥斯曼帝国和协约国之间的战争
1918 年 11 月	停战协定结束德国和协约国之间的战争；协约国海军支队驶入博斯普鲁斯海峡，占领伊斯坦布尔
1919 年 5 月	希腊军占领士麦那（伊兹密尔）；穆斯塔法·凯末尔抵达黑海港口萨姆松；抵抗协约国的民族主义运动和土耳其独立战争开始
1920 年 3 月	协约国宣布正式对伊斯坦布尔实行军事占领

1920 年 8 月	《色佛尔条约》
1920 年 11 月	白俄军民的船队抵达伊斯坦布尔
1921 年 1～9 月	伊诺努和萨卡里亚战役：土耳其民族军对抗希腊军的有利转折点
1922 年 9 月	希腊军队撤退，士麦那百姓逃跑
1922 年 11 月	苏丹制废除；穆罕默德六世逃跑
1922～1924 年	迈吉德的哈里发职权（不是苏丹王权）
1922 年 10 月	《穆达尼亚协定》铺路，向土耳其民族主义者的统治过渡
1923 年 7 月	《洛桑条约》
1923 年 10 月	最后一批协约国部队撤离伊斯坦布尔；安卡拉被指定为土耳其的首都；土耳其被宣告是共和国（10 月 29 日），穆斯塔法·凯末尔任总统
1924 年	哈里发制废除
1925 年	费兹帽禁令；历法改革；安纳托利亚东部库尔德人“谢赫赛义德叛乱”；社会治安法许可查封报纸，取缔反对派组织
1926 年	新民法的采用，宗教法的废止；公共场合酒消费禁令的解除
1927 年 10 月	穆斯塔法·凯末尔的“伟大演说”讲述了独立战争和土耳其民族主义者的胜利
1928 年	废除伊斯兰教国教制；土耳其语采用拉丁字母；塔克西姆广场共和国纪念碑的揭幕仪式

1929 年	列夫·托洛茨基抵达伊斯坦布尔
1930 年	法律允许女性参与市政府选举
1931 年	托马斯·惠特莫尔开始修复圣索菲亚大教堂
1932 年	环球小姐比赛科瑞曼·哈里斯夺冠
1933 年	列夫·托洛茨基离开伊斯坦布尔
1934 年	法律要求土耳其公民采用家族姓氏；女性获得全面的选举权；穆斯塔法·凯末尔成为"阿塔图尔克"；东色雷斯针对犹太人的大屠杀
1937 ~ 1938 年	在安纳托利亚东部针对库尔德人采取军事行动
1938 年 11 月 10 日	阿塔图尔克逝世；伊斯麦特·伊诺努被推选为总统
1939 年 9 月 1 日	第二次世界大战开始
1941 年 3 月 11 日	手提箱炸弹在佩拉宫爆炸
1941 年 6 月 22 日	德国入侵苏联
1942 年 2 月	"斯特鲁玛"号沉没
1942 年 11 月	针对伊斯坦布尔少数民族征收的财产税
1944 年 6 月 6 日	同盟国联军诺曼底登陆
1944 年 8 月	土耳其和德国断绝外交关系
1945 年 2 月	土耳其对德宣战，成为同盟国
1945 年 5 月 8 日	第二次世界大战的欧洲战争结束
1950 年	土耳其议会第一次自由的直选
1955 年 9 月 6 ~ 7 日	"九月事件"：伊斯坦布尔的暴徒攻击希腊人等少数民族的家庭和企业

注　释

文间注释使用的缩写

CERYE	俄罗斯流亡青年教育委员会记录文件，巴克米特夫档案，珍本手稿图书馆，哥伦比亚大学
DBIA	伊斯坦布尔历史百科（*Dünden Bugüne Istanbul Ansiklopedisi*）
DO－ICFA	敦巴顿橡树园影像和田野调查档案馆
FDR	富兰克林·德拉诺·罗斯福总统图书馆
GUL	乔治敦大学图书馆，特藏研究中心
HIA	胡佛研究所档案馆
IWM	帝国战争博物馆
JAP－IDI	犹太事务局的巴勒斯坦档案，移民处的伊斯坦布尔办公室，美国大屠杀纪念馆
JOINT	美犹联合救济委员会的选定记录，1937～1966年，美国大屠杀纪念馆
LC	美国国会图书馆
LTEP	列夫·托洛茨基流亡文件，霍顿图书馆，哈佛大学
NARA	美国国家档案馆
NAUK	英国国家档案馆
USHMM	美国大屠杀纪念馆
WRB	战时难民事务委员会的文件，美国大屠杀纪念馆

注：档案引用的 p./pp. 是指打印文本或手稿的连续页码，f./ff. 是指图编号，如有，请查阅个别档案。WRB 的引用来源是指由丽贝卡·厄贝尔丁编辑的美国大屠杀纪念馆的数字化馆藏。

序幕

页码

2“我在电影里看见”：“Constantinople, Dirty White, Not Glisteningand Sinister,” Toronto Daily Star, Oct. 18, 1922；同前，“Waiting for anOrgy,” Toronto Daily Star, Oct. 19, 1922；同前，“A Silent, Ghastly Procession,” Toronto Daily Star, Oct. 20, 1922，全都引自 Hemingway, Dateline: Toronto, 227－32。

4 “我们这些文明的西方人”：Toynbee，*Western Questions*，1.

大酒店

8 “就地理位置而言”：Busbecq，*Turkish Letters*，34. 保持魅力的方法：Price，Extra - Special Correspondent，38.

9 “我愿意让行驶的列车”：引自 Dalal，“At the Crossroads of Modernity，” 135. 参见 Gül，*Emergence of Modern Istanbul*，54. 必须减速慢行：Christie，*Come*，*Tell Me How You Live*，12. “这是哪里？不会吧，哦，这确实是”：Dos Passos，Orient Express，in *Travel Books and Other Writings*，133. 只有瞎子：Herodotus，*The Histories*，4. 144.

10 然而根据拜占庭历史学家：Procopius，*Secret History*，in Procopius，25. 2 - 6.

11 苏丹穆罕默德二世（Mehmed II）：George Makris，“Ships，” in Laiou，ed.，*Economic History of Byzantium*，99. 船桨数量：White，*Three Years in Constantinople*，1：38 - 41. “澄静的海面”：White，*Three Years in Constantinople*，1：51.

12 当时：White，*Three Years in Constantinople*，1：51 - 52. 但是外国水手从他们的舰船上仍能看见：Private Papers of G. Calverley Papers，p. 36，IWM. “不要以为”：Pirî Reis，Kitab - ı bahriye，1：59.

13 大地震：DBIA，3：33 - 35. 耳熟能详的：DBIA，7：425 - 26. “天一擦黑”：Bibesco，*Eight Paradises*，229.

14 这座城市都发生过重大火灾：DBIA，7：426 - 38. “我和许多考古界的朋友曾经多次探查”：Pears，*Forty Years in Constantinople*，314. 第一次进城：Herbert，Ben Kendim，26 - 27. 就连金角湾南部：Çelik，*Remaking of Istanbul*，4.

15 几张 1912 年拍摄的老照片：DBIA，7：426 - 38. 街景开阔敞亮：Gül，*Emergence of Modern Istanbul*，49 - 51.

17 火车旅行也可以是：Barsley，Orient Express，20. 纳吉麦克去美国考察：Behrend，*History of the Wagons - Lits*，3.

18 列车穿越奥匈帝国和罗马尼亚的疆界时：Behrend，*History of the Wagons - Lits*，7. 整段旅程：Cookridge，*Orient Express*，86. 1850 年以前，奥斯曼帝国：Inalcık with Quataert，eds.，*Economic and Social History of the Ottoman Empire*，2：804. 某位观察家形容，这是：A. Van Milligen，*Constantinople* (1906)，205，引自 Çelik，*Remaking of Istanbul*，102. “我要坐火车出发了！”：Christie，*Come*，*Tell Me How You Live*，

19 这块地最早属于：Çelik，*Tepebaşı*，172 - 74. 姐妹酒店：Behrend，*History of the Wagons - Lits*，12. 如同后来的四季酒店和丽斯卡尔顿酒店：Sperco，*Istanbul indiscret*，80.

20《布勒旅游指南》对佩拉宫的描述是：De Paris à Constantinople, 178. 那段时期的灾害地图：见 Jacques Pervititch Sigorta Haritalarında Istanbul and Dagdalen, ed. , *Charles Edouard Goad'ın Istanbul Sigorta Haritaları*。勒·柯布西耶：引自 Mansel, *Constantinople*, 354。

灰色舰队

22 五十几万穆斯林被迫迁移：Zürcher, *Young Turk Legacy*, 287. 举报人不计其数：Price, *Extra – Special Correspondent*, 40.

23 "社会最底层的乌合之众"：Edib, *Memoirs*, 259. 小男孩一边向过路的汽车投掷石块：Pears, *Forty Years in Constantinople*, 249.

25 "艾莎，我美丽的天使"：*Letter from a Turkish Officer*, IWM.

27 1915 年 3 月，统一进步党的领导人：Akçam, *From Empire to Republic*, 166. 现在他们的后代加入了统一进步党：见 Zürcher, *Young Turk Legacy*, 285 – 95. 1915 年 4 月 24 日至 25 日晚间：Akçam, *Young Turks' Crimes*, 183 – 93. 他说自己是其中的幸运儿：Balakian, *Armenian Golgotha*, 77. 三角绞刑台：见 C. J. Brunell Photograph Collection, IWM.

28 此次战争期间：Reynolds, *Shattering Empires*, 155. 有关伊斯坦布尔驱逐出境的详细讨论的证据，见 Akçam, *Young Turks' Crimes*, 399 – 406；以及 Kévorkian, *Armenian Genocide*, 251 – 54, 533 – 43。这段描述来自 Charles and Louisa Vinicombe to Hélène Philippe, Oct. 25, 1920, C. Vinicombe Papers, IWM.

29 "那种宏大的场面"：Charles and Louisa Vinicombe to Hélène Philippe, Oct. 25, 1920, pp. 20 – 21, C. Vinicombe Papers, IWM.

30 "亲眼看到这一幕"：条目 Nov. 12, 1918, F. W. Turpin Papers, IWM. 特平把他的这段描述记成了第二天，11 月 13 日。当地希腊东正教教徒：Musbah Haidar, *Arabesque*, 165. 这些家庭压平废弃的油罐：Mufty – zada, *Speaking of the Turks*, 150, 153, 229. "阿凡提，我们生活的时代可真糟糕！"：Balakian, *Armenian Golgotha*, 414. 塞内加尔步兵：Sperco, L'Orient qui s'éteint, 46. 法国元帅：Bridges, *Alarms and Excursions*, 257.

31 "这就像是……舞台上同时出现了两位女主角"：Bridges, Alarms and Excursions, 258. 伊斯坦布尔一直是：Constantinople, 9.

32 西班牙流感：MusbahHaidar, *Arabesque*, 169, 187. "贪婪或诱人的目光"：Mufty-zada, *Speaking of the Turks*, 153.

33 "卖淫、欺诈、穷困与酗酒"：Mufty-zada, *Speaking of the Turks*, 153. 奥斯曼警察：Mufty-zada, *Speaking of the Turks*, 151. 据齐亚估计：Mufty-zada, *Speaking of the Turks*, 150. "未来将会怎样？"：Mufty-zada, *Speaking of the Turks*, 136 – 37.

占领

34 “佩拉区有三个诅咒”：Inalcık with Quataert, eds. , *Economic and Social History of the Ottoman Empire*, 2：651.

35 “寥寥数笔难以记叙”：Carus Wilson to father, July 19, 1920, Carus Wilson Papers, IWM. 每逢周五，皇家礼队：Harington, Tim Harington Looks Back, 106. 非穆斯林群体当中：希萨尔演奏家的曲目是“智者纳坦”, Jan. 28, 1920, GUL, Engert Papers, Box 2, Folder13.

36 每年圣诞季都会举办独奏会：Yuletide Recital Program, Dec. 21, 1919, GUL, Engert Papers, Box 2, Folder 13. 它的姊妹院校：君士坦丁堡学院毕业典礼的节目单, June 1920, GUL, Engert Papers, Box 2, Folder 13.

37 协约国正式占领的同一天：Mango, Atatürk, 195 – 96.

38 东方酒吧汇聚着外国代表：Musbah Haidar, Arabesque, 166. “靠战争发家的有钱人”：Balakian, *Armenian Golgotha*, 415 – 16. 米恩将军一直住在佩拉宫：Price, *Extra – Special Correspondent*, 103. 主人不该屈身客席：Mansel, *Constantinople*, 388.

39 会面时：Price, *Extra – Special Correspondent*, 104. “我想知道”：Price, *Extra – Special Correspondent*, 104. “许多土耳其将军都会来找事做”：Price, *Extra – Special Correspondent*, 104.

40 英国人隐瞒了一些重大信息：Criss, *Istanbul Under Allied Occupation*, 71. 1920 年 11 月，协约国当局就哪一国全面主持工作的问题达成共识，从英国开始，通过轮值实现共同控制。1919 年初：Mango, Atatürk, 204.

41 第一次世界大战前：Toprak, “La population,” 64 – 65.

43 犹太人就在伊斯坦布尔安居乐业：Rozen, *History of the Jewish Community ofIstanbul*, 10 – 11. 随后的一个世纪：Rozen, *History of the Jewish Community in Istanbul*, 51, 87.

44 沿着蜿蜒的街巷漫行：见 Shaul, *From Balat to Bat Yam*, 37 – 50. 近代：Eldem, “Istanbul: From Imperial to Peripheralized Capital,” in Eldem, Goffman, and Masters, *The Ottoman City between East and West*, 151 – 52. 1934 年，市政府官方发布的城市指南列出了博斯普鲁斯海峡西部 192 个独特的社区，外加其他许多位于东部的社区。Istanbul Sehri Rehberi, 206 – 8. “不要火灾”：Shaul, From Balat to Bat Yam, 46. 1922 年：Johnson, ed. , *Constantinople To – Day*, 263.

45 非穆斯林因社会地位：Shaul, *From Balat to Bat Yam*, 59. 民间流传一个笑话：Shaul, *From Balat to Bat Yam*, 59.

46 犹太人同样也分为：例如，这座城市外籍犹太人当中最伟大的银行世家——卡蒙多家族——管理着横跨欧洲的金融帝国，中心却位于狭窄的加拉塔通道。伊斯坦布尔人路过富丽堂皇的卡蒙多大厦，沿新艺术派的卡蒙多步道爬上陡峭的街巷，或者走进卡蒙多慈善资助兴建的学校和医院。19 世纪，卡蒙多家族离开了这个奥斯曼时期曾经包容他们、任由他们蓬勃发展的世界性大都会，逃去了巴黎。他们的犹太特征在法国以最悲剧的方式，变成了最重要的问题。第二次世界大战期间，最后一条家族血脉——年迈的女族长贝阿特丽丝·德·卡蒙多和她的两个孩子，范妮和伯特兰——被纳粹塞上火车，逐出了法国。他们最终死在了奥斯威辛集中营。如果当初没有离开伊斯坦布尔，卡蒙多家族几乎肯定能挨过这场战争，把香火延续下去。

46 他青少年时期：Sperco, Turcs d'hier et d'aujourd'hui, 146.

47 协约国官员总是优先选择：Toynbee, *Western Question*, 32. "希腊和基督教特质"：Telegram, Jan. 16/29, 1920, NARA, RG59, M353, Reel 21. "土耳其最好的屋宇房舍"：Furlong to Woodrow Wilson, Mar. 23, 1920, p. 1, NARA, RG59, M353, Reel 21.

48 英国士兵在街上冲着孩童嚷嚷：Edib, *Turkish Ordeal*, 5.

反抗

49 他接管了原本属于欧洲卧车公司的佩拉宫：Çelik, Tepebası, 174. 据传记作家：Mufty-zada, *Speaking of the Turks*, 152. 他娶了：Pelt, Tobacco, *Arms, and Politics*, 178. 我要感谢莫根斯·佩尔特提供了更多名人传记的细节。

50 希腊的力量相对较小：Mango, *Atatürk*, 198. 作为德皇威廉二世的妹夫：Finefrock, "Ataturk, Lloyd George and the Megali Idea," D1049.

51 士麦那被占领的消息：Alexandris, *Greek Minority of Istanbul*, 59.

531920 年 2 月：Mango, *Atatürk*, 266; Criss, *Istanbul Under Allied Occupation*, 9. 最关键的是，这是奥斯曼帝国政府签发的：Mango, *Atatürk*, 269. 他们随时准备：Letter of Mar. 24, 1920, Wethered Papers, IWM. 参见 Garner Papers, IWM. 当地警察和军队：Edmonds, *Occupation of Constantinople*, 12.

54 流言四起：Dunn, *World Alive*, 285 – 86. 安卡拉大会决议：Mango, *Atatürk*, 279.

55 "美国加入这场战争"：Bristol to Secretary of State, May 7, 1920, pp. 1 – 2, NARA, RG59, M353, Reel 21.

56 "毫不夸张地说"：Winston S. Churchill, *The Aftermath*, 引自 Fromkin, *A Peace to End All Peace*, 432.

57 雅典的报纸：Finefrock, "Ataturk, Lloyd George and the Megali Idea," D1049, D1053. 希腊的民族分子曾经力劝康斯坦丁一世加冕为君士坦丁

十二世，从而表明他的王朝与拜占庭帝国的某种联系，事实上这两个家族完全扯不上关系。

58 “这场始于维也纳的撤退”：引自 Hasan Kayalı, “The Struggle forIndependence,” in *Kasaba, ed.*, *Cambridge History of Turkey*, 138. 两方军队的兵力大体相当：Mango, *Atatürk*, 338. “希腊人犯下的滔天罪行”：Second Section of the General Staff, *Greek Atrocities in Asia Minor*, First Part, 1. 暴徒控制了街道：Mango, *Atatürk*, 345. 突然起火：Price, *Extra－Special Correspondent*, 128.

59 大约 213000 人：Mango, *Atatürk*, 346. 四分之三的城区：Mango, *Atatürk*, 345. “外国人就精神紧张”：Hemingway, “British Can Save Constantinople,” Toronto Daily Star, Sept. 30, 1922, reproduced in Hemingway, Dateline: Toronto, 211. 土耳其穆斯林沿街游行：Fox－Pitt to mother, Oct. 7, 1922, Fox－Pitt Papers, IWM, Box 2, File 10. “对未来的恐惧”：Carus Wilson to father, Oct. 17, 1922, Carus Wilson Papers, IWM. 特别委员会：Criss, Istanbul Under Allied Occupation, 76. 均可判处死刑：“To the Civilian Population of Constantinople,” Greco－Turkish War Intelligence Reports, 1922－1923, IWM.

60 反攻士麦那之前：“Comparative Table of Dispositions of Ottoman Forces During the Main Phases of theNationalist Movement,” Greco－Turkish War Intelligence Reports, 1922－1923, IWM. “我知道如果有人”：Fox－Pitt to mother, Oct. 7, 1922, Fox－Pitt Papers, IWM, Box 2, File 10. “本着平等磋商的前提”：Price, *Extra－Special Correspondent*, 132－33.

61 “生活还要愉快地继续”：Harington, *Tim Harington Looks Back*, 106.

62 “每个人都很了不起”：Harington, Tim Harington Looks Back, 106. 猎犬在欧洲郊区的马斯拉克撒欢儿奔跑：Bridges, *Alarms and Excursions*, 274. 小熊：Bridges, *Alarms and Excursions*, 274. “当务之急”：Price, *Extra－Special Correspondent*, 136. 11 月 4 日：Memofrom British Delegation, Istanbul, Nov. 22, 1922, NAUK, FO 839/2.

63 “目前采取的措施”：Henderson to Foreign Office, Nov. 24, 1922, p. 1, NAUK, FO 839/2. “我们突然醒悟”：Harington to Secretary of State for War, Oct. 1923, p. 4, NAUK, CAB 44/38. “考虑到我在君士坦丁堡的境况危如累卵”：引自 Harington, *Tim Harington Looks Back*, 125, 129. 我描写的苏丹离开王宫的故事是基于哈林顿的记述，*Tim Harington Looks Back*, 130－31；以及 Fox－Pitt to mother, Nov. 10, 1922, Fox－Pitt Papers, IWM, Box 2, File 10.

64 他们一家最终团聚：Harington, *Tim Harington Looks Back*, 131.

博斯普鲁斯的莫斯科

65 尽管几年前，统一进步党驱逐过：Ekmekçioglu, "Improvising Turkishness," 10. 共居一地：Yıldırım, *Diplomacy and Displacement*, 90. 美国海军："Russian Refugees in Constantinople," p. 2, Bristol Papers, LC, Box 74, File "Russian Refugees". 英国汉普郡军团成员：Harington, *Tim Harington Looks Back*, 101.

66 哈林顿到达伊斯坦布尔没几周：Harington to High Commissariat for Refugees, League of Nations, July 14, 1923, p. 1, NAUK, FO 286/800. 分发彩色代用券：Harington, *Tim Harington Looks Back*, 100. 到 1920 年底：Harington, *Tim Harington Looks Back*, 101.

67 这完全是"一场敌对的团体和派系之间的混战"：Bridges, Alarms and Excursions, 279. 他们组成了所谓的志愿军：Robinson, *White Russian Army in Exile*, 3. 人们站在船栏边：Strafford to mother, Mar. 31, 1920, Strafford Papers, IWM, Box 2, Folder "Transcriptions of Original Letters." 例外的是船上装运的两匹马——明纳和阿柏玉——后来作为 1909 年和 1913 年德比赛马的冠军而一举成名。它们先是被卖给了俄罗斯买家，协约国撤离时，竟被英国士兵发现。它们最后在塞尔维亚安稳度日。Bridges, *Alarms and Excursions*, 292.

68 "俄国目前的形势"：Tenner to Strafford, Nov. 14, 1920, Strafford Papers, IWM, Box 2, Folder "Transcriptions of Original Letters." 弗拉基米尔·纳博科夫（Vladimir Nabokov）当年二十岁：Nabokov, *Speak Memory*, 176 - 77. 他的绰号说明了：Robinson, *White Russian Army in Exile*, 13. 据弗兰格尔估计：Wrangel, *Memoirs*, 307.

69 加入了撤离的船队：Kenez, *Civil War in South Russia*, 307. 海鸥在头顶盘旋：Wrangel, *Memoirs*, 320 - 26. "那些穷人的窘迫"：Harington, *Tim Harington Looks Back*, 101. 一些大一点的船："Refugees from the Crimea," Dec. 18, 1920, p. 1, NAUK, WO 32/5726. "就像是牲口船"：Bristol to Secretary of State, Nov. 19, 1920, Bristol Papers, LC, Box73, File "Russia—Denikin and Wrangel Campaigns, January - December, 1920." 当一小队轻帆船：Harington, *Tim HaringtonLooks Back*, 101. 哈林顿登上其中一艘船："Refugees from the Crimea," p. 1. 如果算上弗兰格尔的船队："Russian Refugees in Constantinople," p. 1. 彼得·凯内兹计算弗兰格尔撤离共疏散了 145693 人。*Civil War in South Russia*, 307. 寒冬腊月：Bristolto Secretary of State, Nov. 15, 1920, Bristol Papers, LC, Box 73, File

"Russia – Denikin and Wrangel Campaigns, January – December, 1920."

70 佩拉宫等酒店的代理：Konstantinopol' – Gallipoli, 34. 这些酒店的老板：Stone and Glenny, *Other Russia*, 152. 伊斯坦布尔很可能是全世界营房最多的城市：Hobson to Rumbold, Mar. 26, 1923, p. 1, NAUK, FO 286/880. 尸体：Hobson to Rumbold, Mar. 26, 1923, p. 2. 弗兰格尔男爵夫人："Refugees from the Crimea," p. 2. 狐狸犬杰克：Bumgardner, *Undaunted Exiles*, 79. 也建立了营地：Harington to High Commissariat, July 14, 1923, p. 1, NAUK, FO 286/800. "我想我可以毫不夸张地说"：Chebyshev, Blizkaia dal' in Konstantinopol' – Gallipoli, 127.

71 "一些人似乎生活优渥"：Carus Wilson to father, July 19, 1922, Carus Wilson Papers, IWM.

72 "就这样，我们在一个明媚的春日"："Constantinople," p. 2, HIA, Shalikaskhvili Papers, HIA. Massive sheets of paper："Constantinople," p. 4.

73 提供音乐："Constantinople," pp. 7 – 13. 科基·达迪安尼和尼科·尼扎兹："Constantinople," p. 17. 佩拉区的某条小巷："Constantinople," p. 20. 吉普赛吉他手萨莎·马卡罗夫："Constantinople," p. 22 – 24.

74 食物仍然廉价又丰富："Constantinople," p. 29. 还有一些年轻人："Constantinople," p. 35. 他们源源不断地：Bristol to Secretary of State, Aug. 22, 1921, NARA, RG59, M340, Reel 7.

75 他们的母亲和姐妹："Constantinople," pp. 42 – 43. 佩拉区的二手商店：Bumgardner, *Undaunted Exiles*, 56. 一支十二人的三弦琴乐队：Memoir of George Calverley, p. 36, Calverley Papers, IWM. 数学教授：Stone and Glenny, *Russia Abroad*, 231. 从墓园大街：Bumgardner, *Undaunted Exiles*, 142. 其他更多人只能依赖：Bumgardner, *Undaunted Exiles*, 148 – 58. 穆斯林传记作家齐亚·贝：Mufty-zada, *Speaking of the Turks*, 124.

76 "君士坦丁堡完全是一座俄国城市"：Giorgii Fedorov, "Puteshestvie bez sentimentov," in *Konstantinopol' – Gallipoli*, 273. "我买入也卖出"：A. Slobodskoi, "Sredi emigratsii," in *Konstantinopol' – Gallipoli*, 80.

77 莫斯科总会：Bumgardner, *Undaunted Exiles*, 117 – 29. "这是我吃过的最好吃的餐厅"：Fox – Pitt to mother, Oct. 19, 1922, Fox – Pitt Papers, IWM, Box 2, File 10. 叠放着成摞的活页纸：Bumgardner, *Undaunted Exiles*, 42 – 44, 53.

78 朋友都叫他：Bumgardner, *Undaunted Exiles*, 29. "惠特莫尔从来不会在一个地方久留"：Prichard to Gardner, July 5, 1924, Thomas Whittemore Papers, DO – ICFA, Box 11, Folder 161："Materials from Isabella Stewart –

Gardner Related to T. W. "（信笺的复印件来自 the Isabella Stewart Gardner Museum, Boston, via Archives of American Art, Smithsonian Institution）.

79 俄皇禁卫军的骑兵：Bumgardner, *Undaunted Exiles*, 172 – 73. 女士们被安排：Bumgardner, *Undaunted Exiles*, 189 – 202. 俄国男青年可以分到营帐的铺位：Bumgardner, *Undaunted Exiles*, 54 – 55.

80 等待大学最终决定的几周：Bumgardner, *Undaunted Exiles*, 55 – 56. 1921 年秋：Bumgardner, *Undaunted Exiles*, 20 – 25. "学习有用的知识"：Wrangel to Whittemore, Nov. 24, 1923, CERYE, Box 1, File 32.

81 弗兰格尔下令撤离克里米亚之前：Wrangel, Memoirs, 311. 现在军费吃紧："Constantinople," pp. 4 – 5. "如果……法国大革命的烈士"：Tolstoy, "Compensations of Poverty," 308.

君士坦丁堡

82 俄国内战结束：Gatrell, *Whole Empire Walking*, 193. 俄国难民总数没有现存的准确数据，估计在五十万到三百万人之间。见 Smith, *Former People*, 208. 第一次世界大战之前：Toprak, "La population," 70. 许多有关个人情况的信件：见 Bristol Papers, LC, Box 74, File "RussianRefugees."

83 穆斯塔法·凯末尔的画像：Fox – Pitt to mother, June 25, 1923, Fox – Pitt Papers, IWM, Box 2, File 10. "我们现在得不到土耳其人起码的尊重"：Fox – Pitt tofather, June 7, 1923, Fox – Pitt Papers, IWM, Box 2, File 10.

84 近 15000 名英国军士：Printed Shipping Programme for the Withdrawal of British Troops from Turkey, Aug. 1923, IWM. "这是一次奇妙的'送行'"：Harington, *Tim Harington Looks Back*, 139. 据估计：Bumgardner, *Undaunted Exiles*, 197.

85 弗兰格尔的志愿军：Bumgardner, *Undaunted Exiles*, 96 – 97.

86 "更像是疯人院"：Christie, *Autobiography*, 354. 土耳其共和国成立以前：Criss, *Istanbul Under Allied Occupation*, 46 – 48.

87 出于对自身安全的考虑，大约五万名非穆斯林民众：Alexandris, *Greek Minority of Istanbul*, 82, 96.

88 梅勒提奥斯受够了内斗，厌倦了草木皆兵的生活：Alexandris, *Greek Minority of Istanbul*, 146 – 49. In 1924, 举例来说，1924 年，脱离论者：Alexandris, *Greek Minority of Istanbul*, 151 – 57.

89 如果允许希腊人留下，他们将是：引自 Alexandris, *Greek Minority of Istanbul*, 85. "许多荣耀一时的富人如今"："Exchange of Population Between Greece and Turkey," *Advocate of Peace rough Justice* 88, no. 5 (May 1926): 276.

90 “毫无疑问，这项计划看似”：Nansen，*Armenia and the Near East*，25.

92 当时，大概四万名：Alexandris，*Greek Minority ofIstanbul*，117. 关于获得少数族裔财产的法律见 Akçam and Kurt，*Kanunların Ruhu*。协约国占领前夕，伊斯坦布尔工商业联合会：见 Journal de la Chambre de commerce et d'industrie de Constantinople，June 1918 and Feb. 1921. 三分之二的希腊律师：关于希腊人的经济利益，见 Alexandris，*Greek Minority of Istanbul*，107 – 12。他们放弃权利：这些放弃书的细节讨论，见 Bristol to Secretary of State，Nov. 3，1926，以及 Nov. 24，1926，NARA，RG59，M353，Reel 21。

931923 年，佩拉宫：Çelik，*Tepebası*，174 – 75. 可是四年后：Alexandris，*Greek Minority of Istanbul*，120. 20 世纪 20 年代：见 NARA，RG59，M353，Reel 76。1934 年，政府颁布一部新法律：Ekmekçioglu，“Improvising Turkishness，”166 – 69.

94 前希腊牧首梅勒提奥斯：引自 Alexandris，*Greek Minority of Istanbul*，118，法文原版是“Bolchevico – Communisme de Moscou”。“我站在佩拉区尘土飞扬”：Hemingway，“Constantinople，Dirty White，Not Glistening and Sinister，”Toronto Daily Star，Oct. 18，1922，in Hemingway，Dateline：Toronto，229.

95 等他再回来时，带着一把手枪：“Londra Oteli Cinayeti，”Cumhuriyet，Sept. 9，1929. 布多萨克斯名下的：Pelt，*Tobacco*，*Arms*，*and Politics*，78 – 79. “他很有名望”：Frank Gervasi，“Devil Man，”Collier's，June 8，1940：17. 他只是“希腊工业领域最有实力的人”：Pelt，*Tobacco*，*Arms*，*andPolitics*，81.

961927 年夏：财产记录见 Çelik，*Tepebası*，174 – 75. 我要感谢梅拉尔·穆海耶斯愿意在伊斯坦布尔接受采访，分享她的家庭故事和有关米斯巴赫·穆海耶斯的回忆，July 18，2013。

97 伊兹密尔，也就是从前的士麦那：Finkel，*Osman's Dream*，547. 大量的家具：Ravndalto State，Nov. 26，1923，pp. 4，6，NARA，RG59，M353，Reel 49. 整个土耳其：Finkel，*Osman's Dream*，547.

战后世界奏响爵士乐

100 “这个男人渴求在苏伊士以东的热火”：Hemingway，“Hamid Bey，”*Toronto Daily Star*，Oct. 9，1922，in Hemingway，Dateline：Toronto，220. “美丽智慧”：Bumgardner，*Undaunted Exiles*，132. 小啤酒馆：Carus Wilsonto father，July 19，1922，Carus Wilson Papers，IWM. 汤姆的兰开夏郡酒吧：见 the advertisements in Orient News，July 12，1919. 可以同时接待：Greer，*Glories of Greece*，319 – 20. 佩拉宫每天供应晚餐的时段：见

the advertisement in Le Courier de Turquie, Apr. 1, 1919。这间酒吧的老板：Adil, Gardenbar Geceleri, 7 – 8. 日场音乐演出：见 advertisement in Le Courierde Turquie, Apr. 1, 1919.

101 拳击赛的擂台上：Adil, Garden-barGeceleri, 25 – 27. 鲍特尼科夫交响乐团：Bumgardner, *Undaunted Exiles*, 141. "艺术家如今在俄国无法生活"：引自 Bumgardner, *Undaunted Exiles*, 143. 传记作家齐亚·贝曾在花园酒吧里报道：Mufty-zada, *Speaking of the Turks*, 152. 整个社区就像是那不勒斯的贫民窟：Gritchenko, Deux ans à Constantinople, 278 – 79.

102 王室的公主们：Musbah Haidar, *Arabesque*, 98 – 100. "在博蒂尚，你可以观看"：Dunn, *World Alive*, 287.

103 换过很多名字：见 Sperco, Turcs d'hier et d'aujourd'hui, 143；Mufty-zada, *Speaking of the Turks*, 159；Orient News, July 13, July 18, 及 July 29, 1919。关于托马斯的传记 *The Black Russian* 细节，我要感谢弗拉基米尔·亚历山德罗夫的潜心研究。20 世纪 20 年代中叶：Sperco, Turcs d'hieret d'aujourd'hui, 143. "佩拉区和加拉塔区从未"：Mufty-zada, *Speaking of the Turks*, 154.

104 "这伙国际人士从巴黎的拉丁区学会的"：Mufty-zada, *Speaking of the Turks*, 154. 美妙的晚会结束时：Farson, *Way of a Transgressor*, 470. 突然涌现了许多家俱乐部：Sperco, Turcs d'hier et d'aujourd'hui, 140. "战后世界奏响爵士乐"：W. G. Tinckom – Fernandez, "Life is Less Hectic in Constantinople," *New York Times*, July 8. 1928. 这是一个哀伤的故事：Sperco, Turcs d'hier et d'aujourd'hui, 144.

105 神秘团体：Adil, *Gardenbar Geceleri*, 20 – 23. 马克西姆的舞蹈老师：Sperco, Turcs d'hier et d'aujourd'hui, 143 – 44. 1926 年，市政当局："Review of the Turkish Press," Nov. 7 – 20, 1926, p. 9, NARA, RG59, M353, Reel 75. Woodall, "Sensing the City," chapter 4. "他们改变了社会生活形态"：Urgan, Bir Dinozorun Anıları, 155. 根据 17 世纪的旅行家：DBIA, 5：434.

106 任何"会用平底锅煎三条臭鱼"："Meyhaneler Çogalıyor," Cumhuriyet, Jan. 12, 1939. "我的脚只会走向酒馆"：Evliya Çelebi, *An Ottoman Traveller*, 20 – 21.

107 约百分之八：Shaw, "Population of Istanbul," 269. 集体饭菜：回忆录里有两个讨论当地饮食的例子，这个例子提到的是贝希克塔什社区和巴拉特社区，见 Mintzuri, *Istanbul Anıları*, 及 Shaul, *From Balat to Bat Yam*。"印度大麻和鸦片等麻醉剂和兴奋剂"：*Balkanstaaten und Konstantinopel*, 222.

土耳其没有签署麻醉药品运输公约：Russell, *Egyptian Service*, 239 – 40. 这种白色粉末：Woodall,"Sensing the City," 67 – 79.

109 "永远不要曲解'闺房'这个词"：Ellison, *An English woman in a Turkish Harem*, 17. "我认识的太监"：Goodrich – Freer, *Things Seen in Constantinople*, 19. 20 世纪 20 年代末，五十名太监："Review of the Turkish Press," June28 – July 11, 1928, p. 17, NARA, RG59, M353, Reel 76. 阿卜杜勒·哈米德二世的御用太监：Sperco, Turcs d'hier et d'aujourd'hui, 122. 据说就连穆斯塔法·凯末尔：Mango, *Atatürk*, 441.

110 现代化改革：见 Wyers,"Wicked" Istanbul. 我要感谢怀尔斯帮我理解了伊斯坦布尔从奥斯曼帝国直到共和国早期性交易的变迁。有个故事——似乎真实发生过：Duke, *Passport to Paris*, 71. 在基督教青年会(YMCA)：Commanding Officer to Senior US Naval Officer, Turkey, Feb. 9, 1919, Bristol Papers, LC, Box 1, File "February1919."

111 性病"猖獗"："British Forces in Turkey, Commander – in – Chief's Despatch, Period 1920 – 1923," p. 8, NAUK, CAB 44/38; 以及 Harington to High Commissariatfor Refugees, League of Nations, July 14, 1923, p. 2, NAUK, FO286/800. 当代的一份调查透露：Johnson, ed., *Constantinople To – Day*, 356 – 57. 另一项调查显示，警方登记在册：引自 Bali, *Jews and Prostitution*, 27. 大多数的老鸨和娼妓：Johnson, ed., *Constantinople To – Day*, 356 – 57. 1919 年，医院两个星期的记录：Medical Officer to Senior US Naval Officer Present inTurkey, Feb. 25, 1919, Bristol Papers, LC, Box 1, File "February 1919." 幸运的是，伊斯坦布尔有太多医生：见 advertisements in Le Journal d'Orient, May 24, May 25, June 1, June 7, 1919。贝莎·普罗克特夫人的酒吧：Dunn, *World Alive*, 288, 420.

112 "醉醺醺的水手摇摇晃晃地"：Mufty-zada, *Speaking of the Turks*, 151 – 52. 即使在奥斯曼帝国，"白奴贩子"：Bali, *Jews and Prostitution*, 58 – 62.

113 作家菲克莱特·阿迪勒推断：Adil, *Gardenbar Geceleri*, 31 – 32. "我国大多数人民"：引自 Wyers,"Wicked" Istanbul, 137.

过去是我心口的一道伤

115 第一辆汽车：Çelik, *Remaking of Istanbul*, 103. "我就住在佩拉区"：Bibesco, *Eight Paradises*, 225 – 27. "这些声音震耳欲聋"："The Street Hogs," Orient News, June 19, 1919.

116 斋月期间和其他假日里尤其受欢迎：Bali, *Turkish Cinema*, 28. "'电影'节目很多"：Fox – Pitt to mother, Oct. 14, 1922, Fox – Pitt Papers, IWM, Box 2, File 10. 伊斯坦布尔人终于可以："'Glorya' Açıldı,"

Cumhuriyet, Nov. 7, 1930. 30 年代初：Bali, *Turkish Cinema*, 34 – 43.

117 伊斯坦布尔人和大多数土耳其公民第一次：Bali, *Turkish Cinema*, 21. 电影票很贵：Bali, *Turkish Cinema*, 44. 一份有关首映电影的详细调查报告：The report, by Eugene M. Hinkle, 转载 in Bali, *Turkish Cinema.* 这些百分比数字在 p. 76。

118 一则广泛报道的法律实例：Grew to Secretary of State, Mar. 28 and Apr. 19, 1928, NARA, RG59, M353, Reel 50. 通过对六家大影院深入细致的调查研究：Bali, *Turkish Cinema*, 81. Greta Garbo and Betty Blythe：Bali, *Turkish Cinema*, 66.

119 约瑟芬·贝克匆匆现身："Jozefin Beyker," Cumhuriyet, Jan. 20, 1934；以及 "Jozefin Beykerle Mülakat," Cumhuriyet, Jan. 20, 1934。同一份报告：Bali, *Turkish Cinema*, 81. "就其规模而言"：Ravndalto State, Nov. 26, 1923, p. 2, NARA, RG59, M353, Reel 49.

120 20 世纪 20 年代初，许多城市家庭都买得起：Ravndal to State, Nov. 26, 1923. 又过了差不多十年，进口机器：Ravndal to State, Nov. 26, 1923, p. 8. 纽约和巴黎面世的舞曲几乎都能：Ravndal to State, Nov. 26, 1923, p. 3.

121 但在土耳其共和国初期：我要感谢哈罗德·哈格皮安，不仅分享了他对那个时期音乐的深刻见解，而且提供了传统路口（Traditional Crossroads）厂牌旗下这些表演者再版音乐唱片的内页说明。

123 "我的灵魂，现已承受太多"：Eskenazi's version of "Gazel Nihavent" is available on the album Rembetika：Ask, Gurbet, Hapis, ve TekkeSarkıları（Kalan Müzik, 2007）.

124 1933 年，奥地利作家弗朗茨·韦尔弗："Istanbul Ermenilerin in F. Werfele mukabelesi," Cumhuriyet, Dec. 16, 1935.

129 这家公司当地分部：Akçura, Gramofon Çagı, 29 – 30.

131 协约国占领时期，他们又安全回归：Ravndal to State, Nov. 26, 1923, p. 4.

132 "知音的（生产）过程是商业机密"：Ravndalto State, Nov. 26, 1923, p. 4. 知音公司在美国重建了：知音家族历史大事记见 www. zildjian. com. 埃尔泰格兄弟很年轻：关于埃尔泰格的生活和事业，见 Greenfield, *The Last Sultan*。

133 "年轻一代并不知道托马斯"：Tinckom – Fernandez, "Life is Less Hectic."

摩登时代

134 伊斯坦布尔人从来没有：Sperco, L'Orient qui s'éteint, 131 – 32.《布勒旅游指南》说明如下：De Paris à Constantinople, 185.

136 小男孩可以：Orga, *Portrait of a Turkish Family*, 223. 但因为规定不涉及："Review of the Turkish Press," Dec. 19, 1926 – Jan. 1, 1927, p. 17, NARA, RG59, M353, Reel 75. 同年，政府正式许可人们在公共场合饮酒："Review of the Turkish Press," Aug. 15 – 28, 1926, p. 24, andDec. 19, 1926 – Jan. 1, 1927, p. 15, NARA, RG59, M353, Reel 75.

138 外交观察家指出：Henderson to Vansittart, Oct. 31, 1923, NAUK, FO 794/10, ff. 5 – 6.

139 近七百人：Findley, *Turkey*, *Islam*, *Nationalism*, *and Modernity*, 253. 重新评价初期的凯末尔主义现在是土耳其历史学家的一大主题。这个领域的领军人物是许理和（Erik J. Zürcher），我引用的他的著作在参考书目里有标注。异见者的小型示威游行或个人行为：Brockett, "Collective Action." 对国家安全不足以构成威胁的社区暴力：Guttstadt, *Turkey*, *the Jews*, *and the Holocaust*, 61 – 70；参见 Bali, *1934 Trakya Olayları*. 十八次叫板凯末尔主义政府的武装起义：Findley, *Turkey*, *Islam*, *Nationalism*, *and Modernity*, 251.

140 虔诚的信徒也必须：Ostrorog, *Angora Reform*, 74.

141 城里其余的五大清真寺："6 Camide Türkçe Kur'an," Cumhuriyet, Jan. 29, 1932; 及"Türkçe Kur'anla Mukabele," Cumhuriyet, Jan. 30, 1932. 在能力之夜："70 Bin Kisinin Istirak Ettigi DiniMerasim," Cumhuriyet, Feb. 4, 1932.

142 在新共和国，真主：有关阿拉伯语宣礼的禁令尽管是不定期执行，却一直持续到 1950 年。见 Azak, "Secularism in Turkey." 他乘坐从前苏丹的游艇：Mango, *Atatürk*, 460 – 61.

144 相形之下，土耳其共和国：Pallis, "Population of Turkey," 441. "我醒来的时候……四周一片沉寂"：Richardson to Grew, Oct. 29, 1927, p. 1, NARA, RG59, M353, Reel 57. 晚上 10：15，分秒不差：Grew to Secretary of State, Nov. 8, 1927, pp. 1 – 2, 随附"Communiqué of the Stamboul Vilayet Indicating the Manner in which the Census Shall Take Place on Friday, October 28, 1927;" 以及 Richardsonto Grew, Oct. 29, 1927, all at NARA, RG59, M353, Reel 57。

145 先前估计土耳其人口：Pallis, "Population of Turkey," 440 – 41. 现在伊斯坦布尔的人口比奥斯曼帝国末期要少：Sevket Pamuk, "Economic Change in Twentieth – Century Turkey: Is the Glass More than Half Full?"

in Kasaba, ed. , *Cambridge History of Turkey*, 275. 土耳其只有两个城市的人口超过十万：Türkiye Istatistik Yıllıgı：1950, 41. 就像《民族报》所言：Grew to Secretary of State, Nov. 8, 1927, p. 5.

146 人口普查数据显示，伊斯坦布尔：Shaw, *Jews of the Ottoman Empireand the Turkish Republic*, 287.

147 普斯特的方案要求减少大巴扎周边的马路：详见 Gül, *Emergence of Modern Istanbul*, 98 - 106；F. Cânâ Bilsel, "Henri Prost's Planning Works in Istanbul (1936 - 1951)：Transforming the Structure of a City through Master Plans and Urban Operations," 以及同上, "European Side of Istanbul Master Plan, 1937," 均见 *Imparator-luk Baskentinden*, 101 - 65, 245 - 76. 20 世纪 20 年代初，约翰·多斯·帕索斯：Dos Passos, Orient Express, in *Travel Books and Other Writings*, 136.

148 普斯特如果看见他的规划：讽刺的是，政府意图重建旧军营、取代加济公园的计划备受指责，拯救加济公园甚至成了 2013 年夏大范围反政府示威活动的灵感来源。土耳其政府坚持声称，公园的改建方案其实是历史性修复，超越普斯特的规划，恢复奥斯曼帝国时代的真实原貌。民众却认为这是肆意破坏。

149 "土耳其民族风俗的表现方式"：引自 "Review ofthe Turkish Press," Mar. 7 - 20, 1929, p. 23, NARA, RG59, M353, Reel 77。

远去的面纱

150 "社会生活形态的改变"：Urgan, Bir Dinozorun Anıları, 155. 与男子的费兹帽禁令不同：Mango, *Atatürk*, 434 - 35. 纱窗："KafeslerKaldırılacak," Cumhuriyet, Nov. 5, 1930. 面纱的形式尺寸：Ekrem, *Everyday Life in Istanbul*, 98.

151 公开骚扰被认定是："Kadınlara Laf Atanlar Derhal Tevkif Edilecek," Cumhuriyet, Sept. 10, 1929. 四年后，这项公民权：Ayten Sezer, "Türkiye'deki Ilk Kadın Milletvekilleri ve Meclis'teki Çalısmaları," unpublished paper, Hacettepe University, availableatwww. ait. hacettepe. edu. tr/akademik/arsiv/kadin. htm#_ ftn21. 第一位穆斯林女律师："Review of the Turkish Press," Nov. 29 - Dec. 12, 1928, p. 23, NARA, RG59, M353, Reel 77. 第一位女外科医生……第一位女药剂师："Review ofthe Turkish Press," Mar. 5 - 18, 1931, p. 9, NARA, RG59, M1224, Reel 20; "Review of the Turkish Press," Apr. 16 - 29, 1931, p. 9, NARA, RG59, M1224, Reel 20. 第一位女摔跤手："Digest of the Turkish Press," Aug. 21 - Sept. 24, 1932, p. 20, NARA, RG59, M1224, Reel 21. 第一位女电车售票员："Tramvaylarda

Kadın Biletçiler IseBasladı," Cumhuriyet, Apr. 16, 1941. 早在帝国末期：见 Duben and Behar, *Istanbul Households*, chapters 5 \ 6.

152 1920 年，佩拉区超过三分之一的：Yavuz Köse, "Vertical Bazaars of Modernity：Western Department Stores and Their Staff in Istanbul (1889 – 1921)," in Atabaki and Brockett, eds., *Ottoman and Republican Turkish Labour History*, 102. 电车同时搭载男女乘客："Constantinople," p. 37, Shalikashvili Papers, HIA. 1919 年和 1920 年，群众集会：Yesim Arat, "Contestation and Collaboration：Women's Struggles for Empowerment in Turkey," in Kasaba, ed., *Cambridge History of Turkey*, 391. 1927 年人口普查：Shorter, "Population of Turkey," 431, 433fn.

153 "土耳其女性社团的主要责任"：引自 Crosby to Secretary of State, July 18, 1927, p. 4, NARA, RG59, M353, Reel 22. 她不仅把凯末尔主义阐释成：有关 Afet Inan，见 YesimArat, "Nation Building and Feminism in Early Republican Turkey," in Kerslake, Öktem, and Robins, eds., *Turkey's Engagement with Modernity*, 38 – 51.

154 她家的别墅覆着灿若云霞的紫藤：Edib, *Memoirs*, 3. 她无视奥斯曼的时尚：Edib, *Memoirs*, 23. 她纤细孱弱：Woods, *Spunyarn*, 2：66. 她刚到学习外语的年龄：Edib, *Memoirs*, 149.

155 "从奴隶市场低价购买的切尔克斯奴隶"：Edib, *Memoirs*, 206.

156 "我成了一名作家"：Edib, *Memoirs*, 260. 这是她人生中第一次：Edib, *Memoirs*, 275. 他又矮又胖：Edib, *Memoirs*, 217.

157 "我感觉麻木"：Edib, *Turkish Ordeal*, 3. 他身材矮小：Biographical sketch of Adnan Beyin Dolbeare to Secretary of State, Jan. 3, 1923, p. 1, NARA, RG59, M353, Reel 21. 哈莉黛回想 1919 年时说道：Edib, *Turkish Ordeal*, 23. 那年夏天，她受邀：Edib, *Turkish Ordeal*, 31.

158 "弟兄们、孩子们，请听我说"：Edib, *Turkish Ordeal*, 33fn. 穆斯塔法·凯末尔亲自去火车站迎接他们：Edib, *Turkish Ordeal*, 127.

159 "我尽情欣赏着眼前的海景"：Edib, *Turkish Ordeal*, 381. 此后两年：Edib, *Turkish Ordeal*, 404.

160 "阿德南·贝博士是国民政府现任的领导人之一"：Dolbeare to Secretary of State, Jan. 3, 1923, p. 1. "我见过，我经历过"：Edib, *Memoirs*, 275 – 76. "唯有牺牲的全体人民"：Edib, *Turkish Ordeal*, 407.

162 她说，历史和文化塑造了土耳其人：Edib, *Turkey Faces West*, 209 – 10. "我只有以包容的心态无私地爱我的同胞"：Edib, *Memoirs*, 326. 她喜欢说：Edib, *Conflict of East and West in Turkey*, 235.

像松鼠一样生活

163 “‘姑娘’，她说”：Hikmet, *Human Landscapes*, 72.

165 1930 年，一份外交报告指出：“Review of the Turkish Press,” Mar. 19 – Apr. 16, 1930, p. 16, NARA, RG59, M1224, Reel 20. 大概是 1902 年：我对传记细节，主要依靠两项重要研究——布拉辛的《纳齐姆·希克梅特》以及格克苏和蒂姆斯的《浪漫的共产党员》。

167 穆斯塔法·凯末尔的民族主义者和布尔什维克之间的关系：Bristol to Secretary of State, Aug. 22, 1921, NARA, RG59, M340, Reel7. 这么多一贫如洗的俄国人：Dunn, *World Alive*, 288. 协约国警察甚至拘留了：N. N. Chebyshev, “Blizkaia Dal’,” in *Konstantinopol’ – Gallipoli*, 142 – 43. 根据美国的情报来源：Bristol to Secretary of State, July 21, 1926, p. 3, NARA, RG59, M340, Reel 8. 两国最终都理所当然地认为：见 Hirst, “Anti – Westernism,” 讨论这一时期，这两套体系之间的相互作用。

168 最亲密的战友创立了土耳其共产党：Mango, *Atatürk*, 293.

169 右翼的统一进步党被指责：Mango, *Atatürk*, 303 – 4. 他坐在莫斯科亚历山大·普希金的雕像下：Blasing, *Nâzım Hikmet*, 18. 他这一时期创作的：Blasing, *Nâzım Hikmet*, 52.

170 被捕并关押在边境：Blasing, *Nâzım Hikmet*, 78.

171 他的唱片不到一个月就卖光了：Blasing, *Nâzım Hikmet*, 93.

173 “生活不是笑谈”：“On Living,” in Hikmet, *Poems of Nâzim Hikmet*, 132. “你是田野”：“You,” in Hikmet, Poems of Nazim Hikmet, 155. “有些人知道植物的一切”：“Autobiography,” in Hikmet, *Poems of Nazim Hikmet*, 259.

174 与冬季的北风一起到来：Trotsky, *My Life*, 547.

孤岛生活

175 “亲爱的先生”：Trotsky, *My Life*, 565 – 66. 这是伊斯坦布尔最冷的冬天：“Review of the Turkish Press,” Feb. 21 – Mar. 6, 1929, p. 21, NARA, RG59, M353, Reel 77; “Dün Kar Tipisi Sehrin Umumi Hayatını Durdurdu,” Cumhuriyet, Feb. 3, 1929; “Fırtına Istanbulu Kastı Kavurdu!” Cumhuriyet, Feb. 4, 1929; “Kar Afeti Bugün De Devam Edecek,” Cumhuriyet, Feb. 5, 1929. 托洛茨基和他的妻子：Trotsky, *My Life*, 566.

176 根据斯大林的命令：苏联主要的安全部门有一连串知名的名称，从契卡、紧急委员会到克格勃或者国家安全委员会。不过 20 世纪 20 年代到

30年代初，这个部门被称作格别乌或者国家统一政治机构。雅科夫·明斯基：Agabekov, *OGPU*, 225 - 26.

177 苏联秘密警察的特工：Van Heijenoort, *With Trotsky in Exile*, 45. 明斯基很窝火，最后一气之下：Agabekov, *OGPU*, 226. 搬了两次家后：Van Heijenoort, *With Trotsky in Exile*, 6. 多年之后：Neave, *Twenty - Six Years on the Bosphorus*, 271.

178 “马尔马拉海波涛拍岸”：*Serge and Trotsky*, *Life and Death of Leon Trotsky*, 164. 一场大概由热水器故障引燃的大火：Van Heijenoort, *WithTrotsky in Exile*, 25. 托洛茨基据说还起诉了：“Troçki'nin Ziyanı,” Cumhuriyet, Mar. 22, 1931. 他们一家人不得不再次搬迁：Van Heijenoort, *With Trotsky in Exile*, 6 - 7.

179 他经常随身携带：Van Heijenoort, *WithTrotsky in Exile*, 18. 他就像一位冲着孩子大叫不要夺去他的财产的古怪老人：Author's interview with Fıstık Ahmet Tanrıverdi, Büyükada, Aug. 16, 2012. 托洛茨基聘用了当地的警卫：Tanrıverdi interview. 他只要发现家里有人：Van Heijenoort, *With Trotsky in Exile*, 20. 他还有个人类通常都有的毛病：Van Heijenoort, *With Trotsky in Exile*, 17. 他们两个人时常：Van Heijenoort, *With Trotsky in Exile*, 12. 托洛茨基和哈拉兰博斯彼此会：“Farewell to Prinkipo,” in Trotsky, *Leon Trotsky Speaks*, 273. “啊，杰拉德同志!”：引自 Rosenthal, *Avocat de Trotsky*, 96. 有一次，一个小女孩：Urgan, Bir Dinozorun Anıları, 155 - 56.

180 开始撰写自传：Serge and Trotsky, *Life and Death of Leon Trotsky*, 165. 社论和政论：Churchill, *Great Contemporaries*, 198. 签名收藏家恳请他：“Farewell to Prinkipo,” in Trotsky, *Leon Trotsky Speaks*, 271.

181 “这个孤岛”：引自 Deutscher, *Prophet Outcast*, 216. “他那么渺小”：Eastman, *Great Companions*, 154. 美国版：Deutscher, *Prophet Outcast*, 27. 托洛茨基每月的支出：Eastman, *Great Companions*, 158 - 59; Serge and Trotsky, *Life and Death of Leon Trotsky*, 189. 为了节约，他很少置办家具：Rosenthal, Avocat deTrotsky, 72. “我们似乎是扎营”：Van Heijenoort, With Trotsky in Exile, 11.

182 伊斯门登门造访时：Eastman, Great Companions, 158 - 59. 托洛茨基有“追随者和部下”：Eastman, *Heroes I Have Known*, 248. “我不能以个人命运的尺度来衡量”：Trotsky, *My Life*, 581 - 82. 142 他常说，敌人：Van Heijenoort, *With Trotsky in Exile*, 42. 英国的社会主义者：Trotsky, *My Life*, 577.

183 伊斯坦布尔的那几年是：Deutscher, *Prophet Outcast*, 217. “我们的房子差不多清空了”：“Farewell to Prinkipo,” in Trotsky, *Leon Trotsky Speaks*, 272. 鬓发染霜：Van Heijenoort, *With Trotsky in Exile*, 41. 心脏病和痛风的烦恼：Memorandum, Mar. 19, 1930, LTEP, Item 15742. “本护照持有人”：Passports of Lev Sedof and Latalya Sedov, LTEP, Item 15784. 20 世纪 20 年代初：Dos Passos, Orient Express, in *Travel Books and Other Writings*, 135.

184 某个名叫库兹涅佐夫：Robert Imbrie, “Memorandum of Bolshevik Activities at Constantinople,” Feb. 1921, p. 1, NARA, RG59, M353, Reel 20. “博斯普鲁斯海峡是个垃圾场”：Dunn, *World Alive*, 282. 依次是基督教青年会：Dunn, *World Alive*, 282. 定居伊斯坦布尔：Trotsky, *My Life*, 567.

185 “君士坦丁堡的间谍网络”：Agabekov, *OGPU*, 208. 阿格比科夫声称，伊斯坦布尔几乎所有：Agabekov, *OGPU*, 208. 苏联人小心取舍：Agabekov, *OGPU*, 211 - 13. 苏联特工因他们：Nikolai Khokhlov, In the Name of Conscience: The Testament of a Soviet Secret Agent, 引自 Wilmers, *The Eitingons*, 149. 阿格比科夫没准是：Agabekov, *OGPU*, 247 - 48; Sudoplatov, *Special Tasks*, 47 - 48; Brook - Shepherd, *Storm Petrels*, 107 - 51. 据说 1937 年或 1938 年，阿格比科夫在法国和西班牙边境或者巴黎被苏联特工暗杀。没人找到他的尸体。斯特赖特尔之后一直在联合国从事秘书工作，1971 年，她在纽约逝世。

186 离开不到一年：Agabekov, *OGPU*, 207. 甚至今天，我们都很难确认：Sudoplatov, *Special Tasks*, 33 - 36. 他的旅行证件上：Agabekov, *OGPU*, 207. 上级联络他的代号：Sudoplatov, *Special Tasks*, 31. 爱丁根在诸多方面：我向苏多普拉托夫（Sudoplatov）请教了有关列昂尼德·爱丁根及其亲属详细的家族信息，尤其是 chapter 2，以及 Wilmers, *The Eitingons*。

187 1929 年，他被调往：Agabekov, *OGPU*, 208. 爱丁根作为格别乌伊斯坦布尔站“合法”站长，拥有托洛茨基案件最终的行动指挥权，即便日常行动可能都由城里潜伏的大量“非法”格别乌成员执行。“合法”是指官员入境都有合法的外交掩护，并且他们对土耳其当局来说，通常都是大名鼎鼎的人物。“非法”是指成员一般都以商人、记者等非官方身份秘密行事。

188 他曾经一度担任：Sudoplatov, *Special Tasks*, 34. 西班牙内战期间：Patenaude, *Trotsky*, 206. 我向苏多普拉托夫（Sudoplatov）了解加利达·麦卡德的履历，*Special Tasks*, 70。有关和爱丁根的关系，见 Andrew and

Mitrokhin, *Sword and the Shield*. 他参与此次行动的唯一优势：有关爱丁根取代号的想法，见 Sudoplatov, *Special Tasks*, 69.

189 院内警报鸣响：关于托洛茨基最后几个小时的情形有各种各样的说法，但是主要描述见 Serge and Trotsky, *Life and Death of Leon Trotsky*, 266 – 70; Deutscher, Prophet Outcast, 483 – 509；以及 Patenaude, Trotsky, 279 – 92. 因服役期间的杰出贡献：Patenaude, *Trotsky*, 294.

190 "有个担保不坐牢的小方法"：引自 Sudoplatov, *Special Tasks*, 36.

皇后

192 "四五年来"："Bas Muharririmiz Yunus Nadi Bey'in BirBelçika Gazetesinde Intisar Eden Beyanatı," Cumhuriyet, Oct. 7, 1928. "我们为什么不做"："Aynı seyi biz niçin yapmayalım?" Cumhuriyet, Feb. 4, 1929. 报纸很快宣布："En Güzel Türk Kadını," Cumhuriyet, Feb. 5, 1929. 这和足球赛没什么不同："Güzellik Müsabakamız," Cumhuriyet, Feb. 14, 1929. 评选过程没有泳衣环节："En Güzel Türk Kızı KimdirAcaba?" Cumhuriyet, Feb. 15, 1929. 妓女被明确禁止参加比赛： "Her Genç Kız Müsabakamıza Istirak Edebilir," Cumhuriyet, Feb. 10, 1929.

193 最近一期欧洲比赛的冠军："Türkiye'nin En GüzelKızı Olmak Istemez Misiniz?" Cumhuriyet, Feb. 17, 1929. 五十位名人组成的评委会："Türkiye Güzellik Kraliçesi," Cumhuriyet, Sept. 2, 1929. 9月3日，比赛结果揭晓： "1929 Türkiye Güzellik KraliçesiIntihap Edildi," Cumhuriyet, Sept. 3, 1929. 1930 年初，二十位入围者："Güzellik Balosu," Cumhuriyet, Jan. 8, 1930. "美丽不必难为情"："Güzellik Ayıp Bir Sey Degildir," Cumhuriyet, Jan. 13, 1930. 获选土耳其小姐时："Review of the Turkish Press," Feb. 5 – 18, 1931, p. 11, NARA, RG59, M1224, Reel 20.

194 1930 年欧洲小姐的名号："Mis Avrupa!" Cumhuriyet, Feb. 7, 1930. 科瑞曼才十岁：我很感激科瑞曼·哈里斯的女儿埃杰·萨普耶纳尔和孙女艾瑟·托菲里在伊斯坦布尔接受采访时，分享了科瑞曼个人和先辈的详细资料以及她们的一段家庭录影，Oct. 9, 2012。

196 两万名伊斯坦布尔人："20 Bin Kisi Dün Gece Kraliçeyi Alkısladı," Cumhuriyet, July 8, 1932. 沿途的土耳其火车站人山人海： "Kraliçe Geçerken," Cumhuriyet, July 14, 1932.

197 随后几天，她收到了近三万封贺电： "Dünya Güzeli 30, 000'e Yakın Telgraf Aldı," Cumhuriyet, Aug. 2, 1932. 尤努斯·纳迪还被召唤到："Gazi Hz. Basmuharririmize Dedi Ki：'Türk Milleti Bu Güzel Çocugunu,

Süphesiz, Samimiyetle Tebrik Eder,'" Cumhuriyet, Aug. 3, 1932. 老战斗英雄、总理伊斯麦特·帕夏："Digest of the Turkish Press," July 24 – Aug. 6, 1932, pp. 6 – 7, NARA, RG59, M1224, Reel 21.《共和报》从不错过任何大肆宣传的机会："DünyayıFetheden Türk Kızı!" Cumhuriyet, Aug. 4, 1932. 她去柏林和芝加哥："Digestof the Turkish Press," Feb. 5 – 18, 1933, p. 17, NARA, RG59, M1224, Reel 21. 在一次庆祝晚宴上："Digest of the Turkish Press," Aug. 7 – 20, 1932, p. 6, NARA, RG59, M1224, Reel 21.

198 伊斯坦布尔的上班族如果开车途经："Digest ofthe Turkish Press," Aug. 7 – 20, 1932, p. 4.

圣索菲亚大教堂

199 "如果希腊人能做"："Yunanlılar Yapıyor, Biz Neden Yapmıyalım?" Cumhuriyet, Feb. 19, 1929.

200 "这座教堂简直是"：Procopius, Buildings, in *Procopius*, 1. 1. 27. "哦，所罗门！"：引自 Kinross, *Europa Minor*, 141。

201 斯拉夫代表团依例来访：引自 Nelson, *Hagia Sophia*, 14.

202 那一天，他下令：Runciman, *Fall of Constantinople*, 147 – 49.

福萨蒂兄弟也是最早清除：Teteriatnikov, *Mosaics of Hagia Sophia*, 3.

203 他面对影棚镜头摆出的造型：Whittemore Papers, DO – ICFA, Box 9, Folder 144. 他矮小瘦削：Whittemore Papers, DO – ICFA, Box 9, Folder 151; Downes, *Scarlet Thread*, 39. 他总出现在一些古怪的场合："Yeats and Heifetz Sailing on Europa," *New York Times*, Dec. 27, 1932; Downes, *Scarlet Thread*, 39. 普里查德把惠特莫尔引荐给：惠特莫尔或许也认识格特鲁德·斯泰因，从时间推算，19 世纪 90 年代末，她还是拉德克利夫（Radcliffe）的学生。见 Klein, "The Elusive Mr. Whittemore: The Early Years, 1871 – 1916," in Klein, *Ousterhout*, and Pitarakis, eds., *Kariye Camii, Yeniden/The Kariye Camii Reconsidered*, 473fn31.

204 1910 年，惠特莫尔或许：Klein, "The Elusive Mr. Whittemore," 475. 他曾经向朋友吐露，他无时无刻：Whittemore to Isabella Stewart – Gardner, Aug. 24, 1921, Whittemore Papers, DO – ICFA, Box11, Folder 161（复印自 Isabella Stewart Gardner Museum, Boston, via Archives of American Art, Smithsonian Institution）.

205 他们的领土扩了又缩：Hélène Ahrweiler, "Byzantine Concepts of the Foreigner: The Case of the Nomads," in Ahrweiler and Laiou, eds., *Studies on the Internal Diaspora*, 2.

206 “我终于写到了”：Gibbon，*Decline and Fall*，6：413. 第一本拜占庭研究期刊：Elizabeth Jeffreys，John Haldon，and Robin Cormack，“Byzantine Studies as an Academic Discipline，” in Jeffreys with Haldon and Cormack，eds.，*Oxford Handbook of Byzantine Studies*，5. 第一次世界大战期间，他帮助英国女王：Equerry of Queen Alexandra to “All Military，Civil，and Customs Authorities concerned，” Mar. 11，1919，CERYE，Box 99，Folder 2.

207 “他天生擅长”：Runciman，*Traveller's Alphabet*，56－57. 按照惠特莫尔的说法：“Rose Petal Flavored Ice Cream in Company of a Harvard Scholar，” Boston Globe，Aug. 19，1948. 托普卡帕宫曾经只允许：“Topkapı Sarayının Harem Dairesi Açılıyor，” Cumhuriyet，Apr. 8，1930.

208 1930 年 10 月，两国签署了：Alexandris，*Greek Minority of Istanbul*，179. 1931 年夏，土耳其内阁：Nelson，*Hagia Sophia*，176. 这些镶嵌物一旦显露：Teteriatnikov，*Mosaics of Hagia Sophia*，44.

209 伊斯兰教禁止人像：“Mosaics Uncovered in Famous Mosque，” *New York Times*，Dec. 25，1932. 现在，这座城市辉煌的艺术成就：“Ayasofya'nın Mozayıkları：Ilme HürmetLazımdır，” Cumhuriyet，Nov. 14，1932. 在返回伊斯坦布尔拥挤的火车上：Whittemore to Gano，July 19，1932，Byzantinf Institute Records，DO－ICFA，Subgroup I：Records，Series I：Correspondence，Box 1，Folder 5.

210 惠特莫尔用胶片拍摄了：见 Byzantine Institute Records，DO－ICFA，Subgroup Ⅱ：Fieldwork Papers，Series Ⅳ，Subseries D：Moving Images（16mm films）。结果证明：福萨蒂兄弟描画了马赛克的草图，并且采取措施进行了加固，但是他们的描绘并不完整，修复也并不充分，所以拜占庭文化研究大师西里尔·曼戈（Cyril Mango）形容惠特莫尔的工作是祈祷图的重新发现。Mango，*Materials*，29.

212 惠特莫尔的团队推测：Teteriatnikov，*Mosaics of Hagia Sophia*，47.

213 与墙壁平面构成的角度越大：Teteriatnikov，*Mosaics of Hagia Sophia*，52. 为了增强闪亮效果：Teteriatnikov，*Mosaics of Hagia Sophia*，56. 制成石膏模型：Teteriatnikov，*Mosaics of Hagia Sophia*，61.

214 圣索菲亚大教堂“是建筑史的日月星辰”：引自 Nelson，*Hagia Sophia*，170. 1934 年，土耳其内阁：“AyasofyaMüzesi，” Cumhuriyet，Jan. 26，1935. 爱德华八世和华里丝·辛普森见 Byzantine Institute Records，DO－ICFA，Subgroup II：FieldworkPapers，Series IV，Box 45：“Photographs：Hagia Sophia and KariyeCamii，ca. 1930s－1940s，” Folder 482：“Photographs of Thomas Whittemore with Edward VIII of England”；and

Natalia Teteriatnikov, “The Byzantine Institute and Its Role in the Conservation of the Kariye Camii,” in Klein, ed., *Restoring Byzantium*, 51。

215 1939 年春，一位德国游客：“Dr. Göbbels Sehrimize Geldi,” Cumhuriyet, Apr. 13, 1939. “中央穹顶优美典雅”：Goebbels, Die Tagebücher von Joseph Goebbels, Apr. 14, 1939. 古城的生活似乎精彩纷呈：Goebbels, Die Tagebücher von Joseph Goebbels, Apr. 14, 1939.

暗影战争

216 葬礼上，你站在哪儿都无所谓：Deringil, *Turkish Foreign Policy*, 184. “我们现在应当在什么地方”：引自 Knatchbull - Hugessen, *Diplomat in Peace and War*, 138.

217 就在戈培尔访问伊斯坦布尔的当月：von Papen, *Memoirs*, 446.

218 然而，他不是墨索里尼：Knatchbull - Hugessen, *Diplomat in Peace and War*, 135.

219 他的皮肤也日渐灰黄：Runciman, *A Traveller's Alphabet*, 57. 肝硬化耗尽了他的体力：Mango, *Atatürk*, 518 - 19. 孩子们纷纷在学校哭倒：Sperco, *Istanbul indiscret*, 69. 阿塔图尔克的临终遗言：Mango, *Atatürk*, 525. 甚至有十二人在拥挤中：Mango, *Atatürk*, 525.

220 按照英国大使许阁森：Knatchbull - Hugessen, *Diplomat in Peace and War*, 144.

221 “扔出一块石头，几乎都能”：Transcript of Ira Hirschmannspeech, Oct. 22, 1944, p. 2, Hirschmann Papers, FDR, Box 3, File “‘Saving Refugees Through Turkey,’ Address by Ira Hirschmann Over CBS, 10/22/44.” 第一位德国教授： “Bir Ecnebi Profesör Ilk Defa Türkçe Ders Verdi,” Cumhuriyet, Nov. 23, 1933.

222 阿尔伯特·爱因斯坦：Shaw, *Turkey and the Holocaust*, 5 - 8. 有关德国学者和难民的详尽研究，见 Reisman, *Turkey's Modernization.* 这些侨民组建了：“The German N. S. D. A. P. Organization in Turkey,” Feb. 5, 1943, p. 1, NARA, RG226, Entry 106, Box 36. 每个周日，当地德国人：Memorandum from Betty Carp, Mar. 3, 1942, p. 1, NARA, RG226, Entry 106, Box 35. 许多高官：“The German N. S. D. A. P. Organization in Turkey,” Feb. 5, 1943, pp. 1 - 3. 托卡良酒店：“List of German and Pro - German Firmsin Istanbul, Turkey,” Feb. 15, 1943, p. 1, NARA, RG226, Entry 106, Box 36.

223 由于联合抵制：Bali, Bir Türklestirme Serüveni, 316 - 20. 此外，当地白俄确实反苏：“A History of X - 2 in Turkey from Its Inception to 31 August

1944," p. 1, NARA, RG226, Entry 210, Box 58, File 5. 据统计，战争期间有十七家独立的外国情报机构：Rubin, *Istanbul Intrigues*, 5.

224 伦道尔的女儿安妮：Rendel, *The Sword and the Olive*, 181. 两名德国安全官：Rendel, *The Sword and the Olive*, 186. 香槟见底，别离在即：Rendel, *The Sword and the Olive*, 187. “那一幕在我脑海的中挥之不去”：Rendel, *The Sword and the Olive*, 188.

225 突然，强光一闪：我对佩拉宫爆炸事件的描述是基于备忘录、照片、目击者报告和信件，自 NAUK, FO198/106, 198/107, 371/29748, 371/29749, 371/29751, 371/37529, 371/48154, 781/57, 950/10, 960/139, 950/631；以及 Rendel, *The Sword and the Olive*, chapter 16。

226 箱子里有一根导火线：Knatchbull - Hugessen to London, Mar. 12, 1941, NAUK, FO 371/29748, ff. 143 - 44. 保加利亚特工："Background Paper on the 'Pera Palace' Explosion of March 11, 1941, and Claims Arising Therefrom," n. d. , NAUK, FO 950/631. “我们检察院认定”：Istanbul Assistant Public Prosecutor, "Copy of Decision," Apr. 10, 1941, p. 4, NAUK, FO 371/37529. 英国政府最后："Pera Palace Claimants," n. d. , NAUK, FO 950/10; and Knatchbull - Hugessen to Foreign Office, Mar. 13, 1941, NAUK, FO 371/29749, f. 17.

227 伊斯坦布尔紧临前线："Tehlike Kapımızı Çalarsa," Cumhuriyet, Mar. 31, 1941. 树干、人行道和电线杆："Seyrüsefer Tedbirleri," Cumhuriyet, Nov. 28, 1940. 防空演习期间："Bugün Dikkatli Olunuz!" Cumhuriyet, Jan. 20, 1941. 为了节省燃料："Balkan Intelligence Center Report," Nov. 1940, NAUK, WO 208/72B.

228 外交官的小绯闻：Woods, *Spunyarn*, 2: 111. 那段时间，穆斯林只要被发现：Herbert, *Ben Kendim*, 37.

229 “伊斯坦布尔有许多人”：Boyd to Donovan, Sept. 25, 1944, p. 3, NARA, RG226, Entry 210, Box 58, File 4. 埃米叶可以定期提供："A History of X - 2 in Turkey," p. 10, and Lt. Col. John H. Maxson, "Report on Organization and Operation of X - 2, Turkey, 1944," p. 16, NARA, RG226, Entry 210, Box 58, File 5. 每当新人到达酒店：Kollek, For Jerusalem, 42 - 43. 1943 年 2 月：围绕这次返还尸骨的详细信息，见 Olson, "Remains of Talat."

230 英国情报部门：见"Istanbul Office—History," Mar. 15, 1945, NAUK, HS 7/86. 他在美国就被招募：Boyd to Donovan, Sept. 15, 1944, p. 2, NARA, RG226, Entry 210, Box 58, File 4. 这场无声战争的详尽史料：

见 expense vouchers in NARA, RG226, Entry 199, File 1193.

231 假如一名特工需要一条疝气带：Receipt from UcuzÇanta Pazarı, Dec. 31, 1943, NARA, RG226, Entry 109, Box 187, File 1208. “针对土耳其之外其他国家的间谍活动”：“A History of X－2 in Turkey,” p. 2. 他带来的钱：Maxson, “Report on Organization and Operation of X－2,” p. 4. 他得到了战略情报局总部的一间办公室：“A History of X－2 in Turkey,” p. 3.

232 教授、接待生和教务人员：“A History of X－2 in Turkey,” p. 3. 她经常邀请：Carp to Dulles, Mar. 13, 1942, NARA, RG226, Entry 106, Location 190/6/4/03. 卡普和艾伦·杜勒斯彼此认识，因为协约国占领时期，杜勒斯曾在伊斯坦布尔的美国大使馆短暂停留过一阵子。他一直是她战争期间在战略情报局的主要联系人之一，并且最终成了战略情报局的第一位平民接班人。“托马斯·惠特莫尔先生”：Carp to Gurfe in, Jan. 12, 1943, NARA, RG226, Entry 106, Location 190/6/4/03. “伊斯坦布尔到处是这样的人”：Wickham to Donovan, Aug. 11, 1944, p. 11, NARA, RG226, Entry 210, Box 194, File 9. 短短几个月：“AHistory of X－2 in Turkey,” p. 3. 特别是德国的军事情报部门阿勃维尔：“A History of X－2 inTurkey,” p. 11.

233 美国人似乎特别愿意相信：“A History of X－2 in Turkey,” p. 11. 酒精能麻痹舌头：Maxson, “Report on Organization and Operation of X－2,” p. 22. 歌词被油印出来……成了唱遍全城的流行曲目：“Addenda, History—Security Branch—OSS Istanbul,” May 1943－Sept. 1, 1944, p. 1, NARA, RG226, Entry210, Box 185, File 9；以及“History—Security Branch—OSS Istanbul,” May 1943－Sept. 1, 1944, p. 3, NARA, RG226, Entry 210, Box185, File 12. “我卷入一场危险的游戏”：“History—Security Branch—OSS Istanbul,” May 1943－Sept. 1, 1944, Appendix C, p. 2, NARA, RG226, Entry 210, Box 185, File 12.

234 山茱萸的大多数报告：Wickham to Donovan, Aug. 11, 1944, p. 4. 土耳其人对他唯一的抱怨：Massigli, La Turquiedevant la guerre, 133.

235 “你知道，我讨厌英国人”：引自 Moysich, *Operation Cicero*, 31. 一大笔钱财：Rubin, *Istanbul Intrigues*, 247.

236 即便10月29日土耳其共和国日庆典这一天：Rubin, *Istanbul Intrigues*, 4. *Teddy Kollek, an Austrian citizen by birth*：Kollek, *For Jerusalem*, 43.

书面记录

237 他打电报给温斯顿·丘吉尔：Muhayyes to Churchill, n. d., NAUK, FO

371/29751, f. 18. 他最终名义上获得了："Bombed British Officials Must Pay, Turks Decide," *New York Times*, Apr. 24, 1947. 1935，著名的土耳其外交官："Col. Aziz Bey a Suicide," *NewYork Times*, Oct. 1, 1935. 1939年，一个也门人："50 Kurusla Perapalas'ta Üç Ay Yasayan Adam!" Cumhuriyet, Oct. 13, 1939.

238 与塔克西姆广场相隔不远：Mansel, *Constantinople*, 419. 餐厅里，日本人：Hirschmann, *Life Line to a Promised Land*, 136.

239 退休前，他总去公园酒店吃晚餐：Hirschmann, *Life Line to a Promised Land*, 136. "斯特鲁玛"号顺着博斯普鲁斯海峡的洋流南下：讲述"斯特鲁玛"号事件最深入的故事是弗朗茨（Frantz）和柯林斯（Collins）的 *Death on the Black Sea*，我复述的某些细节正是基于这本书。这本书包括塞缪尔·阿伦伊（Samuel Aroni）一篇很好的文章，这篇文章试图重现当时船上的旅客名单，这似乎是异常艰巨的任务。

240 富有同情心的人道主义者偶尔：Goldin to Jewish Agency, Feb. 26, 1942, JAP - IDI, Reel 72. 1942 年 1 月 2 日，"斯特鲁玛"号上的六个人：Ludovic, et al., to Director of the Port Police, Istanbul, Jan. 2, 1942, JAP - IDI, Reel 72.

241 "斯特鲁玛"号被拖回：Goldin to Jewish Agency, Feb. 26, 1942. 关于"斯特鲁玛"号当时是否有引擎存在一些争论，因为发动机早前被拆除维修，在被执行拖曳命令前，可能还没送回船上。

242 "救救我们！"：Hirschmann, *Life Line to a Promised Land*, 5. "'斯特鲁玛'号在黑海海域失事"：Goldin to Jewish Agency, Feb. 25, 1942, JAP - IDI, Reel 72. 他先是加进了："Survivors," Mar. 8, 1942, JAP - IDI, Reel 72. 只有 9 名乘客：Frantz and Collins, *Death on the Black Sea*, 335.

243 后来发现，这次行动策划：Sudoplatov, *Special Tasks*, 35; Rubin, *Istanbul Intrigues*, 13 - 14. 当局会竭尽所能，避免："Die Juden der 'Struma,' die England nicht nach Palästina liess," Türkische Post, Apr. 21, 1942. 继而，赛达姆又解雇了：Guttstadt, *Turkey, the Jews, and the Holocaust*, 117. 事实上，土耳其国家通讯社报道的并不是沉船事件，而是在巴勒斯坦为"斯特鲁玛"号遇难者举办的哀悼日。我要感谢科里·古特斯塔特指出了这二者的差别。

244 "这些不幸的统计数据就像雪崩""：Hirschmann, *Life Line to a Promised Land*, 17. 他成了零售界的新星：见 Hirschmann, *Caution to the Winds.*

245 读完这些灾难报道：Hirschmann, *Caution to the Winds*, 127.

246 "总统刚刚签发了"：引自 Hirschmann, *Life Line to a Promised Land*, 19.

结束了五天的长途飞行：Hirschmann，*Life Line toa Promised Land*，22. “旧世界似乎渐渐离我远去”：Hirschmann diary entry，n. d. [Feb. 1944]，p. 2，Hirschmann Papers，FDR，Box 1，Folder “Portions of Ira Hirschmann's Diary，Feb. – Oct. 1944，” Part 1.

247 尽管使馆工作人员会提供支持：Hirschmann，*Life Line to a Promised Land*，23 – 24. 美国人是有良知的公民：Hirschmann，*Life Line to a Promised Land*，26. 他开始感觉：Hirschmann，*Life Line to a Promised Land*，33.

249 警察对这个答案很满意：Kollek，*For Jerusalem*，43 – 44.

250 犹太人很快就会发现他们掉进了：Hirschmann，“Palestine as a Refuge from Fascism，” Survey Graphic（May 1945）：195. 这些法规执行得非常严格：Memorandum from G. V. Allen，Division of Near Eastern Affairs，US Department of State，Dec. 1，1941，Shaw Collection，USHMM，File 2，pp. 1 – 3. 因为我的研究有 USHMM 这个新检索工具指引，所以重新编排了肖（Shaw）收集的文件。但是这些例子：Guttstadt，*Turkey，the Jews，and the Holocaust*，296 – 98.

251 1942 年 11 月，土耳其政府颁布法令：Translation of “Law Concerning the Tax on Wealth，” p. 1，Nov. 11，1942，RG59，M1242，Reel 31. 大约 114368 个个人与企业：“The Capital Levy：A Key to the Understanding of Current Trends in Turkey，” p. 6，May 3，1944，NARA，RG59，M1242，Reel 31. “这部法律也是一部革命的法律”：引自 Bali，“Varlık Vergisi” Affair，55. 根据战略情报局的秘密报告：“The Capital Levy，” p. 3. 穆斯林认为犹太血统——所谓的 dönme，一支犹太宗派的后裔，他们的成员于 17 世纪都皈依了伊斯兰教——也没有被过高评估。这个城市许多成功的企业：Akçura，Gramofon Çagı，30. 这完全是一段可耻的章节：Ökte，*Tragedy of the Turkish Capital Tax*，14.

252 家里的男人：Murray to Welles，Mar. 13，1943，pp. 1 – 2，NARA，RG59，M1224，Reel 31. 最终，一千多名伊斯坦布尔人：Ökte，*Tragedy of the Turkish Capital Tax*，73 – 74. 他们的个人物品全部：Guttstadt，*Turkey，the Jews，and the Holocaust*，72 – 81. 希腊人、亚美尼亚人、犹太人原本拥有：Ayhan Aktar，“‘Tax Meto the End of My Life！’：Anatomy of an Anti – Minority Tax Legislation（1942 – 3），” in Fortna et al.，eds.，*State – Nationalisms in the Ottoman Empire，Germany，and Turkey*，211 – 12. “根据可靠消息推断”：Istanbul to State，Dec. 8，1942，p. 1，NARA，RG59，M1224，Reel 31. 但是由于定量配给：Goldin to Jewish Agency，Nov. 17，1943，JAPIDI，Reel 48.

253 同意了巴拉斯的请求：See Chaim Barlas，“Report onImmigration，” Dec. 15，1943，JAP – IDI，Reel 1. 此外，土耳其政府还要求：“History of the War Refugee Board，” Vol. 1，p. 14，WRB，Folder 17. 如果遵照这些条件，伊拉·希尔施曼初步估算：Hirschmann，*Life Line to a Promised Land*，32. 这项计划9月生效：Barlas，“Report on Immigration，” p. 1. 1943年12月，巴拉斯的名单：Barlas，“Report on Immigration，” p. 1. 还有一小部分难民从希腊抵达：Barlas，“Report on Immigration，” p. 1. 12月，巴拉斯给斯坦哈特大使写信说道：Barlas，“Report on Immigration，” p. 2. 事实上，前往巴勒斯坦的土耳其犹太人：Barlas，“Report on Immigration，” p. 2. 参见 Resnik to Hirschmann，July 3，1944，JOINT，Reel 108。

254 战时难民事务委员会劝说：“History of the War Refugee Board，” Vol. 1，p. 15. 其他资金：“History of the War Refugee Board，” Vol. 1，p. 15. 美犹联合救济委员会资助的项目：Resnik to Hirschmann，July 7，1944，JOINT，Reel 108；以及“Report on Activities from February1944 to March 21，1944，” JOINT，Reel 111. 希尔施曼还会定期联络：Macfarland to Donovan，Aug. 11，1944，p. 3，NARA，RG226，Entry 210，Box 194，File 9. 如今，他终于：Barlas to Hirschmann，Mar. 23，1944，JAP – IDI，Reel 1.

255 1938年夏：Guttstadt，*Turkey，the Jews，and the Holocaust*，132 – 33. 但最棘手的是：Hirschmann，*Life Line to a Promised Land*，40 – 45.

256 “把证书寄来”：Moshe Slowes to Abraham Slowes，Mar. 12，1941，Slowes Collection，USHMM.

257 “我冒昧打扰”：Abraham Slowes to Swedish Consul，Jerusalem，Aug. 18，1943，Slowes Collection，USHMM. “关于8月8日您来函询问”：British Embassy，Moscow，to Abraham Slowes，Nov. 10，1944，Slowes Collection，USHMM. 后续记录包含了进一步的信息：T. C. Sharman to Abraham Slowes，Apr. 5，1945，Slowes Collection，USHMM. 斯罗维斯的母亲和其他六名家人被确认于1941年末或1942年在波纳利遇害，波纳利位于立陶宛维尔纽斯的郊外，是恶名昭彰的大规模屠杀的执行地。他的父亲可能死于爱沙尼亚的纳粹集中营。唯一一名幸存的直系亲属是他的哥哥所罗门，1939年，他极其幸运地成了苏联的俘虏，因此逃脱了1941年德国入侵后几乎必死的绝境。所罗门随后加入了波兰志愿军，在伊拉克、巴勒斯坦、北非和意大利与同盟国部队并肩作战，战后定居在特拉维夫。

吉兆门

258 “从希尔施曼和我收到的电报来看”：Steinhardt to Secretary of State, Mar. 3, 1944, p. 4, Hirschmann Papers, FDR, Box 1, Folder “Dispatches from U. S. Embassy, Ankara, to War Refugee Board, 2/8/44 – 6/2/44.”

259 申请离开罗马尼亚，至少需要提供：Application materials of Marcel Leibovici, Romanian General Directorate of Passports Office Records, 1939 – 1944, USHMM, Reel 3. 表格要求申请人：Application materials of Linder Maier, Romanian General Directorate of Passports Office Records, 1939 – 1944, USHMM, Reel 3.

260 “斯特鲁玛”号事件后，土耳其政府：Steinhardt to Resnik, June 15, 1944, JOINT, Reel 104. 甚至看似简单的问题：Steinhardt to Resnik, June 8, 1944, JOINT, Reel 104. 还有一些人明目张胆参与：Steinhardt to Barlas, June 5, 1944, JAP – IDI, Reel 1. 参见 Steinhardt to Pehle, May 18, 1944, and Steinhardt to War Refugee Board, June 1, 1944, Hirschmann Papers, FDR, Box 1, Folder “Dispatches from U. S. Embassy, Ankara, to War Refugee Board, 2/8/44 – 6/2/44.”

261 早在初春，外交部长：Steinhardt to Barlas, Apr. 3, 1944, Shaw Collection, USHMM, File 3. 出于这个原因，巴拉斯：Kollek, *For Jerusalem*, 44. 用旧墓碑垒成了：Harington, *Tim Harington Looks Back*, 137.

262 他们是“一个奇怪的群体”：Nicolson, *Sweet Waters*, 23. 这些黎凡特人：Mufty – zada, *Speaking of the Turks*, 146 – 47. 伊斯坦布尔只有不足 23000 名：Ives to Secretary of State, Nov. 14, 1928, pp. 7, 10, NARA, RG59, M353, Reel 57. “黎凡特人”不是土耳其人口普查使用的人口类别，所以这个形容想必来自美国外交官使用的术语，一般用来描述当地的天主教徒。

263 1943 年 2 月 12 日：彼得·霍夫曼（Peter Hoffmann）认为第一次会议是在 1943 年 1 月 20 日，但是这个日期的推断基础是巴拉斯递交给宗座代表的材料，而不是会议本身的记录。考虑到耶路撒冷发来电报的时间是 2 月 12 日，巴拉斯接到电报时，很可能还没有拜访大教堂。但是至少到 5 月，巴拉斯和兰卡里已经确立了一系列定期会议。Hoffmann, “Roncalli in the Second World War,” 83; Barlas to Roncalli, May 22, 1943, JAP – IDI, Reel 1.

264 “他解释说，如果提到暴行”：Tittmann, *Inside the Vatican of Pius Ⅻ*, 124.

265 他开始学习土耳其语：John XXⅢ, *Journal of a Soul*, 233. “我在土耳其的工作并不轻松”：John XXⅢ, *Journal of a Soul*, 234 – 35. 土耳其政府意图：

Massigli, La Turquie devant laguerre, 98. 1939 年，兰卡里联络：Righi, Papa Giovanni XXIII sulle rive del Bosforo, 194.

266 兰卡里身处这样不利的环境：Massigli, La Turquie devant la guerre, 98. "今天有幸得见声名显赫的"：Barlas to Herzog, June 12, 1943, JAP - IDI, Reel 1. 很多时候，他也会要求：Roncalli to Weltmann, July 31, 1943; Weltmann to Roncalli, July 31, 1943; Barlas to Goldin, Aug. 10, 1943; Barlas to Roncalli, Aug. 10, 1943; Barlas to Roncalli, Aug. 12, 1943; Barlas to Roncalli, Mar. 27, 1944; Barlas to Roncalli, June 6, 1944, JAP - IDI, Reel 1. 11 月，耶路撒冷的首席拉比：Herzog to Roncalli, Nov. 22, 1943, JAP - IDI, Reel 1.

268 他有时叫格罗什：Friling, "Nazi - Jewish Negotiations," 405. "我们打仗已经打了五年"：引自 Barlas, Hatsalah, 114. 限定数量的犹太人：Steinhardt to War Refugee Board, May 25, 1944, Hirschmann Papers, FDR, Box 1, Folder "Dispatches from U. S. Embassy, Ankara, to War Refugee Board, 2/8/44 - 6/2/44."

269 通过布达佩斯教堂神职人员的沟通渠道：Schwartz to War Refugee Board, July 20, 1944, JOINT, Reel 108. 另外一些人则负责抄写：Guttstadt, *Turkey, the Jews, and the Holocaust*, 127. 6 月 5 日，兰卡里给巴拉斯写信：Roncalli to Barlas, June 5, 1944, JAP - IDI, Reel 1. "幸亏这些文件"：Barlas to Roncalli, June 6, 1944, JAP - IDI, Reel 1. 兰卡里向梵蒂冈转发了这份报告：Cornwell, Hitler's Pope, 324 - 26. 随后，布达佩斯的宗座代表：Phayer, *Catholic Church and the Holocaust*, 50.

270 "他帮助过匈牙利的犹太人"：引自 Hoffmann, "Roncalli in the Second World War," 90。"我们受主召唤，生活在"：引自 Righi, *Papa Giovanni XXIII sulle rivedel Bosforo*, 261.

271 这艘船的核载定员是三百名人：Hirschmann, *Life Line to a Promised Land*, 87. 基本每次运送，美犹联合救济委员都会提供：Barlas to Hirschmann, Aug. 24, 1944, JAP - IDI, Reel 1. 她一直都这样疯疯癫癫：Hirschmann, *Life Line to a Promised Land*, 88. "不出所料，目前的情况非常糟糕"：Frankfort to Goldin, July 10, 1944, JAP - IDI, Reel 1.

272 他说，这个世界：Hirschmann, *Life Line to a Promised Land*, 87 - 89. 12：30 左右：有关苏联责任的问题，见 Ofer, *Escaping the Holocaust*, 195 - 98. 几十名乘客："Report on the Sinking of the m/v 'Mefkure,'" Sept. 9, 1944, JAP - IDI, Reel 173.

273 土耳其当局下令：Hirschmann, *Life Line to a Promised Land*, 142. 德国人在

公园酒店默默：Hirschmann, *Life Line to a Promised Land*, 142. 酒店的房价跌了一半：Hirschmann, *Life Line to a Promised Land*, 144. 德国大使弗朗茨・冯・帕彭：Hirschmann, *Life Line to a Promised Land*, 145. 这些船运送："Boats," JAP - IDI, Reel 122.

274 从 1942 年到 1945 年，总共："Summary of Immigrants from 1942 to the End of 1945," JAP - IDI, Reel 122. 成功抵达巴勒斯坦的犹太人：Ofer, *Escaping the Holocaust*, 318. "移民分批分次抵达（巴勒斯坦）的人数"：Chaim Barlas, "Report on Immigration," Dec. 15, 1943, p. 2, JAP - IDI, Reel 1. 许多人跟随救援行动离开了："Summary of Immigrants."

275 首席小提琴手：Hirschmann, *Life Line to a Promised Land*, 147. 我要感谢科里·古特斯塔特发现了小提琴手的姓名。

尾声

277 次日清晨："Perapalas Otelinin Sahibi Odasında Ölü Bulundu," Milliyet, Oct. 13, 1954. "现在，我的猫死了"：引自"Millionaire, Broken Over Dead Cat, Dies," Baltimore Sun, Oct. 14, 1954. 他把这家酒店赠予："Misbah Muhayyesin MirasıTesbit Ediliyor," Milliyet, Oct. 15, 1954; "Misbah Muhayyesin Vârisleri Çogalıyor," Milliyet, Oct. 19, 1954.

278 政党领袖在阿塔图尔克执政时期获得的土地：Zürcher, Turkey: *A Modern History*, 233. 至少 11 人：Güven, 6 - 7 Eylül Olayları, 40, 181. 这个死亡人数和财产损失的程度仍存有争议。更多的数字，见 Vryonis, *Mechanism of Catastrophe*, 549. 诗人约瑟夫·布罗茨基（Joseph Brodsky）就是曾经光顾过："Flight from Byzantium," in Brodsky, *Less an One*, 396 - 97.

283 我们不难想象：我对爆炸发生前最后时刻的重现依托于"Pera Palace Claimants," NAUK, FO950/10; De Téhige to Ambassador, Apr. 21, 1941, NAUK, FO 198/106; "Pera Palas Bomb Outrage," Apr. 2, 1941, NAUK, FO 198/106; Vardarsu to British Embassy, Apr. 20, 1941, NAUK, FO 198/106; and a list of victims and compensation from the Turkish Ministry of Foreign Affairs, Nov. 13, 1941, in NAUK, FO 198/107.

词汇表

Alevis	阿拉维派。伊斯兰教派，信仰结合了伊斯兰教什叶派和苏非派的基本教义
aliyah bet	非法移民。移居进入托管时代的巴勒斯坦的犹太人
bey	贝。先生；有身份地位的男人
caique	帆船。博斯普鲁斯海峡和金角湾使用的窄小的桨船
caliph	哈里发。伊斯兰教至高无上的精神领袖；1924年哈里发制废除以前，奥斯曼帝国苏丹自封的头衔
çarsaf	罩袍。穆斯林女性通常覆盖全身的黑色遮盖物
cherkeska	切尔可萨。高加索人穿着的胸部有小弹药袋的束腰长外衣
Circassians	切尔克斯人。居住在当代俄罗斯高加索西北部切尔克西亚历史地域的文化群体
dervish	托钵僧。苏非派修道会的信徒
Emniyet	埃米叶。土耳其秘密警察
esnaf	埃斯纳夫。商人和匠人的同业公会
ezan	埃赞。伊斯兰教宣礼
gazi	加齐。伊斯兰战争的征服者或英雄
hamal	搬运工
han	商号。通常面向客商的旅舍或寄宿公寓

hanım	哈尼姆。女士；有身份地位的女性
harem	妻妾。家室；奥斯曼帝国苏丹或其他有身份地位的男人的妻妾
haremlik；Harem	闺房。传统家庭留作家用的私密空间
imam	伊玛目。伊斯兰教崇拜的领袖
inkılâp	革命
janissaries	禁卫军。19 世纪 20 年代以前，奥斯曼帝国的精英步兵
lâiklik	政教分离。世俗主义；国家管理宗教体系
Karagöz	卡拉格兹。传统的娱乐节目，是在背光幕布上表演的傀儡戏
Kemalism	凯末尔主义。穆斯塔法·凯末尔·阿塔图尔克有关现代性和世俗主义的政治意识形态
Ladino	拉地诺语。西班牙犹太人基于西班牙语的方言，书面用希伯来或拉丁文字；也称为犹太西班牙语
mahalle	小社区
meyhane	小酒馆。通常供应葡萄酒、茴香酒和小盘食品的小餐馆
millet	米勒特。奥斯曼帝国以宗教团体（比如，穆斯林、东正教教徒、亚美尼亚使徒教教徒、犹太教教徒）全体成员界定的法律范畴
millet system	米勒特制。以米勒特的准自治为基础，奥斯曼帝国的宗教自治
muezzin	穆安津。伊斯兰教宣礼的报时人
muhacirs	强制移民。穆斯林难民，尤其是来自巴尔干半岛和高加索地区
OGPU	格别乌。斯大林的秘密警察，克格勃的前身

OSS	美国战略情报局；美国情报组织和中央情报局的前身
oud	乌得琴。类似西方琉特琴的乐器
pasha	帕夏。军事将领或高级军官
patriarch	牧首。东正教独立教区的最高领袖
raki	茴香酒
rebetiko	地中海民谣。源自士麦那和伊斯坦布尔的希腊人的城市民间音乐（也可以拼写成 *rembetiko*）
selâmlık	前室。传统家庭留作社交或待客的公用空间；也可以解释为礼队，苏丹公开前往周五礼拜寺的仪仗队列
Sephardim	塞法迪姆。来自伊比利亚半岛的犹太人，他们在 15 世纪移居奥斯曼帝国
seyhülislam	大阿訇。伊斯兰教的主要教士
sharia	伊斯兰教法
sheikh	谢赫。伊斯兰教宗教领袖或圣徒，尤其是苏非派
Shi'a	什叶派。伊斯兰教派，认为先知默罕默德的精神继承者是他的女婿阿里
SOE	特别行动处；英国情报机构
Sufi	苏非派。伊斯兰教若干狂热或神秘的宗教团体的通称，通常以创始圣贤划分分支派系
sultan	苏丹。奥斯曼帝国的统治者
Sunni	逊尼派。伊斯兰教派，认为先知默罕默德的精神继承者是历代哈里发
sürgün	强制性移民
Tanzimat	坦志麦特。1839 年至 1876 年，奥斯曼帝国中央集权、现代化建设的改革时期

tekke	特卡。苏非小屋或礼拜堂
tulumbacı	消防员。徒步前往火场的消防员
türbe	圣堂。特指伊斯兰教圣人或哲人的陵墓
Unionists	统一进步党。统一与进步委员会成员，1908年革命的制造者；也称为青年土耳其党
wagon-lit	卧车。火车的卧铺车
yalı	雅郦。博斯普鲁斯海峡临海的房屋，通常用华丽考究的斜切锯木建造
yishuv	伊休夫。托管时代的巴勒斯坦的犹太群体
Young Turks	青年土耳其党。见统一进步党

参考文献

文档资料

Bakhmeteff Archive, Rare Book and Manuscript Library, Columbia University, New York

Adam P. and Feofaniia V. Benningsen Papers

Mitrofan Ivanovich Boiarintsev Papers

Committee for the Education of Russian Youth in Exile Records

Aleksandr Pavlovich Kutepov Papers

Georgii Aleksandrovich Orlov Papers

Russkii Obshche-Voinskii Soiuz (Russian Universal Military Union) Papers

Dumbarton Oaks Research Library and Collection, Image Collections and Fieldwork Archives, Washington, DC

Byzantine Institute and Dumbarton Oaks Fieldwork Records and Papers

Thomas Whittemore Papers

Robert L. Van Nice Records and Fieldwork Papers

Georgetown University Library, Special Collections Research Center, Washington, DC

Cornelius Van H. Engert Papers

Hoover Institution Archives, Palo Alto, California

Dmitri Shalikashvili Papers

Houghton Library, Harvard University, Cambridge, Massacussetts

Leon Trotsky Exile Papers

Imperial War Museum Archives, London

Wing Commander D. L. Allen Papers
Charles Bambury Photograph Collection
Major T. B. Bardo Papers
C. J. Brunell Photograph Collection
G. Calverley Papers
Lieutenant M. M. Carus Wilson Papers
Letters of Brigadier General W. B. Emery
Major General W. A. F. L. Fox-Pitt Papers
Lieutenant C. H. Garner Papers
J. A. Graham Photograph Collection
Greco-Turkish War Intelligence Reports, 1922–1923
Major A. McPherson Papers
Air Marshal S. C. Strafford Papers
F. W. Turpin Papers
C. Vinicombe Papers
Commander O. F. M. Wethered Papers

Istanbul Research Institute, Istanbul
Photograph and Map Collection

Library of Congress, Washington, DC
Mark Lambert Bristol Papers, Manuscript Reading Room
Frank and Frances Carpenter Collection, Prints and Photographs Division

National Archives and Records Administration, College Park, Maryland
State Department Records
Office of Strategic Services Archives

National Archives of the United Kingdom, Kew
Cabinet Office Records
Foreign Office Records
Special Operations Executive Records
War Office Records

Franklin Delano Roosevelt Presidential Library, Hyde Park, New York
Oscar Cox Papers
Ira Hirschmann Papers

United States Holocaust Memorial Museum Archives and Library, Washington, DC

Abraham and Simone Slowes Collection
Jewish Agency for Palestine Records, Immigration Department, Office in Istanbul
Papers of the War Refugee Board
Romanian General Directorate of Passports Office Records, 1939–1944
Selected Records from the American Jewish Joint Distribution Committee, 1937–1966
Selected Records from the Ghetto Fighters' House, 1920–1950
Selected Records from Romanian Diplomatic Missions, 1920–1950
Stanford Shaw Collection
Ellen T. Meth Collection, Wang Family Papers
Wiener Library Thematic Press Cuttings
Yapı Kredi Bank, Istanbul
Selahattin Giz Collection

报纸期刊

Baltimore Sun
Boston Globe
Le Courrier de Turquie (Istanbul)
Cumhuriyet (Istanbul)
L'Entente (Istanbul)
Journal de la Chambre de commerce et d'industrie de Constantinople (Istanbul)
Le Journal d'Orient (Istanbul)
Le Moniteur oriental (Istanbul)
Milliyet (Istanbul)
New York Times
Orient News (Istanbul)
Stamboul (Istanbul)
Tarih ve Toplum (Istanbul)
Toplumsal Tarih (Istanbul)
Times (London)
Türkische Post (Istanbul)
Vecherniaia pressa (Istanbul)

图书、文章和其他资料

Abravanel, Jacques. *Mémoires posthumes et inachevées de Jacques Abravanel, juif portugais, salonicien de naissance, stambouliote d'adoption*. Istanbul: Isis, 1999.

Adil, Fikret. *Asmalımescit 74: Bohem Hayatı*. Istanbul: İletişim, 1988.

———. *Gardenbar Geceleri*. Istanbul: İletişim, 1990.

Agabekov, Georges [Georgy]. *OGPU: The Russian Secret Terror*. New York: Brentano's, 1931.

Ahmad, Feroz. *The Making of Modern Turkey*. London: Routledge, 1993.

Ahrweiler, Hélène. *Byzance et la mer: La marine de guerre, la politique, et les institutions maritimes de Byzance aux VIIe–XVe siècles*. Paris: Presses universitaires de France, 1966.

Ahrweiler, Hélène, and Angeliki E. Laiou, eds. *Studies on the Internal Diaspora of the Byzantine Empire*. Washington, DC: Dumbarton Oaks Research Library and Collection, 1998.

Akçam, Taner. *From Empire to Republic: Turkish Nationalism and the Armenian Genocide*. New York: Zed Books, 2004.

———. *A Shameful Act: The Armenian Genocide and the Question of Turkish Responsibility*. New York: Metropolitan Books, 2006.

———. *The Young Turks' Crimes Against Humanity: The Armenian Genocide and Ethnic Cleansing in the Ottoman Empire*. Princeton, NJ: Princeton University Press, 2012.

Akçam, Taner, and Ümit Kurt. *Kanunların Ruhu: Emval-i Metruke Kanunlarında Soykırımın İzini Sürmek*. Istanbul: İletişim, 2012.

Akçura, Gökhan. *Gramofon Çağı*. Istanbul: OM, 2002.

———. *İstanbul Twist*. Istanbul: Everest, 2006.

Akgüngör, Sedef, Ceyhan Aldemir, Yeşim Kuştepeli, Yaprak Gülcan, and Vahap Tecim. "The Effect of Railway Expansion on Population in Turkey, 1856–2000." *Journal of Interdisciplinary History* 42, no. 1 (Summer 2011): 135–57.

Akhmedov, Ismail. *In and Out of Stalin's GRU*. Frederick, MD: University Publications of America, 1984.

Aksakal, Mustafa. *The Ottoman Road to War in 1914: The Ottoman Empire and the First World War*. Cambridge: Cambridge University Press, 2008.

Alexandris, Alexis. *The Greek Minority of Istanbul and Greek-Turkish Relations, 1918–1974*. Athens: Center for Asia Minor Studies, 1983.

Alexandrov, Vladimir. *The Black Russian*. New York: Atlantic Monthly Press, 2013.

Allen, Henry Elisha. *The Turkish Transformation*. Chicago: University of Chicago Press, 1935.

Andrew, Christopher, and Vasili Mitrokhin. *The Sword and the Shield: The Mitrokhin Archive and the Secret History of the KGB*. New York: Basic Books, 1999.

Andreyev, Catherine, and Ivan Savický. *Russia Abroad: Prague and the Russian Diaspora, 1918–1938*. New Haven, CT: Yale University Press, 2004.

Arslan, Savaş. *Cinema in Turkey: A New Critical History*. Oxford: Oxford University Press, 2011.

Atabaki, Touraj, and Gavin D. Brockett, eds. *Ottoman and Republican Turkish Labour History*. Cambridge: Cambridge University Press and Internationaal Instituut voor Sociale Geschiedenis, 2009.

Aurenche, Henri. *La mort de Stamboul*. Paris: J. Peyronnet, 1930.

Avriel, Ehud. *Open the Gates!* London: Weidenfeld and Nicolson, 1975.

Azak, Umut. "Secularism in Turkey as a Nationalist Search for Vernacular Islam." *Revue des mondes musulmans et de la Méditerranée* 124 (Nov. 2008): 161–79.

Balakian, Grigoris. *Armenian Golgotha: A Memoir of the Armenian Genocide, 1915–1918*. New York: Alfred A. Knopf, 2009.

Balard, Michel. *La Romanie génoise (XIIe–début du XVe siècle)*. 2 vols. Rome: Ecole Française de Rome, 1978.

Bali, Rıfat N. *1934 Trakya Olayları*. Istanbul: Libra, 2008.

———. *American Diplomats in Turkey: Oral History Transcripts (1928–1997)*. Istanbul: Libra, 2011.

———. *Bir Türkleştirme Serüveni (1923–1945): Cumhuriyet Yıllarında Türkiye Yahudileri*. Istanbul: İletişim, 1999.

———. *The First Ten Years of the Turkish Republic Thru the Reports of American Diplomats*. Istanbul: Isis, 2009.

———. *The Jews and Prostitution in Constantinople, 1854–1922*. Istanbul: Isis, 2008.

———. *Portraits from a Bygone Istanbul: Georg Mayer and Simon Brod*. Istanbul: Libra, 2010.

———. *Les relations entre turcs et juifs dans la Turquie moderne*. Istanbul: Isis, 2001.

———. *The Turkish Cinema in the Early Republican Years*. Istanbul: Isis, 2007.

———. *The "Varlık Vergisi" Affair: A Study of Its Legacy*. Istanbul: Isis, 2005.

Balkanstaaten und Konstantinopel (Meyers Reisebücher). Leipzig: Bibliographisches Institut, 1914.

Bankier, David, ed. *Secret Intelligence and the Holocaust*. New York and Jerusalem: Enigma Books and Yad Vashem, 2006.

Barlas, Chaim. *Hatsalah bi-yeme sho'ah*. Lohame ha-geta'ot: Bet Lohame ha-geta'ot, ha-Kibuts ha-Me'uhad, 1975.

Barsley, Michael. *Orient Express: The Story of the World's Most Fabulous Train*. London: Macdonald, 1966.

Beevore, J. G. *SOE: Recollections and Reflections, 1940–1945*. London: Bodley Head, 1981.

Behrend, George. *Grand European Expresses: The Story of the Wagons-Lits*. London: George Allen and Unwin, Ltd., 1962.

———. *The History of the Wagons-Lits, 1875–1955*. London: Modern Transport Publishing, 1959.

Benezra, Nissim M. *Une enfance juive à Istanbul (1911–1929)*. Istanbul: Isis, 1996.

Beyoğlu in the 30's Through the Lens of Selahattin Giz. Istanbul: Çağdaş Yayıncılık/Galeri Alfa, 1991.

Bibesco, Princess G. V. [Marthe]. *The Eight Paradises*. New York: E. P. Dutton, 1923.

Blasing, Mutlu Konuk. *Nâzım Hikmet: The Life and Times of Turkey's World Poet*. New York: Persea Books, 2013.

Bloxham, Donald. *The Great Game of Genocide: Imperialism, Nationalism, and the Destruction of the Ottoman Armenians*. Oxford: Oxford University Press, 2005.

Boyar, Ebru, and Kate Fleet. *A Social History of Ottoman Istanbul*. Cambridge: Cambridge University Press, 2010.

Braham, Randolph L. *The Politics of Genocide: The Holocaust in Hungary*. 2 vols. New York: Columbia University Press, 1981.

Braude, Benjamin, and Bernard Lewis, eds. *Christians and Jews in the Ottoman Empire*. 2 vols. New York: Holmes and Meier, 1982.

Bridges, Sir Tom. *Alarms and Excursions: Reminiscences of a Soldier*. London: Longmans Green, 1938.

Brigg, E. W., and A. A. Hessenstein. *Constantinople Cameos*. Istanbul: Near East Advertising Co., 1921.

Brockett, Gavin D. "Collective Action and the Turkish Revolution: Towards a Framework for the Social History of the Atatürk Era." *Middle Eastern Studies* 34, no. 4 (Oct. 1998): 44–66.

———. *How Happy to Call Oneself a Turk: Provincial Newspapers and the Negotiation of a Muslim National Identity*. Austin: University of Texas Press, 2011.

———. *Towards a Social History of Modern Turkey: Essays in Theory and Practice*. Istanbul: Libra, 2011.

Brodsky, Joseph. *Less Than One*. New York: Farrar, Straus and Giroux, 1986.

Brook-Shepherd, Gordon. *The Storm Petrels: The Flight of the First Soviet Defectors*. New York: Harcourt Brace Jovanovich, 1978.

Bumgardner, Eugenia S. *Undaunted Exiles*. Staunton, VA: The McClure Company, 1925.

Busbecq, Ogier Ghiselin de. *The Turkish Letters of Ogier Ghiselin de Busbecq, Imperial Ambassador at Constantinople, 1554–1562*. Edward Seymour Forster, trans. Oxford: Clarendon Press, 1968.

Cagaptay, Soner. *Islam, Secularism, and Nationalism in Modern Turkey: Who Is a Turk?* London: Routledge, 2006.

Çelik, Zeynep. *The Remaking of Istanbul: Portrait of an Ottoman City in the Nineteenth Century*. Seattle: University of Washington Press, 1986.

Çetin, Fethiye. *My Grandmother: A Memoir*. London: Verso, 2008.

Christie, Agatha. *An Autobiography*. New York: Dodd, Mead, 1977.

———. *Come, Tell Me How You Live*. New York: Dodd, Mead, 1946.

———. *Murder on the Orient Express*. New York: Berkley Books, 2004 [1934].

Churchill, Winston. *Great Contemporaries*. London: Thornton Butterworth, 1937.

Clark, Bruce. *Twice a Stranger: The Mass Expulsions that Forged Modern Greece and Turkey*. Cambridge, MA: Harvard University Press, 2006.

Conquest, Robert. "Max Eitingon: Another View." *New York Times Book Review*, July 3, 1988.

Constantinople. Washington, DC: Bureau of Navigation, Navy Department, 1920.

Cookridge, E. H. *Orient Express: The Life and Times of the World's Most Famous Train*. New York: Random House, 1978.

Cornwell, John. *Hitler's Pope: The Secret History of Pius XII*. New York: Viking, 1999.

Criss, Nur Bilge. *Istanbul Under Allied Occupation, 1918–1923*. Leiden: Brill, 1999.

Dağdalen, İrfan, ed. *Charles Edouard Goad'ın İstanbul Sigorta Haritaları*. Istanbul: İstanbul Büyükşehir Belediyesi, Kütüphane ve Müzeler Müdürlüğü, 2007.

Dalal, Radha Jagat. "At the Crossroads of Modernity, Space, and Identity: Istanbul and the Orient Express Train." Ph.D. dissertation. University of Minnesota, 2011.

Dallin, David J. *Soviet Espionage*. New Haven: Yale University Press, 1955.

De Amicis, Edmondo. *Constantinople*. Stephen Parkin, trans. Richmond, UK: Oneworld Classics, 2010.

De Paris à Constantinople (Les Guides Bleus). Paris: Hachette, 1920.

Deal, Roger A. *Crimes of Honor, Drunken Brawls, and Murder: Violence in Istanbul under Abdülhamid II*. Istanbul: Libra, 2010.

Deleon, Jak. *Pera Palas*. Istanbul: Istanbul Otelcilik ve Turizm Ticaret, n.d.

———. *The White Russians in Istanbul*. Istanbul: Remzi Kitabevi, 1995.

Deringil, Selim. *Turkish Foreign Policy During the Second World War*. Cambridge: Cambridge University Press, 1989.

Deutscher, Isaac. *The Prophet Outcast. Trotsky: 1929–1940*. London: Oxford University Press, 1963.

Dos Passos, John. *Travel Books and Other Writings, 1916–1941*. New York: Library of America, 2003.

Doumanis, Nicholas. *Before the Nation: Muslim-Christian Coexistence and Its Destruction in Late Ottoman Anatolia*. Oxford: Oxford University Press, 2013.

Downes, Donald C. *The Scarlet Thread: Adventures in Wartime Espionage*. London: Derek Verschoyle, 1953.

Draper, Theodore H. "The Mystery of Max Eitingon." *New York Review of Books*, Apr. 14, 1988.

Duben, Alan, and Cem Behar. *Istanbul Households: Marriage, Family, and Fertility, 1880–1940.* Cambridge: Cambridge University Press, 1991.

Duke, Vernon. *Passport to Paris.* Boston: Little, Brown, 1955.

Dünden Bugüne İstanbul Ansiklopedisi. 8 vols. Istanbul: Türkiye Ekonomik ve Toplumsal Tarih Vakfı, 1994.

Dunn, Robert. *World Alive: A Personal Story.* New York: Crown, 1956.

Dwight, H. G. *Constantinople: Settings and Traits.* New York: Harper and Brothers, 1926.

Eastman, Max. *Great Companions.* New York: Farrar, Straus and Cudahy, 1959.

———. *Heroes I Have Known.* New York: Simon and Schuster, 1942.

Edib, Halidé Adivar [Halide Edip Adıvar]. *Conflict of East and West in Turkey.* Lahore, Pakistan: Shaikh Muhammad Ashraf, 1963 [1935].

———. *Memoirs of Halidé Edib.* Piscataway, NJ: Gorgias Press, 2004 [1926].

———. "Turkey and Her Allies." *Foreign Affairs* 18, no. 3 (Apr. 1940): 442–49.

———. *Turkey Faces West.* New Haven, CT: Yale University Press, 1930.

———. *The Turkish Ordeal.* New York: The Century Co., 1928.

Edmonds, James E. *The Occupation of Constantinople, 1918–1923.* Uckfield, UK: Naval and Military Press, Ltd., 2010.

Edwards, George Wharton. *Constantinople, Istamboul.* Philadelphia: Penn Publishing Company, 1930.

Eissenstat, Howard Lee. "The Limits of Imagination: Debating the Nation and Constructing the State in Early Turkish Nationalism." Ph.D. dissertation. University of California, Los Angeles, 2007.

Ekmekçioğlu, Lerna. "Improvising Turkishness: Being Armenian in Post-Ottoman Istanbul (1918–1933)." Ph.D. dissertation. New York University, 2010.

Ekrem, Selma. *Unveiled: The Autobiography of a Turkish Girl.* New York: Ives Washburn, 1930.

Eldem, Edhem. "Istanbul, 1903–1918: A Quantitative Analysis of a Bourgeoisie." *Boğaziçi Journal* 11, nos. 1–2 (1997): 53–98.

Eldem, Edhem, Daniel Goffman, and Bruce Masters. *The Ottoman City between East and West: Aleppo, Izmir, and Istanbul.* Cambridge: Cambridge University Press, 1999.

Ellison, Grace. *An Englishwoman in a Turkish Harem.* London: Methuen, 1915.

Emiroğlu, Kudret. *Gündelik Hayatımızın Tarihi.* Ankara: Dost, 2001.

Encounters at the Bosphorus: Turkey during World War II. Krzyżowa, Poland: "Krzyżowa" Foundation for Mutual Understanding in Europe, 2008.

Evliya Çelebi. *Narrative of Travels in Europe, Asia, and Africa, in the Seventeenth Century.* Joseph von Hammer, trans. 2 vols. London: Oriental Translation Fund of Great Britain and Ireland, 1834.

———. *An Ottoman Traveller: Selections from the Book of Travels of Evliya Çelebi.* Robert Dankoff and Sooyong Kim, trans. London: Eland Publishing, 2010.

Farson, Negley. *The Way of a Transgressor.* London: Victor Gollancz, 1935.

Findley, Carter Vaughn. *Turkey, Islam, Nationalism, and Modernity: A History.* New Haven, CT: Yale University Press, 2010.

Finefrock, Michael M. "Ataturk, Lloyd George and the Megali Idea: Cause and Consequence of the Greek Plan to Seize Constantinople from the Allies, June–August 1922." *Journal of Modern History* 52, no. 1 (Mar. 1980): D1047–D1066.

Fink, Anna. *Colorful Adventures in the Orient.* Austin: n.p., 1930.

Finkel, Caroline. *Osman's Dream: The Story of the Ottoman Empire, 1300–1923.* New York: Basic Books, 2005.

Fortna, Benjamin C., Stefanos Katsikis, Dimitris Kamouzis, and Paraskevas Konortas, eds. *State-Nationalisms in the Ottoman Empire, Greece, and Turkey: Orthodox and Muslims, 1830–1945.* London: Routledge, 2013.

Fortuny, Kim. *American Writers in Istanbul: Melville, Twain, Hemingway, Dos Passos, Bowles, Algren, Baldwin, Settle.* Syracuse, NY: Syracuse University Press, 2009.

Frantz, Douglas, and Catherine Collins, *Death on the Black Sea: The Untold Story of the Struma and World War II's Holocaust at Sea.* New York: Ecco, 2003.

Freely, John. *Istanbul: The Imperial City.* London: Penguin, 1996.

Friling, Tuvia. *Arrows in the Dark: David Ben-Gurion, the Yishuv Leadership, and Rescue Attempts during the Holocaust.* 2 vols. Madison: University of Wisconsin Press, 2005.

———. "Nazi-Jewish Negotiations in Istanbul in Mid-1944." *Holocaust and Genocide Studies* 13, no. 3 (Winter 1999): 405–36.

Fromkin, David. *A Peace to End All Peace: The Fall of the Ottoman Empire and the Creation of the Modern Middle East.* 2nd ed. New York: Henry Holt, 2009.

Gatrell, Peter. *A Whole Empire Walking: Refugees in Russia During World War I.* Bloomington: Indiana University Press, 1999.

Gervasi, Frank. "Devil Man." *Collier's*, June 8, 1940: 17, 49.

Gibbon, Edward. *The Decline and Fall of the Roman Empire.* 6 vols. London: Dent, 1962.

Gilles, Pierre. *The Antiquities of Constantinople.* John Bell, trans. Ronald G. Musto, ed. 2nd ed. New York: Italica Press, 1988.

Gingeras, Ryan. "Last Rites for a 'Pure Bandit': Clandestine Service, Historiography, and the Origins of the Turkish 'Deep State.'" *Past and Present* 206, no. 1 (2010): 151–74.

———. *Sorrowful Shores: Violence, Ethnicity, and the End of the Ottoman Empire, 1912–1923.* Oxford: Oxford University Press, 2009.

Göçek, Fatma Müge. *The Transformation of Turkey: Redefining State and Society from the Ottoman Empire to the Modern Era.* London: I. B. Tauris, 2011.

Goebbels, Joseph. *Die Tagebücher von Joseph Goebbels.* In *Nationalsozialismus, Holocaust, Widerstand und Exil, 1933–1945.* De Gruyter Online database.

Göksu, Saime, and Edward Timms. *Romantic Communist: The Life and Work of Nazım Hikmet.* New York: St. Martin's, 1999.

Göktürk, Deniz, Leven Soysal, and İpek Türeli, eds. *Orienting Istanbul: Cultural Capital of Europe?* London: Routledge, 2010.

Goodrich-Freer, Adela. *Things Seen in Constantinople.* London: Seeley, Service, and Co., 1926.

Greene, Graham. *Orient Express* [*Stamboul Train*]. London: Penguin, 2004 [1932].

———. *Travels with My Aunt.* New York: Bantam, 1971.

Greenfield, Robert. *The Last Sultan: The Life and Times of Ahmet Ertegun.* New York: Simon and Schuster, 2011.

Greer, Carl Richard. *The Glories of Greece.* Philadelphia: Penn Publishing Company, 1936.

Gritchenko, Alexis. *Deux ans à Constantinople*. Paris: Edition Quatre Vents, 1930.

Gül, Murat. *The Emergence of Modern Istanbul: Transformation and Modernisation of a City*. London: Tauris Academic Studies, 2009.

Gülersoy, Çelik. *Tepebaşı: Bir Meydan Savaşı*. Istanbul: İstanbul Büyükşehir Belediye Başkanlığı Kültür İşleri Daire Başkanlığı Yayınları, 1993.

Guttstadt, Corry. *Turkey, the Jews, and the Holocaust*. Cambridge: Cambridge University Press, 2013.

Güven, Dilek. *6–7 Eylül Olayları: Cumhuriyet Dönemi Azınlık Politikaları ve Stratejileri Bağlamında*. Istanbul: Tarih Vakfı, 2005.

Güvenç-Salgırlı, Sanem. "Eugenics as a Science of the Social: A Case from 1930s Istanbul." Ph.D. dissertation. Binghamton University, State University of New York, 2009.

Handbook for Travellers in Constantinople, Brûsa, and the Troad. London: John Murray, 1893.

A Handbook for Travellers in Turkey. 3rd rev. ed. London: John Murray, 1854.

Hanioğlu, M. Şükrü. *Atatürk: An Intellectual Biography*. Princeton, NJ: Princeton University Press, 2011.

Harington, General Sir Charles. *Tim Harington Looks Back*. London: John Murray, 1940.

Hayal Et Yapılar/Ghost Buildings. 2nd ed. Istanbul: PATTU, 2011.

Hemingway, Ernest. *Dateline: Toronto: The Complete Toronto Star Dispatches, 1920–1924*. William White, ed. New York: Charles Scribner's Sons, 1985.

Heper, Metin, and Sabri Sayarı, eds. *The Routledge Handbook of Modern Turkey*. London: Routledge, 2012.

Herbert, Aubrey. *Ben Kendim: A Record of Eastern Travel*. 2nd ed. New York: G. P. Putnam's Sons, 1925.

Hikmet, Nâzım. *Human Landscapes from My Country*. Randy Blasing and Mutlu Konuk, trans. New York: Persea Books, 2002.

———. *Poems of Nâzim Hikmet*. Randy Blasing and Mutlu Konuk, trans. New York: Persea Books, 2002.

Hildebrand, Arthur Sturges. *Blue Water*. New York: Harcourt, Brace and Company, 1923.

Hirschmann, Ira A. *Caution to the Winds*. New York: David McKay, 1962.

———. *Life Line to a Promised Land*. New York: Vanguard Press, 1946.

———. "Palestine as a Refuge from Fascism." *Survey Graphic* (May 1945): 195–98, 265.

Hirschon, Renée. *Heirs of the Greek Catastrophe: The Social Life of Asia Minor Refugees in Piraeus.* Oxford: Clarendon Press, 1989.

———, ed. *Crossing the Aegean: An Appraisal of the 1923 Compulsory Population Exchange Between Greece and Turkey.* New York: Berghahn Books, 2003.

Hirst, Samuel J. "Anti-Westernism on the European Periphery: The Meaning of Soviet-Turkish Convergence in the 1930s." *Slavic Review* 72, no. 1 (Spring 2013): 32–53.

Histoire de la République Turque. Istanbul: Devlet Basımevi, 1935.

Hoffmann, Peter. "Roncalli in the Second World War: Peace Initiatives, the Greek Famine and the Persecution of the Jews." *Journal of Ecclesiastical History* 40, no. 1 (Jan. 1989): 74–99.

Holquist, Peter. "'Information Is the Alpha and Omega of Our Work': Bolshevik Surveillance in Its Pan-European Context." *Journal of Modern History* 69 (Sept. 1997): 415–50.

Hovannisian, Richard G., and Simon Payaslian, eds. *Armenian Constantinople.* Costa Mesa, CA: Mazda Publishers, 2010.

Howard, Harry N. *The Partition of Turkey: A Diplomatic History, 1913–1923.* New York: Howard Fertig, 1966.

İmparatorluk Başkentinden Cumhuriyet'in Modern Kentine: Henri Prost'un İstanbul Planlaması (1936–1951)/From the Imperial Capital to the Republican Modern City: Henri Prost's Planning of Istanbul (1936–1951). Istanbul: İstanbul Araştırmaları Enstitüsü, 2010.

İnalcık, Halil, with Donald Quataert, eds. *An Economic and Social History of the Ottoman Empire.* 2 vols. Cambridge: Cambridge University Press, 1997.

İnan, Süleyman. "The First 'History of the Turkish Revolution' Lectures and Courses in Turkish Universities (1934–42)." *Middle Eastern Studies* 43, no. 4 (2007): 593–609.

Ioanid, Radu. *The Holocaust in Romania.* Chicago: Ivan R. Dee, 2000.

Işın, Ekrem. *Everyday Life in Istanbul: Social Historical Essays on People, Culture and Spatial Relations.* Istanbul: Yapı Kredi Yayınları 2001.

İstanbul Telefon Türk Anonim Şirketi. *Telefon Rehberi.* Istanbul: Matbaacılık ve Neşriyat T.A.Ş., 1934.

İstanbul Ticaret Odası. *Adres Kitabı, 1955*. 2 vols. Istanbul: I.T.S.O., 1955.

İstanbul Ticaret ve Sanayi Odası. *Adres Kitabı, 1938*. Istanbul: I.T.S.O., 1938.

———. *Adres Kitabı, 1941*. Istanbul: I.T.S.O., 1941.

İstanbul Belediyesi. *İstanbul şehri rehberi*. Istanbul: Matbaacılık ve Neşriyat Türk Anonim Şirketi, 1934.

Jacques Pervititch Sigorta Haritalarında İstanbul/Istanbul in the Insurance Maps of Jacques Pervititch. Istanbul: Axa Oyak, 2000.

Jeffreys, Elizabeth, with John Haldon and Robin Cormack, eds. *The Oxford Handbook of Byzantine Studies*. Oxford: Oxford University Press, 2008.

John XXIII, Pope. *Journal of a Soul*. New York: Image Books, 1980.

Johnson, Clarence Richard, ed. *Constantinople To-Day, or The Pathfinder Survey of Constantinople*. New York: Macmillan, 1922.

Kasaba, Reşat. *A Moveable Empire: Ottoman Nomads, Migrants, and Refugees*. Seattle: University of Washington Press, 2009.

———, ed. *The Cambridge History of Turkey, Vol. 4: Turkey in the Modern World*. Cambridge: Cambridge University Press, 2008.

Kazansky, Konstantin. *Cabaret russe*. Paris: Olivier Orban, 1978.

Kedourie, Sylvia, ed. *Turkey Before and After Atatürk*. London: Frank Cass, 1999.

Kemal, Orhan. *In Jail with Nâzım Hikmet*. Bengisu Rona, trans. Istanbul: Everest Publications, 2012.

Kenez, Peter. *Civil War in South Russia, 1919–1920*. Berkeley: University of California Press, 1977.

Kerslake, Celia, Kerem Öktem, and Philip Robins, eds. *Turkey's Engagement with Modernity: Conflict and Change in the Twentieth Century*. Basingstoke, UK: Palgrave Macmillan, 2010.

Kévorkian, Raymond. *The Armenian Genocide: A Complete History*. London: I. B. Tauris, 2011.

Keyder, Çağlar, ed. *Istanbul: Between the Global and the Local*. Lanham, MD: Rowman and Littlefield, 1999.

Kinross, Lord [Patrick Balfour, baron Kinross]. *Europa Minor: Journeys in Coastal Turkey*. London: John Murray, 1956.

Klein, Holger A., ed. *Restoring Byzantium: The Kariye Camii in Istanbul and the Byzantine Institute Restoration*. New York: Miriam and Ira D. Wallach Art Gallery, Columbia University, 2004.

Klein, Holger A., Robert G. Ousterhout, and Brigitte Pitarakis, eds. *Kariye Camii, Yeniden/The Kariye Camii Reconsidered.* Istanbul: İstanbul Araştırmaları Enstitüsü, 2011.

Knatchbull-Hugessen, Hughe. *Diplomat in Peace and War.* London: John Murray, 1949.

Koçu, Reşad Ekrem. *İstanbul Ansiklopedisi.* 11 vols. Istanbul: Koçu Yayınları, et al., 1946–1974.

Kollek, Teddy, with Amos Kollek. *For Jerusalem.* New York: Random House, 1978.

Komandorova, N. I. *Russkii Stambul.* Moscow: Veche, 2009.

Konstantinopol'-Gallipoli. Moscow: Rossiiskii gosudarstvennyi gumanitarnyi universitet, 2003.

Kuban, Doğan. *Istanbul, An Urban History: Byzantium, Constantinopolis, Istanbul.* Rev. ed. Istanbul: Türkiye İş Bankası Kültür Yayınları, 2010.

Kuruyazıcı, Hasan, ed. *Batılılaşan İstanbul'un Ermeni Mimarları/Armenian Architects of Istanbul in the Era of Westernization.* 2nd ed. Istanbul: International Hrant Dink Foundation Publications, 2011.

Laiou, Angeliki E., ed. *The Economic History of Byzantium: From the Seventh through the Fifteenth Century.* 3 vols. Washington, DC: Dumbarton Oaks, 2002.

Le Corbusier. *Journey to the East.* Cambridge, MA: MIT Press, 2007 [1966].

Levy, Avigdor, ed. *Jews, Turks, Ottomans: A Shared History, Fifteenth Through the Twentieth Century.* Syracuse, NY: Syracuse University Press, 2002.

Lewis, Bernard. *The Emergence of Modern Turkey.* 3rd ed. New York: Oxford University Press, 2002.

———. *Istanbul and the Civilization of the Ottoman Empire.* Norman: University of Oklahoma Press, 1963.

Libal, Kathryn. "Staging Turkish Women's Emancipation: Istanbul, 1935." *Journal of Middle East Women's Studies* 4, no. 1 (Winter 2008): 31–52.

Lockhart, R. H. Bruce. *Comes the Reckoning.* London: Putnam, 1947.

Macartney, C. A. *National States and National Minorities.* Oxford: Oxford University Press, 1934.

———. *Refugees: The Work of the League.* London: League of Nations Union, 1931.

Macmillan, Margaret. *Paris 1919: Six Months That Changed the World.* New York: Random House, 2002.

Mallowan, Max. *Mallowan's Memoirs.* New York: Dodd, Mead, 1977.

Mamboury, Ernest. *Constantinople: Tourists' Guide.* Constantinople: Rizzo and Son, 1926.

Mango, Andrew. *Atatürk.* New York: Overlook, 1999.

Mango, Cyril. *Byzantium: The Empire of New Rome.* New York: Charles Scribner's Sons, 1980.

———. *Materials for the Study of the Mosaics of St. Sophia at Istanbul.* Washington, DC: Dumbarton Oaks Research Library and Collection, 1962.

Mango, Cyril, and Gilbert Dagron, eds. *Constantinople and Its Hinterland.* Brookfield, VT: Aldershot, 1995.

Mannix, Daniel P., III. *The Old Navy.* Daniel P. Mannix IV, ed. New York: Macmillan, 1983.

Mansel, Philip. *Constantinople: City of the World's Desire, 1453–1924.* London: John Murray, 2006.

Mardor, Munya M. [Meir Mardor]. *Strictly Illegal.* London: Robert Hale, 1964.

Massigli, René. *La Turquie devant la guerre.* Paris: Plon, 1964.

Mazower, Mark. *Hitler's Empire: How the Nazis Ruled Europe.* New York: Penguin, 2008.

———. *Salonica, City of Ghosts: Christians, Muslims, and Jews, 1430–1950.* New York: Vintage, 2006.

Milliken, William M. "Early Christian and Byzantine Art in America." *Journal of Aesthetics and Art Criticism* 5, no. 4 (June 1947): 256–68.

Mills, Amy. *Streets of Memory: Landscape, Tolerance, and National Identity in Istanbul.* Athens: University of Georgia Press, 2010.

Mintzuri, Hagop. *İstanbul Anıları, 1897–1940.* Istanbul: Tarih Vakfi Yurt Yayınları, 1993.

Morgan, Janet. *Agatha Christie: A Biography.* London: Collins, 1984.

Moysich, L. C. *Operation Cicero.* London: Allan Wingate-Baker, 1969.

Mufty-zada, K. Ziya. *Speaking of the Turks.* New York: Duffield and Co., 1922.

Musbah Haidar, Princess. *Arabesque.* London: Hutchinson and Co., 1945.

al-Muwaylihi, Ibrahim. *Spies, Scandals, and Sultans: Istanbul in the Twilight of the Ottoman Empire*. Roger Allen, trans. Lanham, MD: Rowman and Littlefield, 2008.

Nabokov, Vladimir. *Speak, Memory*. Rev. ed. New York: G. P. Putnam's Sons, 1966.

Nansen, Fridtjof. *Armenia and the Near East*. New York: Da Capo Press, 1976 [1928].

Neave, Dorina L. *Twenty-Six Years on the Bosphorus*. London: Grayson and Grayson, 1933.

Nelson, Robert S. *Hagia Sophia, 1850–1950: Holy Wisdom Modern Monument*. Chicago: University of Chicago Press, 2004.

Newman, Bernard. *Turkish Crossroads*. New York: Philosophical Library, 1952.

Neyzi, Leyla, *İstanbul'da Hatırlamak ve Unutmak*. Istanbul: Tarih Vakfı Yurt Yayınları, 1999.

Nicol, Graham. *Uncle George: Field-Marshal Lord Milne of Salonika and Rubislaw*. London: Reedminster Publications, 1976.

Nicolson, Harold. *Sweet Waters: An Istanbul Adventure*. London: Eland, 2008 [1921].

Norwich, John Julius. *A Short History of Byzantium*. New York: Knopf, 1997.

Ofer, Dalia. *Escaping the Holocaust: Illegal Immigration to the Land of Israel*. New York: Oxford University Press, 1990.

Ökte, Faik. *The Tragedy of the Turkish Capital Tax*. London: Croom Helm, 1987.

Olson, Robert W. "The Remains of Talat: A Dialectic between Republic and Empire." *Die Welt des Islams* (new series) 26, no. 1/4 (1986): 46–56.

Orga, Ateş, ed. *Istanbul: A Collection of the Poetry of Place*. London: Eland, 2007.

Orga, Irfan. *Phoenix Ascendant: The Rise of Modern Turkey*. London: Robert Hale, 1958.

———. *Portrait of a Turkish Family*. London: Eland, 2002 [1950].

Osman Bey [Vladimir Andrejevich]. *Les femmes en Turquie*. 2nd ed. Paris: C. Lévy, 1878.

Ostrorog, Léon. *The Angora Reform*. London: University of London Press, 1927.

———. *The Turkish Problem: Things Seen and a Few Deductions.* London: Chatto and Windus, 1919.

Pallis, A. A. "The Population of Turkey in 1935." *Geographical Journal* 91, no. 5 (May 1938): 439–45.

Pamuk, Orhan. *Istanbul: Memories and the City.* New York: Knopf, 2004.

Patenaude, Bertrand M. *Trotsky: Downfall of a Revolutionary.* New York: HarperCollins, 2009.

Pears, Edwin. *Forty Years in Constantinople.* New York: D. Appleton and Co., 1916.

———. *The Life of Abdul Hamid.* London: Constable, 1917.

Peirce, Leslie P. *The Imperial Harem: Women and Sovereignty in the Ottoman Empire.* Oxford: Oxford University Press, 1993.

Pelt, Mogens. *Tobacco, Arms, and Politics: Greece and Germany from World Crisis to World War, 1929–1941.* Copenhagen: Museum Tusculanum Press, 1998.

Phayer, Michael. *The Catholic Church and the Holocaust, 1930–1965.* Bloomington: Indiana University Press, 2000.

———. *Pius XII, the Holocaust, and the Cold War.* Bloomington: Indiana University Press, 2008.

Pirî Reis. *Kitab-ı bahriye.* Robert Bragner, trans. 4 vols. Istanbul: Historical Research Foundation, 1988.

Pope, Nicole, and Hugh Pope. *Turkey Unveiled: A History of Modern Turkey.* Rev. ed. New York: Overlook Press, 2011.

Poynter, Mary A. *When Turkey Was Turkey.* London: George Routledge and Sons, Ltd., 1921.

Price, G. Ward. *Extra-Special Correspondent.* London: George G. Harrap, 1957.

———. *The Story of the Salonica Army.* New York: Edward J. Clode, 1918.

———. *Year of Reckoning.* London: Cassell, 1939.

Procopius of Caesarea. *Procopius.* H. B. Dewing, trans. 7 vols. Cambridge, MA: Harvard University Press, 1954–1961.

Raeff, Marc. *Russia Abroad: A Cultural History of the Russian Emigration, 1919–1939.* Oxford: Oxford University Press, 1990.

Rakı Ansiklopedisi: 500 Yıldır Süren Muhabbetin Mirası. Istanbul: Overteam Yayınları, 2010.

Reisman, Arnold. *Turkey's Modernization: Refugees from Nazism and Atatürk's Vision*. Washington, DC: New Academia Publishing, 2006.

Rendel, George. *The Sword and the Olive: Recollections of Diplomacy and the Foreign Service, 1913–1954*. London: John Murray, 1957.

Report of the Rescue Committee of the Jewish Agency for Palestine. Jerusalem: Executive of the Jewish Agency for Palestine, 1946.

Reynolds, Michael A. *Shattering Empires: The Clash and Collapse of the Ottoman and Russian Empires, 1908–1918*. Cambridge: Cambridge University Press, 2011.

Righi, Vittore Ugo. *Papa Giovanni XXIII sulle rive del Bosforo*. Padua: Edizioni Messaggero, 1971.

Robinson, Paul. *The White Russian Army in Exile, 1920–1941*. Oxford: Clarendon Press, 2002.

Rogan, Eugene, ed. *Outside In: On the Margins of the Modern Middle East*. London: I. B. Tauris, 2002.

Rosenthal, Gérard. *Avocat de Trotsky*. Paris: Éditions Robert Laffont, 1975.

Rozen, Minna. *A History of the Jewish Community in Istanbul: The Formative Years, 1453–1566*. Leiden: Brill, 2010.

———, ed. *The Last Ottoman Century and Beyond: The Jews in Turkey and the Balkans, 1808–1945*. 2 vols. Tel Aviv: Tel Aviv University, 2002.

Rubin, Barry. *Istanbul Intrigues*. New York: Pharos Books, 1991.

Runciman, Steven. *The Fall of Constantinople, 1453*. Cambridge: Cambridge University Press, 1965.

———. *A Traveller's Alphabet: Partial Memoirs*. London: Thames and Hudson, 1991.

Russell, Thomas. *Egyptian Service, 1902–1946*. London: John Murray, 1949.

Schwartz, Stephen, Vitaly Rapoport, Walter Laqueur, and Theodore H. Draper. "'The Mystery of Max Eitingon': An Exchange." *New York Review of Books*, June 16, 1988.

Sciaky, Leon. *Farewell to Salonica*. Philadelphia: Paul Dry Books, 2003.

Scipio, Lynn A. *My Thirty Years in Turkey*. Rindge, NH: Richard R. Smith, 1955.

Scognamillo, Giovanni. *Bir Levantenin Beyoğlu Anıları*. Istanbul: Metis Yayınları, 1990.

Second Section of the General Staff on the Western Front. *Greek Atrocities in Asia Minor, First Part.* Istanbul: Husn-i-Tabiat, 1922.

"Sefirden Sefile": Yapı Kredi Selahattin Giz Koleksiyonu. Istanbul: Yapı Kredi Yayınları, 2004.

Serge, Victor, and Natalia Sedova Trotsky. *The Life and Death of Leon Trotsky.* London: Wildwood House, 1973.

Service, Robert. *Trotsky: A Biography.* Cambridge, MA.: Harvard University Press, 2009.

Sharapov, E. P. *Naum Eitingon: Karaiushchii mech Stalina.* St. Petersburg: Neva, 2003.

Shaul, Eli. *From Balat to Bat Yam: Memoirs of a Turkish Jew.* Istanbul: Libra Kitap, 2012.

Shaw, Stanford J. *The Jews of the Ottoman Empire and the Turkish Republic.* New York: New York University Press, 1991.

———. "The Population of Istanbul in the Nineteenth Century." *International Journal of Middle East Studies* 10, no. 2 (May 1979): 265–77.

———. *Turkey and the Holocaust.* New York: New York University Press, 1993.

Sherrill, Charles H. *A Year's Embassy to Mustafa Kemal.* New York: Charles Scribner's Sons, 1934.

Shissler, Ada Holland. "Beauty Is Nothing to Be Ashamed Of: Beauty Contests as Tools of Women's Liberation in Early Republican Turkey." *Comparative Studies of South Asia, Africa, and the Middle East* 24, no. 1 (2004): 107–22.

———. "'If You Ask Me': Sabiha Sertel's Advice Column, Gender Equity, and Social Engineering in the Early Turkish Republic." *Journal of Middle East Women's Studies* 3, no. 2 (Spring 2007): 1–30.

Shorter, Frederic C. "The Population of Turkey after the War of Independence." *International Journal of Middle East Studies* 17, no. 4 (Nov. 1985): 417–41.

Smith, Douglas. *Former People: The Final Days of the Russian Aristocracy.* New York: Farrar, Straus and Giroux, 2012.

Snyder, Timothy. *Bloodlands: Europe Between Hitler and Stalin.* New York: Basic Books, 2010.

Sperco, Willy. *Istanbul indiscret: Ce que les guides ne disent pas.* Istanbul: Türkiye Turing ve Otomobil Kurumu, 1970.

———. *Istanbul: Paysage littéraire.* Paris: La Nef de Paris, 1955.

———. *L'Orient qui s'éteint.* Paris: Editions Baudiniere, 1935.

———. *Turcs d'hier et d'aujourd'hui.* Paris: Nouvelles éditions latines, 1961.

Sphrantzes, George. *The Fall of the Byzantine Empire.* Marios Philippides, trans. Amherst: University of Massachusetts Press, 1980.

Stone, Norman, and Michael Glenny. *The Other Russia.* London: Faber and Faber, 1990.

Sudoplatov, Pavel, and Anatoli Sudoplatov. *Special Tasks: The Memoirs of an Unwanted Witness—A Soviet Spymaster.* New York: Little, Brown, 1994.

Suny, Ronald Grigor, Fatma Müge Göçek, and Norman M. Naimark, eds. *A Question of Genocide: Armenians and Turks at the End of the Ottoman Empire.* Oxford: Oxford University Press, 2011.

Tanpınar, Ahmed Hamdi. *The Time Regulation Institute.* Maureen Freely and Alexander Dawe, trans. New York: Penguin, 2013.

———. *A Mind at Peace.* Erdağ Göknar, trans. New York: Archipelago Books, 2008.

Tekdemir, Hande. "Collective Melancholy: Istanbul at the Crossroads of History, Space, and Memory." Ph.D. dissertation. University of Southern California, 2008.

Teteriatnikov, Natalia B. *Mosaics of Hagia Sophia, Istanbul.* Washington, DC: Dumbarton Oaks, 1998.

Thompson, Laura. *Agatha Christie: An English Mystery.* London: Headline Review, 2007.

Tischler, Ulrike, ed. *From "Milieu de mémoire" to "Lieu de mémoire": The Cultural Memory of Istanbul in the 20th Century.* Munich: Marin Meidenbauer, 2006.

Tittmann, Harold H., Jr. *Inside the Vatican of Pius XII: The Memoir of an American Diplomat during World War II.* New York: Doubleday, 2004.

Toledano, Ehud R. *The Ottoman Slave Trade and Its Suppression, 1840–1890.* Princeton, NJ: Princeton University Press, 1982.

Tolstoy, Vera. "The Compensations of Poverty." *Atlantic Monthly* (Mar. 1922): 307–10.

Tomlin, E. W. F. *Life in Modern Turkey.* London: Thomas Nelson, 1946.

Toprak, Zafer. "La population d'Istanbul dans les premières années de la République." *Travaux et recherches en Turquie* 2 (1982): 63–70.

Topuzlu, Cemil. *80 yıllık hâtıralarım*. Istanbul: Güven Basım ve Yayınevi, 1951.

Toynbee, Arnold J. *The Western Question in Greece and Turkey*. 2nd ed. New York: Howard Fertig, 1970 [1923].

Treadgold, Warren. *A History of Byzantine State and Society*. Stanford, CA: Stanford University Press, 1997.

Trotsky, Leon. *Leon Trotsky Speaks*. New York: Pathfinder Press, 1972.

———. *My Life*. New York: Charles Scribner's Sons, 1930.

Tuganoff, Moussa Bey. *From Tsar to Cheka: The Story of a Circassian Under Tsar, Padishah and Cheka*. London: Sampson Low, Marston and Co., 1936.

Türkiye İstatistik Yıllığı: 1950. Ankara: T. C. Başbakanlık İstatistik Genel Müdürlüğü, n.d.

Ülgen, Fatma. "'Sabiha Gökçen's 80-Year-Old Secret': Kemalist Nation Formation and the Ottoman Armenians." Ph.D. dissertation. University of California, San Diego, 2010.

Üngör, Uğur Ümit. *The Making of Modern Turkey: Nation and State in Eastern Anatolia, 1913–1950*. Oxford: Oxford University Press, 2011.

Urgan, Mîna. *Bir Dinozorun Anıları*. Istanbul: Yapı Kredi Yayıncılık, 1998.

Van Heijenoort, Jean. *With Trotsky in Exile: From Prinkipo to Coyoacán*. Cambridge, MA: Harvard University Press, 1978.

Volkogonov, Dmitri. *Trotsky: The Eternal Revolutionary*. New York: Free Press, 1996.

Von Papen, Franz. *Memoirs*. New York: E. P. Dutton and Co., 1953.

Vryonis, Speros, Jr. *The Mechanism of Catastrophe: The Turkish Pogrom of September 6–7, 1955, and the Destruction of the Greek Community of Istanbul*. New York: Greekworks.com, 2005.

Webster, Donald Everett. *The Turkey of Atatürk*. Philadelphia: American Academy of Political and Social Science, 1939.

Weisband, Edward. *Turkish Foreign Policy, 1943–1945: Small State Diplomacy and Great Power Politics*. Princeton, NJ: Princeton University Press, 1973.

White, Charles. *Three Years in Constantinople; or, Domestic Manners of the Turks in 1844*. 3 vols. London: Henry Colburn, 1845.

White, T. W. *Guests of the Unspeakable*. London: John Hamilton, 1928.

Whittemore, Thomas. "The Rebirth of Religion in Russia." *National Geographic* (Nov. 1918): 379–401.

Wilmers, Mary-Kay. *The Eitingons: A Twentieth-Century Story*. London: Faber and Faber, 2009.

Woodall, G. Carole. "'Awakening a Horrible Monster': Negotiating the Jazz Public in 1920s Istanbul." *Comparative Studies of South Asia, Africa, and the Middle East* 30, no. 3 (2010): 574–82.

———. "Sensing the City: Sound, Movement, and the Night in 1920s Istanbul." Ph.D. dissertation. New York University, 2008.

Woods, Henry F. *Spunyarn: From the Strands of a Sailor's Life Afloat and Ashore*. 2 vols. London: Hutchinson and Co., 1924.

Woolf, Leonard S. *The Future of Constantinople*. London: George Allen and Unwin, Ltd., 1917.

Wrangel, Peter Nikolaevich. *The Memoirs of General Wrangel*. London: Duffield and Co., 1930.

Wyers, Mark David. *"Wicked" Istanbul: The Regulation of Prostitution in the Early Turkish Republic*. Istanbul: Libra, 2012.

Yalman, Ahmed Emin. *Turkey in My Time*. Norman: University of Oklahoma Press, 1956.

———. *Turkey in the World War*. New Haven, CT: Yale University Press, 1930.

Yıldırım, Onur. *Diplomacy and Displacement: Reconsidering the Turco-Greek Exchange of Populations, 1922–1934*. London: Routledge, 2006.

Zürcher, Erik J. *Political Opposition in the Early Turkish Republic: The Progressive Republican Party, 1924–1925*. Leiden: E. J. Brill, 1991.

———. *Turkey: A Modern History*. New rev. ed. London: I. B. Tauris, 1998.

———. *The Unionist Factor: The Role of the Committee of Union and Progress in the Turkish National Movement, 1905–1926*. Leiden: E. J. Brill, 1984.

———. *The Young Turk Legacy and Nation Building: From the Ottoman Empire to Atatürk's Turkey*. London: I. B. Tauris, 2010.

录音

One of the earliest sources for this book was the album *Istanbul 1925* (Traditional Crossroads, 1994), the work of the violinist and sound engineer Harold G. Hagopian, who accessed the original metallic masters of Columbia recordings from the 1920s and re-created an audible world that few people remembered ever existed. His Traditional Crossroads label has gone on to issue several other period recordings, including the haunting *Women of Istanbul* (1998), where I first listened to Roza Eskenazi, and two volumes of Udi Hrant's early work. More recently, Ian Nagoski has cataloged the musical world of the "Ottoman diaspora" in America after the First World War on the album *To What Strange Place* (Tompkins Square, 2011).

The rerelease of old recordings is a booming business in Turkey, and at the center of it is Kalan Müzik, a company that has reissued a trove of Greek, Armenian, and other music of Istanbul's minority cultures, as well as the forgotten art of Turkish tango and *bel canto*. I first heard the voice of Seyyan on Kalan Müzik's *Seyyan Hanım: Tangolar* (1996). The same company's *Kantolar: 1905–1945* (1998) is an introduction to the light music of the Istanbul stage.

索　引

土耳其的著名历史人物并非按照姓氏，
而是按照名字的字母顺序排列。
以下页码为原书页码，即本书边码。

图书在版编目(CIP)数据

佩拉宫的午夜：现代伊斯坦布尔的诞生 / （美）查尔斯·金（Charles King）著；宋非译. -- 北京：社会科学文献出版社，2018.1（2019.10 重印）

书名原文：Midnight at the Pera Palace：The Birth of Modern Istanbul

ISBN 978-7-5097-9565-1

Ⅰ.①佩… Ⅱ.①查… ②宋… Ⅲ.①城市史-伊斯坦布尔 Ⅳ.①K374.9

中国版本图书馆 CIP 数据核字（2016）第 193290 号

佩拉宫的午夜

——现代伊斯坦布尔的诞生

著　　者 / ［美］查尔斯·金（Charles King）

译　　者 / 宋　非

出 版 人 / 谢寿光

项目统筹 / 段其刚　董风云

责任编辑 / 周方茹　张金勇

出　　版 / 社会科学文献出版社·甲骨文工作室（分社）（010）59366527

地址：北京市北三环中路甲 29 号院华龙大厦　邮编：100029

网址：www.ssap.com.cn

发　　行 / 市场营销中心（010）59367081　59367083

印　　装 / 三河市东方印刷有限公司

规　　格 / 开　本：889mm × 1194mm　1/32

印　张：13.375　插　页：1　字　数：331 千字

版　　次 / 2018 年 1 月第 1 版　2019 年 10 月第 2 次印刷

书　　号 / ISBN 978-7-5097-9565-1

著作权合同登记号 / 图字 01-2015-2326 号

定　　价 / 72.00 元

本书如有印装质量问题，请与读者服务中心（010-59367028）联系

版权所有 翻印必究